民事訴訟法（中）

Civil Procedure

修訂八版

陳榮宗
林慶苗 著

三民書局

國家圖書館出版品預行編目資料

民事訴訟法／陳榮宗,林慶苗著.－－修訂八版三刷.－－臺北市：三民，2019
冊；　公分

ISBN 978-957-14-5859-5　(上冊:平裝)
ISBN 978-957-14-5889-2　(中冊:平裝)
ISBN 978-957-14-5206-7　(下冊:平裝)
1. 民事訴訟法

586.1　　102020988

© 民事訴訟法(中)

著作人　陳榮宗　林慶苗
發行人　劉振強
著作財產權人　三民書局股份有限公司
發行所　三民書局股份有限公司
地址　臺北市復興北路386號
電話　(02)25006600
郵撥帳號　0009998-5
門市部　(復北店) 臺北市復興北路386號
(重南店) 臺北市重慶南路一段61號

出版日期　初版一刷　1996年7月
修訂七版一刷　2009年10月
修訂八版一刷　2014年3月
修訂八版三刷　2019年4月
編號　S 585260
行政院新聞局登記證局版臺業字第〇二〇〇號

ISBN 978-957-14-5889-2　(中冊：平裝)

http://www.sanmin.com.tw　三民網路書店

民事訴訟法（中）

目　次

第三章　訴訟程序之終結

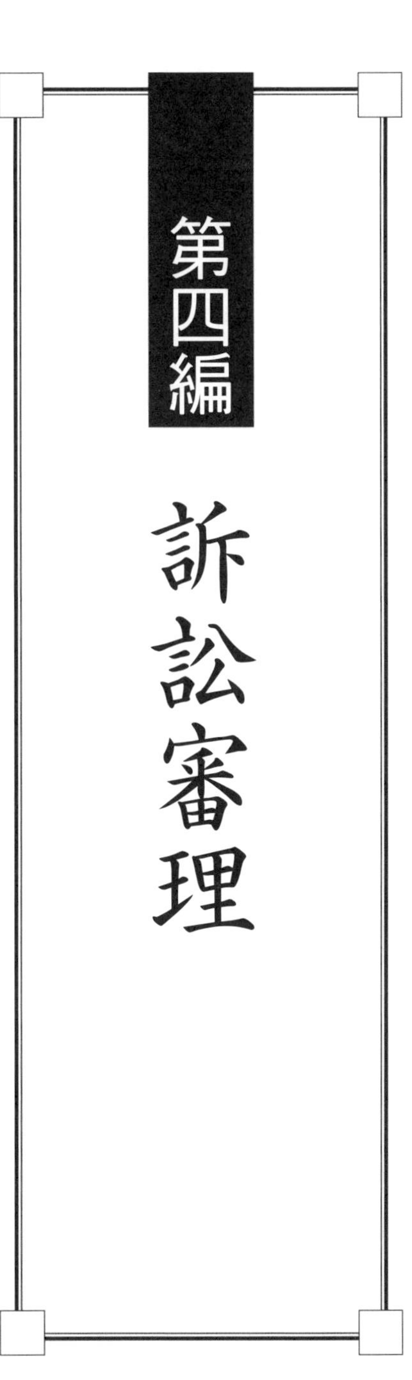

第四編

訴訟審理

第一章　訴訟程序之開始

第一節　起　訴

法院受理民事事件以聲請或起訴為開始。民事訴訟之提起，原則上應由原告以起訴狀向法院提出，稱為起訴（本法第二四四條）。惟簡易訴訟之起訴，得以言詞起訴（本法第四二八條第二項）。又當事人初係以聲請為開始之事件，於符合一定之法定要件時，本法明定視為起訴者，稱為擬制之起訴。例如，債務人對於支付命令於法定期間提出異議者，以債權人支付命令之聲請視為起訴（本法第五一九條第一項）。調解期日當事人兩造均經到場而調解不成立者，兩造當事人均得聲請為訴訟之辯論，求法院以該調解事件作為訴訟事件而予以審判，此際，調解聲請人視為自聲請調解時已經起訴（本法第四一九條第一、二項）。本節所謂起訴，專就原告以起訴狀向法院起訴之情形為敘述。

一、起訴之方式

原告對於被告提起訴訟，應作成起訴狀向地方法院提出，此種訴訟行為稱為起訴。起訴狀之製作有一定之法定格式及應記載之一定事項，原告或其代理人應依本法第一一六條及第二四四條規定填寫，並於起訴狀簽名或蓋章，實務上通常使用蓋章方法。製作起訴狀時，除提出於法院者外，應按應受送達之被告人數製作提出繕本或影本（本法第一一九條第一項）。由原告或其代理人持向地方法院繳納本法所規定之裁判費並將起訴狀及繕本或影本交法院收狀人員收受。起訴狀一經提出於法院，即生起訴之效力，並非俟起訴狀繕本或影本送達於被告時，始生起訴之效力。

二、起訴狀之記載事項

依本法第一一六條、第二四四條、第二六五條規定，起訴狀因兼有準備言詞辯論之用，除應記載事項不可缺乏之外，宜記載其所用攻擊或防禦方法，並表明證據，俾法院能順利為審理。起訴狀之記載事項如左：

㈠當事人及法定代理人（本法第二四四條第一項第一款）

即原告及被告之姓名及住所或居所，原告或被告為法人、其他團體或機關者，其名稱及公務所、事務所或營業所。原告或被告有法定代理人、訴訟代理人者，其姓名、住所或居所，及法定代理人與當事人之關係均應記載。

㈡訴訟標的及其原因事實（本法第二四四條第一項第二款）

訴訟標的又稱為法院審判之對象或客體，即原告起訴請求法院為裁判所主張或否認之權利義務或法律關係。原告與被告之間對於私法上之權利義務或法律關係是否存在發生爭執時，始有起訴請求法院為裁判之必要，此際，原告之起訴必須將其主張或否認之權利義務或法律關係於起訴狀中記載，使法院能知此項私法上之爭執問題所在，並對之為裁判。訴訟標的為原告對於被告之權利主張（Rechtsbehauptung），屬於訴訟法上之概念，與實體法上請求權（Anspruch）概念兩者宜有區別。蓋在起訴階段，原告之實體法權利義務或法律關係是否確實存在，尚未確知，僅能認為原告起訴提出者為權利主張而已。實務上，此項訴訟標的之記載，係依實體法及訴訟法之規定，就各種實體權利義務或法律關係，與給付、確認、形成三種訴訟類型之關係，於可與他權利義務或法律關係區別之程度，於起訴狀記載即可。其訴訟標的為請求權或債之法律關係者，應記載主體與給付種類內容及發生之原因事實。例如，請求給付買賣價金，請求履行承攬契約，請求辦理不動產所有權移轉登記。於訴訟標的為物權或身分權，應舉主體與權利種類及其客體，於形成權情形，應舉主體與法律上之形成效果及發生之原因事實。例如，確認地上權不存在，確認扶養義務不存在，請求判決離婚，請求撤銷公司股東會決議，請求宣告財團董事違反捐助章程之行為無效，提起第三人異議之訴，提起債權人代位之訴。

㈢應受判決事項之聲明（本法第二四四條第一項第三款）

實務上簡稱為訴之聲明，即原告請求法院對於被告為具體如何之判決內容，此項具體之判決內容，應由原告於起訴狀具體明確記載，不得抽象籠統。訴之聲明與訴訟標的兩者關係雖然密切，但兩者之範圍及性質未必完全相同，蓋原告得自由決定其請求之範圍，且訴之聲明內容具體，而訴訟標的內容抽象，故兩者於起訴狀應分別記載。訴之聲明於原告勝訴判決時，即成為判決結論而於判決主文為記載，在給付判決即決定強制執行之方法、內容與範圍，倘訴之聲明不具體或內容不妥當，有時無法強制執行，訴訟成為浪費。實務上，原告對於訴之聲明，必須思考其最妥當之內容方法與範圍，審判長亦多注意行使闡明權，促原告修正其不妥當之聲明內容或方法。

於給付之訴，例如，聲明：「請求判決被告給付原告新臺幣八十萬元及自民國某年某月某日起至清償日止按年利率百分之五計算之利息」，「請判命被告應將坐落某地方某地段某號土地上木造二層房屋建築面積三百平方公尺全部拆除後，將土地四百平方公尺交還原告」。在確認之訴，例如，聲明：「確認坐落某地方某地段某號土地所有權應有部分二分之一為原告所有」，「確認原告與被告間於某年某月某日借款新臺幣五十萬元之法律關係不存在」。在形成之訴，例如，聲明：「判決原告與被告離婚」，「判決撤銷原告與被告之婚姻」，「判決撤銷被告公司股東會於某年某月某日所為某項決議」。

又例如，於債權人代位之訴，原告債權人代位債務人起訴請求被告給付者，須聲明被告應向債務人為給付之旨，而由原告代位受領之表明，原告不得聲明被告對原告為給付（六四臺上字第二九一六號判例）。各被害人原告請求同一加害人被告本於同一侵權行為損害賠償者，各被害人原告應分別各對被告為訴之聲明（六六臺上字第三六六二號判例）。

又本法第二四四條第四項規定：「第一項第三款之聲明，於請求金錢賠償損害之訴，原告得在第一項第二款之原因事實範圍內，僅表明其全部請求之最低金額，而於第一審言詞辯論終結前補充其聲明。其未補充者，審判長應告以得為補充。」同條第五項規定：「前項情形，依其最低金額適用訴訟程序。」按損害賠償之訴，由於涉及損害原因、過失比例、損害範圍等之認定，加以舉證困難，其損害之具體數額甚難預為估算，常須經專業鑑定及法院之斟酌裁量，始能定其數額。於請求金錢賠償損害之事件，如亦同一般金錢給付之訴，強令原告於起訴之初，即應具體正確表明其請求之金額，似嫌過苛。故，民國八十九年修正時，增訂本法第二四四條第四項及第五項，使原告於起訴之初，僅先表明其全部請求之最低金額，而於第一審言詞辯論終結前，允許原告就其全部請求金額為補充聲明。若原告未有補充聲明之情形，為免原告因疏忽未補充聲明而有損權益，審判長應告以得為補充聲明。此際，若原告仍不為補充聲明時，法院當然依其於言詞辯論所聲明之最低金額為裁判。原告有補充聲明時，法院應就全部金額為辯論及裁判。應注意者，原告依本條第四項規定所表明之最低金額，係就本條第一項第二款之原因事實範圍內之全部請求所為，自不得於事後再主張其係一部請求，而就其餘請求另行起訴。又原告於補充其聲明後，應按補充後之聲明計算裁判費，並補繳其差額，始合法。立法者增訂本條第五項之理由，係為訴訟程序安定，避免原適用簡易訴訟程序之事件，因原告補充聲明而改行通常訴訟程序，致使訴訟延滯，故規定，於原告補充聲明之情形，其訴訟程序仍依其最低金額所適用之訴訟程序為審判。

上述情形之外，有若干特殊情形，原告之訴之聲明值得注意：⑴本法第二四五條規定，以一訴請求計算及被告因該法律關係所應為之給付者，得於被告為計算之報告前，保留關於給付範圍之聲明。蓋於此情形，原告之請求給付範圍，非俟被告為計算報告後，無從為明確之聲明也。例如，原告起訴聲明，請求被告計算合夥事業之全利益，並於計算後命被告為分配利益之判決。⑵原告之訴之聲明，原則上不得附以條件，惟於原告為預備之聲明情形，實務上及判例均認為合法（六四臺上字第八二號判例）。例如，原告夫以惡意遺棄為理由，聲明：「判決原告與被告離婚，如離婚無理由時，判命被告與原告同居。」

上述三事項為起訴狀應記載之事項，不得省略，如有違反，法院應以起訴違背法定程式，裁定駁回原告之訴，但其情形可以補正者，審判長應定期間先命補正（本法第二四九條第一項）。

㈣起訴之原因事實

原告之起訴狀除訴訟標的及訴之聲明外，實務上，就原告主張權利義務或法律關係之發生或消滅之原因事實，亦宜具體載明，並提出證明其主張事實之證據，使法院得據以進行準備程序，調查必要之證據，故，本法第二四四條第三項規定，第二六五條所定準備言詞辯論之事項，宜於訴狀內記載之。

㈤受訴法院及起訴之年、月、日

此項記載為當事人書狀之一般格式，法院出售之狀紙均印有空格待填寫，除外，另有具狀人姓名欄，待原告及法定代理人或訴訟代理人簽名或蓋章。本法第二四四條第二項規定，訴狀內宜記載因定法院管轄及其適用程序所必要之事項，係指此類事項而言。

三、起訴後之法院作業程序

法院受理原告之起訴後，首應將該事件為編號，並依法院內部事務分配方法分案，將事件交由法官審理。法官對於原告之起訴，應先調查其程序要件是否具備，例如，有無繳納裁判費，起訴狀是否符合法定程式。若其情形可以補正者，法官應定期間先命補正，逾期不補正者，以裁定駁回起訴。原告之訴除應依本法第二四九條規定逕行駁回情形，或依第二十八條、第三十一條之二規定移送他法院或須行書狀先行程序者外，法官應即指定言詞辯論期日。言詞辯論期日指定時，至少應有十日之就審期間，俾被告當事人得為防禦其權利之準備。言詞辯論期日指定後，法院書記官應製作言詞辯論期日之通知書，除送達於原告外，應連同原告之起訴狀繕本或影本一併送達於被告（本法第二五〇條、第二五一條）。此項言詞辯論期日之通知書，應記載到場之日、時及處所。除向律師為送達外，並應記載不到場時之法定效果（本法第二五二條）。

四、起訴之效果

原告起訴之效果，在訴訟法上，首先發生訴訟繫屬(Rechtshängigkeit)，從而當事人不得就已起訴之事件，於訴訟繫屬中，更行起訴（本法第二五三條），同時在實體法上，發生一定之法律效果，茲說明其意義及討論相關之法律問題如次：

㈠訴訟繫屬

1. 意義　訴訟一經原告起訴，該訴訟事件即在法院發生受審判之狀態，此種狀態稱為訴訟繫屬。訴訟繫屬之狀態繼續至該訴訟之判決確定為止，或因訴訟和解與撤回訴訟而終結訴訟時為止。發生訴訟繫屬之情形，僅限於起訴，假扣押假處分之聲請，或聲請強制執行，均不發生訴訟繫屬。但調解之聲請與支付命令之聲請，於視為起訴時，發生訴訟繫屬之效果。得生訴訟繫屬者，限於當事人依起訴或反訴請求審判內容之權利義務關係，至於作為攻擊防禦方法而被主張或抗辯之權利義務關係，不生訴訟繫屬。例如，原告之訴訟繫屬中，被告就相牽連之權利提起反訴為請求時，反訴之權利義務關係發生訴訟繫屬效果，但若被告不提起反訴而提出其權利為抵銷之抗辯時，此項權利關係不生訴訟繫屬。訴訟繫屬於何時發生，日本學者之間頗有爭論。以前之多數說認為，於訴狀提出法院時發生訴訟繫屬。惟現在日本之多數說主張，於訴狀送達於被告時始生訴訟繫屬。蓋原告即使向法院提出訴狀，惟若訴狀無法對於被告為送達時，法院必須將原告之訴狀為駁回，從而不生訴訟事件之繫屬❶。我國學者大都認為，訴狀提出於法院時，發生訴訟❷。

---

❶ 參照中野、松浦、鈴木編，《民事訴訟法講義》第一八一頁以下。

❷ 見王甲乙等三人合著，《民事訴訟法新論》第二四六頁。姚瑞光，《民事訴訟法論》第三一二頁。吳明軒，《中國民事訴訟法》中冊第六九二頁。

2. 訴訟繫屬之效果❸　原告之訴發生訴訟繫屬後，以此為前提之各種程序始可能發生。例如，發生參加訴訟、訴訟告知、訴之變更、提起中間確認之訴或反訴。特別值得注意者，訴訟繫屬在訴訟法上，能發生下列效果：(1)法院審判權恒定之效果。依本法第三十一條之一第一項規定，起訴時法院有受理訴訟權限者，不因訴訟繫屬後事實及法律狀態變更受影響，故原告起訴時法院有審判權者，不因訴訟繫屬後，事實及法律狀態變更而成為無審判權，例如選舉訴訟向普通法院起訴後，地方行政法院成立，受理選舉訴訟之審理，亦不影響普通法院之審判權。(2)法院管轄恒定之效果。依本法第二十七條規定，定法院之管轄以起訴時為準。從而原告起訴時法院有管轄權者，於訴訟繫屬之後，雖定管轄之情事發生變更，對受訴法院之管轄權不生影響。(3)當事人恒定之效果。依本法第二五四條第一項前段規定，訴訟繫屬中為訴訟標的之法律關係，雖移轉於第三人，於訴訟無影響。即當事人原告之訴訟實施權，並不因訴訟標的之法律關係發生移轉於第三人之事實而喪失，仍得繼續進行其訴訟。(4)原告起訴之訴訟標的僅於特別條件之下始得變更或追加。依本法第二五五條第一項前段規定，訴狀送達後，原告不得將原訴變更或追加他訴，學者稱為訴訟變更禁止之原則。僅於有特別明文規定之條件情形，始得為訴訟之變更或追加。(5)重複起訴禁止之效果。依本法第二五三條規定，當事人不得就已起訴之事件，於訴訟繫屬中，更行起訴，學者有稱為訴訟中之一事不再理者。訴訟繫屬後，所生上述各種訴訟法上效果之規定，目的在維持訴訟程序之安定與進行之順利。否則，訴訟程序將隨時因管轄、當事人、訴訟標的各種因素之變動，而發生混亂情況，無從順利進行。其影響所及不僅對當事人雙方不利，且有害於公益。關於重複起訴之禁止，其法律問題頗多，有深入討論價值，茲先為討論，至於當事人恒定之法律問題，於第二編第二章〈當事人〉已討論，不再說明。

㈡重複起訴之禁止

1. 立法目的　本法第二五三條之立法目的，主要係為避免法院就同一訴訟重複審判而造成訴訟之不經濟與發生前後判決之矛盾，又為保護被告，避免一再重複被迫為不必要之訴訟進行。前訴訟一旦訴訟繫屬，即生後訴訟之訴訟阻礙。同一訴訟事件禁止重複起訴，不限於向同一法院起訴之情形，向其他法院重複起訴亦受禁止。又重複起訴之形態，不限於後訴訟之獨

❸ Vgl. Jauernig, ZPR. 22. Aufl. S. 144ff.

立起訴情形，其以反訴方式、參加訴訟、變更訴訟等方法，達成當事人之後訴訟與前訴訟成為同一訴訟之情形，亦應受禁止。例如，原告甲以買賣價金為前訴訟標的，後訴訟初以不當得利為訴訟標的，未幾，甲將後訴變更為買賣價金，此際，前後兩訴訟有重複起訴禁止之適用。又例如，甲對乙訴請確認某物所有權之訴，未幾，丙對乙就同一物亦訴請確認所有權之訴，若甲於其訴訟繫屬中，另外參加丙之訴訟，並經兩造同意代丙承擔訴訟情形，即違反重複起訴禁止之規定。

2.有無重複起訴之判斷標準　前後起訴之訴訟事件是否同一，通說係以當事人之同一及訴訟標的之同一雙面之考慮為標準。惟近年來，學者之間，因對於本法第二五三條所規定重複起訴禁止之立法目的評價重點相異。從而另有所謂事件同一性之概念，不再限於當事人同一與訴訟標的同一之傳統標準。學者遂有主張應具體就對立當事人、審判之對象、手續態樣各點為考慮之標準者❹，有認為應以請求基礎之同一性為標準者❺，另有認為應建立機能較廣之訴訟標的概念，包含前提問題及對待請求之既判力客觀範圍概念，從而以此概念為基準者❻。

(1)當事人之同一　訴訟上之請求係原告對於特定被告之關係所主張法律關係，此項法律關係之存否，祇要在該原告與被告之間獲得相對之解決即可，從而即使同一權利或法律關係成為前訴訟及後訴訟之訴訟標的，若前訴訟與後訴訟之當事人相異者，不生重複起訴問題。惟若於前訴訟與後訴訟之當事人均相同，且訴訟標的同一者，即使原告與被告之地位，前後倒置，亦生重複起訴情形。例如，甲對乙起訴請求確認某房屋所有權，與甲對丙請求確認同一房屋所有權，兩訴訟不生重複起訴問題。惟若甲對乙起訴請求給付借款五十萬元後，乙對甲起訴請求確認借款五十萬元不存在，兩訴訟即生重複起訴。

值得注意者，當事人於形式上不同，但於實質上相同者，有訴訟事件之同一性問題，從而發生重複起訴情形。例如，甲對選定當事人起訴請求交還某土地後，甲對選定人訴求交還同一土地，前後兩訴訟應視為同一事件。又前後兩訴之當事人雖有不同，惟因前訴之一方當事人，所受判決既判力得及於一定之人（本法第四〇一條），於後訴就相同之訴訟標的，對此一定之人起訴者，學者有認為重複起訴。例如，債權人對第三債務人提起代位權訴訟，訴請對債務人為給付後，未幾，債務人另

❹ 新堂幸司，《民事訴訟法》第一五五頁以下。

❺ 住吉博，〈重複訴訟禁止原則の再構成〉，載《法學新報》七十七卷四、五、六號。

❻ 柏木邦良，〈訴訟物概念の機能〉，載《講座民事訴訟②》第一八一頁以下。

行起訴請求第三債務人為相同給付情形。於此情形，日本判例及通說認為發生重複起訴❼，我國學者有採相同見解者❽。惟最高法院六十七年第十一次民事庭庭推總會決議認為，前後兩訴當事人不同，不生重複起訴問題。日本及我國學者有認為上述情形之訴訟，債權人與債務人不僅當事人不同且利害關係對立，於債權人之訴訟敗訴時，不生本法第四〇一條第二項既判力擴張於債務人問題，從而不生重複起訴❾。

(2) 訴訟標的之同一　訴訟標的是否相同，由於採取舊訴訟標的理論與新訴訟標的理論之不同而標準不同，從而前訴與後訴有無二重起訴之情形，亦因而解釋有所不同。例如，原告基於所有權對被告訴求交還土地之後，於後訴就相同土地原告基於占有人之地位對被告訴求交還無權占有之土地，依舊訴訟標的理論之見解，前訴之訴訟標的係基於所有權之交還請求權，後訴之訴訟標的係基於占有之交還請求權，在實體法上兩者為相異之請求權，雖請求之標的物相同，但前後兩訴訟之訴訟標的不同，不生違反重複起訴禁止之規定問題。但主張新訴訟標的理論者認為，於此種情形，原告於前訴與後訴，其訴訟標的相同，均以對被告請求交還同一土地之給付地位為訴訟標的，原告所主張基於所有權與基於占有，此兩者之主張僅屬攻擊方法之性質，並非訴訟標的。故，前後兩訴有違反重複起訴之禁止規定，法院應將後訴以裁定為駁回。

又於訴訟標的為同一之情形，若原告於訴之聲明所表示之權利保護形式有所不同時，同一訴訟標的之前訴與後訴，有無成為違反重複起訴禁止之問題，頗值討論。例如，原告基於五十萬元之金錢借貸關係，於前訴聲明法院判命被告給付原告五十萬元，此訴為給付之訴。若於後訴聲明法院確認原告對被告有五十萬元之債權存在，此訴為確認之訴。惟前後兩訴之訴訟標的之法律關係相同，起訴之原因事實相同。兩者所不同者，僅係原告要求法院之權利保護形式不同，於前訴為給付之要求，於後訴為確認之要求。學者對此情形之前後兩訴，有無違反重複起訴禁止之問題頗有爭論，且應如何為處理後訴之問題，見解不一。日本學者有認為，前後兩訴之訴訟標的既然均係出於相同之法律關係而請求同一，雖原告要求之權利保護形式不同，

❼ 參照中野、松浦、鈴木編，《民事訴訟法講義》第一八三頁。

❽ 見王甲乙等三人，《民事訴訟法新論》第二五〇頁。楊建華，《民事訴訟法(三)》第二七八頁以下及第三六五頁以下。

❾ 三ケ月章，《民事訴訟法》（第三版）（弘文堂）第二二〇頁以下。陳榮宗，〈債權人代位訴訟與既判力範圍〉，《舉證責任分配與民事程序法》第一七七頁以下。

亦為同一事件之訴訟。蓋於相同之訴訟標的之前後兩訴，法院有可能為矛盾之判決且為不必要之重複審判。於前述之例，日本多數學者認為有重複起訴之現象⑩。有問題者，若於前述之例，原告先提起確認五十萬元之債權存在之訴，而於後訴提起給付五十萬元之給付訴訟時，有無重複起訴之情形？應如何為處理？學者有認為於此情形不生重複起訴者，蓋後訴之給付訴訟，其請求之範圍大於前訴之確認訴訟之請求範圍，且給付判決有執行力而確認判決無執行力故也。德國學者大都認為訴訟標的係由訴之聲明及訴之原因事實兩者所構成，若其中之一有變動時，訴訟標的即相異。於前述之例，由原告之確認訴訟變為給付訴訟，此係訴訟標的相異之情形，不生重複起訴之問題⑪。於此情形，通常其前訴之確認訴訟並無權利保護利益可言，法院得就原告之確認訴訟以無權利保護利益為理由，裁定駁回其訴。惟日本學者對於此種情形之處理，有認為前訴與後訴之法律關係既然相同，於訴訟上而言係不經濟之事，原告得利用其前訴之訴訟程序，將確認之聲明變更為給付之聲明（第二五五條第一項第三款），以擴張訴之聲明為方法為解決，不得另行提起後訴之給付訴訟。又若債務人為原告提起消極確認之訴，聲明確認原告與被告間五十萬元之債權不存在之情形，債權人為原告提起給付訴訟之必要時，應於前訴之同一訴訟程序提起反訴請求反訴被告給付五十萬元，不得另行提起後訴之給付訴訟。又若債權人原告先提起五十萬元之給付訴訟後，債務人被告不得另外提起後訴請求確認債權五十萬元不存在之訴，應利用前訴訟程序提起中間確認之訴（第二五五條第一項第六款）⑫。

德國學者通說認為，訴訟標的之概念包括其權利保護形式之要素，從而認為當事人間之同一法律關係或同一債權，以確認之訴為請求與以給付之訴為請求，其訴訟標的不同。拙以為，若將權利保護形式除去而為觀察，當事人間之同一法律關係或同一債權，應認為訴訟標的相同，不能因同一債權之積極確認之形式與消極確認之形式不同而認為兩者之訴訟標的相異。故，債權人原告於前訴提起確認債權存在之訴或給付之訴時，債務人被告不得於後訴為原告提起確認債權不存在之訴，此際

---

⑩ 見齋藤秀夫，《民事訴訟法概論》第一五六頁以下。中野貞一郎等三人，《民事訴訟法講義》（補訂第二版）第一八四頁。新堂幸司，《民事訴訟法》（第二版補正版）第一五六頁。

⑪ 參照 Arens, ZPR. 2. Aufl. S. 107.

⑫ 參照齋藤秀夫，《注解民事訴訟法⑷》第一三六頁以下。中野貞一郎等三人，《民事訴訟法講義》第一八四頁。兼子一等四人，《條解民事訴訟法》第八四五五頁以下。

有民事訴訟法第二五三條禁止重複起訴之適用。我國學者為說明此種法律現象，多以兩訴聲明正相反或可以代用之理由為解釋⓭。其實此種現象係訴訟標的相同之結果。自給付訴訟與確認訴訟之關係言之，若雙方當事人間之權利相同者，給付判決當然包括確認判決。給付訴訟經法院為實體判決者，無論為原告勝訴或敗訴之判決，該判決同時均包括確認判決在內，所以在推理上，給付訴訟與確認訴訟具有全部與一部之範圍關係。因此，於兩者分別起訴之場合，確認訴訟不能對抗給付訴訟。換言之，給付訴訟得排斥確認訴訟，使兩者不能同時分別繫屬於法院。於上述各種情形之舉例，訴訟標的既然相同，給付訴訟又得包括確認訴訟，解釋上應認為前後兩訴有違反重複起訴之禁止問題，法院應依職權審查就其中一訴訟以裁定駁回，於債權人原告就同一債權先提起確認訴訟後，又另行提起給付訴訟，此係違反重複起訴禁止之情形，如原告不自動撤回其先行之確認訴訟時，法院得駁回確認訴訟。於債務人原告先提起確認債權不存在之訴訟，債權人被告另行提起同一債權之給付訴訟時，依禁止重複起訴之制度規定，與本法第二五九條之反訴制度用意，為避免不必要之訴訟拖累及防免前後兩訴之判決發生矛盾起見，在解釋上應認為債權人必須提起反訴始為合法。若債權人不利用債務人之本訴程序提起反訴，而另行提起給付訴訟者，應駁回後行之起訴。如此解釋始能同時兼顧已先起訴之債務人原告之利益。若不作此解釋而認為法院應將前行之消極確認訴訟為駁回，則先行起訴之債務人原告因敗訴結果而負擔訴訟費用，其結果對債務人原告顯然不公平，故於解釋上，僅得認為法院應就債權人原告之後訴為駁回。德國學者大都持權利保護形式為訴訟標的構成要素之解釋，因此無法以前後兩訴之訴訟標的相同之理論合理說明重複起訴禁止之問題。Lent-Jauernig 之教科書與 Blomeyer 之教科書，有見於其學理上之難點，遂改以權利保護利益為理由，俾以說明法院何以得依職權駁回其中之確認訴訟⓮。拙以為，若能不將權利保護形式視為訴訟標的之構成要素，則此問題在學理上較易圓通解釋。

最高法院二十九年上字第一〇三〇號判例云：上訴人於被上訴人對之提起本件消極確認之訴後，亦以反訴主張該法律關係成立，求為積極確認之判決，不得謂非違背民事訴訟法第二百五十三條之規定。又同院四十六年臺抗字第一三六號判例云：已起訴之事件，在訴訟繫屬中，該訴訟之原告或被告不得更以他造為被告，就同一訴訟標的提起新訴或反訴，此觀民事訴訟

⓭ 見姚瑞光，《民事訴訟法論》第三二七頁。王甲乙等三人，《民事訴訟法新論》第二五一頁。

⓮ 見 Lent-Jauernig, ZPR. 15. Aufl. § 35 III 1; Blomeyer, ZPR. § 37 III 3, § 49 III 2.

法第二百五十三條之規定自明。所謂就同一訴訟標的提起新訴或反訴，不僅指後訴就同一訴訟標的求為與前訴內容相同之判決而言，即後新訴係就同一訴訟標的，求為與前訴內容可以代用之判決，亦屬包含在內。故前訴以某請求為訴訟標的求為給付判決，而後訴以該請求為訴訟標的，求為積極或消極之確認判決，仍在上開法條禁止重訴之列。此二判例應予贊同，至於同院二十九年上字第九七五號判例，則有疑問。該判例云：被上訴人提起本件訴訟，與上訴人請求確認該契約已因解除而消滅之訴訟，並非同一事件，被上訴人提起本件訴訟，固不在民事訴訟法第二百五十三條禁止重訴之列，惟上訴人所提起之訴訟，如已獲有勝訴之確定判決，則關於契約之已消滅，在當事人間自有既判力，被上訴人提起之本件訴訟，仍不能不予駁回。依此判例之前段說明，顯然認為訴訟標的不同，依後段之說明，則認為消極確認契約不存在之訴訟係另一請求履行契約之給付訴訟之前提問題，兩者之訴訟標的不同。此一判例見解顯然係採取前述德國學者見解，將權利保護形式列為構成訴訟標的之要素所為之解釋。惟若不考慮兩訴之權利保護形式而為觀察，其實兩訴之訴訟標的均係以同一契約之法律關係為訴訟標的，債權人被告（即被上訴人）之後訴有違反禁止重複起訴之情形，應以反訴為之始為合法。

前訴就同一債權之一部起訴為請求，後訴就其餘部分為訴求之情形，有無重複起訴之問題？依不承認有一部請求之學說，則前後兩訴之法律關係同一而訴訟標的相同，原告不得另行提起後訴，應利用前訴為訴之聲明之擴張始為合法。惟依承認有一部請求之學說，則兩訴之訴訟標的不同而不生重複起訴之違法問題。又基於相同之金錢借貸關係，債權人原告於前訴請求債務人被告給付本金，於後訴請求給付利息之情形，就實體法而言，本金之請求權與利息請求權兩者係各別獨立存在之請求權，其訴訟標的各別。雖發生兩者請求權之基礎法律關係相同，但不得據此而認為訴訟標的的相同。故，於此情形，前後兩訴不生重複起訴之違法問題。

債權人原告對債務人被告起訴請求給付之債權，於債務人為原告之另一後訴中，被告債權人將其前訴債權提出而主張與後訴原告訴請之債權抵銷之情形，就前訴原告債權人之債權而言，有無於前後兩訴中發生重複審理而重複判決之問題？於此情形，後訴之判決有可能違反前訴判決既判力而發生判決矛盾現象，是否可比照重複起訴之違法問題為處理，而不許為後訴之抵銷主張？日本學者之學說見解頗有爭執。有認為應類推適用重複起訴之禁止規定，不許將前訴起訴之債權於後訴主張抵銷者[15]，另有認為不得類推適用重複起訴之禁止規定者[16]。拙認為原則上以後說之見解為是。蓋被告於訴訟上主張抵銷之債權為抗辯，此僅係被告之防禦方法而已，被告之自動債權並非訴訟標的。何況法院於判決時未必就主張抵銷之債權為成立與否之裁判，若將其類推適用重複起訴之禁止規定，則實際上有害於被告之自由防禦。惟值注意者，若於前訴訟中已經以抵銷加以主張之自動債權，其債權人不得另外提起後訴對被告債務人（即前訴原告債權人）就相同之債權（自動債權）請求給付。此際，僅得利用前訴之訴訟程序提起反訴為給付請求[17]。

我國學者有於本法經民國八十八年及民國八十九年兩次修正後認為，新法於民國八十八年及民國八十九年就訴之變更、追加及反訴擴大其範圍，並於闡明權規定法官應擴大闡明範圍，俾訴訟紛爭能一次統一解決之立法修正後，雖就重新起訴禁止及既判力客觀範圍之條文未有修訂，但在學理上應認為，禁止重新起訴範圍及既判力客觀範圍必須擴大其範圍[18]。

拙以為，新法放寬訴之變更追加及反訴之規定，實際上若涉及放寬訴訟標的之變更追加及允許被告提起廣泛之訴訟標的為反訴，則在理論上，有擴大重複起訴禁止範圍之解釋必要。倘僅係允許當事人就其訴訟之基礎事實範圍為擴大主張，但未使其成為訴訟標的而追加或變更之情形，將來在法官之判決書內，僅能使其成為判決理由中所判斷之事項而已。能否將此種於判決理由中所認定之事項，利用解釋將其提升為訴訟標的之地位，或賦予爭點效力使受拘束，禁止重複於後訴提起？頗有疑問。蓋當事人之攻擊防禦方法所主張之事項，如可解釋為訴訟標的而受拘束，則訴訟程序中發生不斷擴張增加訴訟標的範圍之現象（此為學者所稱之訴訟標的動態說，或訴訟標的相對說），俟最後判決確定時，始確定訴訟標的之範圍。於此情況下，所謂之訴訟標的範圍，實際上包含判決理由中所判斷認定之全部一切事實與攻擊防禦方法。顯然未將法官於審判過程中之「審理客體」（全部之調查證據事實，當事人所主張而提出之一切攻擊防禦方法之法律關係及事實）與「判決客體」（即訴訟標的）兩者分清為觀察，而將兩者混為一談。

於採律師強制主義之訴訟程序，因法官與雙方當事人之律師均為法律專家，上述學者之見解尚有可採餘地。惟於我國民

---

[15] 見小山昇，《民事訴訟法》第二〇三頁。齋藤秀夫，《注解民事訴訟法(4)》第一三五頁。

[16] 兼子一，《條解民事訴訟法》第六三四頁。菊井維大、村松俊夫，《全訂民事訴訟法II》第九四頁。三ケ月章，《民事訴訟法》第一二五頁。

[17] 參照中野貞一郎等三人，《民事訴訟法講義》（補訂第二版）第一八五頁。

[18] 見許士宦，〈重複起訴禁止原則與既判力客觀範圍〉，載《臺大法學論叢》二〇〇二年十一月第三十一卷第六期。

事訴訟法之第一、第二審不採律師強制主義，而採當事人訴訟之制度下，當事人對民事訴訟之專業知識不足，能否祇因法律及法院令當事人有廣泛為攻擊防禦之機會一端，已使當事人有程序保障之機會，則可使當事人原無意思使成為訴訟標的之事項，不知不覺之中變為訴訟標的之範圍而受拘束？若上述學者之看法可採，其思考係訴訟法理論走極端之現象，以促進民事訴訟經濟之公益為名，使民事法院之法官成為刑法上糾舉主義之法官地位。此種情形下之民事訴訟程序，已經遠離處分權主義及辯論主義之大原則太遠。法律與法官借用當事人程序保障為名所進行訴訟程序之結果，無形中實際奪取當事人之權益，蓋當事人無能力知其將失權也。

拙以為應區分「審理客體」與「判決客體」兩者之概念及其範圍，不得將兩者視為同一，不宜走民事訴訟程序極端之方向而利用立法或學者之解釋，使民事訴訟程序變成刑事訴訟程序，破壞民事訴訟法而失其原有之基礎。進步之法律思想固然值得欣佩，但不能太極端，太極端之結果有害而無益也。

㈢實體法上之效果

原告對於被告起訴之目的，就訴訟法而言雖係為獲得法院對其為勝訴判決，但就實際而言係為獲得實體法上之權利滿足為目的。因此，起訴之行為，其作用與債權人對債務人為請求之情形相同，其對於請求權之消滅時效之中斷效果就兩者而言亦相同。民法第一二九條規定：消滅時效，因左列事由而中斷：一、請求。二、承認。三、起訴。左列事項，與起訴有同一效力：一、依督促程序，聲請發支付命令。二、聲請調解或提付仲裁。三、申報和解債權或破產債權。四、告知訴訟。五、開始執行行為或聲請強制執行。民法之此種規定，其意旨在此。同理，就民法不中斷消滅時效之規定而言，其情形亦相同。故民法第一三一條規定：時效因起訴而中斷者，若撤回其訴訟，或因不合法而受駁回之裁判，其裁判確定，視為不中斷。

又民法或其他實體法規定，某種形成權應於一定期間內以起訴方法為行使，若權利人不於此期間內起訴者，即將喪失其形成權。此種實體法上所規定之形成權喪失效果，與原告有無遵守起訴之期間有關。例如，民法第七十四條所規定暴利行為撤銷權之除斥期間、第二四五條債權人撤銷權除斥期間、第九九〇條、第九九一條、第九九五條起至第九九七條各條所規定撤銷婚姻之除斥期間、第一〇五三條與第一〇五四條所規定以一定法定離婚原因訴請離婚之期間限制、第一〇六三條所規定否認婚生子女之訴提起之期間限制、公司法第一八九條所規定訴請法院撤銷股東會決議之期間限制。此類實體法所規定之除斥期間，同時即係對於形成之訴之原告提起訴訟之期間限制。原告僅於遵守其除斥期間為起訴時，對於實體法上之形成權始有行使效果，此係起訴對於實體法之效果。

民法第九五九條第二項規定：善意占有人，於本權訴訟敗訴時，自訴狀送達之日起，視為惡意占有人。此項善意占有人視為惡意占有人之民法效果，其法律效果發生之時點自起訴狀送達占有人之日起。但若原告撤回訴訟或因訴訟不合法遭判決駁回之情形，被告並未敗訴，自不發生視為惡意占有人之法律效果。訴訟實務上，常見原告於其起訴狀上記載，於起訴狀送達被告時視為原告對被告為解除契約或撤銷意思表示，或視為通知被告履行契約。於此情形，原告與被告間之私法上效果雖經送達訴狀而發生，但此係當事人間之意思表示到達於對方所生私法上之效果，並非起訴所生訴訟法上之效果。

值討論者，因起訴而時效中斷之權利範圍如何之問題。原則上，因時效而中斷之權利，限於原告以訴訟標的所主張之權利關係為範圍。例如，原告提起確認特定土地所有權歸原告所有之訴，此際，被告對該土地所有權取得時效即生中斷。就債權而言，若債權人就其債權對債務人提起給付之訴或確認之訴時，固然發生中斷該債權請求之消滅時效，若債務人就該債權提起消極確認之訴，否認債權人之債權時，此訴訟之提起亦能中斷消滅時效之效果。於後者情形之時效中斷時間，非以債權人之應訴主張其權利之時，而在債務人提起訴訟之時❶⑲。

當事人間之權利關係若未成為訴訟標的，但於訴訟上成為攻擊防禦方法而加以主張之情形，對此項權利關係有無發生中斷消滅時效之效力？對此問題，日本學者見解不一。有不認為有中斷時效之效力者⑳，有主張於提起確認基本的法律關係存在不存在之訴時，關於該確認之訴所發生之各個請求權，有中斷時效之效力㉑。有主張為判斷訴訟標的之權利關係，而成為主要爭點之權利關係者，對此項主要爭點之權利關係亦有中斷時效之效力㉒。日本判例有若干情形採取有中斷時效之效力見解，例如，基於土地所有權請求遷出土地之訴，有中斷被告所有權取得時效之效力。原告提起塗銷所有權移轉登記之訴時，

⑲ 參照兼子一，《民事訴訟法體系》第一七九頁。三ケ月章，《民事訴訟法》第三三二頁。
⑳ 見兼子一，《民事訴訟法體系》第一七九頁。菊井維大、村松俊夫，《全訂民事訴訟法II》第一二三頁。
㉑ 見齋藤秀夫，《民事訴訟法概論》第一五九頁。
㉒ 見新堂幸司，《民事訴訟法》第一六〇頁。

被告主張其有所有權之場合，此項所有權之主張有中斷原告取得時效之效力。債務人原告起訴請求塗銷抵押權登記，債權人被告應訴而主張其被擔保之債權存在時，有中斷被擔保債權請求權消滅時效之效力。原告提起確認保險契約存在之訴，有中斷其後因發生保險事故所生保險金請求權之時效之效力。原告於對造之取得時效完成以前提起確定境界之訴，在時效期間經過後將訴變更為確認土地所有權存在之訴，於此情形，確定境界之訴所中斷時效之效力繼續存在㉓。面對上述日本判例及若干學者新近之見解，學者有認為，昔日多數學說以中斷時效範圍限於訴訟標的之權利關係之見解，難免範圍太狹窄。從而認為，縱然係以攻擊防禦方法所主張之權利關係，但此項權利關係之主張對於對造之關係而言，有催告之作用而有中斷時效之效力，若此項權利關係成為訴訟請求理由之前提而被主張，且法院認定此項權利關係而為原告勝訴判決之情形，原告之起訴就此項非屬訴訟標的之權利關係亦有中斷時效之效力。若此項權利關係係由被告所主張而為排斥原告請求之前提者，於法院認定此項權利關係而將原告訴訟為駁回之判決時，應準用於被告就此項權利關係提起訴訟之情形，承認對此項權利關係亦有中斷時效之效力㉔。

第二節　送　達

一、送達之意義

送達係法院送達機關依法定方式，將訴訟上之文書，對於當事人或其他訴訟關係人為交付，使其能知悉文書內容為目的之訴訟行為。依法定方式為送達後，不論當事人或其訴訟關係人是否實際獲取該件文書，是否確實知悉文書內容，合法送達之訴訟行為發生訴訟法上之一定法律效果。故，送達是否合法，對於訴訟程序之進行有無違法影響頗大，法院有隨時注意之必要。

㉓ 參照中野貞一郎等三人，《民事訴訟法講義》（補訂第二版）第一八八頁以下。
㉔ 見中野貞一郎等三人，前揭書第一八九頁。

二、送達機關

實施送達之機關，依本法規定，法院、法院書記官、執達員、郵務機構、受囑託送達之機關或公務員均屬之（本法第一二三條至第一二五條、第一四四條至第一四六條）。視應受送達人之實際情況及送達方式之不同，實施送達之機關即有不同。今日郵電業務發達，法院實務大部分均由法院書記官交郵務機構為送達。

三、應受送達人

應受送達人原則上為本人，惟於實際情況，送達機關遇有無法親自對於本人為送達時，法院不得不例外規定其應受送達人，俾以解決問題。依本法規定，其應受送達人有下列各種：

㈠法定代理人

本法第一二七條規定，對於無訴訟能力人為送達者，應向其全體法定代理人為之。法定代理人有二人以上，如其中有應為送達處所不明者，送達得僅向其餘之法定代理人為之。有疑義者，法院對於未經合法代理之無訴訟能力人，就其不合法之起訴，以裁定命補正或裁定駁回起訴時，若法定代理人有無不明，該項裁定應向何人為送達？學者有謂得向本人為送達者㉕，拙以為法院應先查明其法定代理人再行送達，無法查明時，法院得依本法第五十一條之立法目的，依職權為當事人選任特別代理人，對特別代理人行送達。

㈡代表人或管理人

本法第一二八條規定，對於在中華民國有事務所或營業所之外國法人或團體為送達者，應向其在中華民國之代表人或管理人為之。前條第二項規定，於前項送達準用。即其代表人或管理人有二人以上，如其中有應為送達處所不明者，得僅向其餘之人為之。

㉕ 見王甲乙等三人合著，《民事訴訟法新論》第一二三頁。

(三)經理人

本法第一三一條規定，關於商業之訴訟事件，送達得向經理人為之。經理人依民法第五五五條規定，就其所任之事務，視為有代表商號為原告或被告或其他一切訴訟行為之權，故送達得向其為之。

(四)訴訟代理人

本法第一三二條規定，訴訟代理人受送達之權限未受限制者，送達應向該代理人為之。但審判長認為必要時，得命送達於當事人本人。依本法第七十條規定，訴訟代理人原則上，就其受委任之事件，有為一切訴訟行為之權。代本人受送達之權限，原則上無須受特別委任，惟當事人如於委任書內特別表明限制訴訟代理人受送達之權限時，不應向該訴訟代理人為送達（二二抗字第一四三號判例、二六滬抗字第四二號判例）。又依本法第七十一條規定，訴訟代理人有二人以上者，均得單獨代理當事人。送達為訴訟行為，其送達僅向其中一人為之，即生效力。至於民法第一六八條所規定，代理人有數人者，其代理行為應共同為之，此係對於法律行為之代理而言，與訴訟行為之代理，兩者法律效果不同，得分別發生其效力。又訴訟代理人合法委任之複代理人，如對其代理權未加限制，亦有代該訴訟代理人受送達之權限（四八臺上字第三一四號判例）。

(五)送達代收人

本法第一三三條規定，當事人或代理人經指定送達代收人，向受訴法院陳明者，應向該代收人為送達。

當事人或代理人經指定送達代收人，向受訴法院陳明者，既應向該代收人為送達，即應於向該代收人送達完畢時，發生送達之效力，其代收人於受送達後，曾否將文書轉交當事人，於送達之效力無影響。送達文書為判決者，其上訴期間即應自送達於該代收人之翌日起算，至該代收人實際上何時轉送於當事人，在所不問（二九聲字第一二五號判例、三一抗字第三二三號判例）。若法院不向該代收人為送達，而向該當事人為送達時，該送達既於當事人並無不利，即非法所不許（二六渝抗字第五〇二號判例）。

本法第一三四條規定，送達代收人，經指定陳明後，其效力及於同地之各級法院。但該當事人或代理人別有陳明者，不在此限。若當事人於第二審委有訴訟代理人，在其委任書內，並指定其為送達代收人時，此項記載，與另行指定送達代收人之情形有別。上訴第三審後，如未委任其為訴訟代理人，則第三審送達文件，應向當事人本人或其另委任之第三審訴訟代理人為之，不得再向該第二審訴訟代理人送達（四三臺抗字第九二號判例，七十一年一月十三日最高法院七十一年度第一次民刑事庭庭長會議決議㈢）。

四、應送達之文書

本法第一三五條規定，送達，除別有規定外，付與該文書之繕本或影本。文書有原本、正本、繕本、影本、節本之別。原本須由法院機關或當事人保存，不得交付。正本有代原本之效力，除依法必須交付正本時，始得交付，此外不得隨意交付。節本僅繕寫原本或正本之一部分，得隨時交付。繕本、影本係繕寫影印原本或正本之全部內容，當事人與法院之間為進行訴訟程序必要，通常送達文書之繕本或影本，即可使當事人知悉其全部內容，故，本法規定，原則上，將文書之繕本或影本為送達即可。惟若重要之訴訟行為經法院作成書面，其送達將影響當事人雙方之利害關係者，本法例外明定應以正本送達於當事人。例如本法第二二九條及第二三九條分別規定，判決與裁定應以正本送達於當事人。法院書記官製作之通知書（本法第一五六條），因無保存原本之必要，實務上均將通知書原本為送達。送達之際，若法律明定應交付正本，而竟交付繕本或影本，則其送達無效，若可交付繕本或影本而誤交付正本，則其送達仍為有效。

五、應送達之處所與送達之時間

1.本法第一三六條規定，送達於應受送達人之住居所、事務所或營業所行之。但在他處會晤應受送達人時，得於會晤處行之。不知前項所定應為送達之處所或不能在該處所為送達時，得在應受送達人就業處所為送達。應受送達人陳明在其就業處所收受送達者，亦同。對於法定代理人之送達，亦得於當事人本人之事務所或營業所行之。又本法第一三七條規定，送達於住居所、事務所或營業所不獲會晤應受送達人者，得將文書付與有辨別事理能力之同居人或受僱人。如同居人或受僱人為他造當事人者，不適用前項之規定。所謂同居人係指與應受送達人居住在一處共同為生活者而言（三二上字第三七二二號判例）。若送達於非應受送達人之處所時，縱經其同居人或受僱人受領送達，亦不生送達之效力（參照六九臺上字第三八二號、六九臺上字第二七七〇號、六九臺上字第三七五二號判例）。

本法第一三八條規定，送達不能依前二條規定為之者，得將文書寄存送達地之自治或警察機關，並作送達通知書兩份，一份黏貼於應受送達人住居所、事務所、營業所或其就業處所門首，另一份置於該送達處所信箱或其他適當位置，以為送達。寄存送達，自寄存之日起，經十日發生效力。本條所稱自寄存之日起，究係自寄存之當日起算，或自寄存日之翌日起算，最高法院九十四年第一次庭長、法官會議認應自寄存日之翌日起算。寄存之文書自寄存之日起，寄存機關應保存二個月。學者稱此為寄存送達。為寄存送達者，除須具有不能依第一三六條、第一三七條為送達之情形外，並須作送達通知書黏貼於應受送達人住居所、事務所、營業所或其就業處所門首，始有送達之效力。惟若應受送達人之住居所、事務所、營業所或其就業處所實際上已變更者，原住居所、事務所、營業所或其就業處所，即非應為送達之處所，自不得於該原處所為寄存送達（六四臺抗字第四八一號判例）。又本法第一三八條所規定之作成通知書人，應指將文書寄存之人（司法院二六院字第一六七九號解釋）。

2.本法第一四〇條規定，送達，除依第一二四條第二項由郵務人員為之外，非經審判長或受命法官、受託法官或送達地地方法院法官之許可，不得於星期日或其他休息日或日出前、日沒後為之。但應受送達人不拒絕收領者，不在此限。前項許可，法院書記官應於送達之文書內記明。郵務機構於休息日或夜間投遞郵件，均有其固定之時間與作業方式。訴訟文書由郵務機構於休息日或夜間送達，尚不致影響受送達人之日常作息，應無禁止之必要。

六、送達之方法

送達之方法，原則上由送達機關直接將文書交付應受送達人（本法第一二六條），最為簡便而確實。惟於實際實施送達時，常有無法對應受送達人直接送達之情形。為使訴訟程序能順利進行無阻，並兼顧雙方當事人或訴訟關係人之程序利益有所保障起見，本法除直接送達外，另有其他送達方法之規定，俾供補充運用，以解決不能為直接送達之困難。茲分述如下：

㈠間接送達

又稱為補充送達，此為前述第一三七條所規定之送達方法。即送達於住居所、事務所或營業所不獲會晤應受送達人者，得將文書交付與有辨別事理能力之同居人或受僱人。如同居人或受僱人為他造當事人者，不適用前項之規定。

(二)寄存送達

此為前述第一三八條所規定之送達方法。即送達不能依第一三六條、第一三七條規定為之者，得將文書寄存送達地之自治或警察機關，並作送達通知書兩份，一份黏貼於應受送達人住居所、事務所、營業所或其就業處所門首，另一份置於該送達處所信箱或其他適當位置，以為送達。寄存送達，自寄存之日起，經十日發生效力。寄存之文書自寄存之日起，寄存機關應保存二個月。

(三)留置送達

本法第一三九條規定，應受送達人拒絕收領而無法律上理由者，應將文書置於送達處所，以為送達。前項情形，如有難達留置情事者，準用前條之規定。第一三九條所稱之應受送達人，非僅以當事人為限，凡依本法第一二七條至第一三四條規定應受送達之人，第一三七條所定應補充送達之同居人或受僱人，均應認為包括在內（二七抗字第七三一號判例、二八上字第一九八二號判例）。值注意者，應受送達人拒收傳票，若送達人未將傳票置於送達處所以為送達，而隨將傳票帶回，致當事人未於法院所指定之言詞辯論期日到場，不能謂已受合法之傳喚（一八上字第一七六一號判例）。若應受送達人拒不收受判決，而法院未為留置送達，而竟以公示送達為之，其所踐送達程序顯非合法，即其判決當然尚無確定力可言（一九抗字第八○二號判例）。

(四)囑託送達

送達文書之地，若不屬審判法院之管轄地區，或應受送達人因身分特權或情況特殊，則送達事宜，不得使所屬法院送達機關實施。有此情形，宜囑託其他有權機關代為送達，此類送達方法稱為囑託送達。依本法規定，得囑託或應囑託為送達之情形有下列各種情形：

1. 法院相互間之囑託送達　本法第一二五條規定，法院得向送達地地方法院為送達之囑託。

2. 對於軍人之囑託送達　本法第一二九條規定，對於在軍隊或軍艦服役之軍人為送達者，應囑託該管軍事機關或長官為之。本條係於九十二年修正本法時，將原規定應向該管長官為送達改為囑託送達。立法者之修正理由認為，若軍人之該管長官於收受送達文書後，遲未轉交應受送達之軍人時，影響當事人權益至鉅，為保障應受送達之軍人，宜改應囑託該管軍事機關或長官為送達。又本條之適用並不限於在國內服役之軍人，在國外或出戰之軍人亦有其適用，且該應受送達之當事人現駐防何處為機密，僅主管軍事機關知悉，故除該管長官外，增列該管軍事機關為受囑託送達機關。

由於本條之規定，不僅對在國內服役軍人有其適用，對出戰或駐在外國之軍隊或軍艦之軍人亦可適用，且本條已修正為囑託送達，本法第一四七條即無重複規定必要。九十二年修正本法時，同時將第一四七條予以刪除。

3. 對在監所人之囑託送達　本法第一三〇條規定對於在監所人為送達者，應囑託該監所首長為之。本條規定為避免擾亂監所紀律。舊法規定應向該監所長官為之，惟如該長官於收受文書後遲未轉交應受送達人，影響當事人權益至鉅，故修正為應囑託該監所首長為之，以保障應受送達人之權益。

4. 對有治外法權人之囑託送達　本法第一四四條規定，於有治外法權人之住居所或事務所為送達者，得囑託外交部為之。

5. 於外國為送達之囑託送達　本法第一四五條規定，於外國為送達者，應囑託該國管轄機關或駐在該國之中華民國使領館或其他機關、團體為之。不能依前項規定為囑託送達者，得將應送達之文書交郵務機構以雙掛號發送，以為送達，並將掛號回執附卷。此乃基於本國司法權不行於外國領土之國際法原則。能否囑託外國管轄機關為送達，視該國與我國有無協助條約或有無國際習慣而定。

6. 對我國駐外使節之囑託送達　本法第一四六條規定，對於駐在外國之中華民國大使、公使、領事或其他駐外人員為送達者，應囑託外交部為之。此類人員在駐在之外國享有治外法權，既不能囑託該外國機關為送達，亦無從依本法第一四五條後段為囑託送達，囑託由其上級監督機關之外交部為送達，最為適當。

(五)公示送達

所謂公示送達，係法院書記官將應送達於當事人之文書，依一定之法定程序為公告，於經過法定期間後，發生送達效力之送達方法。公示送達之送達效力，係法律之擬制，不論當事人是否實際知悉或何時知悉送達之事，亦不論其有無向法院書記官領取所保管之文書，若公示送達之要件及程序均合法者，均生送達效力。

1. 公示送達之要件（本法第一四九條）

(1)須對於當事人之送達　當事人為訴訟之基本要素，訴訟程序之進行及終結，除法院外，不能無對當事人或由當事人為一定之訴訟行為。至於非當事人之人，其訴訟行為於訴訟程序，並非絕對必要。對於當事人之送達為法院之重要訴訟行為，既不能欠缺，亦不能違法。故，法律規定，以對於當事人之送達為限，得行公示送達以解決實際困難。惟此處所謂當事人應採廣義解釋，包括參加人在內。

(2)須有本法第一四九條第一項各款情形之一：

①應為送達之處所不明者　此指依一般社會觀念，不知其應為送達之處所而言，非以聲請人主觀上之不明為標準，亦非以絕對客觀之不明為標準。又應為送達之處所不明者，係指已用相當之方法探查，仍不知其應為送達之處所者而言。其不明之事實，應由聲請公示送達之人負舉證之責任，而由法院依具體事實判斷之（八十二年臺上字第二七二號判例）。

②於有治外法權人之住居所或事務所為送達而無效者　在我國有治外法權者之住居所或事務所，非有其人之同意，則不得入。故對於在其住居所或事務所內，應受我國法院管轄審判者之送達，非得同意，不能為之。若在我國有治外法權者拒絕送達人進入其住居所或事務所，則應依公示送達之方法以為送達。

③於外國送達，不能依第一四五條之規定辦理或預知雖依該條規定辦理而無效者　若我國與該外國因無司法協助之條約，無法囑託外國機關為送達，或我國無外交人員在該國辦事，或該外國在戰亂中，均可預知囑託送達必無效果。

(3)須有當事人之聲請　原則上，送達係由法院依職權為之，但公示送達應依當事人之聲請始得為之，法院不得以當事人有公示送達之原因為理由逕行依職權為公示送達。

對於上述公示送達應由當事人聲請之原則，本法第一四九條第三項、第四項及第一五〇條特別明定有三例外情形，法院得依職權命為公示送達：即①本法第一四九條第一項所列各款情形，如無人為公示送達之聲請者，受訴法院為避免訴訟遲延，認為必要時，得依職權命為公示送達（本法第一四九條第三項）。例如，原告訴狀中漏未記載兩造住址或記載錯誤，法院命其補正而不補正，縱以裁定駁回原告之訴，但該裁定因無人聲請公示送達而無法送達。於此情形，受訴法院得依職權命為公示送達，惟以避免訴訟遲延而認為必要者為限。②原告或曾受送達之被告，變更其送達之處所，而不向受訴法院陳明，致有第一四九條第一項第一款情形者（應為送達之處所不明者）（本法第一四九條第四項）。③依第一四九條規定為公示送達後，對於同一當事人仍應為公示送達者（本法第一五〇條）。

第二審程序雖稱當事人為上訴人與被上訴人，但在第一審起訴者與被訴者，在第二審程序仍不失為原告與被告，民事訴訟法第一四九條第四項之規定適用於第二審程序，依當事人在第一審之地位定其是否同項所稱之原告或曾受送達之被告，至其在第二審程序為上訴人抑為被上訴人，在所不問（司法院三五解字第三一一九號）。原告提起上訴後變更住址未陳報法院，致應為送達之處所不明，應依職權命為公示送達（司法院第一廳72.1.26.(72)廳民一字第〇〇六九號）。原告與被告之訴訟，原告獲勝訴，應送達被告之判決正本經公示送達確定。原告依本法第九十一條規定聲請確定訴訟費用額，其聲請狀所載被告住所，仍為原判決正本所載被告不能送達之原住所，法院就此聲請事件所為之裁定，應依職權對被告為公示送達（司法院第一廳74.6.4.(74)廳民一字第四三七號）。

(4)須經受訴法院裁定准許公示送達　當事人聲請公示送達，經證明其主張之事由後，法院認為符合公示送達之要件者，應為准許之裁定。法院依職權第一次命為公示送達之情形，亦應以裁定為之，法院書記官不得未經法院裁定逕行公示送達。惟於第一次公示送達後，對於同一當事人仍應為公示送達者，法院無須再為准許之裁定，法院書記官得依職權為之（本法第一五〇條）。

2.公示送達之方式　本法第一五一條規定，公示送達應由法院書記官保管應送達之文書，而於法院之公告處黏貼公告，曉示應受送達人得隨時向其領取。但應送達者，如係通知書，應將該通知書黏貼於公告處。除前項規定外，法院應命將文書之繕本、影本或節本，登載於公報或新聞紙，或用其他方法通知或公告之。上述兩者必須兼備，苟缺其一，即不生公示送達之效力（七五臺抗字第一八三號判例）。又依本法第一五三條規定，為公示送達者，法院書記官應作記載該事由及年、月、日、時之證書附卷。

3.公示送達發生效力之時間　本法第一五二條規定，公示送達，自將公告或通知書黏貼公告處之日起，其登載公報或新聞紙者，自最後登載之日起，經二十日發生效力；就應於外國為送達而為公示送達者，經六十日發生效力。但第一五〇條之公示送達，自黏貼公告處之翌日起，發生效力。本條所稱經二十日、經六十日發生效力，其起算日應自將公告或通知書黏貼公告處之日、或最後登載公報或新聞紙之日之翌日起算（最高法院九十四年第一次庭長、法官會議決定）。按公示送達，無論應受送達人已否知悉，及何時知悉，均於民事訴訟法第一五二條所定發生效力之日，視為已有送達（二六滬抗字第五八號判例）。

㈥電信傳真或其他科技設備傳送之送達

本法於民國八十九年二月修正時新增第一五三條之一，其規定云：「訴訟文書，得以電信傳真或其他科技設備傳送之；其有下列情形之一者，傳送與送達有同一之效力：一、應受送達人陳明已收領該文書者。二、訴訟關係人就特定訴訟文書聲請傳送者。前項傳送辦法，由司法院定之。」

立法者認為，為配合現代科技發展，加速訴訟文書之傳送，以促進訴訟之進行，於本條第一項規定訴訟文書得以電信傳真或其他科技設備為傳送。惟以電信傳真等方式傳送文書，受傳送人可能因不知法院已為電信傳真而疏於收領，或因設備故障而未收到內容明確之文書，自不宜一概使生送達效力。爰規定限於應受送達人陳明已收領該文書或訴訟關係人就特定文書聲請傳送之情形，其傳送始與送達有同一之效力。又有關實施傳送之細節，應隨設備狀況而定，宜由司法院另以辦法定之，故規定本法第二項。

七、送達證書

證明已經行送達之文書，稱為送達證書。依本法第一四一條之規定，送達人應作送達證書，記載下列各款事項並簽名：一、交送達之法院。二、應受送達人。三、應送達之文書。四、送達處所及年月日時。五、送達方法。送達證書，應於作就後交收領人簽名、蓋章或按指印；如拒絕或不能簽名、蓋章或按指印者，送達人應記明其事由。收領人非應受送達人者，應由送達人記明其姓名。送達證書，應提出於法院附卷。

若應送達之文書，經送達人依法定方法為送達而不能達成結果者，依本法第一四二條規定，送達人應作記載該項不能送達事由之報告書，提出於法院附卷，並繳回應送達之文書。法院書記官應將不能送達之事由，通知使為送達之當事人。於此情形，法院通常諭當事人限期另行查報應受送達人之住居所、事務所、營業所或其就業處所，俾能重新送達或依法聲請公示送達。

除上述一般情形作成送達證書或報告書外，若法院書記官依本法第一二六條規定，於法院內將文書付與應受送達人，以為送達者，應命受送達人提出收據附卷（本法第一四三條）。又依本法第一五三條規定，為公示送達者，法院書記官應作記載該事由及年、月、日、時之證書附卷。

送達證書為公證書，送達之年、月、日、時除有反證外，應以送達證書所記載者為準。送達人按照定式作成之送達證書，非有確切反證，應受送達人不得否認其曾受送達（二一抗字第二六號判例、二二上字第九一八號判例）。

八、送達之瑕疵與應受送達人之救濟方法

送達在外觀上雖有實施送達行為存在，但由於送達方法或有關送達機關、送達文書、應受送達人、送達證書等事項內容違反本法規定而發生瑕疵之情形，該項送達是否絕對不生效力？能否於事後因治療而除去瑕疵？此類問題，德日學說判例多有討論。送達之瑕疵，原則上不發生送達之效力，即視為無送達存在，惟於一定情形其瑕疵得除去而治癒。例如，郵差在應受送達人住宅誤來訪之客人為當事人本人而為送達，俟當事人本人回家，客人將送達文書交付，且於辯論期日到庭者，對終結之辯論，不得於事後主張送達不合法而無效，蓋當事人已喪失責問權而送達之瑕疵已獲治癒也。送達係法院之訴訟行為，其主要目的係將法院或當事人已有一定行為之事，使對造當事人或訴訟關係人確實獲知，從而保障其訴訟上之程序利益。若因送達而引發之訴訟效果不涉及公益之保護，得任由當事人任意處分者，原則上得認為當事人因放棄責問權而治癒有瑕疵之送達。

惟送達結果若涉及不變期間之起算時點之情形，基於保障人民對不當裁判有待救濟必要之公益，不能認為純屬保護當事人私益之事，故，不得解釋可因放棄責問權而治癒有瑕疵之送達，否則，不變期間制度將無發揮其確保公益之功能。從而判決未經合法之送達者，須於當事人本人確實接獲裁判正本之時點，始能認為治癒而起算不變期間。例如，法院之公示送達不合法者，須於重行合法之公示送達生效後或當事人本人確實收受判決正本之時點後，始得起算上訴之不變期間，否則，判決之送達視為不存在，不變期間無從起算㉖。有關送達瑕疵之治療問題，在立法上，德國民事訴訟法第一八七條之規定條文頗值參考。

㉖ Vgl. Rosenberg-Schwab, ZPO. 14. Aufl. S. 447ff.; 兼子一、松浦、新堂、竹下著，《注解民事訴訟法》第四一四頁以下。

當事人主張法院送達不合法，惟因上訴期間已經過，在形式上，判決已確定時，其救濟程序如何？頗值討論。可否以本法第四九六條第一項第六款所規定，當事人知他造之居住所，指為所在不明而與涉訟為理由，提起再審之訴？抑或依本法第一六四條第一項規定，以當事人因其他不應歸責於己之事由遲誤不變期間情形為理由，聲請回復原狀？拙以為不合法之送達既然不生送達效力而視為送達不存在，則上訴之不變期間無從起算，原則上得以聲請回復原狀之程序為救濟，蓋送達不合法之法院判決始終不生確定也。司法院二十三年院字第一〇四八號㈡云：當事人或代理人追復其遲誤之訴訟行為，在民事訴訟法並未定有何種程序，故當事人或代理人如以追復為理由，聲明上訴，受訴法院接受此項聲明，即應就其追復之事由先予審究，如以其事由不存在，自仍應認為上訴逾期，逕以裁定駁回其上訴。反是，則其訴訟行為之遲誤經追復後，即屬合法上訴，自應就其本案為之審判，倘他造對於追復之事由尚有爭執時，得先為中間判決。至應否經言詞辯論，自可由法院斟酌情形定之，若被駁回上訴後，始行聲請追復，自應以裁定駁回，司法院之解釋頗值辦案參考。

第三節　期日、期間與回復原狀

民事訴訟之進行，在辯論主義原則下，有由法院及雙方當事人於一定時日會合之必要。為此，本法規定法院與當事人、其他訴訟關係人會合為訴訟行為之時日，稱為期日。又法院與當事人之訴訟行為，於訴訟進行中若不限制其應行為之時間，訴訟程序必然拖延。為使訴訟程序迅速進行，並保障當事人有準備之時間，本法具體個別就法院或當事人應為一定訴訟行為之時間加以規定，俾供遵守，稱為期間。法院或當事人之訴訟行為，若不於所定之期日或期間為之，即成為懈怠(Versäumnis)。懈怠之訴訟行為，其情形嚴重者，發生失權後果。惟為顧及當事人不得已之懈怠情況，不能不另外規定，得除去其失權後果之程序，稱為回復原狀。本節專就期日、期間與回復原狀之規定為說明討論。

一、期　日

㈠期日之指定與變更

期日，除別有規定外，由審判長依職權定之（本法第一五四條）。惟受命法官或受託法官關於其所為之行為，得定期日（本法第一六七條第一項)。期日,除有不得已之情形外,不得於星期日或其他休息日定之(本法第一五五條)。審判長定期日後,法院書記官應作通知書,送達於訴訟關係人。但經審判長面告以所定之期日命其到場,或訴訟關係人曾以書狀陳明屆期到場者,與送達有同一之效力(本法第一五六條)。

於期日,必有應為之訴訟行為。因應為訴訟行為之不同,本法規定之期日名稱各不相同。例如,準備程序期日(本法第二七三條第一項)、調查證據期日(本法第二九〇條)、言詞辯論期日(本法第二五〇條)、宣示裁判期日(本法第二二三條第二項)、調解期日(本法第四〇七條)。

期日,以朗讀案由為始(本法第一五八條)。期日應為之行為,於法院內為之。但在法院內不能為或為之而不適當者,不在此限(本法第一五七條)。例如,元首為證人,應就其所在詢問之(本法第三〇四條)。期日,如有重大事由,得變更或延展之。變更或延展期日,除別有規定外,由審判長裁定之(本法第一五九條)。

㈡遲誤期日之後果

基於職權主義原則及促進訴訟迅速之必要,審判長所定之言詞辯論期日,當事人無變更之聲請權,其為此聲請者,審判長如認為無重大事由,不予容納,自無庸為駁回之裁定(二九上字第二〇〇三號判例)。審判長所定言詞辯論期日,不因當事人聲請變更而失其效力,當事人一造雖聲請變更期日,但在未經審判長裁定變更前,仍須於原定期日到場,否則仍應認為遲誤期日,法院自得許由到庭之當事人一造辯論而為判決(二八上字第五〇一號判例、四一臺上字第九四號判例)。又司法院二十二年院字第八九九號解釋認為,律師不能於同一期日在二處以上法院出庭,不得認係本法第一五九條得變更期日或延展期日之重大理由。於訴訟實務上,審判長於當場定期日之際,大都均能依律師之請求,考慮律師不能於同一期日在二處法院開庭之困難。

當事人遲誤期日之後果,本法於各種情形,有明定其訴訟法上之法律效果。例如,兩造當事人無正當理由不於言詞辯論期日到場,即生合意停止訴訟程序之效果。法院認為必要時,得依職權續行訴訟,如無正當理由兩造仍遲誤不到者,視為撤回其訴或上訴(本法第一九一條)。一造當事人不於言詞辯論期日到場,即生應對到場之他造行準備程序,並得不另定新期日而終結準備程序之效果(本法第二七三條)。言詞辯論期日,當事人一造不到場者,得依到場當事人之聲請,由其一造辯論而為判決；不到場之當事人，經再次通知而仍不到場者，並得依職權由一造辯論而為判決（本法第三八五條第一項）。證人、鑑定人不於期日到場，即生得對其科罰鍰之效果（本法第三〇三條第一項、第三二四條）。兩造或一造不於法院調解期日到場，即生視為調解不成立之效果（本法第四二〇條）。

二、期　間

㈠期間之意義與種類

1. 當事人之行為期間與法院職員之行為期間　本法第一六〇條至第一六七條所規定之期間，主要目的係就當事人應為之訴訟行為或就當事人之訴訟準備規定其一定之行為期間，強制當事人嚴格遵守，俾利訴訟程序順利進行，此為狹義意義之期間，又稱為固有期間 (Eigentliche Fristen)。在此一意義之下，就當事人而言，得分為當事人之行為期間與考慮期間 (Überlegungsfristen, 或稱等待期間 Wartefristen) ㉗。前者例如，上訴期間（本法第四四〇條）、補提第三審上訴理由書期間（本法第四七一條第一項）、抗告期間（本法第四八七條）、再審訴訟期間（本法第五〇〇條第一項）、債務人對支付命令提出異議期間（本法第五一四條）、撤銷除權判決之訴期間（本法第五五二條第一項）。後者例如，在途期間（本法第一六二條）、公示送達發生效力期間（本法第一五二條）、不得聲請回復原狀之期間（本法第一六四條第三項）。上述當事人應遵守之行為期間或考慮期間，一旦經過，當事人不得再為該項訴訟行為，在訴訟上遭受重大之不利益。

至於法院職員為訴訟行為時應遵守之期間，稱為非固有期間 (Uneigentliche Fristen)，又稱為職務期間。原則上職務期間僅有訓示之意義，不因法院職員不遵守而在訴訟法上發生訴訟行為之有效無效問題，故另稱為訓示期間。例如，宣示判決期間（本法第二二三條第三項），判決原本交付期間（本法第二二八條第一項），判決正本送達期間（本法第二二九條第二項）。

2. 法定期間與裁定期間 (Gesetzliche und richtliche Fristen)　期間之長短，非由法律加以明定，則由法院或審判長以裁定為決定。前者稱為法定期間，後者稱為裁定期間。本法第一六〇條規定，期間，除法定外，由法院或審判長酌量情形定之。法

㉗ Vgl. Rosenberg-Schwab, ZPR. 14. Aufl. S. 426ff.

院或審判長所定期間，自送達定期間之文書時起；無庸送達者，自宣示定期間之裁判時起算。但別定起算方法者，不在此限。最高法院判例認為，審判長命令當事人補繳裁判費所定之期間，並非法定期間，不適用民事訴訟法第一六二條應扣除在途期間之規定（二九抗字第一八四號判例）。民事訴訟法第一六二條第一項所謂應扣除在途期間計算之法定期間，係僅指同法所規定訴訟關係人應為一定訴訟行為之期間而言，惟不變期間與通常法定期間始足當之（四三臺上字第八五〇號判例）。又裁定期間並非不變期間，故當事人依裁定應補正之行為，雖已逾法院裁定期間，但於法院尚未認其所為之訴訟行為不合法予以駁回前，其補正仍屬有效，法院不得以其補正逾期為理由，予以駁回（五一臺抗字第一六九號判例）。

3. 不變期間與通常期間　當事人應為訴訟行為之法定期間，其中，法律有特別以明文規定為不變期間者，稱為不變期間（Notfristen）。其不規定為不變期間者，稱為通常期間（Gewöhnliche Fristen）。前者例如，上訴期間（本法第四四〇條）、抗告期間（本法第四八七條）、再審訴訟期間（本法第五〇〇條第一項）、撤銷除權判決之訴期間（本法第五五二條），此等期間，法文中均明示為不變期間。不變期間之特性有三，(1)不變期間不得伸長或縮短，既不得由法院將其伸縮，亦不得由雙方當事人合意伸縮（本法第一六三條第一項但書）。(2)不變期間不因當事人合意停止訴訟而受影響，僅於訴訟當然停止及法院依法裁定停止訴訟之情形，始能停止不變期間之進行㉘。(3)遲誤不變期間僅得以回復原狀之程序方法為救濟。不變期間，法院不得依聲請或依職權伸縮，送達於當事人之判決或裁定正本內記載上訴或抗告期間，縱有誤記較法定不變期間為長，亦不生何等效力，當事人提起上訴或抗告，仍應於法律所定不變期間內為之（二三抗字第三四三號判例、三〇聲字第四二號判例）。

至於法定期間之通常期間，例如，聲請回復原狀之期間（本法第一六四條第一項）、證人鑑定人請求日費旅費之期間（本法第三二三條第二項）。此類通常期間，依本法第一六三條之規定，如有重大理由，得由法院以裁定伸長或縮短之。

(二)期間之計算與在途期間之扣除

本法規定，期間之計算，依民法之規定（本法第一六一條）。民事訴訟法之期間，大都以日定之，故應適用民法第一二〇條至第一二二條之規定。以日定期間者，其始日不算入，且以期間末日之終止，為期間之終止，期間之末日為星期日、紀念

㉘ 參照 Rosenberg-Schwab, a. a. O. S. 427; Thomas-Putzo, ZPO. 15. Aufl. S. 462.

日或其他休息日者，以其休息日之次日代之。當事人聲請撤銷假處分事件之裁定於民國五十八年十一月五日收受，算至同月十五日屆滿十日，惟該十一月十五日為星期六，下午各機關均休息不辦公，十六日為星期日，於扣除一日半後，算至同月十七日上午抗告期間始行屆滿，當事人係於民國五十八年十一月十七日上午提出抗告書於第一審法院，顯未逾十日之不變期間（五九臺抗字第二三〇號判例）。

法定期間常因當事人之遲誤而發生失權結果，對於居住遠地之當事人，若不考慮增加其到達法院所需交通時間，勢難公平，對該當事人亦太苛刻，為此本法設有扣除在途期間之規定。本法第一六二條規定，當事人不在法院所在地住居者，計算法定期間，應扣除其在途之期間；但有訴訟代理人住居法院所在地，得為期間內應為之訴訟行為者，不在此限。前項應扣除之在途期間，由司法院定之。此處應扣除在途期間者，僅限於法定期間，至於法院或審判長之裁定期間，不生扣除在途期間問題，蓋於裁定期間，其於裁定時本應由法院或審判長將在途期間斟酌在內也。又本法第四七一條第一項規定之二十日補提上訴理由書期間，係屬通常法定期間，應有本法第一六二條扣除在途期間之適用（司法院74.7.23.(74)廳民一字第五八二號函、七十六年六月十六日最高法院七十六年度第九次民事庭會議決議(二)）。

司法院所定法院訴訟當事人在途期間表有詳細之規定，當事人居住於我國法院管轄區域內者，其往各地方法院、高等法院、最高法院之在途期間，短者一日，長者三十日。例如金門縣居民上訴最高法院之在途期間為三十日，澎湖縣居民上訴臺灣高等法院高雄分院之在途期間為十九日。當事人居住於國外者，其在途期間，亞洲地區為三十七日，澳洲、歐洲、美洲均為四十四日，非洲為七十二日。

三、遲誤不變期間之回復原狀

本法所定之不變期間，法院不得以任何理由伸長，如有遲誤，當事人勢必喪失訴訟上之重大權益，若不問遲誤原因如何，一律不考慮其救濟途徑，對於當事人而言，未免苛刻。故，本法設有聲請回復原狀之制度。本法第一六四條規定，當事人或代理人因天災或其他不應歸責於己之事由，遲誤不變期間者，於其原因消滅後十日內，得聲請回復原狀。前項期間，不得伸長或縮短之。但得準用前項之規定，聲請回復原狀。遲誤不變期間已逾一年者，不得聲請回復原狀。

㈠回復原狀之要件

依本法第一六四條之規定，回復原狀之要件有三，即

1.須當事人或代理人遲誤不變期間　遲誤不變期間之人須為當事人或代理人始可，此為本法之規定，惟德國民事訴訟法第二三三條、奧國民事訴訟法第一四九條及日本修正前民事訴訟法第一五九條均僅規定為當事人之遲誤不變期間。按當事人未必有訴訟能力，其訴訟行為應由法定代理人或訴訟代理人為之。此際，有無遲誤不變期間之訴訟行為，應指代理人之訴訟行為而言。故，當事人有訴訟能力者，固可能發生遲誤不變期間問題，當事人無訴訟能力者，即代理人可能發生遲誤不變期間。

2.當事人或代理人所遲誤者須係不變期間　民事訴訟法第一六五條所謂不變期間，係指法定期間之冠有不變字樣者而言（二二抗字第六〇七號判例）。本法第五〇〇條第一項規定，再審之訴，應於三十日之不變期間內提起。此一不變期間之規定，準用於當事人以和解有無效或有撤銷原因時得請求繼續審判之情形（本法第三八〇條第二、四項），故當事人得請求繼續審判，亦應於三十日之不變期間內提起。從而亦有遲誤請求繼續審判不變期間，而有回復原狀之適用。

3.須因天災或其他不應歸責於己之事由為原因　所謂不應歸責於己之事由，指事出意外，當事人或代理人並無任何故意過失責任之情形而言。必須訴訟行為遲誤不變期間與天災或其他事故有因果關係，始得成為回復原狀之原因（一八抗字第一六五號判例）。有無不應歸責於己之事由，由法院依客觀標準具體判斷，若以一般人之注意而不能預見或不可避免之情況，即足當之。例如，當事人或代理人忽罹重病，實際陷於不能為訴訟行為；被盜匪劫持，喪失行動自由無法報信之情形均屬之。至於僅以患病為理由，而於疾病事實外，非更有不能委任代理或不能依其他方法以免遲誤之情事者，無回復原狀之原因（二〇抗字第八一四號判例）。送達代收人之過失，並非所謂不應歸責於己之事由，不得以此為回復原狀之原因（二九抗字第四一四號判例）。

㈡聲請回復原狀之程序及審理

依本法第一六四條及第一六五條之規定，因遲誤上訴或抗告期間而聲請回復原狀者，應以書狀向為裁判之原法院為之；遲誤其他期間者，向管轄該期間內應為之訴訟行為之法院為之。遲誤期間之原因及其消滅時期，應於書狀內表明並釋明之。聲請回復原狀，應同時補行期間內應為之訴訟行為。又聲請回復原狀之時間，必須於其遲誤不變期間之原因消滅後十日內為

聲請回復原狀。此項聲請之期間，不得伸長或縮短之，但得準用前項之規定聲請回復原狀。若遲誤不變期間之原因事由已逾一年始行消滅者，不得聲請回復原狀。聲請回復原狀，應同時補行期間內應為之訴訟行為。若當事人僅行不變期間內應為之訴訟行為而未同時聲請回復原狀者，俟該項上訴或抗告之訴訟行為經裁定駁回後，當事人於逾十日期間始行聲請時，縱有不應歸責於己之事由，亦不許聲請回復原狀（二八聲字第二四五號判例、三五京聲字第一三二號判例）。

依本法第一六六條規定，回復原狀之聲請，由受聲請之法院與補行之訴訟行為合併裁判之。但原法院認其聲請應行許可，而將該上訴或抗告事件送交上級法院者，應送由上級法院合併裁判。

當事人或代理人聲請回復原狀，經法院審理認為合法且有理由者，即成回復原狀之效果。回復原狀之效力，僅使補行之上訴或抗告之訴訟行為視為適時所為而已。故，法院應另就當事人或代理人補行之訴訟行為，是否合法及有無理由為審判。

第四節　訴訟程序之停止

一、總　說

㈠訴訟程序停止之概念與種類

本法第一六八條至第一九一條所規定訴訟程序之停止，係指訴訟繫屬中，因一定事由之發生，該訴訟程序在法律上成為不得進行之狀態而言。於此情形，法院不得進行訴訟程序，否則構成違法。訴訟一旦繫屬於法院，原則上應迅速不斷進行其程序。惟於某種情形，法院或當事人實際上無法為訴訟行為或不宜為訴訟行為，若不停止訴訟程序，對於公益及私益反而有害，因此本法特設訴訟程序停止之制度。訴訟程序之停止係有法定原因之停止，能發生一定訴訟法上之效果，應與法院或當事人事實上將訴訟擱置而停止進行之情形，兩者有所區別。例如本法第三十七條所規定，法官因被聲請迴避，於該聲請事件終結前，應停止訴訟之情形，係指事實上之停止訴訟，並非本節所謂之訴訟程序停止。

本法規定之訴訟程序停止制度有三種，即當然停止、裁定停止、合意停止。德國立法例與我國相同，惟修正前之日本法僅有當然停止與裁定停止兩種，已將舊民事訴訟法時代之合意停止制度廢止㉙。

㈡訴訟程序停止之開始與終結

訴訟程序停止之原因大都由於當事人本身之事由，例如死亡、破產、喪失訴訟能力等，或由於天災事故、訴訟事件之情況關係之發生，或以當事人之合意、法律之擬制等為原因。訴訟程序之停止，於當然停止係法定事由之存在而當然開始；於裁定停止及合意停止係於送達法院裁定或當事人向法院陳明其合意而開始。訴訟程序之停止，於當然停止係因法定事由已除去且有訴訟承受而終結；於裁定停止係由法院以裁定撤銷而終結；於合意停止係由當事人向法院陳明續行訴訟或停止期間屆滿而終結。

二、訴訟程序之當然停止

所謂當然停止係指，訴訟程序於法定事由發生時，不問法院及當事人是否知悉，無待法院或當事人之行為，當然均應停止訴訟之進行。本法第一六八條至第一八〇條之規定係就當然停止為規定。

㈠當然停止之原因

1. 當事人死亡　本法第一六八條規定，當事人死亡者，訴訟程序在有繼承人、遺產管理人，或其他依法令應續行訴訟之人承受其訴訟以前當然停止。當事人本人自為訴訟時，若於起訴後判決確定前死亡，或受死亡宣告，則訴訟缺少相對人，法律上當然停止。通常共同訴訟人中之一人死亡或受死亡宣告，其訴訟程序僅對該死亡當事人當然停止，若係必要共同訴訟，則其當然停止之效力依本法第五十六條第一項第三款規定及於全體。參加人死亡，訴訟程序是否當然停止？若訴訟標的對於死亡之參加人及其所輔助之當事人必須合一確定，則當然停止（本法第六十二條、第五十六條第一項第三款），非必須合一確定者，則不當然停止。

承受訴訟之繼承人，包括受遺贈人㉚。若訴訟標的之法律關係不得繼承者，則不生訴訟程序當然停止問題，其訴訟程序視為終結。例如離婚之訴，夫或妻於判決確定前死亡者，關於本案視為訴訟終結；夫或妻提起撤銷婚姻之訴者，亦同，家事

㉙ 參照齋藤秀夫編，《注解民事訴訟法⑶》第四三八頁。

㉚ 參照齋藤秀夫，《注解民事訴訟法⑶》第四五六頁以下。

事件法第五十九條定有明文。又同法第五十九條規定於撤銷收養、終止收養關係、撤銷終止收養之訴準用之（家事事件法第六十九條第三項規定）。上述收養子女與養父母間之訴訟，於判決確定前，如養子女死亡，或養父母均死亡者，本案訴訟視為終結。當事人死亡，除有承受訴訟或訴訟視為終結之特別規定，依其規定處理外，應依本法第二四九條第一項第三款規定，認為當事人能力欠缺，以裁定駁回其訴（司法院三四院解字第三○四四號解釋、二九上字第一五七二號判例）。又專屬於一身之權利，不得讓與或繼承，例如親屬會員資格，於親屬會員死亡時，其繼承人不得聲明承受訴訟（四三臺聲字第六七號判例）。當事人死亡而有以遺囑指定之遺囑執行人者，應由遺囑執行人承受訴訟（四六臺上字第二二三六號判例）。訴訟繫屬不因當事人死亡而消滅，如他造當事人就同一訴訟標的對於已死亡當事人之繼承人另行起訴，即屬違背本法第二五三條所定禁止重訴之規定（六七臺上字第三六五○號判例）。

2.法人因合併而消滅者　本法第一六九條規定，法人因合併而消滅者，訴訟程序在因合併而設立或合併後存續之法人，承受其訴訟以前當然停止。前項規定，於其合併不得對抗他造者，不適用之。

法人之合併，有時可能損害債權人之利益，法律為保護債權人設有若干關於合併前應踐行之一定程序。例如，公司為合併之決議後，應即向各債權人分別通知及公告，並指定三十日以上期限，使債權人得提出異議，公司不依此程序而合併者，不得以其合併對抗債權人（公司法第七十三條、第七十四條、第三一九條）。若於此情形，他造當事人即係公司債權人時，該公司合併不生訴訟程序當然停止。

公司僅概括承受他公司之資本及負債，而非合併他公司者，不得准許其向法院聲明承受訴訟（七十六年十一月二十四日最高法院七十六年度第十五次民事庭會議決議㈢）。

國家機關因裁撤或改組而不存在者，其性質與法人因合併而消滅者相類，故其訴訟程序應類推適用民事訴訟法第一六九條第一項規定，在承受其業務之機關承受其訴訟以前當然停止（八九臺上字第八六八號判例）。

3.當事人喪失訴訟能力或法定代理人死亡或其代理權消滅者　本法第一七○條規定，當事人喪失訴訟能力或法定代理人死亡或其代理權消滅者，訴訟程序在有法定代理人或取得訴訟能力之本人，承受其訴訟以前當然停止。

有疑義者，未成年人之當事人因成年或結婚而取得訴訟能力，或受監護宣告之人因法院撤銷其監護宣告，使其法定代理人之代理權消滅者，未成年人或受監護宣告之人之訴訟能力已不成問題，有無使訴訟程序當然停止之必要？學者有謂應由本人續行訴訟，無當然停止之必要者㉛，有認為訴訟程序必須當然停止者㉜。拙認為後說為是，蓋取得訴訟能力之本人，於未向法院聲明承受訴訟以前，法定代理人之代理權因消滅，無法有效為訴訟行為，訴訟如不當然停止，當事人本人將有受害之虞也。又公司之董事長死亡，公司之訴訟，得由公司之總經理承受訴訟，其未承受以前，訴訟當然停止（民法第五五五條）。法人之法定代理人退休後，其代理權消滅，訴訟程序應於新任法定代理人聲明承受訴訟以前當然停止（司法院74. 2. 25.(74)廳民一字第一一八號函）。法定代理人遲不聲明承受訴訟，他造當事人亦不向法院聲明承受訴訟時，法院為避免訴訟久處於停止狀態，得類推適用本法第一七八條規定，依職權裁定命其續行訴訟（司法院78. 9. 5.(78)廳民一字第九五八號函）。

4.受託人之信託任務終了者　本法第一七一條規定，受託人之信託任務終了者，訴訟程序在新受託人或其他依法令應續行訴訟之人承受其訴訟以前當然停止。信託人將財產權移轉於受託人，委託其依所託目的及意旨，為信託人或其指定人之利益，就該財產為管理或處分之法律行為，稱為信託。受託人所管理之信託財產因有獨立性，受託人在訴訟上成為當事人係屬訴訟擔當人之性質。受託人之死亡、辭任、解任、監護宣告、破產、解散等情形，即為受託人之信託任務終了（信託法第四十五條第一項參照），此際，信託財產視為移轉於新受託人或其他依法令應續行訴訟之人，關於信託財產之當事人適格亦生移轉，從而於新受託人承受其訴訟以前有當然停止之必要。否則，信託財產及信託人，因無法為訴訟行為，將有受害之虞㉝。

5.本於一定資格，以自己名義為他人任訴訟當事人之人，喪失其資格或死亡者　本法第一七二條規定，本於一定資格，以自己名義為他人任訴訟當事人之人，喪失其資格或死亡者，訴訟程序在有同一資格之人，承受其訴訟以前當然停止。依法被選定為訴訟當事人之人，全體喪失其資格者，訴訟程序在該有共同利益人全體或新被選定為訴訟當事人之人，承受其訴訟以前當然停止。

本條所規定之人即學理所謂之訴訟擔當人。例如，遺產管理人或遺囑執行人為繼承人擔任當事人，就遺產為訴訟（民法

㉛ 見王甲乙等三人著，《民事訴訟法新論》第一五七頁。
㉜ 見曹偉修，《民事訴訟法釋論（上）》第五一三頁。姚瑞光，《民事訴訟法論》第二一八頁。
㉝ 參照齋藤秀夫編，上揭書第四七三頁以下。

第一一七九條第一項第二款、第一一八四條、第一二一五條）；破產管理人為破產財團之訴訟（破產法第七十八條、第九十條、第九十二條第十三款）；合夥事務之執行人（民法第六七九條）；商號經理人（民法第五五五條）；選定當事人（本法第四十一條、第四十四條之一）均是。於訴訟繫屬中，有上述資格之人喪失其資格或死亡者，訴訟當然停止。

6.當事人受破產宣告者　本法第一七四條第一項規定，當事人受破產之宣告者，關於破產財團之訴訟程序，在依破產法有承受訴訟人或破產程序終結以前當然停止。當事人於訴訟中受破產宣告者，對破產財團無管理處分之權，故不問其自為訴訟之進行，抑或由訴訟代理人為訴訟，有關破產財團之財產訴訟當然停止，在破產程序中，須由破產管理人承受訴訟而續行其訴訟程序，否則，全體破產債權人之利益將受害。

破產管理人承受當然停止之訴訟程序後，或破產管理人自始起訴或應訴之訴訟程序後，破產程序終結者，當然由破產人於當時訴訟之程度續行其訴訟，此際毋庸破產人別為承受訴訟之行為（五四臺上字第三三三一號判例）。消費者債務清理條例於九十六年七月十一日頒佈，並自九十七年四月十一日起施行。本法九十八年一月六日修正第一七四條增訂第二項規定，當事人經法院依消費者債務清理條例裁定開始清算程序者，關於清算財團之訴訟程序，於管理人承受訴訟或清算程序終止、終結以前當然停止，其立法理由為依消費者債務清理條例第九十四條第一項規定，債務人因法院裁定開始清算程序，對於應屬清算財團之財產，喪失其管理及處分權。又依同條例第二十八條第一項、第二項之規定，對於債務人之債權，於法院裁定開始清算程序前成立者，為清算債權，非依清算程序，不得行使其權利。故當事人經法院依消費者債務清理條例裁定開始清算程序者，關於清算財團之訴訟程序，於管理人承受訴訟前或清算程序終止、終結前，自應當然停止，故增設本項規定。

7.法院因天災或其他事故不能執行職務者　本法第一八〇條規定，法院因天災或其他不可避之事故不能執行職務者，訴訟程序在法院公告執行職務前當然停止；但因戰事不能執行職務者，訴訟程序在法院公告執行職務屆滿六個月以前當然停止。前項但書情形，當事人於停止期間內均向法院為訴訟行為者，其停止終竣。天災、戰事均為事故之典型，法院若因此類事故不能執行職務，即無從為訴訟行為，自應當然停止訴訟程序。天災事故必有終竣之時，雖已終竣，法院如未恢復執行職務，仍無從實施訴訟行為，故規定在法院公告執行職務前當然停止。若因戰事不能執行職務者，為顧及當事人及法院戰後復員需要較長時間準備訴訟，規定訴訟程序在法院公告執行職務屆滿六個月以前當然停止。惟當事人雙方於停止期間內均向法院為訴訟行為者，其停止終竣。

(二)當然停止之例外規定

當事人委任有訴訟代理人者，依本法第七十三條規定，訴訟代理權，不因本人死亡、破產、或本人喪失訴訟能力而消滅，亦不因法定代理人變更而消滅。訴訟代理人於當事人本人有上開各種情況發生時，仍可有效為訴訟行為，俾以伸張或防禦當事人之權益，訴訟程序並無當然停止之必要。故本法第一七三條特別規定，第一六八條、第一六九條第一項及第一七〇條至第一七二條之規定，於有訴訟代理人時不適用之。即於上述情形，訴訟程序不當然停止，訴訟代理人所為之訴訟行為，對於前述情形應承受訴訟之人，當然發生效力。惟於此情形，訴訟代理人往往有應向承受訴訟之當事人或新代理人，將訴訟事件之經過為報告而商議辦法者，此際，應使法院得酌量情形，裁定停止其訴訟程序。

應注意者，此處所指訴訟代理人，係指受概括委任之代理人而言。如僅就特定之訴訟行為，例如僅委任代收送達文書或提出書狀者，於前述各種情形仍須當然停止其訴訟程序，不得認為訴訟程序不當然停止[34]。又當然停止之例外規定，其適用係以事由發生時訴訟代理權仍然尚存為前提。故，當事人所授與之訴訟代理權，以一審級為限而無提起上訴之特別委任者，第一審之訴訟程序，雖不因事由之發生而當然停止，但至第一審之終局判決送達時，訴訟代理權即歸消滅，訴訟程序亦即由是當然停止(三一上字第一一四九號判例)。當事人在提起第三審上訴後死亡，惟當事人在一、二審係委任某甲為訴訟代理人，此項當事人提起第三審上訴，除由當事人於上訴狀後方列名捺蓋指印外，並由某甲以代理人名義一併列名簽押，是當事人在第三審程序中，仍係以某甲為訴訟代理人，依民事訴訟法第一七三條之規定，其訴訟程序並不當然停止(三二上字第四一四號判例)。

(三)承受訴訟之程序

訴訟程序當然停止後，上述第一六八條至第一七二條及第一七四條所定之承受訴訟人，於得為承受時，應即為承受之聲

[34] 參照曹偉修，《最新民事訴訟法釋論（上）》第五一八頁。

明。他造當事人，亦得聲明承受訴訟，俾能續行訴訟（本法第一七五條）。若依法應承受訴訟之人不聲明承受訴訟時，法院亦得依職權，以裁定命其續行訴訟（本法第一七八條）。

聲明承受訴訟，應提出書狀於受訴法院，由法院送達於他造（本法第一七六條）。承受訴訟之聲明有無理由，法院應依職權調查。法院認其聲明為無理由者，應以裁定駁回。訴訟程序於裁判送達後當然停止者，其承受訴訟之聲明，由為裁判之原法院裁定之（本法第一七七條）。法院就承受訴訟之聲明所為裁定，及法院依職權命續行訴訟之裁定，得為抗告（本法第一七九條）。

必要共同訴訟當事人，其中一人於第二審言詞辯論終結前死亡，第二審法院不察，對之逕為實體判決，判決送達後，他共同訴訟人對之提起上訴。第三審法院遇有此種情形，應將上訴案卷退回法院，由原法院以裁定命承受訴訟後，送第三審法院處理（七十六年七月六日最高法院七十六年度第十次民事庭會議決議）。

三、訴訟程序之裁定停止

訴訟程序，因有法定原因之發生，由法院依聲請或依職權裁定停止進行，稱為裁定停止。本法第一八一條至第一八七條係就裁定停止為規定，其與前述當然停止之規定，兩者在程序上之區別有二：第一、發生停止之法定原因時，法院於裁定停止，得斟酌情形自由決定是否以裁定為停止訴訟程序，於當然停止，法院必須當然為停止訴訟程序；第二、停止原因消滅後，於裁定停止，法院必須以裁定撤銷停止後，始得續行訴訟，但於當然停止，法院不必以裁定撤銷停止，得依聲請或命為續行訴訟。

㈠裁定停止之原因

1. 當事人於戰時服兵役或因天災、戰事或其他不可避之事故，有停止訴訟之必要　本法第一八一條規定，當事人於戰時服兵役，有停止訴訟程序之必要，或因天災、戰事或其他不可避之事故與法院交通隔絕者，法院得在障礙消滅前，裁定停止訴訟程序。依司法院解釋，所謂戰時服兵役，不限於國際法上所謂戰時，所謂服兵役，不以被徵召入伍者為限，自願入伍者亦包括之（司法院三六院解字第三六〇二號、同院三〇院字第二一五七號）。有無停止訴訟程序必要，由法院依實際情況為決定，當事人雖有訴訟代理人，非不得裁定停止訴訟（二九抗字第二八九號判例）。其因天災或其他不可避之事故，必須與法院有交通隔絕之情形，始有裁定停止原因。

2.訴訟全部或一部之裁判，以他訴訟之法律關係是否成立為據者　本法第一八二條規定，訴訟全部或一部之裁判，以他訴訟之法律關係是否成立為據者，法院得在他訴訟終結前，以裁定停止訴訟程序。前項規定，於應依行政爭訟程序確定法律關係是否成立者準用之。但法律別有規定者，依其規定。他訴訟之法律關係，若為本訴訟法律關係之先決問題時，為避免審判矛盾，法院得視情形，自由決定是否裁定停止訴訟，並非一經當事人聲請即應裁定停止（二八抗字第一六四號判例）。例如債權人對於保證人訴求其履行保證債務時，若他訴訟就主債務人與債權人間之主債務關係存在不存在已繫屬時，法院得於他訴訟終結前，以裁定停止訴訟。若無此種先決問題之關係者，無庸考慮裁定停止訴訟（一八抗字第五六號判例、五〇臺抗字第一六六號判例）。他訴訟之法律關係若尚未繫屬於法院者，無從為裁定停止訴訟（二九抗字第二四八號判例）。若他訴訟已判決確定，先決問題之法律關係已有結論，雖當事人對之提起再審之訴，不得為裁定停止訴訟之原因（三七抗字第一〇七五號判例）。又若其他法律就裁定停止訴訟程序有特別規定者，例如司法院大法官審理案件法第五條第二項規定，最高法院或行政法院就其受理之案件，對所適用之法律或命令，確信有牴觸憲法之疑義時，得以裁定停止訴訟程序，聲請大法官解釋，則從其規定。

行政機關或行政法院依行政法曾為判斷之法律關係，若成為先決問題之關係者，法院雖不受其判斷意見之拘束，惟若法院為避免其與法院判決發生矛盾起見，認為有必要者，得自由決定其是否裁定停止訴訟。

3.普通法院與行政法院就受理訴訟之權限見解有異者　本法第一八二條之一第一項規定，普通法院就其受理訴訟之權限，如與行政法院確定裁判之見解有異時，應以裁定停止訴訟程序，聲請司法院大法官解釋。但當事人合意願由普通法院為裁判者，由普通法院裁判之。第二項規定，經司法院大法官解釋普通法院無受理訴訟權限者，普通法院應將該訴訟移送至有受理訴訟權限之法院。第三項規定，第一項之合意，應以文書證之。本條第一項、第三項係九十二年修正所增訂，其立法理由為行政法院所裁判確定不屬其權限之同一事件，當事人將其向普通法院起訴時，若該普通法院依其合理之確信亦認為無受理權限而予以駁回，當事人之權利即無法院救濟之途。於此情形，普通法院應以裁定停止訴訟程序，提出其確信普通法院無審判權限之具體理由，聲請司法院大法官解釋，不得逕行駁回當事人之起訴。惟停止訴訟程序，聲請大法官解釋，難免曠日費時，有損當事人之權益。於此情形應尊重雙方當事人之意願，若當事人以文書證明其合意願由普通法院為裁判者，則由普通法院為審判，不必為停止訴訟程序之裁定。本條第二項係九十八年修法所增訂，其立法理由為司法院大法官解釋如確定普通法院無審判權，應由普通法院將訴訟移送至有審判權之其他法院，參酌行政訴訟法第十二條之二第四項規定增訂本項規定，明定普通法院之處理方式，並將原第二項移列為第三項。若當事人向普通法院提起訴訟時，行政法院已有確定裁判認無受理訴訟之權限，而普通法院之見解與上開行政法院之見解有異時，係依第一八二條之一規定辦理；若當事人向普通法院起訴時，行政法院就該訴訟有無受理權限尚未有確定裁判，而普通法院認無受理訴訟之權限時，則依第三十一條之二第二項之規定辦理（參見第三十一條之二立法理由）。

4.發生國際民事訴訟競合之情形者　本法第一八二條之二規定：「當事人就已繫屬於外國法院之事件更行起訴，如有相當理由足認該事件之外國法院判決在中華民國有承認其效力之可能，並於被告在外國應訴無重大不便者，法院得在外國法院判決確定前，以裁定停止訴訟程序。但兩造合意願由中華民國法院裁判者，不在此限。法院為前項裁定前，應使當事人有陳述意見之機會。」

按當事人就已在外國法院起訴之事件，於訴訟繫屬中更行起訴，如有相當理由足認該外國法院判決不致有本法第四〇二條第一項各款所列情形，在我國有承認其效力之可能，且被告於外國法院應訴亦無重大不便，則於該外國訴訟進行中，應無同時進行國內訴訟之必要。為求訴訟經濟，防止判決牴觸，並維護當事人之公平，避免同時奔波兩地應訴，於此情形，我國法院得在外國法院判決確定前，以裁定停止訴訟程序。惟若兩造當事人合意願由中華民國法院裁判者，自無停止訴訟程序之必要，故以但書加以明文規定除外。至於當事人先在我國法院起訴後，復於外國法院起訴之情形，我國法院之訴訟原則上不受影響，惟仍應由法院就個案具體情形，審酌我國之訴訟有無訴訟利益等事項為處理。停止國內之訴訟程序，以俟外國法院判決，影響當事人之權益，應使當事人於裁定前，有陳述意見之機會，俾保障當事人之程序利益。

5.訴訟中有犯罪嫌疑牽涉其裁判者　本法第一八三條規定，訴訟中有犯罪嫌疑牽涉其裁判者，法院得在刑事訴訟終結前，以裁定停止訴訟程序。所謂訴訟中有犯罪嫌疑，係指刑事法院以刑事被告有犯罪嫌疑者而言，且確有影響於民事訴訟之裁判，非俟刑事訴訟解決，其民事訴訟即無由或難以判斷而言（二〇聲字第五八二號判例、四三臺抗字第九五號判例）。例如民事訴訟之重要證據有偽造嫌疑，已在偵查中，法院即得依職權斟酌是否裁定停止訴訟，不必俟提起公訴。惟此項有犯罪嫌疑之人，不必為民事訴訟之當事人，即第三人犯罪亦可。附帶民事訴訟經刑事法院以裁定移送民事庭後，即成為獨立之民事訴訟，無非俟刑事訴訟解決，民事訴訟即無從或甚難判斷之情形，即無在刑事訴訟程序終結前，停止訴訟程序之必要（七十八年五月九日最高法院七十八年度第十一次民事庭會議決議）。

6.第三人依第五十四條規定提起訴訟者　本法第一八四條規定，依第五十四條之規定，提起訴訟者，法院得在該訴訟終結以前，以裁定停止本訴訟之程序。第五十四條之訴訟，學者稱為主參加訴訟，其訴訟標的與本訴訟之訴訟標的兩者關係密切，兩判決結果難保不彼此矛盾。若兩訴訟分別繫屬不同法院時，受理本訴訟之法院得自由決定其是否裁定停止訴訟。

7.當事人依第六十五條規定為告知訴訟，法院如認受告知人能為參加者　本法第一八五條規定，依第六十五條之規定，告知訴訟，法院如認受告知人能為參加者，得在其參加前，以裁定停止訴訟程序。告知訴訟制度對於參加人及其所輔助之人均有利益，有助真實之發現，能促進訴訟經濟，法院得酌量是否在參加人參加之前，裁定停止訴訟程序。惟並非於當事人一方認他方有為訴訟告知之必要，即得據以聲請法院裁定停止訴訟程序（三七抗字第一七三八號判例）。

8.有本法第一六八條、第一六九條及第一七〇條至第一七二條規定當然停止原因且有訴訟代理人者　依本法第一七三條但書規定，此種情形雖不生當然停止，但法院得酌量情形，裁定停止其訴訟程序。

9.家事事件法第四十九條規定，法院認當事人間之家事訴訟事件，有和諧解決之望或解決事件之意思已甚接近者，得定六個月以下之期間停止訴訟程序或為其他必要之處分。為維護家庭成員間之平和安寧，避免家事紛爭迭次興訟，對於當事人間有可能自主解決紛爭，或解決事件之意思已甚接近時，法院得斟酌具體情形，依職權定六個月以下之期間停止訴訟程序，或為其他必要之處分，例如依同法第二十九條移付調解或依鄉鎮市調解條例第十二條法院裁定移付調解委員會調解，俾使當事人能充分試以訴訟外方式徹底解決紛爭，兼收節省勞費之效。

(二)裁定停止訴訟及撤銷停止訴訟之程序

訴訟程序之裁定停止，得依聲請或依職權以裁定為之（修正前本法第一八一條第一項）。法院有權斟酌具體情況為裁定停止訴訟抑或不為停止訴訟。本法第一八六條及第一八七條規定，停止訴訟之裁定，法院得依聲請或依職權撤銷之。關於停止訴訟程序之裁定，及關於撤銷停止之裁定，得為抗告。撤銷停止之裁定，不惟於事由終竣時得為之，於事由終竣之前，法院認為有必要時，亦得為之（二六滬聲字第一四號判例）。

四、訴訟程序之合意停止

訴訟程序因當事人之合意而停止進行，稱為合意停止。基於處分權主義之原則，訴訟程序之進行，當事人認為有必要時，得以合意在一定期間內停止。惟為顧及訴訟拖延不決，影響法院審判工作，不能不設有一定之限制，本法規定之合意停止有下列二種。

(一)當事人明示之合意停止

本法第一八九條第一項及第二項規定，當事人得以合意停止訴訟程序。但不變期間之進行，不受影響。前項合意應由兩造向受訴法院或受命法官陳明。又本法第一九〇條規定，合意停止訴訟程序之當事人，自陳明合意停止時起，如於四個月內不續行訴訟者，視為撤回其訴或上訴；續行訴訟而再以合意停止訴訟程序者，以一次為限。如再次陳明合意停止訴訟程序，不生合意停止訴訟之效力，法院得依職權續行訴訟；如兩造無正當理由仍遲誤言詞辯論期日者，視為撤回其訴或上訴。基此規定，當事人合意停止訴訟未定有期間者，固應於四個月內續行訴訟，其定有期間者，所定期間，亦不得逾四個月。如當事人約定停止訴訟期間逾四個月，而不於四個月法定期間內續行訴訟者，仍應生視為撤回其訴或上訴之效果（七〇臺抗字第三三號判例）。當事人於合意停止訴訟之四個月期間屆滿後，續行訴訟而再次以合意停止訴訟程序之情形，本條明定限定一次之四個月。若於此次合意停止訴訟程序之期間屆滿後，再一次陳明合意停止訴訟程序之情形，不發生其合意停止訴訟之法律效力，此際法院得不考慮當事人合意停止訴訟之陳明，依職權續行訴訟。於續行訴訟之言詞辯論期日，若兩造當事人無正當理由仍然遲誤期日時，則視為撤回訴訟或上訴而終結訴訟程序。本訴與反訴係兩個獨立之訴，反訴原告提起反訴後，兩造合意停止訴訟程序，嗣本訴原告就本訴部分聲請續行訴訟，並經指定期日行言詞辯論。惟反訴原告就反訴部分並未聲請續行訴訟，且已逾四個月，依本法規定，關於反訴部分仍生視為撤回其訴之效果（七二臺抗字第五三七號判例）。

值注意者，當事人於合意停止訴訟將滿四個月時，如欲再合意停止訴訟程序一次者，必須先行續行訴訟始合法，不得直接再具狀聲明合意停止訴訟而延誤四個月期間，否則視為撤回其訴或上訴，不影響撤回之效果（四四臺抗字第一九七號判例，七十八年一月三十一日最高法院七十八年度第三次民事庭會議決議）。又合意停止訴訟逾期視為撤回其訴或上訴，為訴訟法上當然之效果，毋庸另為裁定（司法院二二院字第八七三號㈢解釋）。

㈡法律擬制之合意停止

本法第一九一條規定，當事人兩造無正當理由遲誤言詞辯論期日者，除別有規定外，視為合意停止訴訟程序。如於四個月內不續行訴訟者，視為撤回其訴或上訴。前項訴訟程序停止間，法院於認為必要時，得依職權續行訴訟，如無正當理由兩造仍遲誤不到者，視為撤回其訴或上訴。所謂兩造遲誤言詞辯論期日，係指當事人經合法通知，均無正當理由，未於言詞辯論期日到場、或到場不為辯論之情形而言（七〇臺上字第三九〇四號判例）。若對於不到場當事人所為之通知，違背關於十日就審期間之規定者，該當事人即係未於相當時期受合法通知（二九上字第一五四五號判例）。其未於言詞辯論期日到場或到場不為辯論，均不得視為合意停止訴訟（二八抗字第四四七號判例）。從而於當事人再遲誤一次言詞辯論期日，亦不構成視為撤回其訴（司法院76. 7. 9.(76)廳民二字第二四九二號函）。

當事人兩造無正當理由遲誤準備程序期日兩次，能否依本法第一九一條規定，視為撤回其訴或上訴？有認為準備程序為言詞辯論之一部，採肯定說者㉟。有採否定見解，認為言詞辯論程序與準備程序兩者目的不同，兩者期日各別，不得謂本法第一九一條規定之言詞辯論期日包括準備程序期日。五十九年二月二十三日最高法院五十九年度第一次民刑庭總會議決議㈡採否定說。採肯定說有促進訴訟迅速之作用，雙方當事人不敢隨便連續遲誤兩次準備程序期日。惟言詞辯論期日得作廣義解釋，於宣示判決期日或調查證據期日，當事人雖不在場，法院均得為之（本法第二二五條第一項、第二九六條），當事人雙方遲誤此項期日，不得視為合意停止訴訟程序。

㉟ 見姚瑞光，《民事訴訟法論》第二四二頁。

五、訴訟程序停止之效果

訴訟程序停止中，原則上，法院與雙方當事人均不得進行訴訟，從而不得為各種訴訟行為，否則其訴訟行為違法。惟訴訟程序停止之制度目的，主要係為保障當事人有進行訴訟程序之機會，目的不在維護公益。故，法院與雙方當事人違法所為之訴訟行為，並不當然無效，僅生相對人得聲明異議之問題，若對其違法所進行之程序，不為聲明異議，基於當事人放棄或喪失責問權之規定（本法第一九七條第一項），此種違法程序將因治癒而不得於事後再行爭執，故法院對於此種違法事項並不以職權調查事項為處理㊱。茲依訴訟程序中所為當事人之訴訟行為與法院之訴訟行為，並期間進行問題分別說明之。

㈠當事人之訴訟行為

訴訟程序停止中當事人不得為關於本案之訴訟行為。但於言詞辯論終結後當然停止者，本於其辯論之裁判得宣示之（本法第一八八條第一項）。例如，續行本案言詞辯論或其他終結本案訴訟之行為不得為之。惟直接與本案無關之訴訟行為，例如當事人聲明承受訴訟或聲請撤銷訴訟停止之裁定，聲請訴訟救助、聲請確定訴訟費用額、委任或解除訴訟代理人等訴訟行為，均得為之。此類訴訟行為與保護對造當事人之利益無關，故得為之。

訴訟程序停止中，當事人提起上訴之訴訟行為，法院可否以上訴不合法為理由駁回之？依德國判例及學者見解，認為法院不得於終結停止訴訟程序之後，以上訴不合法為駁回，應為本案之審理，蓋上訴行為係對法院所為且對於他造當事人不危害其利益也。惟法院受理上訴時不得立即為審理及裁判，應俟停止之訴訟程序終結以後始得為之，上訴行為僅於此一時點始對於他造當事人發生上訴行為之效力㊲。日本判例認為，訴訟程序停止中之上訴為不合法，本應以不合法為駁回，惟若對造當事人不聲明異議，以之為適法而聲請續行訴訟時，因責問權之喪失而其瑕疵獲得治癒㊳。但五十三年二月二十五日最高法院五十三年度第一次民刑庭總會議決議㈥認為，訴訟程序停止中所為之上訴，於承受訴訟後上訴審法院開庭審理時，當事人

㊱ 參照齋藤秀夫編，《注解民事訴訟法⑶》第五二六頁。兼子一，《條解民事訴訟法》第七五五頁。

㊲ 參照 Rosenberg-Schwab, ZPR. 14. Aufl. S. 783.

㊳ 參照齋藤秀夫編，《注解民事訴訟法⑶》第五三二頁。

無責問上訴不合法之餘地，上訴人之上訴合法。拙以為德國判例及學者之解釋可供參考。

㈡法院之訴訟行為

法院於訴訟程序停止中所為之訴訟行為，應區別其對外生效果之行為與純粹對內之行為。前者，例如法院指定言詞辯論期日、傳喚、送達、調查證據、行言詞辯論、裁判等之訴訟行為。後者例如，法院事務分配、判決之合議、法官迴避、裁判書之製作等行為。法院不得為之訴訟行為，限於前者之行為，蓋其與本案有關係，有危害當事人之利益。至於後者之行為，法院得為之，不構成不法問題。訴訟程序停止中，法院不得為之訴訟行為，若由於法院之違誤而為之，僅生訴訟程序之違法問題，該項訴訟行為並非當然無效。若雙方當事人均放棄其責問權時，即生治癒其瑕疵之結果，法院無須再行該項訴訟行為。

值得注意者，為法院之裁判行為之合法不法問題。本法第一八八條規定，訴訟程序當然或裁定停止間，法院及當事人不得為關於本案之訴訟行為。但於言詞辯論後當然停止者，本於其辯論之裁判得宣示之。訴訟程序當然停止或裁定停止者，期間停止進行；自停止終竣時起，其期間更始進行。言詞辯論既然終結，雙方當事人已盡其主張與舉證，宣示裁判對當事人不生不利益，何況法院亦應為促進訴訟迅速，有盡速宣判必要，故於言詞辯論後，即使有當然停止，法院亦得本於其辯論之裁判為宣示判決。惟此項判決應俟續行訴訟程序時始得送達，否則判決之送達不合法，當事人得為異議。又於書面審理程序，法院審理已在訴訟程序停止之前成熟者，亦得將裁判為宣示。第三審不經言詞辯論而為判決者，無所謂言詞辯論之終結，當事人對於判決前應為之訴訟行為若已完畢，即與言詞辯論之終結無異，故當然停止發生於當事人應為之訴訟行為完畢後者，自得本其行為而為判決（二二上字第八〇四號判例、一八上字第二六九〇號判例）。不合法之上訴，於訴訟程序停止之前提起者，法院亦得於訴訟程序停止中，將上訴以不合法為駁回㊴。

上述本法第一八八條第一項但書有關本案裁判宣示之例外規定外，原則上法院所行言詞辯論及裁判行為，若於訴訟程序停止中所為，且有當事人之聲明異議者，法院應於訴訟程序停止終竣後重行言詞辯論及重行裁判。

㈢期間進行之停止問題

㊴ 參照 Rosenberg-Schwab, ZPO. 14. Aufl. S. 783f.

本法第一八八條第二項規定，訴訟程序當然停止或裁定停止者，期間停止進行；自停止終竣時起，其期間更始進行。本法第一八九條第一項規定，當事人得以合意停止訴訟；但不變期間之進行，不受影響。據此規定之區別，於訴訟程序當然停止及裁定停止之情形，其期間之停止進行，不論通常法定期間、不變期間、裁定期間，均有停止進行之適用。惟於訴訟程序合意停止之情形，不變期間不停止進行，當事人必須於不變期間內為應為之訴訟行為，否則喪失其為訴訟行為之權利。其餘之期間，於合意停止情形，與當然停止及裁定停止情形相同，期間停止進行，均自訴訟程序停止終竣時起更始進行。

關於不變期間進行與否之問題，於當然停止及裁定停止情形，既然與於合意停止情形，兩者規定有所區別，則關於訴訟程序停止中，法院或當事人所為訴訟行為之法律效果，是否於兩種情形亦有區別？本法於九十二年修正前對此無明文規定，但自訴訟程序停止之制度目的以觀，無區別之必要與實益可言，應作相同解釋。於言詞辯論終結後，因合意停止訴訟者，本於其辯論之裁判，亦得宣示之[40]。九十二年本法修正時，於本法第一八九條增訂第三項規定：「前條規定，除第一項但書外，於合意停止訴訟程序準用之。」修正前之疑義不再存在。

第五節　訴訟標的價額之核定及訴訟費用

民事訴訟程序之主要目的在保護當事人之私權，其與國家之公益不大。國家設法院，為當事人私人進行審判工作所發生之一切必要費用，自當由當事人負擔，一可防止當事人為濫訴及不當之抗辯，二可減少國庫開支。故，各國立法對民事訴訟大都採取有償主義，由當事人負擔訴訟費用，非如於刑事訴訟，一切費用悉由國家負擔。民國九十二年修正前本法第七十八條起至第一一五條設有訴訟費用一章，分別就訴訟費用之負擔、訴訟費用之擔保、訴訟救助為規定。惟立法者認為訴訟標的價額之核定，不僅與訴訟費用之計算有關，更涉及訴訟程序之適用及上訴利益之核算，體例上以於民事訴訟法總則編內專設章節規定為妥，遂於本次修正時，將民事訴訟費用法第三條至第十五條有關訴訟標的價額之核定移至本法為規定。並參考民國十九年公布之民事訴訟法體例，將訴訟費用之章名修正為「訴訟標的價額之核定及訴訟費用」，同時增訂第一節「訴訟標的

[40] 相同見解，姚瑞光，《民事訴訟法論》第二四五頁。反對見解，王甲乙等三人合著，《民事訴訟法新論》第一七〇頁。

價額之核定」。另為求適用上之便利，將民事訴訟費用法有關訴訟費用計算及徵收之條文移置於本法，增訂第二節「訴訟費用之計算及徵收」。至於本法原第一節以下節名不修正，依次修正為第三節「訴訟費用之負擔」、第四節「訴訟費用之擔保」、第五節「訴訟救助」。

一、訴訟標的價額之核定

訴訟費用之分類，依各種不同標準得分為若干類，其中最重要者，分為㈠裁判上之費用及㈡其他訴訟上費用。裁判上之費用指當事人應向國庫繳納之規費而言，即本法第七十七條之十三至第七十七條之二十二所規定之裁判費。此項裁判費之繳納為起訴或上訴之訴訟要件，當事人原告或上訴人於起訴或上訴時不繳納裁判費，法院應以起訴或上訴不合法為理由，駁回起訴或上訴。

當事人起訴或上訴時既然以繳納訴訟費用為訴訟合法之要件，則其應繳納之裁判費金額多少？如何計算？計算之標準如何？在訴訟實務上則成為重要問題，當事人及辦案法官不能不知。依本法第七十七條之一規定，訴訟標的之價額，由法院核定。核定訴訟標的之價額，以起訴時之交易價額為準；無交易價額者，以原告就訴訟標的所有之利益為準。法院因核定訴訟標的之價額，得依職權調查證據。第一項之核定，得為抗告。惟依本法第四九一條第一項規定，抗告除別有規定外，無停止執行之效力，故原告對法院所為訴訟標的價額之核定提起抗告，並不影響原命補繳裁判費期間之進行，如原告逾期未補繳裁判費，法院得以裁定駁回其訴（最高法院九十三年第一次民事庭會議決議）。按訴訟標的之價額，關係訴訟程序事項，法院如不能依當事人之主張而得有心證者，應得依職權調查證據，故增訂第三項俾資適用。又訴訟標的價格之核定，牽涉當事人之利益甚鉅，有使當事人對於訴訟標的價額之核定，得為抗告之必要。當事人起訴或上訴時，其對訴訟標的之利益若金額鉅大，應繳納之裁判費頗多可觀而成為重大之負擔，當事人之負擔能力有時成為問題，立法者不能專注於國庫之收益，而不顧訴訟當事人之負擔能力及訴訟之必要性。

由於財產權訴訟之訴訟標的，其種類內容之多樣性，本法不得不就各種情形，定其計算裁判費之標準及方法。依本法第七十七條之二規定，以一訴主張數項標的者，其價額合併計算之。但所主張之數項標的互相競合或應為選擇者，其訴訟標的之價額，應依其中價額最高者定之。以一訴附帶請求其孳息、損害賠償、違約金或費用者，不併算其價額。原告依民法第七六七條所有物返還請求權請求被告拆屋還地，並依民法第一七九條附帶請求相當於租金之不當得利，其訴訟標的價額應以土地起訴時之交易價額為準，請求不當得利部分，依本法第七十七條之二規定，不併算其價額（最高法院九十六年第四次民事庭會議決議）。本法第七十七條之三規定，原告應負擔之對待給付，不得從訴訟標的之價額中扣除。原告並求確定對待給付之額數者，其訴訟標的之價額，應依給付中價額最高者定之。又本法第七十七條之四規定，因地上權、永佃權㊶涉訟，其價額以一年租金十五倍為準；無租金時，以一年所獲可視同租金利益之十五倍為準；如一年租金或利益之十五倍超過其地價者，以地價為準。

本法第七十七條之五規定，因地役權㊷涉訟，如係地役人為原告，以需役地所增價額為準；如係供役地人為原告，以供役地所減價額為準。本法就鄰地通行權之行使涉訟，並無明文規定核定訴訟標的價額方法與標準，最高法院七十八年臺抗字第三五五號判例可供參考，該判例云：鄰地通行權之行使，在土地所有人方面，為其所有權之擴張，在鄰地所有人方面，其所有權則因而受限制，參照民事訴訟費用法第九條規定之法意，鄰地通行權訴訟標的之價額，如主張通行權之人為原告，應以其土地因通行鄰地所增價額為準；如否認通行權之人為原告，則以其土地被通行所減價額為準。

本法第七十七條之六規定，因債權之擔保涉訟，以所擔保之債權額為準；如供擔保之物其價額少於債權額時，以該物之價額為準。本法第七十七條之七規定，因典產回贖權涉訟，以產價為準；如僅係典價之爭執，以原告主張之利益為準。本法第七十七條之八規定，因水利涉訟，以一年水利可望增加收益之額為準。又本法第七十七條之九規定，因租賃權涉訟，其租賃定有期間者，以權利存續期間之租金總額為準；其租金總額超過租賃物之價額者，以租賃物之價額為準；未定期間者，動產以二個月租金之總額為準，不動產以二期租金之總額為準。惟應注意者，因租賃權涉訟，係指以租賃權為訴訟標的之訴訟而言，其以租賃關係已經終止為原因，請求返還租賃物之訴，係以租賃物返還請求權為訴訟標的，非以租賃權為訴訟標的，其訴訟標的之價額，應以租賃物之價額為準（三二一抗字第七六五號判例）。除外，最高法院七十三年臺抗字第二九七號判例亦

㊶ 民法物權編九十九年二月三日修正刪除第八四二條至第八五〇條永佃權規定。

㊷ 民法物權編九十九年二月三日修正將第五章章名由地役權修正為不動產役權。

值注意。該判例云：出租人對於承租人之租賃物返還請求權，係以該物永久的占有之回復為標的，以此項請求權為訴訟標的時，其價額固應以該物之價額為準，若承租人對於出租人之租賃物交付請求權，則以該物一時的占有使用為標的，以此項請求權為訴訟標的時，其價額應以租賃權之價額為準，租賃權之價額，依民事訴訟費用法第十三條定之。

本法第七十七條之十規定，因定期給付或定期收益涉訟，以權利存續期間之收入總數為準；期間未確定時，應推定其存續期間。但其期間超過十年者，以十年計算。

本法第七十七條之十一規定，分割共有物涉訟，以原告因分割所受利益之價額為準。又本法第七十七條之十二規定，訴訟標的之價額不能核定者，以第四六六條所定不得上訴第三審之最高利益額數加十分之一定之。按訴訟標的價額不能核定之事件，其訴訟未必簡單輕微，為求訴訟之妥適進行，宜以通常訴訟程序行之。又為保障當事人有上訴第三審之機會，配合本法第四六六條之規定為增訂。

法院實務常見之若干訴訟，其訴訟標的價額之核定最高法院之判例如何，頗值注意。以有價證券之給付請求權為訴訟標的時，其價額應依有價證券之時價定之，不以其券面為準（二九上字第一七五二號判例）。共有物分割之訴，其訴訟標的價額以原告因分割所受利益之客觀價額為準，非以共有物全部之價額定之。依民事訴訟法第四六六條第三項規定，上訴利益亦應依此標準計算，不因上訴人（被告）之應有部分之價額較低而異（七〇臺上字第一七五七號判例）。確認祭祀公業派下權存在與否事件，係因財產權而起訴，其訴訟標的價額之核定，應依該祭祀公業之總財產價額中訟爭派下權所占之比例，計算其價額（七二臺抗字第三七一號判例）。分配表異議之訴之訴訟標的價額，以原告主張因變更分配表而得增加之分配額為標準定之（七六臺上字第二七八二號判例）。

二、訴訟費用之計算及徵收

訴訟標的價額經法院核定後，當事人應繳納多少訴訟費用，應有一定之計算標準，而且由於各種程序之不同，計算訴訟費用之標準亦宜有區別。本法自第七十七條之十三起至第七十七條之二十七止，專就訴訟費用之計算及徵收之情形為規定。

本法第七十七條之十三規定，因財產權而起訴，其訴訟標的之金額或價額在新臺幣十萬元以下部分，徵收一千元；逾十萬元至一百萬元部分，每萬元徵收一百元；逾一百萬元至一千萬元部分，每萬元徵收九十元；逾一千萬元至一億元部分，每萬元徵收八十元；逾一億元至十億元部分，每萬元徵收七十元；逾十億元部分，每萬元徵收六十元；其畸零之數不滿萬元者，以萬元計算。本法於九十二年修正前，因財產權而起訴，其訴訟標的金額或價額在銀元一百元以上者，原規定不分其金額高低一律按百分之一之比例徵收裁判費。結果，使訴訟標的金額較龐大之當事人負擔過高之裁判費，形成不公平現象，甚之有當事人因不堪負荷鉅額裁判費而放棄使用訴訟制度，對於當事人財產權及訴訟權之保障欠缺保障。此次本法修正時，立法者為貫徹憲法保障人民平等權、財產權及訴訟權之精神，改採分級累退計費之方式，將訴訟標的金額超過新臺幣十萬元部分，分五級遞減其裁判費徵收比例。又為配合郵電費及法院職員於法院外為訴訟行為之食、宿、舟、車費項目之取消，不再規定原有關起徵點之規定，明定訴訟標的金額在新臺幣十萬元以下部分，一律徵收新臺幣一千元。

本法第七十七條之十四規定，非因財產權而起訴者，徵收裁判費新臺幣三千元。於非財產權上之訴，並為財產上之請求者，其裁判費分別徵收之。又本法第七十七條之十五規定，本訴與反訴之訴訟標的相同者，反訴不另徵收裁判費。依第三九五條第二項、第五三一條第二項所為之聲明，不徵收裁判費。訴之變更或追加，其變更或追加後訴訟標的之價額超過原訴訟標的之價額者，就其超過部分補徵裁判費。按第三九五條第二項、第五三一條第二項之規定，係為保護受不當假執行、假扣押、假處分被告之利益，且兼顧訴訟經濟而設，是為附屬於本案訴訟程序之一種簡便程序。為鼓勵被告利用此種簡便程序，避免另行起訴，以減輕訟累，明定依上述規定所為之聲明不徵收裁判費。又訴之變更或追加，有多種型態，是否應一律就變更或追加之新訴，全額徵收裁判費，適用上不無疑義。本條第三項僅就訴之變更或追加後，訴訟標的之價額超過原訴訟標的之價額情形，規定始就超過部分補徵裁判費。例如，於競合合併之訴，其訴訟標的之變更或追加，不生補徵裁判費之問題。惟若發生單純之訴之變更或追加情形，則有發生其變更或追加後，訴訟標的之價額超過原訴訟標的之價額問題，從而必須就其超過部分補徵裁判費。附帶民事訴訟，應於刑事起訴後第二審辯論終結前提起，刑事訴訟法有明文，附帶民事訴訟係由刑庭裁判者，應先準用刑事訴訟法無庸繳納裁判費，惟移送民庭或為獨立之民事訴訟始應徵收（一九上字第一五七〇號判例）。第二審上訴乃對於第一審終局判決聲明不服之方法，不問判決事項究為實體法上抑為程序法上之爭執，苟係因財產權而起訴，則應按修正訴訟費用規則第二條徵收審判費（二〇抗字第二九七號判例）。民事訴訟費用法第十八條後段所定，發回或發交更審再行上訴者，免徵裁判費，係專指發回或發交前上訴已繳上訴裁判費者而言。至當事人不服法院之裁定提起抗告，雖已繳抗告費，如抗告法院將該裁定廢棄發回，經原法院為本案有無理由之判決者，對之提起上訴，仍有繳納上訴裁判費之義務（六六臺抗字第四一八號判例）。耕地租佃爭議事件，非由該管耕地租佃委員會，依耕地三七五減租條例第二十六條之規定移送法院，而由當事人逕行起訴者，不問其原因如何，均不能免徵裁判費用（五七臺抗字第六一四號判例）。

本法第七十七條之十六規定，向第二審或第三審法院上訴，依第七十七條之十三及第七十七條之十四規定，加徵裁判費十分之五；發回或發交更審再行上訴者免徵，其依第四五二條第二項為移送，經判決後再行上訴者亦同。於第二審為訴之變更、追加或依第五十四條規定起訴者，其裁判費之徵收，依前條第三項之規定，並準用前項規定徵收之。提起反訴應徵收裁判費者亦同。按在第二審為訴之變更、追加或依第五十四條規定起訴或提起反訴，究竟應僅依第七十七條之十三至第七十七條之十五之規定徵收裁判費，抑或應併依本條第一項之規定加徵裁判費十分之五，將生疑義，為此以第二項加以明定。

本法第七十七條之十七規定，再審之訴，按起訴法院之審級，依第七十七條之十三、第七十七條之十四及前條規定徵收裁判費。對於確定之裁定聲請再審者，徵收裁判費新臺幣一千元。本法第七十七條之十八規定，抗告，徵收裁判費新臺幣一千元，再抗告者亦同。

本法第七十七條之十九（九十八年七月）規定：「聲請或聲明不徵費用。但下列第一款之聲請，徵收裁判費新臺幣五百元；第二款至第七款之聲請，徵收裁判費新臺幣一千元：一、聲請發支付命令。二、聲請參加訴訟或駁回參加。三、聲請回復原狀。四、起訴前聲請證據保全。五、聲請假扣押、假處分或撤銷假扣押、假處分裁定。六、聲請監護宣告、輔助宣告；變更或撤銷監護宣告、輔助宣告。七、聲請公示催告、除權判決或宣告死亡。」公示送達係訴訟程序上之問題，有關訴訟程序上之聲請，本法均未規定須另徵裁判費，聲請公示送達亦不宜徵收費用。本條於九十二年二月七日修訂時，將裁判費訂為新臺幣一千元，聲請支付命令提高後之裁判費與提起小額訴訟應徵收之裁判費相同，致債權人多以提起小額訴訟處理，不但造成當事人不便，亦增加法院之負擔。為提高債權人聲請發支付命令之意願，於九十八年一月六日修訂本條，將聲請發支付命令之裁判費調降為新臺幣五百元，且將原第四款移列為第一款，將原第一款至第三款移列為第二款至第四款。九十八年七月八日配合民法修正將「禁治產」改為「監護」，並增加輔助宣告之規定，再修正本條但書第六款規定。

至於依民法第九十七條規定聲請公示送達以代意思表示之通知，係屬非訟事件（非訟事件法第六十六條），應依非訟事件法有關規定收費。起訴後聲請證據保全，亦屬訴訟程序上之聲請，不另徵裁判費，惟若於起訴前聲請證據保全，則有徵收裁判費必要。

一〇一年一月十日家事事件法制定，將監護或輔助宣告，撤銷監護或輔助宣告及宣告死亡事件列為家事非訟事件，依同法第四編家事非訟程序處理（家事事件法第三條丁類、第七十四條）。本法於一〇二年四月十六日配合修正，刪除第七十七條之十九第六款規定，並修正第七款為聲請公示催告或除權判決，刪除宣告死亡。關於上述監護宣告、輔助宣告及死亡宣告等家事非訟事件之裁判費，依家事事件法第九十七條規定應準用非訟事件法規定，應依非訟事件法第十四條規定繳納裁判費（家事事件審理細則第四十一條第二項）。

本法第七十七條之二十規定，因財產權事件聲請調解，其標的之金額或價額未滿新臺幣十萬元者，免徵聲請費；十萬元以上，未滿一百萬元者，徵收一千元；一百萬元以上，未滿五百萬元者，徵收二千元；五百萬元以上，未滿一千萬元者，徵收三千元；一千萬元以上者，徵收五千元。非因財產權而聲請調解者，免徵聲請費。調解不成立後三十日內起訴者，當事人應繳之裁判費，得以其所繳調解之聲請費扣抵之。按法院調解有疏減訟源功能，值得鼓勵當事人利用，俾解決財產權之糾紛，其收費不宜高。惟為防止當事人濫用調解程序，徵收費用，於調解標的之金額或價額在十萬元以上者，分為四級遞減收費。其因未滿十萬元之財產權事件聲請調解，以及非因財產權而聲請調解者，則為鼓勵當事人利用調解制度，本法規定免徵聲請費。另外為配合擴大調解前置程序之規定，避免同一事件重複徵收費用，影響當事人行使權利，於本條第二項規定，調解不成立後起訴者，當事人應繳之裁判費得以其所繳調解聲請費為扣抵。惟為期當事人間之糾紛早日解決，規定得扣抵者，以調解不成立後三十日內起訴者為限。至於調解不成立後即為訴訟之辯論或於調解不成立證明書送達前起訴或送達後十日之不變期間內起訴，而依第四一九條規定視為自聲請調解時已經起訴之情形，自包括在內。家事事件聲請調解依家事事件法第五十一條規定，準用本條規定繳納聲請費。

本法第七十七條之二十一規定，依第五一九條第一項規定以支付命令之聲請視為起訴或聲請調解者，仍應依第七十七條之十三或第七十七條之二十規定全額徵收裁判費或聲請費。前項應徵收之裁判費或聲請費，當事人得以聲請支付命令時已繳之裁判費扣抵之。

本法第七十七條之二十二規定，依第四十四條之二請求賠償之人，其裁判費超過新臺幣六十萬元部分暫免徵收。依第四十四條之三規定請求者，免徵裁判費。依第一項或其他法律規定暫免徵收之裁判費，第一審法院應於該事件確定後，依職權裁定向負擔訴訟費用之一造徵收之。因公害、事故、商品瑕疵或其他本於同一原因事實而被害人眾多之事件，基於訴訟經濟原則及保護眾多被害人之必要，比照消費者保護法之規定減免徵收裁判費，於本條第一項規定，依第四十四條之二請求賠償之人，其訴訟費用超過六十萬元之部分暫免徵收；於第二項規定，依第四十四條之三規定請求者，免徵裁判費。另外，關於暫免徵收裁判費者，於事件確定後，應有徵收之規定，故在第三項規定，於該事件確定後，第一審法院應依職權裁定向負擔訴訟費用之一造為徵收。

本法第七十七條之二十三第一項規定，訴訟文書之影印費、攝影費、抄錄費、翻譯費、證人、鑑定人之日費、旅費及其他進行訴訟之必要費用，其項目及標準由司法院定之。同條第二項運送費、登載公報新聞紙費及法院核定之鑑定人報酬，依實支數計算。第三項規定命當事人預納之前二項費用，應專就該事件所預納之項目支用，並得由法院代收代付之，有剩餘者，應於訴訟終結後返還繳款人。郵電送達費及法官、書記官、執達員、通譯於法院外為訴訟行為之食、宿、舟、車費，不另徵收。按法官、書記官、通譯、執達員等法院職員出外調查證據、送達文書或為其他訴訟行為之食、宿、舟、車費，如由當事人另行支付，常引起當事人對法院公正性之懷疑，為提昇司法威信，上開費用宜包含於裁判費之中，不另外徵收，為免爭議，於本條第四項為明定。本條第三項後段並得由法院代收代付之有剩餘者，應於訴訟終結後返還繳款人，係為保障當事人訴訟上權益，避免當事人預納之訴訟必要費用，因預算制度統收統支之原則而移作他用，故於九十六年十二月修正時增列上述條文內容。至於本法修正後，法院應按民事事件之需要，編列預算，由國庫負擔，並核實報支上述費用。

本法第七十七條之二十四規定，當事人、法定代理人或其他依法令代當事人為訴訟行為之人，經法院命其於期日到場或依當事人訊問程序陳述者，其到場之費用為訴訟費用之一部。前項費用額之計算，準用證人日費、旅費之規定。按當事人、法定代理人或其他依法令代當事人為訴訟行為之人，例如代表人、管理人、特別代理人等，經法院命其本人於期日到場，或法院依第三六七條之一第一項規定以當事人為證人身分對其訊問者，其到場之費用係為伸張或防衛權利之必要費用。為防止濫訴及避免另案請求損害賠償之煩，上開費用應列為訴訟費用，於本條第一項為規定。至於若法院因當事人等所委任之訴訟代理人陳述矛盾含混，或對於他造之陳述不能答辯，而命當事人等本人到場以闡明事實關係者，其到場之費用係可歸責於該當事人之事由所生之費用，法院得命其自己負擔全部或一部。又參酌有關證人到場費用之規定，於本條第二項規定，當事人到場之費用得列為訴訟費用之項目，限於日費、旅費，且其費用額之計算，準用證人日費、旅費之規定，由司法院定其標準。

本法第七十七條之二十五規定，法院或審判長依法律規定，為當事人選任律師為特別代理人或訴訟代理人者，其律師之酬金由法院或審判長酌定之。前項酬金及第四六六條之三第一項之酬金為訴訟費用之一部，其支給標準由司法院參酌法務部及中華民國律師公會全國聯合會意見定之。按依第四六六條之二第一項之規定，法院或審判長得為當事人選任律師為訴訟代理人，又法院或審判長依第五十一條、第三七四條之規定為當事人選任特別代理人時，亦得斟酌情形選任律師為之，其律師之酬金自應由法院或審判長酌定。前述訴訟代理人、特別代理人並非當事人所選任，又第三審上訴採律師強制代理制度，其律師之酬金均應作為訴訟費用之一部，依訴訟費用負擔之規定定其負擔之人。為使上述法院或審判長選任律師之酬金，及當事人於第三審選任律師之酬金公平合理，應由司法院根據社會經濟狀況，並參酌法務部及中華民國律師公會全國聯合會之意見，就上開選任律師酬金之支給、給付方法、及其最高限額，統一訂定標準。

本法第七十七條之二十六規定，訴訟費用如有溢收情事者，法院應依聲請並得依職權以裁定返還之。前項聲請，至遲應於裁判確定或事件終結後三個月內為之。九十八年一月六日修法增訂第三項規定，裁判費如有因法院曉示文字記載錯誤或其他類此情形而繳納者，得於繳費之日起五年內聲請返還，法院並得依職權以裁定返還之。其立法理由為目前實務上偶有當事人因法院曉示文字記載錯誤或其他類此情形，而當事人信賴上開記載繳納裁判費，上開情形能否適用本條第一項之規定，尚非明確。因當事人係信賴法院文書之記載，方為相關之訴訟行為並繳納裁判費，法院收受上開裁判費後若不返還，顯非合理，為保障當事人之權益，爰參酌規費法第十八條第一項規定，增訂第三項規定。又本法第七十七條之二十七規定，本法應徵收之裁判費，各高等法院得因必要情形，擬定額數，報請司法院核准後加徵之。但其加徵之額數，不得超過原額數十分之五。

特別值得注意者，當事人之訴訟除必須繳納裁判費始能開始進行之外，於訴訟進行中，有時尚須支出必要之費用情形。惟若當事人不依法院命令預納時，法院應如何處理，實務上時生困擾。為解決此種問題，民國九十二年本法修正時，增訂本法第九十四條之一規定：「訴訟行為須支出費用者，審判長得定期命當事人預納之。當事人不預納者，法院得不為該行為。但其不預納費用致訴訟無從進行，經定期通知他造墊支亦不為墊支時，視為合意停止訴訟程序。前項但書情形，經當事人於四個月內預納或墊支費用者，續行其訴訟程序。其逾四個月未預納或墊支者，視為撤回其訴或上訴。」例如，調查證據之費用，若當事人不依審判長之命令預納時，法院得不為該行為。惟若分割共有物訴訟之測量費、鑑定費，於當事人不為繳納，則訴訟無法進行。遇此情形，審判長得定期通知他造墊支，如他造亦不為墊支時，則視為兩造合意停止訴訟程序。惟若當事人於視為合意停止訴訟程序之四個月內預納或墊支費用者，法院應續行訴訟程序，若逾四個月未預納或墊支費用者，則視為撤回訴訟或上訴，法院應終結該訴訟程序。

三、訴訟費用之負擔

訴訟費用應由當事人負擔，惟應由何造當事人於何種情形負擔？又當事人負擔訴訟費用時，應如何計算求償於他造？此類問題不能不有明文，茲分別敘述之。

㈠訴訟費用之負擔義務人及其情形

1. 訴訟因裁判而終結之情形　原則上，訴訟費用，由敗訴之當事人負擔（本法第七十八條）。惟為公平及防止濫訴起見，於例外情形，亦得由勝訴之當事人負擔訴訟費用。其情形有三：⑴被告對於原告關於訴訟標的之主張逕行認諾，並能證明其無庸起訴者，訴訟費用，由原告負擔（本法第八十條）。⑵勝訴人之行為，非為伸張或防衛權利所必要，或敗訴人之行為，按當時之訴訟程度，為伸張或防衛權利所必要，對於此種行為所生費用，法院得酌量情形，命勝訴當事人負擔全部或一部（本法第八十一條）。⑶當事人不於適當時期提出攻擊防禦方法，或遲誤期日或期間，或因其他應歸責於己之事由而致訴訟延滯者。雖該當事人勝訴，其因延滯而生之費用，法院得命其負擔全部或一部（本法第八十二條）。⑷因共有物分割、經界或其他性質上類似之事件涉訟，由敗訴當事人負擔訴訟費用顯失公平者，法院得酌量情形，命勝訴之當事人負擔其一部（本法第八十條之一）。上述原則及例外為當事人全部勝訴時之負擔規定。若雙方當事人各有一部分勝訴及敗訴時，依民國九十二年修正前本法第七十九條之規定，各負擔其支出之訴訟費用。但法院得酌量情形，命兩造以比例分擔或命一造負擔。惟立法者於九十二年修正時認為，各當事人一部勝訴、一部敗訴者，原條文規定各負擔其支出之訴訟費用，形式上固似合理，惟事實上因起訴原告須先繳納裁判費，訴訟進行中訴訟行為須支出之必要費用，多數亦由原告預納，以致造成原告負擔全部訴訟費用之結果，殊有不公。因此修正本法第七十九條規定：「各當事人一部勝訴、一部敗訴者，其訴訟費用，由法院酌量情形，命兩造以比例分擔或命一造負擔，或命兩造各負擔其支出之訴訟費用。」將修正前之但書規定，改為原則規定，以期靈活運用而維公平。

2. 訴訟非因裁判而終結之情形　本法第八十三條第一項規定，原告撤回其訴者，訴訟費用由原告負擔。其於第一審言詞辯論終結前撤回者，得於撤回後三個月內聲請退還該審級所繳裁判費三分之二。第二項規定，前項規定於當事人撤回上訴或抗告者，準用之。又本法第八十四條第一項規定，當事人為和解者，其和解費用及訴訟費用各自負擔之。但別有約定者，不在此限。第二項規定，和解成立者，當事人得於成立之日起三個月內聲請退還其於該審級所繳裁判費三分之二。此處所謂和解指訴訟和解而言。本法於八十九年二月修正時增訂第八十三條第一項後段及第八十四條第二項規定關於撤回訴訟與訴訟和解情形得聲請退還裁判費二分之一，於九十六年三月再修正將得聲請退還裁判費比例提高為三分之二，立法目的在鼓勵當事人撤回無益或不必要之訴訟，以減省法院之勞費。為增進當事人間之和諧，並減輕訟累，鼓勵當事人成立訴訟和解。應注意者，第八十三條之退還裁判費規定，僅於當事人原告明示撤回其訴時，始有其適用。於當事人合意停止訴訟程序後四個月內不續行訴訟或連續遲誤言詞辯論期日，依本法第一九〇條或第一九一條規定視為撤回，或當事人為訴之變更而視為撤回原訴，或單純減縮應受判決事項聲明之情形，均不得聲請退還裁判費。又本法第八十三條規定立法意旨係為鼓勵當事人撤回無益或不必要之訴訟，以減省法院勞費，必該訴訟因原告撤回起訴或上訴人撤回上訴，致訴訟繫屬消滅而告終結時，始得聲請法院退裁判費三分之二。就普通共同訴訟撤回其中一訴，或其中一訴當事人撤回其訴者，均不得聲請退還裁判費三分之二（最高法院九十五年第七次民事庭會議決議）。所謂「該審級所繳裁判費」，於發回更審之情形，包括更審前原告在該審級所繳之裁判費在內，至於更審前上訴所繳之裁判費，則不得聲請退還。又原告如尚未依法繳足起訴應繳納之裁判費時，其得聲請退還者，應限於其所繳納超過應繳納裁判費三分之一之部分。

本法第八十四條所規定當事人得聲請退還之費用，以其於訴訟和解成立之審級所繳之裁判費為限，發回更審之事件，更審前在該審級所繳之裁判費，亦包括在內。又當事人如僅成立部分和解時，因其並未止息訟爭，不得聲請退還裁判費。

3.共同訴訟當事人間就訴訟費用分擔之情形　本法第八十五條規定，共同訴訟人，按其人數，平均分擔訴訟費用。但共同訴訟人於訴訟之利害關係顯有差異者，法院得酌量其利害關係之比例，命分別負擔。共同訴訟人因連帶或不可分之債敗訴者，應連帶負擔訴訟費用。共同訴訟人中有專為自己之利益而為訴訟行為者，因此所生之費用，應由該當事人負擔。

4.參加人負擔訴訟費用之情形　本法第八十六條規定，因參加訴訟所生之費用，由參加人負擔。但他造當事人依第七十八條至第八十四條規定應負擔之訴訟費用，仍由該當事人負擔。訴訟標的，對於參加人與其所輔助之當事人必須合一確定者，準用前條之規定。

5.第三人負擔訴訟費用之情形　本法第八十九條規定，法院書記官、執達員、法定代理人或訴訟代理人，因故意或重大過失，致生無益之訴訟費用者，法院得依聲請或依職權以裁定命該官員或代理人負擔。依第四十九條或第七十五條第一項規定，暫為訴訟行為之人不補正其欠缺者，因其訴訟行為所生之費用，法院得依職權以裁定命其負擔。前二項裁定，得為抗告。

又檢察官於民事訴訟事件，有時基於公益，依法亦得成為訴訟當事人，例如，依民法第三十六條、第六十四條、第八條、第十四條第一項、第十五條之一第一項規定及依家事事件法第五十條第三項、第六十三條第三項、第六十五條第三項、第六十六條第一項、第三項之規定，就有關法人監督事件，身分關係訴訟，否認子女之訴，確定生父之訴，認領子女之訴，因被告死亡續行訴訟，而得為適格之被告，成為訴訟當事人。檢察官為民事訴訟事件之當事人時，其訴訟費用之負擔，亦依本法之規定。惟檢察官係代表國家執行公務，非為其私人利益，故本法第九十五條之一規定，檢察官為當事人，依本節之規定應負擔訴訟費用時，由國庫支付。

㈡法院為訴訟費用負擔之裁判

法院於當事人起訴或上訴時，雖對於訴訟標的價額須為核定，並得命當事人預納裁判費，俾能符合起訴或上訴之程序要件。惟訴訟經法院審理後，最後終將判決或以其他方法終結。此際，法院除對原告或上訴人之訴為終局判決外，必須就訴訟費用之負擔問題同時依職權為裁判（本法第八十七條第一項），否則，無法決定訴訟費用應歸何人負擔。惟訴訟費用之負擔，有歸當事人者，有由參加人負擔者，更有由第三人負擔之情形，且訴訟有因終局判決而終結，有不經判決而終結者，因此關於決定訴訟費用負擔之裁判方式，即有不同，茲敘述法院對訴訟費用負擔之裁判程序如次：

1. 對於當事人為訴訟費用負擔之裁判　本法第八十七條規定，法院為終局判決時，應依職權為訴訟費用之裁判。上級法院廢棄下級法院之判決，而就該事件為裁判或變更下級法院之判決者，應為訴訟總費用之裁判；受發回或發交之法院為終局之判決者亦同。訴訟費用負擔之裁判，係根據本案裁判之勝敗結果而定，若非對於本案裁判有上訴時，不得單獨對訴訟費用之裁判聲明不服（本法第八十八條）。又訴訟費用之裁判為法院之職權事項，無待當事人為特別聲明，當事人未為聲請時，法院亦應依職權就訴訟費用為裁判。法院如就訴訟費用漏未裁判時，當事人得依本法第二三三條規定，於判決送達後二十日不變期間內，聲請補充判決。

2. 對於第三人為訴訟費用負擔之裁判　本法第八十九條第一項規定，法院書記官、執達員、法定代理人或訴訟代理人，因故意或重大過失，致生無益之訴訟費用者，法院得依聲請或依職權以裁定命該官員或代理人負擔。當事人就此項費用之負擔，有聲請法院為裁定之權。惟受裁定負擔訴訟費用之第三人得對該裁定為抗告。又同條第二項之規定情形，法院得依職權以裁定命訴訟行為人負擔訴訟費用。依第四十九條或第七十五條第一項規定得暫為訴訟行為，係由於法院許可其所為，故，法院得依職權以裁定命其負擔其訴訟行為所生之費用。受此裁定之人，亦得單獨為抗告（本法第八十九條第三項）。

參加人負擔訴訟費用之裁判，於參加之聲請被裁定駁回時（本法第六十條第三項），由為駁回裁定之法院於裁定中，同時為裁判。如經參加訴訟之情形，則於本訴訟終局判決時一併為裁判。

3. 訴訟不經裁判而終結時之訴訟費用裁判　依本法第九十條規定，訴訟不經裁判而終結者，法院應依聲請以裁定為訴訟費用之裁判。前項聲請，應於訴訟終結後二十日之不變期間內為之。

㈢訴訟費用額之確定

法院為終局判決時，於判決主文應分別就本案及訴訟費用之負擔為宣示，惟對訴訟費用之裁判，僅能諭知負擔費用之義務人及其應負擔之比例，無法具體明示義務人應負擔之詳細費用金額。蓋雙方當事人於訴訟進行中各先支出金額多少及雙方合計支出金額，於未經法院核算之前無法確實，從而無法諭知應負擔之詳細金額。為最後核算當事人應負擔之具體金額，故本法自第九十一條至第九十四條明定有關確定訴訟費用之作業程序，學者稱為訴訟費用額之確定。訴訟費用額之確定程序須於判決有執行力或俟判決確定後，始有進行之必要。此因判決有執行力或確定時，雙方當事人之訴訟已終結，不再發生訴訟費用，法院得最後核算，使訴訟費用之權利人能取得執行名義，準備於強制執行程序向義務人取償也。

1. 確定訴訟費用額之聲請程序　本法第九十一條規定，法院未於訴訟費用之裁判確定其費用額者，第一審受訴法院於該判決有執行力後，應依聲請以裁定確定之。聲請確定訴訟費用額者，應提出費用計算書、交付他造之計算書繕本或影本及釋明費用額之證書。同法第九十二條第一項規定，當事人分擔訴訟費用者，法院應於裁判前命他造於一定期間內，提出費用計算書、交付聲請人之計算書繕本或影本及釋明費用額之證書。同條第二項規定，他造遲誤前項期間者，法院得僅就聲請人一造之費用裁判之。但他造嗣後仍得聲請確定其訴訟費用額。

2. 確定訴訟費用額之裁定　法院接獲雙方當事人所提出之費用計算書及釋明費用額之證書後，應核對取捨各人所提出之費用金額是否正當及正確。此際，法院得命書記官計算訴訟費用額（本法第九十四條）。依本法第九十三條規定，於當事人分擔訴訟費用之情形，法院為確定費用額之裁判時，除僅就一造之費用為裁判之情形外，應視為各當事人應負擔之費用，已就相等之額抵銷，而確定其一造應賠償他造之差額。例如，法院判決主文諭示，訴訟費用由原告負擔五分之二，其餘五分之三由被告負擔之情形。若原告全部支出三萬元，被告全部支出三千元時，合計支出金額為三萬三千元。就原告而言，被告應賠償一萬八千元，就被告言，原告應賠償一千二百元。兩者相抵，被告應賠償原告一萬六千八百元。從而法院應裁定，本件被告應負擔之訴訟費用額確定為一萬六千八百元。值注意者，立法者為促使當事人早日自動償還其應賠償對造之訴訟費用，特於本法第九十一條第三項規定，依第一項確定之訴訟費用額應於裁定送達之翌日起，加給按法定利率計算之利息。

關於確定訴訟費用額之裁定，因裁定而受不利益之當事人，得以法院核計訴訟費用不合法為理由，依一般抗告規定提起抗告（本法第四八二條）。

㈣訴訟費用負擔規定之準用

本法第九十五條規定，本節之規定，於法院以裁定終結本案或與本案無涉之爭點者準用之。此一條文規定，係就裁定程序所生之費用負擔規定其準用。蓋本法第三章訴訟費用第三節訴訟費用之負擔之規定，原係針對以終局判決終結之情形而為規定。若法院係以裁定終結本案，與以終局判決終結本案情形，就訴訟費用之負擔而言，並無不同，法院亦應為訴訟費用之裁判。至於以裁定終結與本案無涉之爭點情形，其所生之訴訟費用，不可能於本案終局判決時一併為裁判，故亦應於裁定中諭知費用之負擔。如無本條之準用規定，裁定情形之訴訟費用應如何處理，將無法律依據，因設本條規定。以裁定終結本案之情形，例如，以裁定駁回原告之訴、駁回上訴、駁回抗告，依督促程序所為之裁定。以裁定終結與本案無涉之爭點情形，例如，裁定駁回聲請參加訴訟、裁定准許假扣押假處分、裁定准許證據保全、就訴訟擔保之聲請所為之裁定。

法院依供擔保人之聲請，以裁定准許其變換提存物時，聲請費用應由何人負擔？司法院74.2.25.(74)廳民一字第一一八號函復臺灣高等法院認為，應由聲請人負擔。按供擔保人聲請變換提存物，係基於其本身之利益請求法院為准許之裁定，其聲請行為不能認係伸張權利所必要者，對於因此所生之聲請費用，依民事訴訟法第九十五條、第八十一條第一款之規定，自應由聲請人負擔。

某甲對某乙提起給付之訴，請求某乙給付新臺幣一百萬元，嗣某甲於言詞辯論時，自知無法取得全部勝訴判決，乃縮減其訴之聲明為新臺幣一萬元，某甲因而獲得全部勝訴判決，此時若認並無民事訴訟法第八十一條第一款之情形，勝訴人之行為非為伸張或防衛權利所必要，訴訟費用應由何人負擔？按訴訟費用由敗訴當事人負擔，係以法院為終局判決時之當事人敗訴事實為依據，減縮部分既未經法院裁判，自毋庸諭知訴訟費用由何人負擔。本件法院係就某甲訴請某乙給付新臺幣一萬元之事實為某乙敗訴之終局判決，依民事訴訟法第七十八條規定，應命敗訴之某乙負擔訴訟費用，惟顧慮當事人將來確定訴訟費用額發生爭執，可於主文諭知訴訟費用除減縮部分外，由某乙負擔，以示明確（司法院72.9.9.(72)廳民一字第〇六一四號函復臺灣高等法院）。

連帶債務之債權人於起訴時未表明請求命債務人連帶給付之意旨，法院於判決債權人勝訴命債務人共同給付時，關於訴訟費用，究應依民事訴訟法第八十五條第二項規定命債務人連帶負擔或依同條第一項規定命債務人共同負擔？本件既由法院依債權人原告之請求判決債務人被告等共同給付，即非連帶或不可分之債，其判決主文應與理由內引用之法條互相配合，方為適法。故不應引用民事訴訟法第八十五條第二項，命債務人連帶負擔訴訟費用，應依同法第七十八條、第八十五條第一項前段規定命債務人共同負擔訴訟費用（司法院75.3.28.(75)廳民一字第一一三九號函復臺灣高等法院）。

法院裁定准許拍賣抵押物，於相對人有多數人時，應如何諭知程序費用之負擔？司法院77.5.31.(77)廳民三字第〇六六六號函復臺灣高等法院謂：由相對人共同負擔。因法院准為拍賣抵押物之裁定，乃就相對人所供擔保之不動產准予拍賣，法院裁定之對象為相對人之物，非相對人，裁定書所以列相對人，不過表明物之所有人及應負擔程序費用之人，而不動產之拍賣，既無連帶拍賣之問題，殊無令由相對人連帶負擔可言（甲說）。非訟事件法第二十三條（舊法第十條）規定：「民事訴訟法第八十五條之規定，於應共同負擔費用之人準用之。」法院裁定准許拍賣抵押物，於抵押物所有人為多數人時，仍以抵押物為執行拍賣之對象，而非以該抵押物之所有人為執行之對象，故關於程序費用之負擔，依上開規定，諭知由相對人共同負擔即可，本題研究意見結論採甲說，核無不合。

民事訴訟法第九十五條所謂以裁定終結本案，係指訴訟事件而言，至法院以裁定准許本票執票人對發票人強制執行，係非訟事件，並無民事訴訟法第九十五條之適用，如相對人衹有一人時，僅引用非訟事件法第二十一條第二項（舊法第八條第二項）、民事訴訟法第七十八條即可，如相對人有數人時，則需引用非訟事件法第二十一條第二項、第二十三條（舊法第八條第二項、第十條）、民事訴訟法第八十五條第二項（司法院77. 4. 29. (77)廳民一字第〇五四〇號函復臺灣高等法院）。

四、訴訟費用之擔保

訴訟費用原則上由敗訴之當事人負擔，但在訴訟程序進行中，兩造當事人亦須依法院命令預納訴訟行為所必須之訴訟費用，被告無法避免預納訴訟費用。於被告勝訴之時，其支出之訴訟費用雖可向提起訴訟之原告請求賠償，惟若原告在中華民國無住所、事務所及營業所之情形，被告支出之訴訟費用，有難以求償之虞，原告應負擔之訴訟費用即成為有名無實，被告將受原告起訴之害。本法為保護被告起見，特設訴訟費用之擔保制度，於原告具備一定情形時，准許被告聲請法院，命原告就日後應賠償被告之訴訟費用，提供一定擔保，否則，被告得拒絕為本案之辯論。此制度之目的，首在保護被告，次在防止原告濫訴，故，被告縱有不能賠償訴訟費用之情形，原告不得要求被告預供擔保。

㈠被告聲請提供訴訟費用擔保之要件

本法第九十六條規定，原告於中華民國無住所、事務所及營業所者，法院應依被告聲請，以裁定命原告供訴訟費用之擔保；訴訟中發生擔保不足額或不確實之情事時亦同。前項規定，如原告請求中，被告無爭執之部分，或原告在中華民國有資產，足以賠償費用時，不適用之。又依本法第一一〇條第一項第二款規定，原告當受訴訟救助之准許者，免供訴訟費用之擔保。故，原則上，若原告於中華民國無住所、事務所及營業所，即生供擔保之原因。但有三種例外情形，原告仍無供擔保之義務：即 1.原告請求中，被告無爭執之部分足以賠償費用者。2.原告在中華民國有資產足以賠償訴訟費用時。3.原告經法院准予訴訟救助者。

又依本法第九十七條規定，被告已為本案之言詞辯論者，不得聲請命原告供擔保。但應供擔保之事由知悉在後者，不在此限。法院命原告供訴訟費用之擔保，必須依被告之聲請始得為之，不得依職權為命令，且限於被告未就本案為言詞辯論之情形始可聲請。蓋被告既已為本案之言詞辯論，足見被告原無聲請供擔保之意，不許再行聲請供擔保，否則，必將延滯訴訟。

㈡法院為訴訟費用擔保之裁定

被告向法院聲請命原告供訴訟費用之擔保時，法院應審查被告要求原告應供擔保之事由是否存在。法院如認為聲請有理由者，應就其聲請為裁定。法院命原告供擔保者，應於裁定中定擔保額及供擔保之期間。定擔保額，以被告於各審應支出之費用總額為準（本法第九十九條）。關於聲請命供擔保之裁定得為抗告（本法第一〇〇條）。所謂關於聲請命供擔保之裁定，包含駁回被告聲請之裁定及命原告供擔保之裁定二者之情形，此項裁定為法院之訴訟進行中所為，若無特別規定得為抗告，即屬不得抗告（本法第四八三條）。

㈢訴訟費用擔保之裁定效力

本法第一〇一條規定，原告於裁定所定供擔保之期間內不供擔保者，法院應以裁定駁回其訴。但在裁定前已供擔保者，不在此限。有疑義者，於上訴審始發生或知悉原告應供擔保之事由，或發生擔保不足額或不確實之情事，而由上訴審法院依被告之聲請命原告供擔保者，原告不供擔保時，法院應如何為處理？學者有謂，如係原告上訴，法院應以裁定駁回其上訴者[43]，有謂應以判決駁回原告上訴者[44]。若係被告上訴，有謂法院應以裁定廢棄原判決，駁回原告之訴者[45]，有謂應以判決廢棄原判決，駁回原告之訴者[46]。拙以為，若原告上訴，上訴審法院命原告供擔保而原告不供擔保者，其上訴程序之訴訟要件已缺乏，

---

[43] 見姚瑞光，《民事訴訟法論》第一七一頁。王甲乙等三人，《民事訴訟法新論》第九十頁。石志泉，《民事訴訟法釋義》第一二四頁。

[44] 見陳計男，《民事訴訟法論（下）》第一三九頁。

[45] 見石志泉，《民事訴訟法釋義》第一二四頁。

難謂上訴合法，且法院應依職權隨時調查訴訟要件是否具備，一發現訴訟要件不具備時，應先依程序規定為裁定駁回原告上訴，不必為上訴無理由之實體判決駁回上訴。應以第一說為是。若被告上訴者，法院僅能先以判決廢棄原判決，再駁回原告在第一審之訴，蓋為澈底保護被告之必要也。應以第四說見解為可採。

又依本法第九十八條規定，被告聲請命原告供擔保者，於其聲請被告駁回或原告供擔保前，得拒絕本案辯論。

㈣原告供擔保之方法

本法第一〇二條規定，供擔保應提存現金，或法院認為相當之有價證券。但當事人別有約定者，不在此限。前項擔保，得由保險人或經營保證業務之銀行出具保證書代之。應供擔保之原告，不能依前二項規定供擔保者，法院得許由該管區域內有資產之人具保證書代之。依本法第一〇三條之規定，被告就原告所提存之物，與質權人有同一之權利。具保證書人，於原告不履行其所負義務時，有就保證金額履行之責任。法院得因被告之聲請，逕向具保證書人為強制執行。此為法定質權之一種。若原告於日後不履行其負擔訴訟費用賠償義務時，被告即得依實行質權之民法規定，就提存物優先受償。提存物為現金者，被告得請求法院之提存所，就被告應受賠償之金額為給付，以為清償。提存物如為有價證券或物品，被告依法得自行拍賣或聲請法院拍賣，以充賠償。又具保證書人所具之保證書，非就原告之提存能力予以保證，而係於原告不履行其賠償義務時，具保證書人即有直接就保證金履行賠償之責任。具保證書人不得主張民法上之債務保證關係，抗辯被告應先對原告行使權利。法院得因被告之聲請，逕向具保證書人為強制執行。

㈤擔保物之變換與返還

本法第一〇五條規定，供擔保之提存物或保證書，除得由當事人約定變換外，法院得依供擔保人之聲請，以裁定許其變換。關於前項聲請之裁定，得為抗告，抗告中應停止執行。按供擔保人所提存之擔保物，由於某種情形，有時有取回利用之必要。例如，所提存之有價證券之清償期已屆至，有持該有價證券行使權利之必要，此際，自應兼顧供擔保人之利益，准許其變換擔保物。原則上，變換擔保物，得由當事人以契約為約定。若當事人間無約定時，亦得由供擔保人向法院聲請許為變

㊻ 見姚瑞光，前揭處。王甲乙等三人，前揭處。曹偉修，《最新民事訴訟法釋論（上）》第三三六頁。陳計男，前揭處。

換擔保物，此際，法院得以裁定許其變換。供擔保人聲請以現金變換有價證券為擔保，或以提供擔保物變換保證書，均無不可，蓋無損於擔保利益人也。惟若將提存物變換為保證書，則有害於擔保利益人之權益，最高法院四十三年臺抗字第一二二號判例認為法院不應准許。應注意者，法院以裁定准許供擔保人變換擔保，其情形與法院於應供擔保之原告不能提存現金、有價證券或當事人所約定之物時，始許以保證書代替之情形，兩者顯有不同。前者情形係為兼顧擔保人之變換必要而規定，後者情形係為考慮原告供擔保之實際困難而為權宜之變通規定，兩者規定之目的不同。故，不得以本法第一〇二條第二項之規定，用以類推解釋同法第一〇五條之規定而取代也。

依本法第一〇四條規定，有下列各款情形之一者，法院應依供擔保人之聲請，以裁定命返還其提存物或保證書：一、應供擔保之原因消滅者。二、供擔保人證明受擔保利益人同意返還者。三、訴訟終結後，供擔保人證明已定二十日以上之期間，催告受擔保利益人行使權利而未行使，或法院依供擔保人之聲請，通知受擔保利益人於一定期間內行使權利並向法院為行使權利之證明而未證明者。關於前項聲請之裁定得為抗告，抗告中應停止執行。按原告提供訴訟費用擔保之原因若不存在者，原告已無義務繼續提供擔保，受擔保利益人自應同意原告取回其擔保，無理由拒絕原告取回而為難原告。惟於實際上，受擔保利益人多有故意為難原告取回擔保之事。本法為公平對待原告，特於第一〇四條設有返還擔保物之程序，規定原告於一定條件之情形下，得請求法院裁定准許其取回擔保物。依第一〇四條第一項之規定，得聲請法院裁定返還擔保物之原因有三：一為應供擔保之原因消滅，二為供擔保人證明受擔保利益人同意返還，三為訴訟終結後，供擔保人證明已定二十日以上之期間催告受擔保利益人行使權利而未行使，或法院依供擔保人之聲請，通知受擔保利益人於一定期間內行使權利並向法院為行使權利之證明而未證明。於後者之情形，立法者為兼顧雙方當事人之利益，特別規定於訴訟終結後，受擔保利益人能行使權利請求賠償而不行使權利為條件，經供擔保人定期二十日以上催告後，得要求法院裁定返還擔保物。若受擔保利益人變更住居所而行方不明，或其拒絕或迴避收受催告信函之情形，供擔保人欲催告其行使權利及證明，則發生困難。遇此情形，供擔保人得聲請法院通知受擔保利益人於一定期間內行使權利並向法院為行使權利之證明，受擔保利益人逾期未為證明者，供擔保人即得聲請法院裁定命返還提存物，俾供擔保人有解決前述無法催告及送達之困難。

又本法第一〇六條規定，第一〇二條第一項、第二項及第一〇三條至前條之規定，於其他依法令供訴訟上之擔保者準用之；其應就起訴供擔保者，並準用第九十八條、第九十九條第一項、第一〇〇條及第一〇一條之規定。其他依法令供訴訟上之擔保情形，實務上最常見者為本法第三九〇條第二項、第三九二條之供擔保宣告假執行或供擔保宣告免為假執行，第五二六條、第五二七條、第五三三條、第五三六條有關供擔保命為假扣押假處分之規定。此種供擔保之目的亦為準備賠償對造將來之損害，其供擔保之方法、效力、返還或變換擔保物之問題，均與訴訟費用之擔保規定有相同之處，得為準用，故本法於第一〇六條設準用規定。又所謂依法令應就起訴供擔保者，例如，依公司法第二一四條第二項規定，股份有限公司之股東對董事起訴時，法院依被告之聲請，命起訴之股東提供擔保之情形。於此情形，除準用本法第一〇二條第一項、第二項至第一〇五條外，並準用第九十八條、第九十九條第一項、第一〇〇條及第一〇一條規定。

五、訴訟救助

㈠訴訟救助之意義與其要件

所謂訴訟救助係指，對於無資力支出訴訟費用之當事人，法院准其暫緩繳納訴訟費用而為訴訟行為之制度。民事訴訟法主要係為當事人自己私益對國家請求確定私權之程序，利用此種制度應由當事人負擔訴訟費用，其詳細規定已如前述。此項費用，有於起訴時即應支付者，例如裁判費，有於訴訟進行中不能不支付者，例如調查證據之費用。當事人若不繳納裁判費即屬起訴之法定要件不備，法院應裁定駁回起訴（本法第二四九條第一項第六款）。其不預納調查證據之費用者，法院即不為調查，影響當事人權利之攻擊防禦。國家設民事訴訟制度，應不分貧富而保護其利益，若當事人因貧困而其權利無法獲得保護，此乃違背現代國家之法律正義思想。各國立法例，為解決此種現實社會所存在之困境，均設有訴訟救助制度，於當事人具備一定要件之情形，法院應准其暫緩繳納訴訟費用而先為一定訴訟行為，俾能伸張其權利或為防禦其權利。

本法第一〇七條規定，當事人無資力支出訴訟費用者，法院應依聲請，以裁定准予訴訟救助。但顯無勝訴之望者，不在此限。法院認定前項資力時，應斟酌當事人及其共同生活親屬基本生活之需要。又第一〇八條規定，對於外國人准予訴訟救助，以依條約、協定或其本國法令或慣例，中華民國人在其國得受訴訟救助者為限。據此規定，訴訟救助之要件有三：第一、訴訟救助之裁定，法院必須本於有訴訟救助必要之當事人聲請始得為之，不得依職權准許為訴訟救助之裁定。原則上，不分本國人抑或外國人均得聲請法院為訴訟救助，惟基於國際間互惠原則，外國人為當事人之情形，必須另外具備依條約、協定或依該外國人之本國法令或慣例，中華民國人在其國得受救助者為限。但無國籍人聲請訴訟救助，因無條約及其本國法可資依據，仍適用本法第一〇七條之規定（司法院二二院字第八七五號解釋）。第二、須當事人無資力支出訴訟費用者。所謂當事人無資力支出訴訟費用，並非當事人全無財產之謂，當事人雖有財產而不能自由處分者，如無籌措款項以支出訴訟費用之信用技能，即為無資力支出訴訟費用（二九抗字第一七九號判例）。當事人窘於生活，且缺乏經濟信用者，即為無資力（四三臺抗字第一五二號判例）。惟若法院已查明當事人非無資力支出訴訟費用者，雖其已取具受訴法院管轄區域內有資力人出具之保證書，亦無准許訴訟救助之餘地（六八臺聲字第一五八號判例）。立法者為避免當事人因支出訴訟費用致生活陷於困窘，難以維持自己及其共同生活親屬之基本生活，甚而放棄使用訴訟制度，特於本法八十九年修正時，增訂第一〇七條第二項之規定。第三、須非顯無勝訴之望。當事人提起之訴訟或上訴就其顯著之事實於法律上無勝訴之希望，稱為顯無勝訴之望。是否顯無勝訴之望，由法院就該訴訟為調查斟酌決定。此際，須斟酌聲請訴訟救助者在訴訟上之主張及其所用證據，對他造當事人之訴訟資料，亦應予以斟酌。聲請人所提起之第三審上訴已逾不變期間，即顯無勝訴之望（二七聲字第一八四號判例）。對於財產權上訴訟之第二審判決提起上訴，其因上訴所得受之利益不達民事訴訟法第四六六條所定額數者，即為顯無勝訴之望（二八聲字第一二四號判例）。提起第三審上訴，未於上訴狀內表明上訴理由，亦未於提起上訴後十五日內提出理由書者，即為顯無勝訴之望（二八聲字第一七九號判例）（現行法第四七一條第一項已改提出上訴理由書之期間為二十日內）。所謂顯然係指法院依卷內資料不待再經調查證據程序，即可認定之事實狀態。若須再經調查證據始可認定者，即非顯無勝訴之望。聲請人提起之訴或上訴，欠缺攻擊防禦方法，或其攻擊防禦方法不充分之情形，尚不得謂顯無勝訴之望，蓋依本法第一九六條第一項規定，攻擊防禦方法應依訴訟進行之程度，得於言詞辯論終結前適當時期提出也。

關於訴訟救助之規定，除本法規定之外，於其他法律有明文規定者，亦應予注意而適用。例如，犯罪被害人保護法第二十八條第一項規定：「被害人或本法第六條之人，非依刑事附帶民事訴訟程序向加害人起訴請求本法第九條第一項各款之損害賠償時，暫免繳納訴訟費用。」據此規定，犯罪被害人若依刑事附帶民事訴訟程序起訴，請求加害人損害賠償時，依法固然不必向刑事法院繳納訴訟費用。若犯罪被害人或犯罪被害人保護法第六條所規定之人，直接向民事法院對加害人提起民事訴訟，請求加害人為損害賠償時，亦得聲請訴訟救助而暫免繳納訴訟費用，俾對不幸之犯罪被害人為訴訟上之救助。

㈡聲請訴訟救助之程序

本法第一〇九條規定，聲請訴訟救助，應向受訴法院為之。於訴訟繫屬前聲請者，並應陳明關於本案訴訟之聲明及其原因事實。無資力支出訴訟費用之事由，應釋明之。前項釋明，得由受訴法院管轄區域內有資力之人，出具保證書代之。保證書內，應載明具保證書人於聲請訴訟救助人負擔訴訟費用時，代繳暫免之費用。當事人之訴訟已繫屬於法院時，應向現在繫屬之法院為訴訟救助之聲請，此際，當事人已有起訴狀記載其本案訴訟之聲明及原因事實，法院得據以認定其訴是否「顯無勝訴之望」，俾能裁定准予訴訟救助或裁定不准聲請。惟若當事人於訴訟提起前，先聲請訴訟救助者，因法院無起訴狀或其他訴訟資料得憑以認定原告之訴是否顯無勝訴之望，當事人於此情形，必須於其聲請狀同時就其本訴訟之聲明及原因事實為陳明。否則，其聲請訴訟救助不合法。

又當事人為訴訟救助之聲請，必須將其無資力支出訴訟費用之事由為釋明。惟此釋明，得由受訴法院管轄區域內有資力之人，出具保證書為代替。出具之保證書內容，除表明其保證意旨外，必須載明具保證書人於聲請訴訟救助人負擔訴訟費用時，願意代繳暫免之費用，俾法院得據本法第一一四條第一項規定，得向具保證書人為強制執行。惟值注意者，聲請訴訟救助之人，雖應於其聲請狀內釋明，其請求救助事由之無資力支出訴訟費用之事實，但不必就其訴訟「非顯無勝訴之望」之事實為釋明。對此問題，最高法院六十二年臺抗字第五〇〇號判例已有解釋，九十二年本法修正時，立法者將第一〇九條第二項原規定之「請求救助之事由」修正為「無資力支出訴訟費用之事由」，使用語明確，以杜解釋上之疑義。聲請訴訟救助之當事人所應釋明者，僅以請求救助之事由為限，如以受訴法院管轄區域內有資力之人出具保證書以代釋明，該具保證書人有無資力，應由受訴法院依職權調查之（六七臺抗字第五五二號判例）。

從而當事人聲請訴訟救助後，法院應調查聲請人是否無資力支出訴訟費用，或具保證書人是否為有資力支出訴訟費用之人，並審查有無顯無勝訴之望之情形，而為准駁之裁定。聲請人對於駁回訴訟救助聲請之裁定，得為抗告（本法第一一五條）。最高法院三十三年抗字第二四號判例曾認對於准許訴訟救助之裁定，因於對造無損，故對造不得對之抗告，但此判例最高法院九十年六月十六日於九十年第五次民事庭會議決議，因判例意旨依理論及實務甚不妥當而予以廢棄。本書以為本法第一一五條規定本節所定之各裁定得為抗告，為保障他造之訴訟程序權益，自無不許他造提起抗告之理㊼。又依本法第一〇九條第三項規定，出具保證書之人，聲請解除保證責任而受駁回之裁定，亦應解為本法第一一五條之裁定，得提起抗告。

本法為落實訴訟救助制度之功能，避免第一審法院駁回訴訟救助之聲請後，未待裁定確定，即以原告未繳納裁判費為理由駁回其訴，增訂第一〇九條之一規定：「駁回訴訟救助聲請之裁定確定前，第一審法院不得以原告未繳納裁判費為由駁回其訴。」應注意者，於當事人提起第二審上訴時始聲請訴訟救助之情形，法院駁回其聲請後，是否不待駁回之裁定確定，逕以上訴人未繳納上訴裁判費為由駁回其上訴，則由法院斟酌其敗訴原因、上訴理由及資力決定之。又當事人聲請訴訟救助經駁回確定後，以同一原因再行聲請訴訟救助者，無本條規定之適用。

㈢訴訟救助之效力

依本法第一一〇條規定，准予訴訟救助，於訴訟終結前有下列各款之效力：一、暫免裁判費及其他應預納之訴訟費用。二、免供訴訟費用之擔保。三、審判長依法律規定為受救助人選任律師代理訴訟時，暫行免付酬金。前項第一款暫免之訴訟費用，由國庫墊付。此為有關訴訟費用方面之效力規定。所謂免供訴訟費用之擔保，專指原告依本法第九十六條規定，應供之訴訟費用之擔保而言。至於其他之擔保，例如關於假扣押、假處分、假執行所應供之擔保，則不在免供之列（二三抗字第一一九二號判例）。又法院為受救助人選任律師代理訴訟，暫免付酬金之情形，解釋上僅限於法律有明文規定之情形，始有適用。例如法院依本法第五八五條規定，為受救助人選任律師。又例如第三審上訴之上訴人受訴訟救助，法院得為其選任律師於第三審代理訴訟。非謂法院均得為一切訴訟救助聲請人，為其選任律師代理訴訟，並暫行免付酬金也。

又依本法第一一一條規定，准予訴訟救助，於假扣押、假處分、上訴及抗告，亦有效力。此係關於訴訟救助之程序範圍

㊼ 最高法院三十三年抗字第二四號判例云：抗告，非因裁定而受不利益者，不得為之，是為訴訟法上之原則。民事訴訟法第一百十五條，不過為同法第四百八十條、第四百八十四條第一項之特別規定，並非對於此項原則所設之例外。准予訴訟救助僅有同法第一百十條所列各款之效力，除受救助人依同法第九十六條應供訴訟費用之擔保者外，他造對於受救助人請求賠償訴訟費用之權利，絕不因此而受影響，受救助人無須供訴訟費用之擔保時，他造既不因准予訴訟救助之裁定而不利益，即不得對此裁定提起抗告。惟姚瑞光著民事訴訟法論七十七年版第一八七頁、第一八八頁，吳明軒著民事訴訟法上冊九十八年版第三六一頁均採肯定說。

之效力規定。立法例上，訴訟救助之程序效力，有僅及於該審級者，有擴及於一切審級皆有效力者。前者之立法，可防止濫起上訴，後者之立法，可節省聲請救助之勞力費用時間。本法第一一一條採用後者之立法例，蓋本法另外於第一一三條規定，得由法院裁定撤銷訴訟救助，已足防止當事人恃有救助而濫行上訴之弊端[48]。惟於解釋時應注意者，本法第一一一條所謂准予訴訟救助，於假扣押亦有效力，係指同法第一一〇條所定，准予訴訟救助之效力及於假扣押程序而言，依第一一〇條第二款之規定，准予訴訟救助雖有免供訴訟費用擔保之效力，但債權人於假扣押應供之擔保，係就債務人因假扣押所應受之損害供之，並非訴訟費用之擔保，自不在免供之列（二三抗字第一一九二號判例）[49]。又惟在起訴前之假處分程序准予訴訟救助者，除准予救助之裁定已就後應繫屬之本案訴訟一併准予救助外，其效力不及於本案訴訟之第一審及上訴審（二九抗字第一二七號判例）。受訴訟救助後，在訴之變更、追加、提起反訴，或再審之訴之情形，本法第一一一條並未明定訴訟救助之效力所及，於此情形非有效力（三二抗字第一八八號判例）。

本法第一一二條規定，准予訴訟救助之效力，因受救助人死亡而消滅。訴訟救助之事，因個人之具體情況而異，且因時間之前後而情況發生變化，僅能專施於應受訴訟救助之人，不能施於其繼承人。其繼承人如須受救助者，應另行聲請訴訟救助。是項准予訴訟救助之效力，僅對於受救助人有效，不能移轉於他人。受救助人一旦死亡，准予訴訟救助之效力即行消滅。

(四)訴訟救助之撤銷

本法第一一三條規定，當事人力能支出訴訟費用而受訴訟救助或其後力能支出者，法院應以裁定撤銷救助，並命其補交暫免之費用。前項裁定，由訴訟卷宗所在之法院為之。按當事人有無能力支出訴訟費用，為決定是否准予訴訟救助之基礎。當事人雖已受訴訟救助，如原即有支出訴訟費用之資力而受訴訟救助，或其後已有支出訴訟費用之資力者，自不能享受救助之利益，法院應即以裁定撤銷其訴訟救助。法院撤銷訴訟救助，不問訴訟終結與否，均得為之，由訴訟卷宗所在之法院為裁

---

[48] 參照本法第一一一條立法理由。

[49] 最高法院二十三年抗字第一一九二號判例云：民事訴訟法第一百十一條所謂准予訴訟救助，於假扣押亦有效力，係指同法第一百十條所定，准予訴訟救助之效力及於假扣押程序而言，依第一百十條第二款之規定，准予訴訟救助雖有免供訴訟費用擔保之效力，但債權人於假扣押應供之擔保，係就債務人因假扣押所應受之損害供之，並非訴訟費用之擔保，自不在免供之列。

定。

㈤訴訟費用之徵收及請求歸還

本法第一一四條規定，經准予訴訟救助者，於終局判決確定或訴訟不經裁判而終結後，第一審受訴法院應依職權以裁定確定訴訟費用額，向應負擔訴訟費用之當事人徵收之；其因訴訟救助暫免而受救助人負擔之訴訟費用，並得向具保證書人為強制執行。為受救助人選任律師之酬金，徵收而無效果時，由國庫墊付。

訴訟結束無論為判決或訴訟和解，依本法規定必有應負擔訴訟費用之當事人。倘他造當事人應負擔訴訟費用者，為簡便起見，使國庫、執達員或律師得向他造當事人徵收或請求歸還。若受救助人應負擔訴訟費用時，法院或執達員、律師，亦得向受救助人徵收暫免之訴訟費用，或向其請求歸還應收費用、墊款、律師酬金。此際，第一審受訴法院應依職權以裁定確定訴訟費用額，向應負擔訴訟費用之當事人為徵收。於受訴訟救助人應負擔訴訟費用而有具保證書人之情形，並得對具保證書人為請求或強制執行。又為保障被法院選任律師之酬金，於法院向應負擔訴訟費用之人徵收而無效果時，應由國庫墊付此項律師酬金。

第二章　訴訟程序之發展

第一節　當事人主義與職權主義之交錯❶

我國民事訴訟法雖受日本民事訴訟法與德國民事訴訟法之立法思想之影響，但在民事訴訟法之立法史上，其立法思想有顯著對立之兩部民事訴訟法典，不能不特別注意。其一為一八〇六年之法國民事訴訟法，另一為一八九五年之奧國民事訴訟法。日本民事訴訟法係於一八九〇年（明治二十三年）仿一八七七年之德國民事訴訟法所制定，而德國民事訴訟法受法國民事訴訟法之影響頗大。簡言之，一八九〇年之日本民事訴訟法，實係受法國民事訴訟法之立法思想所影響而制定之法典。日本大正十五年日本民事訴訟法大修正，主要係仿一八九五年之奧國民事訴訟法，從而日本民事訴訟法之立法制度遂在當事人主義與職權主義發生交錯之情形下存在。我國之民事訴訟律與民事訴訟條例，以及現行民事訴訟法，係受日本民事訴訟法之重大影響，於瞭解我國現行民事訴訟法之訴訟程序思想之際，不能不追索一八〇六年法國民事訴訟法與一八九五年奧國民事訴訟法兩者之立法思想及兩者之政治社會背景。

一七八九年法國大革命，當時之社會思想係以自由主義思想為基礎，在思想制度方面產生自然法思想、社會契約說、經濟自由放任主義、夜警國家思想。在立法思想制度方面，法國民事訴訟法法典遂採取言詞主義、隨時提出主義、自由心證主義、當事人進行主義各種訴訟法之原則。法國民事訴訟法之思想出發點認為，民事訴訟之本質為私人利益之爭執，訴訟主宰及進行訴訟程序之領導權均應操縱在當事人手中，法官之任務僅在維持中立之態度立場，主持辯論而最後就訴訟為裁判而已，將法官視為雙方當事人比賽時之觀眾，此為法國民事訴訟法典之基礎思想。

一八九五年奧國民事訴訟法係在奧匈帝國之國家權力支配之社會背景所產生，此一法典強調民事訴訟為國家文化任務之

❶ 參照江藤價泰，〈當事者主義と職權主義の交錯〉，載《民事訴訟法の爭點》（舊版）第一九四頁以下。若林安雄，〈民事訴訟における當事者主義と職權主義の交錯〉，載《民事訴訟法の爭點》（新版）第二〇四頁以下。

一，重視法院在民事訴訟中之職權主義理念。日本於大正十五年仿奧國民事訴訟法典為修正，引進職權進行主義，確立準備程序制度，並導入職權調查證據之餘地。日本之法典修正工作，未有何種抵抗而一舉完成。此乃因日本社會在天皇主權之意識下，國民係天皇之臣民，糾紛之當事人雙方在訴訟程序上未被視為解決糾紛之重要主體，代表國家權力之法院被認為係解決糾紛之主體，一般人民認為由上面在位之法官為人民解決糾紛係當然之事，無人強調雙方當事人在民事訴訟程序上之主導地位。從而大正十五年之法典修正，僅被視為純粹訴訟技術性之制度改進工作，對於當事人並未特別考慮如何加以尊重及保護其權利地位問題。第二次世界大戰結束，日本社會在美國佔領之下，確立主權在民之思想，此種思想原理亦在民事裁判制度上有實踐之必要。從而學者在思考民事訴訟制度之存在價值時改變觀念，認為司法係為服務國民而存在，訴訟程序合理化之目的，非為國家、法院之目的，而為利用民事訴訟之國民、當事人為其主要目的。從而必須多方講究能使國民利用裁判制度之各種法律政策。戰後日本在訴訟制度方面，學者一再強調當事人之訴訟救助、法律扶助、程序保障、以人民為重之訴訟等等之努力方向，實乃出於日本社會之政治思想發生變化為原因。

第二節　訴訟行為

訴訟行為係於訴訟程序上發生效果之行為，得分別由法院或由當事人為之。訴訟行為無法將法院之訴訟行為與當事人之訴訟行為作共同之觀察，蓋法院之行為係國家機關之行為，此項行為所受之支配規定，與當事人行為所受之支配規定完全不同。

法院之行為得分為三類，最重要者，首推裁判行為，第二類之行為係利用於程序之內部發展之行為，第三類之行為係用於程序之外部過程之行為。屬於第二類之行為者，有收集資料之行為。在職權主義之程序，將判決基礎之事實設法收集即係法院之任務，但在辯論主義之程序，法院僅綜合當事人之陳述事實而已。又調查證據亦屬第二類之行為。至於指揮訴訟進行、指定期間指定期日及傳訊等行為，則屬程序之外部過程行為，歸為第三類之行為。

當事人之訴訟行為係為產生、發展、終結訴訟為目的，於通常情形係由當事人以積極行為為之，偶而係以不作為為之。當事人之訴訟行為主要係以發生訴訟法上之法律效果為其目的，得分為取效行為（Erwirkungshandlungen）及與效行為（Bewirkungshandlungen）兩種。取效行為不能單獨直接因行為而獲得訴訟行為之效果，必須有法院對該項訴訟行為為一定幫助行為始能發生法律效果，例如，當事人之聲請、事實上之主張與證據提出。法院應就當事人之取效行為調查其是否合法及有無理由。與效行為能直接因行為而發生訴訟上之效果而創設一定之訴訟狀態，無須另有法院行為之介入始生法律效果，例如，訴之撤回、提起上訴及撤回上訴、同意為訴之變更、主張程序瑕疵或放棄主張程序瑕疵、捨棄上訴權、自認。法院應就與效行為之效力為調查，此項調查結果於以後之訴訟必須加以斟酌。有若干訴訟行為得同時成為取效行為及與效行為，例如，起訴之訴訟行為一方面發生訴訟繫屬之法律效果，此為與效行為，但另一方面亦為取效行為，蓋須待法院之判決，始於訴訟程序有其意義也。

討論當事人之訴訟行為概念，其重要之意義在區別當事人之法律行為與訴訟行為，從而決定是否適用民法有關法律行為之規定，抑或適用民事訴訟法有關訴訟行為之規定。蓋實體法上之法律效果與訴訟法上之法律效果，兩者不同，不得作相同之解釋也。

一、法院之訴訟行為

法院之訴訟行為得分為裁判行為與其他法院行為。

㈠裁判行為

此為法院之訴訟行為最重要之行為。裁判係法院就具體訴訟案件中所發生或所命令之法律效果為宣示之行為。裁判係基於對構成要件事實之確定及適用法律所存在之思考活動之結果。裁判原則上由法院為之，但法律規定得由審判長、受命法官、受託法官為之者，亦得為之。裁判之種類得分為判決、裁定、處分。

㈡其他法院行為

除裁判行為之外，尚有許多法院行為，其目的在輔助並推動所有關於法官之主要裁判、本案終結判決之完成。此類重要之法院行為有：1. 訴訟指揮之行為，例如指定期日、傳喚到庭、訴訟文書之送達行為，均屬之。2. 於職權探知主義之領域，法院所為收集訴訟資料之行為，於辯論主義之領域所為促進訴訟程序之行為。3. 就當事人之訴訟行為為接受之行為，例如接受當事人之聲請、主張，以及當事人之證據聲明。4.調查證據之行為。5.就於法院機關所發生之事情事項為認識之行為。6.對當事人或訴訟關係人為通知之行為。7.為言詞辯論之各種行為。有關重要之法院行為，另於本書相關之章節為詳細說明。

二、當事人之訴訟行為

㈠訴訟行為與實體法律行為之區分❷

訴訟程序之開始、發展、終結係以當事人、法院及訴訟關係人在訴訟中所為之行為全部所形成。法院之行為係國家行為，有公益規律可循，能與當事人之行為明確區分。於區分訴訟行為與民法之法律行為時，以當事人之訴訟行為為中心始較重要。

民事訴訟法與民法不同，民法就所有法律行為有一般性之規定，而民事訴訟法就當事人之行為卻無此種一般性規定。因此在訴訟程序中經常發生兩大疑問，一係訴訟行為與民法之法律行為如何區分？其區分標準何在？另一係在具體個案中如何適用法律？如何處理此種性質不明之當事人行為？例如，當事人在訴訟程序進行中為一定之法律行為，如聲明撤銷或聲明抵銷。此際必問，當事人之聲明撤銷或聲明抵銷，此一行為究竟為訴訟行為抑或法律行為？若為訴訟行為，必須由有訴訟能力之人始可有效為之，若係法律行為由限制行為能力人亦可為之，蓋兩者行為之生效要件不同也。依通說，民法總則第八十八條及第九十二條所規定，錯誤或不自由之意思表示得撤銷之規定，於訴訟行為不得適用。又依通說，當事人之訴訟行為如有民法總則所規定意思表示瑕疵情形，不能如同於法律行為情形，於訴訟中主張其訴訟行為得撤銷而撤銷。但訴訟行為在一定範圍，當事人卻可自由撤回。又訴訟行為亦不能如同法律行為依民法規定得任意附條件。簡言之，於很多情形，由於當事人之行為是否視為訴訟行為抑或民法之法律行為，而適用民事訴訟法抑或適用民法，其法律效果發生重大差別。為解決此種問題，基本上必須能夠區分訴訟行為與民法之法律行為始可。

依德國通說，倘某當事人行為之要件及效果均由訴訟法加以規定者，該當事人行為即屬訴訟行為，其與民法法律行為之區分界限不生疑問❸。例如，當事人之自認（本法第二七九條、第二八〇條）或提起上訴（本法第四四〇條、第四四一條）。

---

❷ 參照 Arens, ZPR. 2. Aufl. S. 136ff.

❸ 參照 Rosenberg-Schwab, ZPR. 14. Aufl. S. 370ff.; Jauernig, ZPR. 22. Aufl. S. 100ff.

惟有若干當事人行為之法律效果，不僅規定於訴訟法，而且亦規定於實體法，例如起訴行為，係訴訟行為，於訴訟法上發生訴訟繫屬之效果，但民法亦規定其法律效果有中斷消滅時效之效力（民法第一二九條）。於此情形，應依何種標準認定其行為屬訴訟行為抑或實體法之法律行為？依通說見解，應視該項當事人行為之主要效果（die hauptsächlichen Wirkungen）屬於訴訟法或實體法之領域而定。若主要效果為訴訟法，而實體法上之效果為次要者，即認定該項當事人行為係訴訟行為，而不認為其係法律行為。又例如，當事人於訴訟繫屬中，將訴訟標的之法律關係移轉於第三人之情形，雖亦發生訴訟法之效果，不影響當事人之訴訟地位（本法第二五四條第一項），但當事人之此項移轉行為之主要效果為實體法上權利義務狀態之移轉讓與，故其屬實體法上之法律行為，不得解釋係訴訟行為❹。上述通說，學說上稱為主要效果說（Hauptwirkungstheorie）。依主要效果說之解釋，當事人行為即使於訴訟開始以前，於訴訟外為之，亦得因該行為主要目的在發生訴訟法之效果，故得認定其為訴訟行為。例如，當事人在起訴以前，以書面授與訴訟代理權之行為（本法第六十九條、第七十條），或就第一審法院管轄為合意之行為（本法第二十四條），或就強制執行之延緩為合意之行為（強制執行法第十條），均得為訴訟行為。

民事訴訟法並無如同民法就契約行為之成立或生效要件有一般之規定，惟若當事人間之合意行為，其主要目的效果係為發生訴訟法上之法律效果者，此項合意行為即屬訴訟行為，學者之間稱為訴訟契約（Prozessvertrag）。當事人之訴訟契約，若不違反訴訟法之強行規定之禁止者，則為合法之行為。特別困難之情形為民法上所規定之抵銷、撤銷、解除之表示行為，及和解之訂立行為，此類行為若於訴訟程序上為之，其行為之性質為實體法之法律行為？抑或訴訟行為？此類行為大都為行使實體法上形成權之行為，學者有認為此種行使形成權之行為，不可能分開為實體法之領域與訴訟法之領域。Nikisch 曾經認為，於訴訟上表示為抵銷之行為僅得解釋其為訴訟行為且其抵銷效果於判決時始發生。惟此種解釋已為今日之通說所克服，所謂通說係指雙重構成要件說（Doppeltatbestad Theorie）。依雙重構成要件說，實體法上之抵銷、撤銷、解除等行為，不因其於訴訟程序上為之而變更其實體法律行為之性質。此類行為之要件及效果僅依實體法之規定，例如民法之抵銷行為必須對於相對人為表示，若被告於言詞辯論欲對原告為民法之抵銷行為，必須有原告之出庭或其代理人在場始有可能，否則依民法之規定，

❹ 參照 Rosenberg-Schwab, a. a. O. S. 370ff.; Jauernig, a. a. O. S. 100ff.

被告之抵銷行為對缺席之原告不生效果。雙重構成要件說認為訴訟上抵銷之行為在性質上亦屬民法上抵銷之法律行為，不因其在訴訟程序上行使而變其性質成為訴訟行為。訴訟上抵銷係由實體法上之法律行為與訴訟法上之訴訟行為雙重構成要件(Doppeltatbestand)合併而成。當事人在訴訟上為抵銷之主張時，一方面係以意思表示行使民法上之抵銷權，他方面係以訴訟上之陳述方法，主張雙方之債之關係發生消滅之法律效果。被告在訴訟上所表示之行為外表上似僅有一行為，但實際上同時兼有民法上行使抵銷權之意思表示與訴訟法上主張債權因抵銷而消滅之陳述。民法上行使抵銷權之意思表示既屬法律行為，即使在訴訟上為之，亦應適用民法所規定之法律行為要件及效果。至於訴訟法上所主張抵銷之行為構成訴訟程序之訴訟行為，自應適用訴訟行為之原則而發生訴訟法上之效果。所以被告在訴訟上為抵銷時，在實體法上發生抵銷之法律效果，在訴訟法上發生當事人訴訟勝敗結果及判決既判力之現象❺。

(二)當事人之訴訟行為之種類

當事人之訴訟行為依 Goldschmidt 之分類得分為取效的訴訟行為(Erwirkungshandlung)及與效的訴訟行為(Bewirkungshandlung)兩種❻。

取效的訴訟行為無法自行單獨直接獲取其所要求之效果，必須借助其所促動之法院活動行為始能獲取所要求之效果。例如，要求法院為一定裁判之聲請(Antrag)或聲明訴之聲明、上訴聲明、調查證據之聲請，均屬之。又為支持聲請之原因所用事實上或法律上之主張及舉證行為，亦屬取效的訴訟行為。聲請得分為本案聲請(Sachantrag)及訴訟聲請(Prozessantrag)，前者指要求法院就訴訟標的為實體裁判之聲請而言，後者係要求法院就程序相關之事項為裁判之聲請。為支持聲明之原因所為之訴訟行為稱為主張(Behauptung)，又稱為陳述（本法第一九三條）。得分為事實上之主張及法律上之主張，前者係指有關事實關係為內容之主張，而後者係就法律關係為內容之主張。當事人主張有利於己之事實者，就其事實有舉證之責任（本法第二七七條）。當事人向法院提出之證據，於通常情形有聲請調查之必要，故聲請調查證據為取效的訴訟行為。

訴訟就當事人之訴訟行為，其能影響法院裁判內容者，以攻擊或防禦方法稱之（本法第六十三條、第一九六條、第二〇

❺ 請參見陳榮宗，〈訴訟上之抵銷〉，載《民事程序法與訴訟標的理論》第二八〇頁以下。

❻ 用語翻譯參照三ケ月章著，《民事訴訟法》（有斐閣）第二六七頁以下。

六條、第二二六條第二、三項、第四四七條第一項）。所謂攻擊方法（Angriffsmittel）指支持原告訴訟之主張或舉證，而防禦方法（Verteilungsmittel）係指被告對於原告之訴為防禦之主張或舉證。當事人於訴訟中所為之主張、否認、抗辯、再抗辯、舉證等取效的訴訟行為，均屬所謂之攻擊防禦方法。法院就當事人之取效的訴訟行為判斷時，首先必須調查其是否合法，然後再調查其是否有理由。

與效的訴訟行為，無待法院之行動介入，即可直接發生其訴訟效果，而形成一定之訴訟狀態。例如，自認（本法第二七九條）、訴訟標的之捨棄或認諾（本法第三八四條）、訴之撤回（本法第二六二條）、提起上訴或撤回上訴（本法第四三七條、第四五九條）、捨棄上訴權（本法第四三九條）等當事人之訴訟行為均屬之。當事人之與效的訴訟行為大部分係對法院為之，惟其亦有對他造或對第三人為之者，例如，終止訴訟委任之通知（本法第七十四條）、訴訟告知（本法第六十五條）。又當事人之與效的訴訟行為，有係單方行為者，有為雙方行為者，例如，法院管轄之合意（本法第二十四條）、訴訟和解（本法第三七七條）。但相反地，當事人之取效的訴訟行為僅得向法院為之，蓋其行為無從自行獲得所要求之效果，必待法院為一定內容之裁判始獲其效果也。

㈢當事人訴訟行為之法律特性與規範

1. 訴訟行為之解釋　如上所述，民事訴訟法僅就個別之訴訟行為為規定，並無如同民法實體法就法律行為有一般性之規定。解釋訴訟行為時，德國學者通說認為，訴訟行為之要件原則上依訴訟法之規定。至於民法之規定，僅於該規定包含一般法律原則時，始得於個別情形細心為類推之適用。此際，得適當引用民法之解釋規則，例如，應受領之表示行為必須以受領人之立場為解釋而且必須斟酌受領人已知悉之情況。

2. 訴訟行為必須由有當事人能力及有訴訟能力之人為之，民法上限制行為能力之規定不得引用在訴訟行為，不得誤以為限制行為能力人得有效為訴訟行為。德國民事訴訟法採取律師強制主義制度，僅具有律師資格之人始得在地方法院以上之各級法院有效為訴訟行為，非律師之當事人不能在法院為訴訟行為，此種有效為訴訟行為之資格，稱為必要能力（Postulationsfähigkeit），又稱為辯論能力（Verhandlungsfähigkeit）[7]。我國採本人訴訟主義，有當事人能力及訴訟能力之人，即可有效為訴訟行為。

3.訴訟行為之方式，民事訴訟法並無統一之規定，若民事訴訟法規定一定之訴訟行為必須於言詞辯論時為之者，該項訴訟行為必須以言詞之表示行為向法院為之始生效力。當事人應受判決事項之聲明，通常必須於言詞辯論時以言詞為之始為有效，而法院所為判決以本於當事人之言詞辯論為原則，故應經言詞辯論之判決，而非本於言詞辯論時當事人之聲明為基礎者，即屬違背法令（五〇臺上字第七二五號判例）。除此情形外，於其他情形，當事人得以書面方式為訴訟行為，於書面之訴訟行為到達他造時或法院時發生效力。又於民事訴訟法明定必須以書面為訴訟行為之情形，當事人不得以言詞為其訴訟行為。例如，提起訴訟或提起上訴之訴訟行為必須以起訴狀或上訴狀為之（本法第二四四條、第四四一條）。否則，當事人之起訴行為或上訴行為不生訴訟行為之效力。但法律明文規定得以言詞起訴者，依其規定（本法第四二八條第二項）。

4.訴訟行為，除有重要之例外情形外，原則上不得附條件。德國通說認為，由於訴訟行為係建於其他另一訴訟行為之上，所以在訴訟中訴訟行為間之關係必須確實。從而若訴訟行為以附條件為之，即無法符合訴訟行為間之關係確實之要求。訴訟行為如以將來不確定之事實為條件，則該訴訟行為之效果不確定，他造當事人及法院必須等待該訴訟行為生效後始得為訴訟行為，此在訴訟程序上係難於想像之事。故訴訟行為之效果不能依賴訴訟外之事實成就不成就為條件，此為原則。僅於例外情形，在涉及將來之訴訟程序內部之過程問題時，始得附以條件。蓋於此例外情形，法院得自己判斷該項條件是否成就之問題，或判斷首先所主張之請求權有無理由之問題，從而阻礙程序繼續之不確定事實不至於發生。故，在訴訟程序內部允許一定之聲明或攻擊防禦方法之主張得以一定訴訟狀態之發展為條件。例如，原告向法院為訴之聲明，請求判命被告交付原告汽車一部，若法院認為被告已取得汽車所有權時，請求判命被告將汽車所有權為返還之意思表示，若被告於實際上無法為返還汽車所有權時，請求判命被告支付其損害賠償。此種訴訟程序內部所附之條件，因法院得自行認定原告之聲明所附條件是否成就，不影響訴訟程序之繼續，故得允許為之。惟應注意者，於此種情形之附條件，必須有不附條件之聲明或有不附條件之陳述存在為其前提始可，因為在此前提之下，法院必有裁判之確實基礎存在，不生不能裁判之情況。

在實務上特別重要之附條件情形有二，一為所謂原告之預備合併之訴，將主位之訴與預備之訴為合併而聲明。此種預備

❼ Vgl. Rosenberg-Schwab, ZPR. 14. Aufl. S. 375ff.; Jauernig, ZPR. 22. Aufl. S. 100f.; Arens, ZPR. 2. Aufl. S. 140.

合併之訴，係主位請求與備位請求兩者於起訴時均有訴訟繫屬，但於法院就主位請求為原告勝訴判決為備位請求不審判之解除條件，或以主位請求原告敗訴為備位請求受審判之停止條件。此類之附條件係訴訟程序內部之條件，法院得於訴訟中自己判斷條件是否成就，不影響訴訟程序進行之確實性，故，例外允許此種訴訟行為得附條件❽。另一重要附條件情形為所謂之預備之抵銷（**Eventualaufrechnung**）。於此情形，被告聲明於被告所主張之首位防禦（即原告之請求不存在）無效果時，主張抵銷為預備之防禦。此係以法院認定原告之請求存在為附停止條件而主張抵銷，此種條件為訴訟程序內部之條件，法院自己得於訴訟審理中為認定，不影響法院之進行裁判，故被告之主張抵銷得附條件。

5. 意思瑕疵之主張　民事訴訟法就訴訟行為人之意思瑕疵之法律效果，並無規定。德國通說為顧及對造及法院就訴訟程序暢通無阻之利益起見，原則上拒絕類推適用民法所規定意思瑕疵得撤銷之規定。除此之外，民事訴訟法以其他方法就意思瑕疵之訴訟行為為規定，允許許多訴訟行為得由當事人自由撤回。雖然訴訟行為可否撤回之界限，法律無明確為規定，但一般認為，於對造當事人因當事人之訴訟行為而獲得利益且信賴該訴訟行為之情形，當事人不得撤回其訴訟行為。例如，原告對訴訟標的為捨棄，或被告對原告之訴訟標的為認諾，於此情形，原告不得撤回其捨棄之訴訟行為，被告亦不得撤回其認諾之訴訟行為❾。

有問題者，對與效的訴訟行為於行為人受詐欺、脅迫或有錯誤之情形而為意思表示時，行為人可否以其意思有瑕疵為理由撤銷其與效的訴訟行為？例如當事人所為之撤回訴訟、撤回上訴、自認、捨棄、認諾等訴訟行為，能否以受詐欺、脅迫或意思表示錯誤為理由，由行為人於訴訟程序中將其所為之訴訟行為撤銷？換言之，當事人能否以其訴訟行為之意思有不自由或錯誤之瑕疵為理由，類推適用民法關於法律行為之規定，將訴訟行為加以撤銷？對此問題，學者之間頗有爭執❿。德日通說認為，訴訟行為不適用民法有關意思瑕疵之各種規定，亦不類推為適用。換言之，訴訟行為有「不考慮意思瑕疵之原則」，

❽ 有關預備合併之訴之法律問題，請參照拙著〈預備合併之訴〉，載《舉證責任分配與民事程序法》第一〇七頁以下。

❾ 參照 Arens, ZPR. 2. Aufl. S. 143f.

❿ 詳細參照 Arens, Willensmägel bei Parteihandlungen im Zivilprozss, Berlin, Zürich 1968; Baumgärtel, Wesen und Begriff der Prozesshandlung einer Partei im Zivilprozess, 2. Aufl. München 1972; 松本博之，〈當事者の訴訟行為と意思の瑕疵〉，載《講座民事訴訟法④》第二八三頁以下。

訴訟行為之有效成立僅以當事人之表示行為為準，不考慮當事人之意思有無瑕疵之問題。其主要理由係認為，訴訟程序係由前後不斷之多數訴訟行為所發展而成之過程，後行之訴訟行為必須以先行之訴訟行為有效為前提始得進行。若訴訟行為必須如同民法之法律行為，以意思之無瑕疵為基礎始可，則一旦當事人之意思因詐欺、脅迫、錯誤等等之瑕疵存在時，勢必發生將已經進行之全部程序為推翻而變為無效，有害於訴訟程序之安定確實，使當事人無從信賴訴訟程序，且使訴訟程序發生複雜而遲延。為避免此種不妥當之結果起見，所以在原則上，當事人之訴訟行為得不考慮其意思如何之問題，僅以當事人於行為當時之表示為標準而判斷其訴訟行為之效力即可。

惟近年來德國學者 Arens 及日本部分學者，對上述通說將全部訴訟行為採一般化而論之方法表示反對，認為在檢討訴訟行為可否適用民法之規定時，應就個別訴訟行為之特性與訴訟主體間具體利益狀況，在訴訟行為之類型方面有加以考慮之必要，不得將所有全部之訴訟行為一律作同一之考慮⓫。採反對說者之主要理由有，第一、當事人之聲明、主張、舉證等取效的訴訟行為，得任意撤回為原則。第二、不得任意撤回之與效的訴訟行為，如有顯然之書寫錯誤或表達錯誤時，允許為更正。第三、當事人之訴訟行為若因他人之詐欺、脅迫等犯罪行為所致之情形，得類推準用再審原因規定，無待判決確定，於訴訟程序內部否定該訴訟行為之效力。第四、就保護當事人之相當性而言，訴訟行為因係於法院為之，其錯誤機會較私人之法律行為少，訴訟行為一旦發生錯誤，自當有使撤銷之機會始較合理。第五、何況，通說亦於若干訴訟行為類推適用民法之規定，承認因錯誤、詐欺、脅迫所致之訴訟行為係無效或得撤銷。例如，於管轄之合意，不上訴之合意，授與訴訟代理權、訴之撤回、訴訟和解之訴訟行為，因其在訴訟外為之，不直接牽連訴訟程序，或因其影響程序安定之程度不大，判例承認得以意思瑕疵為理由而主張該訴訟行為無效或得撤銷。反對說基於上述各點理由，主張若干訴訟行為，其涉及程序安定不大且對訴訟行為人之利益重大者，應可類推適用民法有關意思瑕疵之規定，准許主張其訴訟行為無效或撤銷，不宜其為訴訟行為一端而一律不許行為人主張無效或撤銷⓬。

⓫ 見柏木邦良，〈訴訟行為と私法法規〉，載《民事訴訟法の争點》（舊版）第二一〇頁以下。河野正憲，〈訴訟行為と意思の瑕疵〉，載《民事訴訟法雜誌》第二十號第一〇一頁以下。松本博之，〈當事者の訴訟行為と意思の瑕疵〉，載《講座民事訴訟法④》第二八三頁以下。

⓬ 參照永井博史，〈訴訟行為と私法法規〉，載《民事訴訟法の争點》（新版）第二一六頁以下。

6.訴訟行為違反誠信原則或善良風俗之情形，德國最高法院判例 **BGH JZ. 1968, 569** 認為，民法之誠信原則與公序良俗為一般性之法律原則，於民事訴訟法亦有適用。故，當事人之訴訟行為違反誠信原則或公序良俗之情形，該項訴訟行為係不合法而無效。惟學者有認為，於此種情形之事實上不實之主張，得以法官之自由心證對當事人所主張之事實為評價而決定取捨，不得單純以違反誠信原則或善良風俗為理由不加考慮其訴訟行為⑬。

7.訴訟行為之瑕疵與其治療　瑕疵訴訟行為可能因違反法定形式或缺乏行為人資格或因內容瑕疵而發生瑕疵之問題。此際，於取效的訴訟行為，法院應以不合法將其駁回；於與效的訴訟行為，法院應不加以考慮。對於此種有瑕疵之訴訟行為，當事人得以另外為其訴訟行為之方法獲得治療，即必須於有效期間內重新為無瑕疵之訴訟行為而獲得其法律效果。而且若一方當事人因缺乏當事人能力、訴訟能力或無訴訟代理權之情形，法院得允許進行全部之訴訟程序，俾使當事人有補正而不影響訴訟之進行。又於若干情形，其程序規定之違反，得因對造當事人放棄追究或對瑕疵不為異議而為最後之言詞辯論，從而獲得治療。此種情形之治療，其前提係以當事人得放棄之程序規定為限度，若程序規定涉及公共利益者，自當不許對造當事人之放棄追究而生治療之效果，例如訴訟要件之缺乏、職務管轄之違反、或缺乏法院裁判權之情形，均不生訴訟行為之放棄責問權而治療之問題。可知訴訟行為之瑕疵在原則上得為治療，而民法上法律行為之瑕疵原則上係無效或得撤銷，兩者顯有不同⑭。

三、訴訟契約⑮

當事人間以意思表示為要素，就現在或將來發生訴訟法上或強制執行法上一定之法律效果為目的，所成立之法律行為稱

---

⑬ 參照 Arens, ZPR. 2. Aufl. S. 144f.

⑭ 參照 Jauernig, ZPR. 22. Aufl. S. 10f.; Arens, ZPR. 2. Aufl. S. 145.

⑮ 參照中野、松浦、鈴木三人，《民事訴訟法講義》第二六五頁以下。三ケ月章，《民事訴訟法》（法律學全集）第二八五頁以下。Rosenberg-Schwab, ZPR. 14. Aufl. S. 395ff.; 西澤宗英，〈訴訟上の契約〉，《民事訴訟法の爭點》（新版）第二〇八頁以下。菊池定信，〈任意訴訟の禁止と訴訟契約〉，載《民事訴訟法の爭點》（舊版）第二一四頁以下。

為訴訟契約，又稱為訴訟上之合意。此種訴訟契約，在當事人處分權主義之原則下，訴訟程序法已有許多明文規定，而承認其能發生一定訴訟法上之法律效果。例如，本法第二十四條所規定之合意管轄、本法第一〇二條第一項但書所規定提供擔保方法之約定、本法第一〇五條第一項所規定變換擔保物之約定、本法第三七七條規定之訴訟和解、本法第二六二條第一項但書所規定同意撤回訴訟、本法第二五四條第一項但書所規定同意承擔訴訟、本法第四一六條第一項規定之法院調解、本法第四四六條所規定同意訴之變更、追加或提起反訴。又例如，強制執行法第十條所規定當事人間合意延緩執行，仲裁法第一條規定之仲裁協議，均屬於訴訟契約之性質。有疑義者，於法律無明文之情形，當事人之間可否合法訂立訴訟契約而發生一定訴訟法上之法律效果？例如，當事人間所訂立，不起訴之契約、撤回訴訟之合意、撤回上訴之合意、證據契約。此類訴訟契約是否適法？如為適法，其法律效果如何？為民法上之效果抑或訴訟法上之效果？法院應如何處理？對此問題，學者之間討論頗多，亦有若干外國判例，惟尚無統一之見解。

學說上對上述法律問題，得先分為㈠不適法說與㈡適法說。主張不適法說者認為，訴訟法係程序法且屬公法，為迅速統一進行訴訟程序起見，訴訟法均明定當事人間得為訴訟行為之一定種類與形式，不許於法律無明文情形由當事人任意為訴訟行為，違者，則觸及「禁止當事人任意訴訟之原則」(Verbot des konventionalprozesses) 而不合法。從而此種行為，無論其行為性質為私法行為抑或訴訟行為，一律均為不適法，不生法律上之效力。主張適法說者認為，訴訟法雖屬公法，但訴訟法亦有任意法規之規定，並不禁止當事人間就有關任意事項為訂立契約，當事人所訂立之訴訟契約為適法。但主張適法說之學者，各就訴訟契約之法律性質、法律效果之內容提出相異之見解，因此又分為(1)私法契約說、(2)訴訟契約說、(3)發展的私法契約說、(4)處分效果說四種學說⑯。

(1)主張私法契約說者認為，訴訟契約之法律性質為民法上之契約性質，屬於民法之法律行為，其法律效果僅生當事人間之私法上權利義務關係，義務人不履行義務時，權利人得訴請損害賠償。訴訟契約之當事人無法在訴訟上直接主張其法律效果而發生訴訟法上之效力。例如，當事人間所訂立撤回訴訟之合意時，若原告不依契約向法院撤回訴訟情形，被告雖在開庭

⑯ 參照西澤宗英，〈訴訟法上の契約〉，載《民事訴訟法の爭點》（新版）第二〇八頁以下。陳榮宗，〈撤回訴訟之合意〉，載《民事程序法與訴訟標的理論》第二六四頁以下。

期日向法院主張已訂立撤回訴訟之合意，要求法院將訴訟視為撤回而處理，法院亦不得在無原告撤回起訴之情形下，逕行終結訴訟程序。被告僅得就原告不履行撤回訴訟所遭受之損害，訴請其賠償而已。

(2)主張訴訟契約說者認為，當事人間所訂立之訴訟契約，其法律性質屬於訴訟行為，得直接發生訴訟法上之法律效果。例如於上述之例，法院於被告主張雙方當事人間有撤回訴訟之合意存在而要求以撤回訴訟為處理時，法院應認為原告之訴已撤回而不再進行訴訟程序。換言之，撤回訴訟之合意有直接發生撤回訴訟之效果也。

(3)主張發展的私法契約說者認為，訴訟契約能發生民法上之請求權，得請求義務人履行其在訴訟上為一定之訴訟行為，俾以達成訴訟契約之目的。惟若義務人違約之情形，權利人得直接在訴訟上就義務人有訴訟契約之訴訟行為義務為抗辯，法院認為當事人之抗辯有理由時，得以原告之訴無權利保護利益為理由，將訴訟為不合法之駁回。換言之，訴訟契約在訴訟上之法律效果係間接發生其效果，必須俟被告為訴訟上之抗辯時，法院始加以斟酌而為處理，並非當然直接能發生訴訟上之效果者也。

(4)主張處分效果說者認為，訴訟契約之法律效果不僅有發生民法上請求權之效果，而且亦發生直接處分訴訟標的之私權效果。故，法院於訴訟上得直接就該訴訟契約所約定之私權處分內容，為本案實體判決，俾以終結訴訟程序。

上述各說，日本學者以發展的私法契約說為現時之通說，以訴訟契約說為有力說⑰。惟拙認為宜採私法契約說為是，蓋討論訴訟契約之法律效果時，不能僅立於權利人之立場而作有利於權利人之解釋，必須同時就義務人何以不履行其訴訟契約之原因為考慮也，如此始能持平。何況訴訟契約之法律性質究竟如何？此一問題在學理上尚無明確一致之定論，使直接發生訴訟上之法律效果，恐有問題也⑱。

⑰ 參照西澤宗英，上揭文第二〇八頁以下。

⑱ 請參見陳榮宗，上揭文第二七三頁以下。陳榮宗，《強制執行法》第十八頁以下。

四、對訴訟標的之捨棄或認諾[19]

捨棄 (Verzicht) 係原告於言詞辯論時，向法院表示其起訴之要求 (Begehren) 不正確而就被告之駁回聲明為屈服之陳述行為。認諾 (Anerkenntnis) 乃被告於言詞辯論時，向法院表示原告所起訴之要求正確，而就原告之訴之聲明陳述屈從之行為。認諾與自認兩者不同，認諾與捨棄係就訴訟標的所為之承認行為，但自認係就對造所主張之待證事實所為不利於己之承認行為。於自認之情形，法院仍須就自認之事實適用法律導出其一定之法律效果，不得立即為自認當事人之敗訴判決。於認諾、捨棄之情形，法院即應不調查當事人所主張訴訟標的之法律關係是否果屬存在，而以認諾或捨棄為該當事人之實體敗訴判決（四五臺上字第三一號判例）。故，學者又稱捨棄與認諾之行為係屈從行為 (Unterwertungsakte) 或處分行為 (Dispositionsakte)。當事人一旦於言詞辯論時向法院表示就訴訟標的為捨棄或認諾，即發生處分權主義之效果，有爭執之法律關係，即由當事人加以處分而立於敗訴之地位。惟於身分關係事件之訴訟，由於涉及公益，且關於身分關係訴訟確定判決效力及於第三人（家事事件法第四十八條規定），當事人為捨棄或認諾如法院受拘束而為其敗訴判決，效力將及於第三人，究非所宜，因此家事事件法規定當事人捨棄或認諾，僅就當事人得處分事項發生效力（家事事件法第四十六條第一項規定）。關於捨棄、認諾效力之規定，於撤銷婚姻、否認子女之訴及認領子女之訴等非屬當事人得處分之事項不適用之（家事事件審理細則第六十七條規定）。當事人就不得處分事項認諾，固不生認諾效力，如為捨棄者，法院不得逕為敗訴判決，應視為撤回其請求，但當事人合併為其他請求，而以捨棄之請求是否成立為前提者，不在此限（家事事件法第四十六條第三項規定）。例如當事人提起確認親子關係之訴，合併請求給付扶養費用，而僅撤回確認親子關係部分，法院判斷是否給付扶養費用，仍須先認定親子關係存否，即不宜視為撤回。值注意者，當事人就訴訟標的為捨棄或認諾，必須該項訴訟標的之法律關係或權利為我國法律所承認而不違反強行規定者，始能合法為捨棄或認諾。例如，原告就我國民法所未規定之不動產質權為起訴時，被告不得合法為認諾，法院亦不得為原告對被告有不動產質權存在之確認勝訴判決。此際，法院應為駁回原告訴訟之實體敗訴判決。又捨棄或認諾必

---

[19] 參照 Arens, ZPR. S. 155f.; Jauernig, ZPR. 22. Aufl. S. 167f.; Rosenberg-Schwab, ZPR. 14. Aufl. S. 840ff.

須於言詞辯論時為表示，而且必須向法院為之，無須由對造當事人就捨棄或認諾為接受，故，於為捨棄或認諾時，縱然對造當事人不在場亦得有效為之。當事人之捨棄或認諾有拘束法院之效果，從而縱然法院於事先已獲得心證，認定該訴訟有理由或無理由之情形，亦應受捨棄或認諾之拘束而為判決。又值注意者，當事人之訴訟並不因有捨棄或認諾之表示而終結，此際，法院應以實體判決方式為捨棄判決（Verzichtsurteil）或為認諾判決（Anerkenntnisurteil），不得以程序判決方式為判決。其捨棄判決或認諾判決之效力，與一般實體判決之效力相同。依德國民事訴訟法第三〇六條與第三〇七條之規定，法院必須依當事人之聲請始得為捨棄判決或認諾判決。奧國民事訴訟法第三九四條及第三九五條與德國相同。但我國民事訴訟法第三八四條規定：當事人於言詞辯論時為訴訟標的之捨棄或認諾者，應本於其捨棄或認諾為該當事人敗訴之判決。我國立法例不採德國與奧國之立法例，法院應依職權逕行為當事人之敗訴判決，無待當事人之對造為聲請⑳。惟此際，法院必須先就原告訴訟之訴訟要件為審查，於訴訟要件不具備之情形，應為駁回原告之訴之程序判決，不得本於認諾為被告敗訴之判決（二六上字第八七六號判例）㉑。

關於當事人之捨棄或認諾行為之法律性質問題，以前在德國學者之間頗有爭論，但在今日已成為定論，學者均認為捨棄或認諾行為係訴訟行為而非法律行為之性質㉒。

五、訴訟上之抵銷㉓

民法第三三四條規定：二人互負債務而其給付種類相同，並均屆清償期者，各得以其債務，與他方之債務互相抵銷。但依債務之性質不能抵銷或依當事人之特約不得抵銷者，不在此限。前項特約，不得對抗善意第三人。同法第三三五條規定：

⑳ 參照本法第三八四條之立法理由。

㉑ 參照 Arens, ZPR. S. 156.

㉒ 參照 Arens, ZPR. S. 156; Rosenberg-Schwab, ZPR. 14. Aufl. S. 846.

㉓ 參考文獻，請見陳榮宗，〈訴訟上之抵銷〉，載《民事程序法與訴訟標的理論》第二八〇頁以下。Rosenberg-Schwab, ZPR. 14. Aufl. S. 632ff.; Arens, ZPR. S. 151ff.

抵銷應以意思表示向他方為之。其相互間債之關係，溯及最初得為抵銷時，按照抵銷數額而消滅。前項意思表示附有條件或期限者，無效。至於民事訴訟法，僅於其第四〇〇條第二項規定：主張抵銷之對待請求，其成立與否經裁判者，以主張抵銷之額為限，有既判力。民事訴訟法並未進一步就當事人實行抵銷權之要件方法及效果為更詳盡之規定。若當事人之一方起訴請求他方為給付時，他方始於訴訟上利用其民法上之抵銷權為防禦方法，主張抵銷以抗拒原告請求之情形，被告此種訴訟上之抵銷行為，其法律性質如何？此種訴訟上之抵銷，其抵銷之要件方法及效果，是否均以民法有關法律行為之規定為適用，抑或一律以訴訟法上之訴訟行為為其適用原則，或者由民法及訴訟法雙面之規定加以規律適用？此種問題在學理上及實務上一直成為民事訴訟法上爭論不休之問題。

被告在訴訟上所為「訴訟外抵銷」之抗辯，與「訴訟上抵銷」之主張，兩者之概念應先分辨。前者係被告於原告起訴之前或於訴訟外，先對於原告表示為抵銷之意思表示後，在訴訟上始將其已為抵銷之事實為主張之情形。此種「訴訟外抵銷」之抗辯，其抵銷之意思表示及實體法效果既已發生在先，當事人於訴訟上將其主張時，其概念與債務免除之抗辯或債務清償之抗辯情形相同。民法上應向相對人表示之行為與訴訟上向法院為陳述之訴訟行為，兩者概念分明，在訴訟理論及實務上均不難處理。訴訟上抵銷係被告於言詞辯論時始為抵銷之主張，其主張之方法，有於承認原告債權存在情形下單純為抵銷，有對於原告債權之存在一面加以爭執，他面為預備聲明之主張抵銷。此種訴訟上抵銷之行為，因係介於法律行為與訴訟行為之間，理論上及實務上極難合理說明其法律性質，因此有各種學說出現。

關於訴訟上抵銷之法律性質，學說上可分為私法行為說 (Die zivilistische Theorie)、訴訟行為說 (Die prozessuale Theorie)、折衷說 (Die gemischte Theorie) 三說。私法行為說一直成為德日兩國之通說，但採取私法行為說者，對於訴訟法上之各種現象，在理論上多有無法圓通說明之困難，因此不斷有學者從同訴訟行為說而成為有力說。茲分別說明三種學說如下。

㈠私法行為說㉔

此說又稱為實體法說或雙重要件說 (Doppeltatbestand Theorie)。主張此說者認為，訴訟上抵銷之行為在性質上亦屬民法上

㉔ 見 Baumgärtel, Wesen und Begriff der Prozesshandlung einer Partei im Zivilprozess, 1957, S. 163ff.; Stein-Jonas-Pohle, ZPO. 19. Aufl. §145 VI 2b; Baumbach-Lauterbach, ZPO. 29. Aufl. §145 4C; Rosenberg-Schwab, ZPR. 10. Aufl. §106 III ; Blomeyer, ZPR. §60 II .

抵銷之法律行為，不因其在訴訟程序上行使而變其性質為訴訟行為。訴訟上抵銷係由實體法之法律行為與訴訟法之訴訟行為雙重構成要件合併而成。當事人在訴訟上為抵銷之主張時，一方面係以意思表示行使民法上之抵銷權，他方面係以訴訟上之陳述方法，主張雙方之債權關係發生消滅之法律效果。其在訴訟上所表示之行為外表上似僅有一行為，但實際上同時兼有民法上行使抵銷權之意思表示與訴訟上主張債權因抵銷而消滅之陳述。民法上行使抵銷權之意思表示既屬法律行為，縱然在訴訟上為之，亦應適用民法所規定法律行為之要件及效果。至於訴訟法上之主張行為係構成訴訟程序之訴訟行為，自應適用訴訟行為之原則而發生訴訟法上之效果。故，被告在訴訟上為抵銷時，在實體法上發生抵銷之法律效果，在訴訟法上發生當事人訴訟勝敗結果及判決既判力之現象。

㈡訴訟行為說㉕

此說認為訴訟上抵銷係民事訴訟法上固有之制度，是為被告於訴訟上向法院表示抵銷之訴訟行為，此種抵銷之訴訟行為須俟法院為判決後始能發生消滅債權之抵銷效果。訴訟上抵銷之法律性質與實體法之抵銷不同，不能僅憑被告一方對原告為抵銷之表示而立即發生消滅債權的形成效果。縱然被告於言詞辯論期日在訴訟上主張抵銷，亦不能在實體法上立即發生消滅債權之效果。必須俟法院以判決就被告所主張之抵銷為認定時，始能於該判決生效之同時，發生抵銷之法律效果。從而若原告之訴未經法院判決確定而終結，僅因原告之撤回訴訟而終結者，被告所為訴訟上抵銷行為亦因訴訟撤回而成為無用之行為。當事人之訴訟法律關係如有無效之情形存在時，被告所為訴訟上之抵銷行為亦因而無效。故，訴訟上抵銷之行為，其要件、行使方法及效果，應依照訴訟法有關訴訟行為所適用之原理，為其適用之準則。訴訟上抵銷行為既為訴訟行為，自應與實體法上抵銷之法律行為有嚴格之區別，不得將其視為私法行為。

㈢折衷說㉖

此說又稱為混合說，其說明訴訟上抵銷行為之性質有兩大要點，第一，此說認為訴訟上抵銷行為屬於雙重性質之行為

㉕ 見 Nikisch, Die Aufrechnung im Prozess, in Festschrift für Lehmann, 1956, Bd. II, S. 765ff.; Larenz, Lehrbuch des Schuldrechts, 8. Aufl. Bd. I, S. 330; Habscheid, über die Rechtsfolgen der fehlgeschlagener Prozessaufrechnung; ZZP. 76, 371.

㉖ 見 Oertmann, Die Aufrechnung im deutschen Zivilprozessrecht, 1916; Enneccerus-Lehmann, BGB. §669 III 1; Schönke-Kuchnik, ZPR. §48I, S. 45ff.

(Doppelnatur)，是為私法行為與訴訟行為以外之第三種行為。訴訟上抵銷行為係單一之行為，但同時兼有實體法及訴訟法之雙重性質，在概念上無法如同私法行為說之理論將其分開觀察，應統一為瞭解。第二，折衷說認為抵銷之法律效果發生或不發生，在訴訟之命運未最後決定之前，一直成為未定狀態。換言之，訴訟上抵銷行為之要件及效果必須同時兼具實體法及訴訟法之雙重要件，如缺其一，即全部失其存在意義，故，訴訟行為之存在要件有欠缺情形，固然不生訴訟上抵銷行為之效果，實體上抵銷效果亦不發生。若於原告之訴撤回或遭駁回之情形，無法認為在實體法上仍然有抵銷效果繼續存在。

折衷說與私法行為說兩者之主要區別在，私法行為說允許實體法上之抵銷效果與訴訟行為之抵銷效果分別發生而各自獨立存在，兩者並無互相依賴之關係，但折衷說卻強調兩者之不可分性。至於訴訟行為說，進而根本否認訴訟上抵銷行為具有私法行為之意義，在概念上排除私法行為之法律關係與法律效果。

上述三種學說對於若干在訴訟程序上所發生之法律問題，見解及說明結果差別頗大，是為頗值深思之問題。例如，當事人已起訴請求中之債權，可否在另外被訴之訴訟中，將其當做自動債權主張抵銷？出賣人起訴請求買受人給付價金，買受人於訴訟上以其對出賣人之金錢借款為抵銷之主張，法院以主張抵銷抗辯無理由為出賣人勝訴判決，買受人不服而上訴，於上訴中，買受人另外起訴請求出賣人返還金錢借款，此種起訴可否准許？對此法律問題，學說及判例之態度不一，有主張肯定說者，有主張反對說者。德國通說及判例採肯定說之態度，但 Rosenberg-Schwab 等重要學者卻採反對說之見解[27]。我國最高法院二十九年上字第一二三二號判例，以及同院五十五年十二月二十八日民刑庭總會決議均認為，被告得就曾經主張抵銷之債權另行起訴，或曾經起訴之債權於另外之訴訟中可供抵銷之主張。拙以採肯定說之見解為是[28]。

又例如，原告訴求被告給付買賣價金，被告於訴訟上就買賣事實為爭執，同時以預備之聲明主張以被告對原告之同額貸款為抵銷，第一審判決認為原告買賣價金請求有理由，並認定被告主張抵銷之請求權存在，因而為原告敗訴之判決。原告不服而上訴，被告並未附帶上訴，則第二審法院對於上訴之審判範圍，可否及於上訴人之買賣價金[29]？另外例如，原告訴求被

[27] 有關本問題之爭論，請參考陳榮宗，〈訴訟上之抵銷〉，載《民事程序法與訴訟標的理論》第二九四頁以下。

[28] 理由請參見陳榮宗，前揭文第二九六頁以下。

[29] 有關本問題之論點，請參考陳榮宗，上揭文第二九七頁以下。

告給付貨款二十萬元，被告否認貨款存在，於訴訟上預備聲明，如法院確認原告之請求存在時，被告將以其對原告之對待債權五萬元為抵銷。於被告主張抵銷之際，原告認為其對被告另有債權六萬元，因而在訴訟上主張以六萬元之債權與被告之債權五萬元互相抵銷，至於起訴之二十萬元，希望取得勝訴判決為執行名義。於此情形，法院對原告主張之抵銷，在訴訟上可否認為合法？法院應如何處理？原告主張抵銷結果，有無民事訴訟法第四〇〇條第二項既判力之適用？此一問題係德國學者 Braun 於 ZZP. 89, 93ff.「原告在訴訟上之抵銷」之論文中所提出，頗值注意研究㉚。

第三節　言詞辯論之準備

民事訴訟之審理採取言詞辯論主義與自由順序主義，雙方當事人得在言詞辯論終結前，隨時主張待證事實及提出證據。其結果每使法院於言詞辯論時，尚無法完全瞭解當事人所引用之訴訟資料及主要之爭點所在，他造當事人亦因事出急促，無從立即為適當之答辯。言詞辯論期日不得不一再延展而形成訴訟效率不高，訴訟發生拖延之結果。立法者為使訴訟能集中審理而提高效率及訴訟經濟起見，特於本法第二六五條起至第二七六條設有言詞辯論之準備制度，使所有訴訟資料能於言詞辯論期日之前，全部齊集，從而以一次或二次之言詞辯論，即可終結辯論而為裁判。此種為準備言詞辯論而存在之設計，稱為言詞辯論準備。

當事人請求權利保護，不僅要求就訴訟為澈底調查而為正確之判決，而且亦要求權利之迅速實現，長時間之訴訟一般而言減低好不容易獲得之最後勝訴之價值。德國曾經於一九二四年與一九三三年為促進迅速訴訟而修正民事訴訟法，但結果未盡理想。因此立法者又於一九七六年就民事訴訟法全盤廣泛檢討為修正，規定訴訟之迅速與集中審理之法條，加強法院及雙方當事人對訴訟之迅速促進義務，以整理準備過之言詞辯論於一次之主要期日將訴訟為終結。修正後之新法確實使法院能促進訴訟之迅速終結㉛。

日本民事訴訟法於平成十年修正實施，其修正重點之一係於第二編第一審訴訟程序第二章言詞辯論及其準備增訂第三節

㉚ 關於此一問題之論點，請參見陳榮宗，上揭文第二九九頁以下。

㉛ 參照 Rosenberg-Schwab-Gottwald, ZPR. 15. Aufl. S. 451f.

爭點及證據之整理程序。第三節又細分為第一款準備之言詞辯論、第二款辯論準備程序、第三款依書面之準備程序，另於第二章第二節規定準備書面等，相關條文自第一六一條起至第一七八條止。日本立法者認為，於民事訴訟而言，主張及證據之整理程序頗為重要。於有效果之爭點整理之後，始有可能實施充實之言詞辯論及調查證據，繼而才有可能基此而正確且迅速之審理判決。倘未經爭點整理而進行調查證據，難免調查證據之焦點模糊，多費時間，一旦於調查證據過程中，發見新爭點時，不能不重新審理。何況有時判決，有可能作與當事人間真正之爭點以外之不相符問題之判決。可知爭點及證據之整理程序，在訴訟程序之重要性。但以往在日本之民事訴訟程序，似乎未有充實之爭點整理程序，新民事訴訟法對此之制定，可謂意義重大32。

我國民事訴訟法修正工作之立法者，亦基於德日立法者相同之思考，於民國八十九年二月就本法第二編第一審程序第一章通常訴訟程序第二節言詞辯論之準備為重大修正。為促進審理集中化，充實準備程序，增訂書狀先行、整理並協議簡化爭點程序，頗多參考日本民事訴訟法之規定。立法者用心良苦，將本法第二六五條起至第二七六條止為增刪，修改條文內容十多條。惟修改後之大部分條文規定，國內學者有認為修正不當而大加指責者33。

拙以為，我國立法者之修正目的與理想應可贊同，惟難免有許多考慮不周之處。相同之條文內容規定，在德日社會及其法律制度之下可行之情形，在我國而言未必可行。最可議者，莫若本法第二六五條所規定，由當事人以準備書狀繕本直接通知他造之規定。其在實務上衍生之弊端，非立法者立法當時所能想像者，對此國內學者已有指摘34。要知一百年前之德國民事訴訟法對當事人文書之送達工作係採當事人進行主義，而歸由當事人原告及被告自行負責，其結果訴訟遲延而弊端亦多。後來送達工作改為職權進行主義而獲得改善。德國於一九七六年修改民事訴訟法，其目的雖為促進訴訟迅速及集中審理，但無將文書之通知或送達工作改由當事人自行負責之修正，我國立法者似係重複德國昔日之立法錯誤。又值注意者，一九七六

32 參照小室直人、賀集唱、松本博之、加藤新太郎編，《新民事訴訟法2》（別冊法學セミナー——基本法コンメンタール）第九十七頁以下。中野貞一郎、松浦馨、鈴木正裕編，《新民事訴訟法講義》第二三〇頁以下。

33 見姚瑞光，《民事訴訟法論》（八十九年十一月版）第三五七頁以下。

34 詳見吳明軒，《中國民事訴訟法（中）》（八十九年九月版）第八〇七頁以下。

年德國民事訴訟法對修正集中審理及促進訴訟迅速，其所以見效成功之基本原因在採律師強制制度。訴訟程序之進行均由法官與雙方當事人之律師依法進行，非法律專業之當事人自己不能進行訴訟程序。雙方律師均為法律專家，與法官能依法配合而運作訴訟程序，不生困難與弊端。但在我國不採律師強制制度之下，在事實審由當事人自己參與訴訟程序之進行，因當事人法律專業素養不足，各種程序困難阻礙及弊端必然發生，要求當事人有效配合法官迅速進行訴訟，並為自己有效為攻擊防禦而使判決為正確，恐係理想而非實際。

關於言詞辯論之準備，本法設有兩種制度，一為準備書狀之制度，另一為準備程序之制度。此兩種制度，各有特色，茲分別敘述之。

一、準備書狀

當事人因準備言詞辯論之必要，將其擬在言詞辯論時欲提出之攻擊或防禦方法，並對於他造之聲明及攻擊防禦方法，預先以書狀方法記載為陳述，向法院提出而送達於他造之書狀，稱為準備書狀。雙方當事人利用準備書狀之交換，得以獲知對造當事人於辯論時將提出之訴訟資料，而預先為言詞辯論之準備，從而當事人雙方各得為適當之辯論，法院亦得正確掌握爭點調查證據，迅速終結訴訟。

㈠準備書狀應記載事項

本法第二六六條規定：「原告準備言詞辯論之書狀，應記載下列各款事項：一、請求所依據之事實及理由。二、證明應證事實所用之證據。如有多數證據者，應全部記載之。三、對他造主張之事實及證據為承認與否之陳述；如有爭執，其理由。被告之答辯狀，應記載下列各款事項：一、答辯之事實及理由。二、前項第二款及第三款之事項。前二項各款所定事項，應分別具體記載之。第一項及第二項之書狀，應添具所用書證之影本，提出於法院，並以影本直接通知他造。」

立法者認為，為充分準備言詞辯論，達到審理集中化之目標，應命當事人將其所掌握之事實、證據及相關訴訟資料，儘可能於訴訟程序前階段提出，以便法官及當事人能於期日前瞭解案情並整理、確定及簡化爭點，進而試行和解，或集中調查證據，使言詞辯論集中而有效率，以期貫徹言詞審理主義及直接審理主義原則。故，於本條增訂關於準備書狀及答辯狀應記載事項、記載方式及添具所用書證影本等規定，以促使當事人善盡其一般協力迅速進行訴訟之義務。

原告之準備書狀應記載事項，通常於其起訴狀內得一併為記載。此際，被告得依原告之起訴狀制作答辯狀，將準備書狀應記載事項為記載，此項答辯狀即被告之準備書狀。若當事人之訴訟複雜，雙方之主張事實爭點多，且各方當事人均執有其有利之證據文件時，原告必須於接獲被告之答辯狀後，再具準備書狀對他造所主張之事實及證據為承認與否之陳述，並將其爭執之理由為表明。被告於接獲上述原告之準備書狀後，亦應再具準備書狀對原告主張之事實及證據為承認與否之陳述，並表明其爭執之理由。若當事人之訴訟簡單而證據不多，雙方當事人之爭執不大之情形，於法院接獲被告之答辯狀後，法官已能明瞭雙方當事人之爭點所在，應調查證據之待證事實已能掌握。此際，法官即可指定期日調查證據，迅速指定言詞辯論期日為辯論而終結審理程序。於訴訟實務而言，除依言詞辯論之準備，有須踐行書狀先行程序者外，審判長於收受雙方當事人之訴狀後，應速定言詞辯論期日進行審判（本法第二五〇條）。簡單之訴訟事件，法院於審理時，並不因為有本法第二六五條及第二六六條之修正規定而阻礙或增加程序工作。

㈡準備書狀之提出與交換，並整理爭點

本法第二六五條規定：當事人因準備言詞辯論之必要，應以書狀記載其所用之攻擊或防禦方法，及對於他造之聲明並攻擊或防禦方法之陳述，提出於法院，並以繕本或影本直接通知他造。他造就曾否受領前項書狀繕本或影本有爭議時，由提出書狀之當事人釋明之。按本條原條文規定，準備書狀係由法院送達於他造，惟為便於當事人交換書狀，使訴訟程序得以迅速進行，並節省法院送達書狀之負擔，立法者將其修改，明定由當事人於向法院提出準備書狀之同時，並以繕本或影本直接通知他造。又恐因當事人間就繕本或影本曾否受領發生爭執，於本條第二項增訂，雙方有爭議時，應由提出書狀之當事人釋明已通知之事實，如其無法釋明時，即應補行通知，使他造得以充分準備言詞辯論。本條所謂通知，其法律上之意義與效果包含送達之意義與效果在內，一旦發生有無通知或有無受領之爭執時，不但徒增程序之浪費，且無法達成迅速進行訴訟，反而造成訴訟遲延，是為立法之失策。

立法者於言詞辯論之準備階段，規定所謂書狀先行程序之強制交換準備書狀，與由當事人任意交換準備書狀兩種情形。於前者情形，法院暫不指定期日，由兩造當事人先行交換書狀至相當程度，始指定期日為審理。於後者情形，法院逕行指定期日審理。依本法第二六七條第一項規定，被告於收受訴狀後，如認有答辯必要，應於十日內提出答辯狀於法院，並以繕本或影本直接通知原告；如已指定言詞辯論期日者，至遲應於該期日五日前為之。又依本法第二六七條第二項之規定，原告提出訴狀或被告提出答辯狀後，如有新的攻擊或防禦方法而未記載於訴狀或答辯狀者，為使他造得於期日前預為準備，於法院踐行書狀先行程序情形，應於他造得就該事項進行準備所必要之期間內，提出記載該事項之準備書狀於法院，並以繕本或影本直接通知他造；如法院已指定言詞辯論期日情形，則至遲應於該期日五日前為之。同條第三項規定，對於前二項書狀所記載事項再為主張或答辯之準備書狀，當事人應於收受前二項書狀後五日內提出於法院，並以繕本或影本直接通知他造（此係於法院踐行書狀先行程序情形）；如已指定言詞辯論期日者，至遲應於該期日三日前為之。

另外於本法第二六八條，立法者為避免自由順序主義過寬之弊端及不斷延展辯論期日之浪費起見，採法院之踐行書狀先行程序。於當事人怠於提出準備書狀，或所提出書狀記載事項仍有不明瞭之情形，審判長如認言詞辯論之準備尚未充足，得定期間命當事人依第二六五條至第二六七條之規定，提出記載完全之準備書狀或答辯狀，並得命其就特定事項詳為表明或聲明所用之證據。

法院依本法第二六七條與第二六八條規定行書狀先行程序後，審判長或受命法官應速定言詞辯論期日或準備程序期日。法院於前項期日，應使當事人整理並協議簡化爭點。審判長於必要時，得定期間命當事人就整理爭點之結果提出摘要書狀。前項書狀，應以簡明文字，逐項分段記載，不得概括引用原有書狀或言詞之陳述（本法第二六八條之一）。立法者認為，當事人依本法第二六七條與第二六八條規定所提出之訴訟資料，有助於法院及對造先行瞭解案情並掌握攻擊或防禦之重點，為使法院得於言詞辯論期日針對當事人之爭點集中調查證據，並便於當事人針對爭點為攻擊或防禦之辯論，法院於書狀先行程序終結後所定之第一次期日（含言詞辯論期日及準備程序期日），應使當事人整理並協議簡化爭點。此處所謂之爭點，包括事實上爭點、法律上爭點、與訴訟有關之各種證據上爭點，及其他攻擊或防禦方法之爭點。又為避免當事人日後發生爭執，法院於使當事人整理並協議簡化爭點時，應就兩造所爭執事項與不爭執之事項分別予以確定，並記明筆錄，以求明確。另外，為便於審理集中化，審判長於必要時，得定相當期間命當事人提出整理爭點結果之摘要書狀。當事人所提出整理爭點結果之摘要書狀，應以簡明文字逐項分段記載，以利法院審理，又為避免當事人以概括引用原有書狀或言詞陳述之書狀提出法院，致妨礙訴訟程序之迅速進行，特以明文訂定應注意之事項於本法第二六八條之一第四項。

國內學者對於立法者所增訂本法第二六八條之一頗多指責，認為其係專求法官審判之便利而增設，較第三審上訴理由書之書寫更繁更難，要求無法律知識之當事人撰寫如此繁雜之書狀，實為不通人情、人性之官僚立法❸❺。拙以為立法者於增訂本法第二六八條之一時，並未考慮到，此種立法僅於採律師強制主義之德國法始有可能而可行。我國第一、第二審不採律師強制主義，實務上可預見將來阻礙難行，勉強推行，不僅不能迅速進行訴訟，且有延滯訴訟程序之情形。立法者之立法目的雖佳，但學者之指責確係事實。

㈢準備書狀之提出不提出之效果

當事人提出準備書狀，在訴訟上發生下列效果：1.當事人曾經提出準備書狀，法院由一造辯論而為判決時，應斟酌未到場當事人提出之準備書狀之陳述（本法第三八五條第三項）。2.當事人主張之事實，經他造於準備書狀內自認者，無庸舉證（本法第二七九條第一項）。

當事人不提出準備書狀之情形，則發生下列訴訟上之效果：1.當事人不提出準備書狀或不於言詞辯論前相當時期提出，致法院未於相當時期通知他造者，該當事人於他造不到場時，不得請求法院由其一造辯論而為判決（本法第三八六條第四款）。2.當事人不提出準備書狀或不於適當時期提出準備書狀，致法院延展辯論期日而訴訟延滯所生之費用，法院得命其負擔全部或一部（本法第八十二條）。3.當事人未依第二六七條、第二六八條及第二六八條之一第三項之規定提出書狀或聲明證據者，法院得依聲請或依職權命該當事人以書狀說明其理由（本法第二六八條之二第一項）。當事人未依前項規定說明者，法院得準用第二七六條之規定，或於判決時依全辯論意旨斟酌之（本法第二六八條之二第二項）。從而其不利之效果有二種情形：⑴未於準備程序主張之事項，於準備程序後行言詞辯論時，不得主張（本法第二七六條第一項）。⑵法院為判決時，得以當事人不提出準備書狀或違反法院命令之情況，斟酌全辯論意旨及調查證據之結果，形成心證，為該當事人不利之判斷（本法第二二二條第一項）。4.經第一審法院依第二六八條定期間命當事人提出完整之準備書狀或答辯狀而未提出者，該當事人若於第二審

❸❺ 見姚瑞光，前揭書第三六〇頁以下。

程序始提出作為新攻擊或防禦方法時，第二審法院得將其駁回（本法第四四七條）。

二、準備程序

㈠準備程序之意義

為準備言詞辯論而事先採取之法律對策，除前述之準備書狀制度外，本法於第二七〇條以下，另設有所謂準備程序之制度。準備程序係，行合議審制之訴訟事件，法院於必要時使受命法官闡明訴訟關係，或另命其調查證據而行之準備言詞辯論之程序。準備程序之目的，在使複雜之訴訟能集合訴訟資料，整理爭點及證據，使言詞辯論容易終結進行。民事訴訟係採言詞辯論主義，言詞辯論占訴訟程序之重要地位，法院非開言詞辯論不得為本案判決。為發揮言詞辯論集中審理之功能，於複雜之訴訟，不能不於言詞辯論以前有所準備。

準備程序之制度，在立法上其方式有二㊱：一係區分準備程序與言詞辯論程序，且將準備程序視為言詞辯論之必要先行程序，不分獨任制法院或合議制法院，均有準備程序之適用。另一係將準備程序視為言詞辯論之一部，不將準備程序認為另一訴訟程序，亦不認為其係言詞辯論前必經之程序。於獨任制法院並無準備程序之適用。

本法第二七〇條第一項、第二項規定：行合議審判之訴訟事件，法院於必要時以庭員一人為受命法官，使行準備程序。準備程序，以闡明訴訟關係為止，但經法院命於準備程序調查證據者，不在此限。據此規定，僅於行合議審判之訴訟事件，始有所謂準備程序，且準備程序並非言詞辯論前之必經程序。法院對於得立即進行言詞辯論之情形，得不進行準備程序，而以一次之言詞辯論終結訴訟為判決。惟於第二審法院，實務上大都進行準備程序。

㈡準備程序之進行

1. 進行準備程序之法官　法院對於案情複雜之訴訟案件，於必要時，得以庭員一人為受命法官，行準備程序（本法第二七〇條第一項）。法院裁定命行準備程序後，此項準備程序之進行，由審判長指定受命法官為之（本法第二〇二條第一項）。

㊱ 參照菊井維大，《民事訴訟法（下）》第七十二頁以下。

審判長指定庭員中之何人為受命法官，得自由決定，不指定其他庭員而自行指定自己為受命法官，亦可。

2.受命法官之任務　依本法第二七〇條第二項規定，受命法官之主要任務在闡明訴訟關係，其次經法院命令於一定情形為調查證據。另外依本法第三七條規定，受命法官亦得於期日為當事人試行和解。

(1)闡明訴訟關係　依本法第二七〇條之一規定：「受命法官為闡明訴訟關係，得為下列各款事項，並得不用公開法庭之形式行之：一、命當事人就準備書狀記載之事項為說明。二、命當事人就事實或文書、物件為陳述。三、整理並協議簡化爭點。四、其他必要事項。受命法官於行前項程序認為適當時，得暫行退席或命當事人暫行退庭，或指定七日以下之期間命當事人就雙方主張之爭點，或其他有利於訴訟終結之事項，為簡化之協議，並共同向法院陳明。但指定期間命當事人為協議者，以二次為限。當事人就其主張之爭點，經依第一項第三款或前項為協議者，應受其拘束。但經兩造同意變更，或因不可歸責於當事人之事由或依其他情形協議顯失公平者，不在此限。」

立法者認為，關於整理並簡化爭點等程序，如能於法庭以外之適當處所，以不公開方式行之，較易達成預期目的而發揮準備程序之功能，故，明定得不用公開法庭之形式行之。當事人提出之準備書狀，如其內容不明瞭或不完足時，有命當事人對其為說明之必要。當事人為準備言詞辯論，得於準備程序陳述事實並提出文書、物件，為使訴訟關係益臻明確，有命當事人就事實或文書物件為陳述之必要。當事人每因不諳法律規定，或無法律專業知識，其提出之訴訟爭點常見內容雜陳，敘述混淆，徒增法院行言詞辯論及裁判之困擾。受命法官為使訴訟順利進行，對當事人所提出各種錯綜複雜之訴訟爭點，自得先加以整理，如認其中有重複或不必要之爭點，亦得由當事人協調簡化。此處所謂爭點，包括事實上之爭點、法律上之爭點、與訴訟有關各種證據上之爭點，及其他攻擊防禦方法之爭點，至於訴訟程序上之爭點，則僅以法律上允許當事人處分之爭點為限，其他不屬當事人得處分範圍之程序上爭點，非屬本條所指之爭點。訴訟關係之闡明，不止一端，為免掛一漏萬，規定其他必要事項，以資賅括。

又立法者於本法第二七〇條之一第二項及第三項之立法理由認為，受命法官於闡明訴訟關係時，固宜使當事人提出之各種爭點化繁為簡，惟爭點之種類不一，當事人之態度亦輒有在法官面前或公開法庭中堅持己見，毫不相讓，需庭外洽談私下協議，始能相互讓步者。故規定，於受命法官認為適當時，得暫行退席，或命當事人暫行退庭，或定期間命當事人自行協議，並共同向法院陳明。惟為免訴訟拖延不決，指定期間命當事人自行協議之次數不宜太多，明定以二次為限。又當事人主張之訴訟上爭點，如已依前二項規定，經兩造協議並加以簡化後，法院為訴訟指揮及進行言詞辯論，固不得逾其範圍，當事人雙方更應以此爭點作為嗣後攻擊或防禦暨言詞辯論之所本，任何一造當事人既不得擴張原已協議簡化之爭點，更不得以其他爭點代之，故於新增訂之第三項規定當事人應受其拘束。惟此規定之主要用意，係在求兩造之衡平，使當事人之一造不得擅自變更或擴張爭點範圍，故如兩造均認經協議簡化之爭點已不適當，而同意加以變更或因不可歸責於當事人之事由，或依其他情形，原協議之爭點對當事人顯失公平時，如強令當事人受拘束，自不符正義之要求，故規定於此情形，得不受原協議簡化爭點之拘束。

⑵調查證據　依本法第二七〇條第二項但書及第三項規定，於準備程序，另經法院命受命法官調查證據者，受命法官即有調查證據之任務，但受命法官調查證據之情形，受有一定之限制。其限制情形如下：一、有在證據所在地調查之必要者。二、依法應在法院以外之場所調查者。三、於言詞辯論期日調查，有致證據毀損、滅失或礙難使用之虞，或顯有其他困難者。四、兩造合意由受命法官調查者。

立法者認為，依直接審理主義之精神，證據調查原則上應由受訴法院直接為之，僅於例外情形得由受命法官行之，故增訂第三項規定，對命受命法官調查證據加以適當合理之限制。證據調查之標的物有因物之性質不能或難於運至法院所在地，或因證人不能到場或有其他必要情形，為訊問證人之便利，有必要於其所在訊問時（第三〇五條），始得由受命法官於該證據所在地為調查。法律規定證據調查應在法院以外場所行之者，例如元首為證人，應就其所在訊問（第三〇四條），亦得由受命法官調查。又在言詞辯論期日調查證據時，固應由受訴法院直接為之，惟如於言詞辯論期日調查證據，有致該證據毀損、滅失或礙難使用之虞，或顯有其他困難之情形時，即應於辯論期日外由受命法官行調查事宜。直接審理主義之目的在發現真實，追求實體上之利益；由受命法官調查證據，則能節省勞力時間費用，便於追求程序上之利益，而實體上利益與程序上利益何者優先，應尊重當事人之意思，故如兩造合意由受命法官調查證據，應可准許。

本法第二七〇條第四項規定，第二五一條第一項、第二項之規定，於行準備程序準用之。立法者認為，為保障被告程序上之權益，並期充分發揮準備程序之功能，訴狀應連同準備程序期日通知書一併送達於被告，並予被告十日以上之準備期間，故增訂第四項。

(3)訴訟和解　依本法第三七七條之規定，法院不問訴訟程度如何，得隨時試行和解。受命法官或受託法官亦得為之。若法院使受命法官試行和解時，受命法官得於準備程序之期日，為當事人試行和解。因試行和解，得命當事人或法定代理人本人到場，和解成立者，與確定判決，有同一之效力。法院書記官作成和解筆錄經全體法官及法院書記官簽名後，將和解筆錄正本送達於當事人時，準備程序終結而訴訟亦終結。

3. 受命法官之權限　受命法官在進行準備程序，無論為闡明訴訟關係或調查證據，均須指揮訴訟。但指揮訴訟之權限，依法屬於法院或審判長，不屬於受命法官，故必須於本法第二七二條，將有關法院或審判長指揮訴訟之權限規定，明定由受命法官行使。依本法第二七二條規定，第四十四條之四（為公益社團或財團法人選任訴訟代理人）、第四十九條（法院命補正能力、權限等之欠缺）、第六十八條第一項至第三項（法院許可非律師為訴訟代理人）、第七十五條第一項（法院命補正訴訟代理權之欠缺）、第七十六條（法院許可輔佐人到場）、第七十七條之一第三項（調查證據核定訴訟標的之價額）、第九十四條之一第一項前段（命當事人預納訴訟行為須支費用）、第一二〇條第一項（法院因他造聲請命提出附屬文件原本）、第一二一條第一項、第二項（審判長命補正書狀欠缺、或將書狀發還命補正或命到場補正）、第一三二條（審判長認必要時命對當事人本人為送達）、第一九八條至第二〇〇條（審判長之訴訟指揮權與闡明權、許可當事人之發問）、第二〇三條（法院因闡明或確定訴訟關係得為之處置）、第二〇七條（法院應用通譯之權限）、第二〇八條（法院禁止欠缺陳述能力當事人之陳述）、第二一三條第二項（審判長命於筆錄記載當事人不為聲明或陳述之情形）、第二一三條之一（使用機器輔助製作言詞辯論筆錄）、第二一四條（審判長命法院書記官將當事人當場提出之書狀附於筆錄）、第二一七條（審判長於筆錄內應簽名）、第二四九條第一項但書（審判長命原告補正訴訟要件）、第二五四條第四項（法院將訴訟繫屬之事實通知第三人）、第二六八條（審判長命當事人補提完整之準備書狀或答辯狀）、第二六八條之一第三項（命當事人就整理爭點結果提出摘要書狀）、第二六八條之二第一項（未補足準備或摘要書狀時之處置）、第二六九條第一款至第四款（法院於言詞辯論前得為之各種處置）、第三七一條第一項、第二項（法院對保全證據之聲請准許與否為裁定）、第三七二條（法院對保全證據依職權為裁定）關於法院或審判長權限之規定，於受命法官準備程序時準用之。第九十六條第一項（法院裁定命原告供訴訟費用之擔保）及第九十九條（法院定擔保額及供擔保期間命原告供擔保）關於法院權限之規定，於受命法官行準備程序時，經兩造合意由受命法官行之者，準用之。

立法者認為，在準備程序賦與受命法官以法院或審判長之權限，有助於訴訟程序之迅速進行，而達到審理集中化之目標。

4.製作準備程序筆錄與準備程序之終結　本法第二七一條規定：「準備程序筆錄應記載下列各款事項：一、各當事人之聲明及所用之攻擊或防禦方法。二、對於他造之聲明及攻擊或防禦方法之陳述。三、前條第一項所列各款事項及整理爭點之結果。」又依本法第二七三條之規定，當事人之一造，於準備程序之期日不到場者，應對於到場之一造，行準備程序，將筆錄送達於未到場人。前項情形，除有另定新期日之必要外，受命法官得終結準備程序。準備程序終結時，應告知當事人，並記載於筆錄。受命法官或法院得命再開已終結之準備程序（本法第二七四條）。

5.獨任法官審判訴訟事件之準用　本法第二七一條之一規定：「前二條之規定，於行獨任審判之訴訟事件準用之。」立法者認為，準備程序之設，原為求言詞辯論進行之順暢無礙，於行合議審判之訴訟事件，以庭員一人為受命法官先行準備程序，固最合訴訟之要求；惟準備程序有關事項之進行，於行獨任審判之事件，亦屬有其必要，尤以整理並協議簡化爭點，如不在公開法庭行之，對訴訟關係之闡明，更有助益，故增訂本條規定，就前二條有關準備程序規定之條文，於行獨任審判之訴訟事件準用之。

(三)法院為言詞辯論時對準備程序之處理

本法第二七五條規定，於準備程序後行言詞辯論時，當事人應陳述準備程序之要領，但審判長得令書記官朗讀準備程序筆錄代之。按民事訴訟係採言詞辯論主義及直接審理主義，判決應本於當事人之言詞辯論為之，法官非參與為判決基礎之辯論者，不得參與判決（本法第二二一條第二項）。準備程序中所得之訴訟資料，受命法官以外之法官無從知悉，故，應由當事人陳述準備程序之要領，俾合議庭全體法官均能據此而得心證為裁判。

(四)準備程序之效果

本法第二七六條規定：「未於準備程序主張之事項，除有下列情形之一者外，於準備程序後行言詞辯論時，不得主張之：一、法院應依職權調查之事項。二、該事項不甚延滯訴訟者。三、因不可歸責於當事人之事由不能於準備程序提出者。四、依其他情形顯失公平者。前項第三款事由應釋明之。」民事訴訟法所以設有準備程序，主要在為言詞辯論之進行預作適當妥善之準備，當事人於準備程序中未主張之事項，如於行言詞辯論時仍可再為主張，則準備程序將形同虛設。故為督促當事人善盡訴訟促進義務，對於當事人在準備程序未主張之事項，自應有失權之規定。惟若不問情由，概使生失權之效果，亦欠公允，故設本條第一項第一款至第四款之除外情形之規定。另於本條第二項明定，當事人主張之事項，如因不可歸責之事由不能於準備程序提出者，當事人就該事由應負釋明之責。

應注意者，民國八十九年二月本法修正前，舊法第四四七條規定，當事人得提出新攻擊或防禦方法。在第一審就事實或證據所未為之陳述，得追復之。由於此種寬鬆之第二審續審制度，在第一審因失權而不得主張之事實，於第二審仍得主張。但本法於民國八十九年修正後，第一九六條已修正改採「適時提出主義」，且於民國九十二年修正第四四七條規定：「當事人不得提出新攻擊或防禦方法。但有下列各款情形之一者，不在此限：一、因第一審法院違背法令致未能提出者。二、事實發生於第一審法院言詞辯論終結後者。三、對於第一審已提出之攻擊或防禦方法為補充者。四、事實於法院已顯著或為其職務上所已知或應依職權調查證據者。五、其他非可歸責於當事人之事由，致未能於第一審提出者。六、如不許其提出顯失公平者。前項但書各款事由，當事人應釋明之。違反前項規定者第二審法院應駁回之」。對於當事人於第二審程序提出新攻擊或防禦方法已為適當之限制規定，為強化第一審事實審功能，而將昔日審理之重心移轉於第二審之現象消除。從而本法第一九六條、第二七六條及第四四七條修正後，當事人於第一審依第二七六條準備程序規定已失權而不得主張之事項，在第二審法院不得再行主張。同理，若在第二審失權而不能主張之事項，亦不得在法律審之第三審法院為主張[37]。

三、法院為使辯論易於終結，於言詞辯論前得為之行為

準備書狀之提出與準備程序之進行，雖均為準備言詞辯論之兩種對策，但尚有若干事項，非於言詞辯論以前為之，難期辯論能迅速終結者。為使言詞辯論之準備能更充實起見，本法第二六九條規定：法院因使辯論易於終結，認為必要時，得於

[37] 對本書此項解釋，姚瑞光《民事訴訟法》（八十九年十一月版）第三七〇頁認為，在第一審因失權而不得主張之事實，至第二審仍得主張。見解不同。

言詞辯論前，為下列各款之處置：一、命當事人或法定代理人本人到場。二、命當事人提出文書、物件。三、通知證人或鑑定人及調取或命第三人提出文書、物件。四、行勘驗、鑑定或囑託機關、團體為調查。五、使受命法官或受託法官調查證據。

第四節　證　據

一、總　說

㈠證據之意義與相關用語之概念

所謂證據 (Beweis) 係法院用以認定事實之資料，此資料又稱為證據資料 (Beweisstoff)。證據資料必有其來源出處，而證據資料之來源出處，不外乎出自人或物。法院於調查證據之際，審問知悉一定事實之某人，由該人供述其所知悉之一定事實，法院從而據該人供述之內容用以認定一定事實之真偽。此際，出自該人所供述之內容為證據資料，稱為證言，而此項證言所由出之人稱為證人。倘該人係因具備專門知識而知悉一定專門性事實，受法院之命，就其所知專門知識供述其對一定事實之意見者，此人稱為鑑定人，其所供述意見稱為鑑定意見。不論證人或鑑定人，均係證據資料之來源。此種以人為提供證據資料之方法，學者稱為以人為證據方法，本法稱為人證及鑑定（本法第二九八條、第三二四條）。

證據資料如係出自物，其情形不外乎出自文書或物體。文書所記載內容為證據資料，物體所提供之形狀、聲色、性質等特性亦為證據資料。無論文書或物體，均係證據資料之來源，此種以物為提供證據資料之方法，學者稱為以物為證據方法，本法稱為書證及勘驗（本法第三四一條、第三六四條）。故，證據方法 (Beweismittel) 係指證人、鑑定人、文書、物體而言，證據資料係指證言、鑑定意見、文書內容、物體特性而言。由此可知，證據一語，對於廣義情形係兼指證據方法及證據資料兩者，於狹義情形係專指證據資料而言。法院審理時，證人供述其所知悉事實之行為稱為作證，鑑定人陳述其專家意見之行為謂之鑑定，法官以其五官親自對物體為體驗之行為稱為勘驗。

以證人、鑑定人、文書、物體為證據方法，由法院調查證據所獲得之證言、鑑定意見、文書內容、物體情狀內容各種證據資料，其對待證事實之證明，能發生多大之說服力，能使法官信服證據資料之程度有多大之影響力，稱為證據力 (Beweiskraft)

或證據價值（Beweiswert）。蓋多數之證據資料所顯示者，有時與待證事實無關，有時互相矛盾完全對立也。例如原告證人之證言與被告證人之證言成為對立，或者兩造分別提出之文書所載內容不完全一致，此際必問，各項證言及文書內容，何項對法官較有說服力而使法官信服？證據資料之此種價值或說服力，即學者所謂證據力或證據價值。

有證據價值或證據力之證據資料，與待證事實之間，何以能使法官確信兩者有必然之一致關係，從而斷定待證事實存在不存在之結果，此種原因或理由，稱為證據原因（Beweisgrund）。換言之，使證據資料與待證事實兩者發生連結關係之原因或理由，即為證據原因。法院獲得證據原因，係綜合調查證據與當事人辯論結果，依自由心證始能獲得，故，又稱為法官得心證之理由或原因（本法第二二二條第四項）。法官於其判決，必須載明其認定待證事實之證據原因，或其得心證之理由，否則有判決理由不備之違法。又有所謂證據能力，係指有成為證據方法之資格。例如，證人係以人為證據方法，惟依本法修正前我國民事訴訟法並非任何人均有成為證人之資格，當事人不得同時兼為證人，即無證據能力。本法民國八十九年二月修正，於第二編第一章通常訴訟程序第三節證據增列第五目之一當事人訊問，增訂第三六七條之一至第三六七條之三。從而當事人有證人之資格，即有證據能力。

(二)證據之種類

證據一語之意義，多用以表示證據方法或證據資料，惟有時證據又稱為證明，用以表示運用證據之活動，亦稱為舉證（Beweisführung）。證據或證明，由於各種區分標準之不同，得為下列種類。

1. 證明與釋明　當事人提出證據，使法院就其主張之事實，得生強固之心證，信其確實如此者，稱為證明。當事人提出證據，使法院就其主張之事實，得生薄弱之心證，信其大概如此者，稱為釋明（Glaubhaftmachung）。當事人在訴訟上主張之事實，通常須證明，惟於有迅速簡易決定之若干情形，法律明文規定，僅須釋明即可。例如，聲請法官迴避之原因，無須用證明，僅須為釋明（本法第三十四條第二項）。請求訴訟救助之事由，應釋明之（本法第一〇九條第二項）。其他如本法第九十二條第一項、第一六五條第二項、第二四二條第二項、第二七六條第二項、第三〇九條第一項、第三三二條第二項、第三四六條第三項、第三九一條、第五二六條第一項、第五五九條規定情形。供釋明之證據方法，須法院得為即時調查，始合法（本法第二八四條但書）。故，以文書為釋明方法，應提出文書原本於法院，以證人為釋明方法，須偕同證人到場得即時訊問始可。

2.嚴格證明與自由證明　依本法規定之證據方法及本法所定程序進行之證明，稱為嚴格證明 (Strengbeweis)。訴訟標的之法律關係或權利之主張所需事實之斷定，必須依嚴格證明。自由證明 (Freibeweis) 係指，其證據方法或舉證手續，非依法律明文所規定之證明。外國法、地方法令、特殊習慣法、特殊專門性之經驗法則成為證明對象情形，不必依嚴格證明，祇須依自由證明，無須依本法所規定調查證據之正式程序為之。依德國通說，職權調查之事實、無須言詞辯論之程序事實、官署報告書，均得為自由證明㊳。

3.本證與反證　有舉證責任之當事人所舉之證據稱為本證 (Hauptbeweis)。反證 (Gegenbeweis) 係不負舉證責任之當事人，為否定對造之本證證明之事實而提出之證據。依舉證責任分配之原理，負本證責任之當事人，必須以本證使法院對待證事實之存在不存在發生確信，始為舉證成功。倘本證之舉證效果未達目的，縱使提出反證之當事人亦未達成證明目的，法院於事實真偽不明時，即應為本證當事人之敗訴判決（一七上字第九一七號判例）。可知反證之舉證效果，如能使法院對待證事實之確信發生動搖，從而將本證之舉證效果消滅，使待證事實成為真偽不明之狀態，則反證已達目的，反證不必如同本證須使法院對待證事實發生確信也。區別本證與反證之實益，主要在分配舉證責任之歸屬。

實務上，反證之用語，有指提出證據推翻法律所推定之事實之意。其實，於此種情形，主張法律所推定事實之當事人，不負舉證責任，主張該項推定事實為不實者，應負舉證責任，從而此處所稱反證，其實係本證㊴。又反證一語，有時用以指被告所提出反駁原告主張之證據，其實，被告所提出證據未必均屬反證，原告之證據亦未必均屬本證也。

4.直接證據與間接證據　能直接用以證明待證事實之證據稱為直接證據。證據能證明一定之間接事實或補助事實，而依此項間接事實或補助事實與待證事實間之推理必然關係，待證事實因而間接獲得證明，此種證據稱為間接證據，又稱為情況證據 (Indizienbeweis)。例如，當事人證明某日某時在東京某地，由此一事實，得推出在同一時間該當事人無在臺北之事實，從而間接證明該當事人於某日某時不在臺北之事實。

㊳ 參照 Rosenberg-Schwab, ZPR. 14. Aufl. S. 685; 齋藤秀夫編，《注解民事訴訟法⑷》第二四三頁以下。飯塚重男，〈自由な證明〉，載《民事訴訟法の爭點》（舊版）第二三八頁以下。

㊴ 見 Rosenberg-Schwab, a. a. O. S. 686.

5.間接本證與間接反證　對於待證主要事實負舉證責任之人，因無法提出直接證據為證明，提出間接證據證明間接事實，從而據該間接事實依經驗法則為事實上之推定，大抵推認待證主要事實之存在，此種舉證稱為間接本證。對造當事人就他方利用間接事實所推認之結果，若不提出反證加以反擊，將使間接本證之舉證成功而自己遭敗訴。為妨阻主要事實被推認之不利結果，不負舉證責任之人提出反證，以反證證明另外之別種間接事實，從而據該間接事實依經驗法則為事實上之推定，大抵推認待證主要事實之不存在，此種舉證稱為間接反證。

對待證事實應負舉證責任之人無法提出直接證據為證明，對造當事人亦無法提出直接證據為否定之證明，此際，雙方各別提出其間接證據以證明各人所主張之間接事實，並各別據其間接事實各依經驗法則為事實上之推定，從而分別證明其肯定主要事實（之推認結果）或其否認主要事實（之推認結果）。前者之舉證，因當事人為負舉證責任之人，故其舉證方式稱為間接本證，後者之舉證，因其當事人不負舉證責任，故稱為間接反證。兩者所同者，均係各利用其間接事實及分別運用其經驗法則之事實上推定方法為證明。例如，原告主張被告開汽車擦碰其機車左邊手把，致原告機車倒地身體受傷，原告之證人作證稱：看見原告人車倒地。原告另外舉證證明，機車左邊手把上有紅色油漆，而被告汽車外表為紅色油漆。原告所證明之間接事實有三：即(1)人車倒地、(2)機車左邊手把上有紅色油漆、(3)被告汽車外表為紅色油漆。法院據此三間接事實，通常於被告無提出反證情形，依一般經驗法則得以推定，原告身體倒地受傷可能係由於受被告汽車擦碰機車所致。上述原告之舉證均屬間接本證。惟若被告主張其汽車無擦碰原告機車，並證明原告之證人係原告之親密朋友，且證明原告家裡亦有一部汽車完全與被告之汽車相同，顏色亦為紅色油漆。另外被告又證明原告家裡汽車右側與機車左手把高度完全符合地方，有一處凹下而且油漆脫落。被告所證明之間接事實有三：(1)證人為原告之密友、(2)原告家裡有相同顏色油漆之汽車一部、(3)汽車右側與機車左手把同一高度處有油漆脫落之凹下。法院據此三間接事實，依一般經驗法則得以推定，原告機車左手把之紅色油漆可能係與家裡汽車擦碰所致，從而推認原告之倒地受傷與被告開車無關。被告之上開證明均屬間接反證，間接反證之作用係為動搖前述法院據間接本證所利用之經驗法則，即動搖法院之事實上推定，從而使原告之間接本證所利用之法院之事實上推定不能達到目的。

在學理上頗值探討者，舉證責任之分配制度係為解決，法官在認定法律要件事實時，何種法律要件事實應由何方當事人負舉證責任問題。從而應負舉證責任之當事人，無法舉證而法官對該法律要件事實之存否無法認定時，法官無法適用法律導出法律效果，結果必須判決應負本證之人（即應負舉證責任之人）敗訴。故，舉證責任分配之運用，係對法律要件事實之舉證而言，並非對於法律要件事實以外之其他各種間接事實而言。其他各種間接事實之舉證問題，於無法完全為舉證時，能否依舉證責任分配方法為解釋，學理上頗有疑問。蓋主張間接反證之理論者，認為對間接反證事實如不能完全舉證時，應受敗訴判決，將間接反證事實之地位與法律要件事實同視也。又間接反證之作用僅限於動搖一定之事實上推定，而事實上推定所依據之一般經驗法則，並非絕對之科學真理，有時因有例外情事之存在而推翻一般經驗法則。間接反證之目的作用，僅在推翻間接本證所依據之一般經驗法則。此種間接本證所依據之一般經驗法則，其原則，與間接反證所依據之一般經驗法則，其例外，兩者之原則與例外關係，並非法條中之原則與例外之關係，即前者指事實上推定之原則與例外，而後者係指法律上推定之原則與例外，前者無舉證責任分配問題，後者始有也。

二、證明之對象

法院必須以證據加以證明之對象，又稱為證明之客體。原則上，證明之對象係事實。蓋法院之裁判係，以法規為大前提而以事實為小前提，依三段論法為推理所得之結論。小前提之事實之存在成為審判之重要因素，法院之調查證據程序，主要係以正確認定事實為其目的。故，待證明之對象，主要以事實為主。惟有時，待證明之對象亦有以經驗法則為對象者，必要時亦有以一定之法規存在為證明之對象，其情形如何有待說明，玆分別敘述如次。

㈠當事人主張之主要事實

民事訴訟之目的係，法院就當事人所主張訴訟標的之權利義務存否為判斷。權利義務係人類文化之抽象產物，屬於觀念性之存在，無法直接證明其存在與否。權利義務之發生、變動、消滅，此種法律效果之存否，係視法規所規定之法律要件事實是否齊備存在而定。若法律要件事實經證明存在，即可證明權利義務之發生、變動、消滅，法院僅得以法律要件事實為待證之事實。民事訴訟之審理，以辯論主義為權利主張及提出證據之基本原則，若當事人就其有利之主要法律要件事實不為主張時，於法院立場而言，即無將該項主要事實加以證明而調查之必要。又當事人之間無爭執之事實，亦無將其列為待證明之對象而證明之必要。故，得成為法院待證之事實，必須係當事人所主張而有爭執之主要法律要件事實。

事實之中，上述構成法規之法律要件事實，學者稱為主要事實。至於用以證明主要事實之事實，稱為間接事實。用以證明證據能力或證據力之事實，稱為補助事實。此種間接事實或補助事實雖與主要事實有所不同，但在有證明之必要情形下，亦得成為待證明之對象。惟若事實於法院已顯著或為其職務上所已知者，無庸舉證（本法第二七八條第一項），從而無論其事實為主要事實、間接事實、輔助事實，均不成為待證明之對象㊵。

㈡法院應依職權調查之事項

依本法規定，法院應依職權調查之事項，例如當事人能力、訴訟能力，有無繳納裁判費等之事實，雖無當事人之主張，或有無當事人之爭執，法院基於職責，自應為證明，此種事項亦成為待證明之對象。

㈢法院所不知之習慣、地方法規、外國法

本法第二八三條規定，習慣、地方制定之法規及外國法為法院所不知者，當事人有舉證之責任，但法院得依職權調查之。按本國法律為法院所應知，如法律之存否不明或涉及解釋時，法院應依職權調查或研究，不論當事人有無主張或有無證明，法院均無須進行調查證據程序。惟習慣、地方制定之法規及外國法，法院無法能盡知。且法院若不知此類習慣或法規內容時，亦無從為解釋或適用。故，當事人之欲適用法院所不知之習慣、地方制定之法規、外國法者，必須證明其規定之存在及內容，從而此類法院所不知之規定內容及其存在事實，即成為待證之對象。所謂習慣係指多數人關於同一種類之事項，繼續反覆為同一行為之事實。地方制定之法規，指地方政府或自治團體所制定之法律規章。外國法，通常係指於法院審理涉外民事事件時，所應適用之外國法為準據法之情形而言。此際，該項準據法之存否及內容如何，均應由當事人為舉證而成為待證之對象。

㈣經驗法則

所謂經驗法則係指，人類以經驗歸納所獲得有關事物因果關係或性質狀態之法則或知識。經驗法則有屬於日常生活上一般人之常識者，有屬於科學、技術、藝術等專門學問方面之知識者。此種經驗法則係以一種知識或法則而存在，成為三段論

㊵ 參照中野、松浦、鈴木編，《民事訴訟法講義》第二八九頁以下。

法之大前提。人類就某具體事物關係之結論為推理之時，必須以經驗法則為大前提，而以某具體之事實為小前提，從而以小前提之事實適用於大前提之經驗法則，始能導出結論。所以欲合理推斷事物時，必須有一定之經驗法則存在始有可能。人類社會生活中，究竟有無某一種經驗法則之存在？當事人或法院對於某種經驗法則之存否有無加以證明之必要？在訴訟法上，即成為經驗法則可否為待證對象之問題。對此問題學說有二：第一說認為，經驗法則係法院得以任何方法及任何資料加以認識之事項，所以不能成為待證之對象。第二說主張，經驗法則之中，一般人於日常生活成為常識之經驗法則，因有客觀性之保障而不生爭執，無加以證明之必要而不成為待證之對象。惟若一般人不可能知悉之高度專門性知識之經驗法則，則有以嚴格證明為證明之必要，此際，此種經驗法則得成為待證之對象㊶。

三、無庸證明之事項

當事人主張有利於己之事實者，就其事實有舉證之責任（本法第二七七條），此為原則。惟本法在此一原則之外，例外以明文規定若干事項，當事人對之無庸舉證，學者稱此類事項為無庸證明之事項，或稱為舉證責任之例外情形。本法第二七八條起至第二八二條分別就各種無庸證明之事項為規定，茲依次敘述如次。

㈠於法院已顯著之事實或法院職務上已知之事實

本法第二七八條規定：事實於法院已顯著或為其職務上所已知者，無庸舉證。前項事實雖非當事人提出者，亦得斟酌之；但裁判前應令當事人就其事實有辯論之機會。按當事人間有爭執之事實，其所以必須以證據為證明，此係為防止法官恣意為主觀之認定事實。若待判斷之事實已於客觀上確實存在之情形，已無再以證據為證明之必要，得利用法官既存之知識加以認定即可。基此理由，法律規定，事實於法院已顯著者，無庸舉證。所謂事實於法院已顯著，即指事實為社會上一般人所周知，法院亦應知悉者而言，又稱為一般公知之事實，但不以每一個人均知悉為必要。此種公知之事實有客觀存在之確實性可據，故無庸舉證。例如，臺灣之人口或面積、各縣市區域分配、各國首都所在、某國某年代之元首何人等事實，均為公知事實，

㊶ 參照中野、松浦、鈴木編，《民事訴訟法講義》第二九一頁。

有客觀事實得隨時查考，不生真偽不明情形。

所謂事實為法院職務上所已知，指該項事實原係法官基於其職務所為，或於其職務上所觀察而知悉之事而言。惟此項事實必須於法官現在尚有明確記憶之情形始可，若法官須再調卷查明始能確認其事實時，則不得謂之職務上已知。例如法官在辦理某民事案件時知悉當時原告被告為夫妻之事實，現在審理中之事件又涉及當年之夫妻事實，則對於當年之夫妻事實無庸再為證明。法官若非因職務上所知悉，而係基於個人關係而獲知之事實，則不屬於法院職務上所已知之事實。

應注意者，於法院已顯著之事實或法院職務上已知之事實，雖不必舉證且法院得斟酌而採為裁判之基礎，但必須在裁判前令當事人就此項事實有辯論之機會，始於程序上為合法。如在裁判前未曉諭當事人為辯論，而就該事實採為裁判之基礎者，其裁判即屬違背法令，得據為上訴第三審之理由（四四臺上字第七二號判例）。又此項顯著之事實於一般情形，當事人不致有爭執，惟若當事人對其事實有爭執而提出反證者，亦為合法。為慎重起見，法院宜依職權再行調查證據始可認定。

㈡當事人自認之事實

當事人對於他造主張不利於己之事實，於訴訟承認其為真實之陳述，稱為自認。本法第二七九條規定：當事人主張之事實，經他造於準備書狀內或言詞辯論時或在受命法官、受託法官前自認者，無庸舉證。當事人於自認有所附加或限制者，應否視有自認，由法院審酌情形斷定之。自認之撤銷，除別有規定外，以自認人能證明與事實不符或經他造同意者，始得為之。此一規定之自認，學者稱為訴訟上之自認或裁判上之自認（Gerichtliche Gestandnisse），與在其他場合所為之裁判外之自認有所不同。訴訟上之自認，其構成要件有三：⑴自己之主張與對造之主張兩者一致。至於何方先為陳述並非重要，自己先為不利於己之陳述，對造對之加以援用時，亦能有效成立自認，學者稱為「自發的自認」㊷。⑵必須於準備書狀內或言詞辯論時或在受命法官、受託法官前為之。惟訴訟上之自認，須於現在之訴訟事件為之，當事人在他案件之陳述，雖可為本案認定事實之根據，要不得視為本案之自認（一九上字第四三七號判例）。當事人在刑事案件所為不利於己之陳述，不可與本法第二七九條所謂之自認同視（四四臺上字第九八八號判例）。得為訴訟上之自認者，除當事人或法定代理人外，訴訟代理人亦得為之（一

㊷ 參照中野、松浦、鈴木編，《民事訴訟法講義》第二九二頁。

九上字第二一六五號判例）。惟訴訟代理人所為之自認，經到場之當事人本人即時撤銷或更正者，不生效力（本法第七十二條）。

(3)必須係就對自己不利之事實為真實之陳述。所謂不利係指其事實之舉證責任，由他造負擔之意而言。惟學者亦有認為，於對造所主張事實經法院採為判決基礎時，自認之人有可能受敗訴判決之情形，即屬不利者[43]。普通共同訴訟當事人中一人所為之自認，其效力不及於他人（本法第五十五條），必要共同訴訟人中一人所為之自認，亦因其不利益於共同訴訟人而對於全體不生效力（本法第五十六條第一項第一款）。

訴訟上之自認，其對象內容限於具體之事實，法規、經驗法則、法規之解釋、法律問題均不生自認可言（三二上字第五〇一一號判例）。又具體之事實之中，得生自認效力者，限於主要事實，對於間接事實或輔助事實，不生自認效力，此為日本學者多數說及判例之見解。我國學者有認為，自認之事實如係客觀上不可能，或其不實於法院已顯著者，基於誠信原則，應解為不生自認之效力者[44]。訴訟上之自認與本法第三八四條所謂之認諾兩者不同，第一、自認之標的為事實，認諾則係承認他造關於法律上效果之主張。第二、當事人對於他造主張之事實為自認後，僅生免除他造之舉證責任，但當事人就訴訟標的為認諾時，即應本其認諾為該當事人敗訴判決。第三、訴訟上之自認兩造均得為之，但認諾則專指被告對於原告所主張訴訟標的為承認。第四、自認可於準備書狀內或言詞辯論時或在受命法官、受託法官前為之，但認諾則須於言詞辯論時為之，其於準備程序中所為者，須於行言詞辯論時，經當事人陳述其結果或朗讀筆錄後，始得以為判決之基礎（本法第二七五條）[45]。

訴訟上之自認有完全自認與限制自認之分，當事人對於他造所主張不利於己之事實，全部承認者，謂之完全自認。當事人於自認有所附加或限制者，謂之限制自認。例如，原告主張被告與其立買賣契約之事實，被告雖自認有訂立買賣契約之事實，但主張其於事後已經合法解除買賣契約，此即於自認有所附加。又例如，原告主張被告向其借款一百萬元，但被告自認僅借二十萬元時，即屬於自認有所限制。於此情形，應否視同自認，依本法第二七九條第二項規定，應由法院審酌情形斷定之。

---

[43] 參照中野、松浦、鈴木編，前揭書第二九三頁。

[44] 見姚瑞光，《民事訴訟法論》第三七〇頁。王甲乙等三人，《民事訴訟法新論》第三五四頁。

[45] 參照曹偉修，《最新民事訴訟法釋論（上）》第九三七頁以下。

當事人於審判上已有自認者，即有拘束當事人及法院之效力，當事人不得隨意撤銷，法院亦不待證明，且不問其心證如何，應認該事實為真正，而以之為裁判之基礎，即使未經當事人援用者亦然[46]。但此項自認之效力有下列各種情形之例外：第一、人事訴訟程序之審理採干涉主義，不採辯論主義，故本法原第五七四條第三項、第五八八條、第五九四條、第六一五條、第六二四條第三項、第六三九條特別規定，不適用關於自認效力之規定。上開法條因家事事件法頒行，本法於一〇二年四月十六日修正刪除。家事事件法第五十八條規定，關於訴訟上自認及不爭執事實之效力之規定，在撤銷婚姻，於構成撤銷婚姻之原因、事實，及在確認婚姻無效或婚姻關係存在或不存在之訴，於確認婚姻關係無效或婚姻不存在及婚姻有效或存在之原因、事實，不適用之。第二、法院應依職權調查之事項，因事關公益，當事人縱經自認，仍應由法院依職權調查為判斷，不受自認之拘束。第三、當事人在第一審所為之自認，於第二審亦有效力，縱在第二審更行翻異或提出新證據，第二審法院亦得不予採信，仍認原經自認之事實為真實[47]。

本法第二七九條第三項規定：「自認之撤銷，除別有規定外，以自認人能證明與事實不符或經他造同意者，始得為之。」當事人於訴訟上為自認後，原則上應受其自認之拘束，不得任意撤銷。惟本法基於客觀實質之真實及依當事人辯論主義之原則，於自認人能證明其所為自認之事實與真正之事實不符之情形，允許自認人撤銷其自認，至於自認與事實不符之原因係出於錯誤，抑或因受詐或脅迫之事由，均可不置論。又民事訴訟上之各種訴訟資料之提出與否，依辯論主義之原則，完全委由當事人決定，若自認人之他造當事人已同意自認人撤銷自認時，應無加以禁止之必要，故民國八十九年二月修正本條第三項增列經他造同意亦得撤銷自認之規定。日本現行民事訴訟法第一七九條，並無吾國法第二七九條第二項及第三項之規定，惟德國民事訴訟法第二八九條及第二九〇條卻分別有吾國法本條之相當規定[48]。值注意者，本法第二七九條第三項所謂別有規

[46] 十八年上字第二五一二號判例云：債務人於審判上所為之自認，一經對於債權人表示後，即生拘束之效力，不得隨意撤銷。二十六年上字第八〇五號判例云：當事人於訴訟上所為自認，於辯論主義所行之範圍內有拘束法院之效力，法院自應認當事人自認之事實為真，以之為裁判之基礎。

[47] 參照曹偉修，《最新民事訴訟法釋論（上）》第九三九頁。

[48] 德國民事訴訟法第二九〇條規定，自認之撤回，僅於為撤回之當事人證明自認與事實不符且係出於錯誤所致之時，對訴訟上自認之效力有影

定，係指本法第七十二條、第七十七條所規定當事人撤銷訴訟代理人或輔佐人之自認情形而言，於此情形其撤銷自認不受本條第三項之限制，即毋庸證明自認與事實不符。又當事人在訴訟進行中能證明其自認係受詐欺或強暴脅迫而為之表示，依民法第九十二條第一項規定，表意人原得撤銷其意思表示，當事人應得撤銷其自認。其經撤銷者，與自始無自認相同，法院於將來裁判時，不得斟酌已經撤銷之自認。

在學理上特別值得討論者，訴訟上之自認，其法律性質之問題。有認為訴訟上之自認係當事人之意思表示，稱為意思表示說。此說又分為二說：⑴放棄意思表示說，此說認為，自認係當事人對於他造之舉證責任為免除，將防禦權為放棄所為之意思表示。⑵確定意思表示說，此說認為，自認係當事人就對造所主張之事實欲加確定為事實之意思表示。學者另有主張事實報告說，又稱為觀念表示說。此說認為自認之法律性質，並非意思表示而係觀念表示。日本學者之通說採事實報告說，惟學者有認為，訴訟上之自認既然經學者認定其係私法行為之性質，則將其視為意思表示抑或觀念表示而爭論，不僅無必要且亦無實益可言㊾。拙認為當事人在訴訟上之自認，其法律性質應解釋為訴訟行為，從而當事人自認之效果發生民事訴訟法之效果，對造當事人就自認之事實無庸舉證，法院不得就自認之事實為相反之認定。

頗值討論者，學理上有所謂權利自認或法律自認(Rechtsgeständnis)。當事人就對造所主張之不利於己之權利或法律關係為自認之情形，稱為權利自認或法律自認。權利自認因係當事人就對造所主張不利於己之權利存在不存在加以承認而陳述，故與上述之訴訟上自認頗為類似，但實際上兩者不同。為權利自認對象之權利或法律關係，若成為該訴訟之訴訟標的情形，當事人就訴訟標的之權利或法律關係所為不利於己之承認，此係對訴訟標的之捨棄或認諾，法院應為該當事人敗訴之判決（本法第三八四條）。有疑義者，若當事人就對造所主張成為訴訟標的前提之權利或法律關係為自認時，此種權利自認是否有本法第二七九條所規定訴訟上自認之效力？權利自認之型態，得分為單純僅就權利關係為自認之情形，與當事人先陳述具體之事實，並就該事實為法律效果之判斷而自認該項權利關係存在不存在之情形兩種。前者情形，例如自認對造所主張之所有權，

響。於此情形，自認失其效力。

㊾ 參照中野貞一郎、松浦馨、鈴木正裕，《民事訴訟法講義》（補訂第二版）第二九四頁。齋藤秀夫，《民事訴訟法》第二八〇頁以下。三ケ月章，《民事訴訟法》第三八九頁以下。

或自認對造所主張之租賃關係存在。後者情形，例如當事人先就他造取得原因事實為陳述，從而就他造所主張之所有權為自認。學者對於權利自認是否有訴訟上自認之效力，有各種見解。第一說認為，權利自認不發生訴訟上自認之效力。第二說認為，權利自認得類推適用訴訟上自認之效力，作相同之處理。第三說認為，成為權利自認之基礎事實，因其係事實，當事人既然為自認，對造對此項基礎事實不負舉證責任。但法院對於當事人所自認之權利，並不受自認之拘束，法院得另為相反之判斷，當事人亦得撤回其對權利之自認。此說為日本通說[50]。第四說認為，若當事人或其訴訟代理人對其自認之權利內容能完全瞭解意義而自認時，關於法律判斷部分之權利或法律關係所為之自認，亦應認為有訴訟上自認之效力，法院及當事人雙方均受拘束。從而律師為訴訟代理人時，其所為之權利自認，其效果與訴訟上自認之效果相同。第五說認為，既然於權利自認有時得因其係訴訟標的而認定其係對訴訟標的之捨棄或認諾，自當承認權利自認有訴訟上自認之效力[51]。

又本法第二八〇條第一項及第二項規定：當事人對於他造主張之事實，於言詞辯論時不爭執者，視同自認；但因他項陳述可認為爭執者，不在此限。當事人對於他造主張之事實，為不知或不記憶之陳述者，應否視同自認，由法院審酌情形斷定之。此種情形之自認，學者稱為擬制自認。所謂不爭執係指對他造主張之事實，不陳述真否之意見而言。當事人對於他造主張之事實，如不承認時應為爭執，否則，法律即賦與視同自認之法律效果，當事人不能不注意。惟法律為兼顧當事人之真正意思，於第二八〇條第一項以但書規定，當事人因他項陳述可認為爭執者，不視同為自認。值注意者，視同自認之效力，與當事人自己所為之自認效力，兩者不相同。於當事人所為訴訟上自認之事實，當事人以後不得為爭執，非有一定情形，當事人亦不得任意撤銷。但於視同自認之事實，當事人得在言詞辯論終結前，適當時期為爭執之陳述（本法第一九六條第一項），此項追復爭執之陳述依本法第四四七條第一項第三款規定，至第二審程序仍得為之（七一臺上字第三五一六號判例）。當事人一旦再為爭執之陳述，視同自認之效力，即因而喪失，主張該事實之對造當事人遂應負舉證之責任[52]。

---

[50] 參照岩松三郎、兼子一編，《法律實務講座民事訴訟編》第四卷第十九頁以下。中野、松浦、鈴木，《民事訴訟法講義》（補訂第二版）第二九五頁以下。

[51] 參照中野、松浦、鈴木，《民事訴訟法講義》（補訂第二版）第二九六頁。

[52] 參照姚瑞光，《民事訴訟法論》第三七二頁。吳明軒，《中國民事訴訟法（中）》（八十九年九月版）第八五一頁以下。

民國八十九年本法修正增訂第二八〇條第三項規定：「當事人對於他造主張之事實，已於相當時期受合法之通知，而於言詞辯論期日不到場，亦未提出準備書狀爭執者，準用第一項之規定。但不到場之當事人係依公示送達通知者，不在此限。」立法者認為，當事人對於他造主張之事實，已於相當時期受合法通知，而於言詞辯論期日不到場爭執，亦未提出準備書狀或在其他期日以言詞為爭執者，究應發生何種效果，實務上見解尚不一致，為避免爭議，特增訂本條第三項，準用第一項視同自認之規定，以利適用。惟對於不到場之當事人係依公示送達通知者，該當事人對於他造主張之事實及法院之通知，實際上多未能知悉，自不宜遽將其視同自認，故併設但書規定，以排除其適用。

(三)推定之事實(Vermutete Tatsachen)[53]

推定得分為事實上之推定與法律上之推定 (gesetzliche Vermutungen) 兩種情形。所謂事實上之推定指，法官利用已經被證明之事實（間接事實）為基礎，以經驗法則加以推認一定事實（待證事實）之事，又稱為裁判上之推定。本法第二八二條規定：法院得依已明瞭之事實，推定應證事實之真偽。此一規定即係事實上之推定。事實上之推定係法官自由心證範圍內之問題，對造當事人若欲避免此種法官已獲心證之推定事實，在現實上有證明該項被推定事實不存在之必要，於此情形對造當事人之證明，目的在動搖法官所獲得之確信，此種證明之性質屬於反證而非本證。事實上之推定，乃法院得依職權而為之行為，並非免除當事人之舉證責任，但有此種情形存在時，當事人雖未舉證亦得由法院認為真實。應注意者，法院為事實上之推定時，倘已明瞭之事實，與應證事實間，互無因果，亦無主從或互不相容之關係時，自不得為此項事實之推定（七六臺上字第七二八號判例）。法院據已明瞭之事實，能推定應證事實之真偽情形，不外下列各種情形：(1)兩事實間互有因果關係，(2)兩事實間有主從關係，(3)兩事實間互不相容。例如，主張契約關係之存在者，雖不能證明其契約締結之事實，但依契約履行之事實，足以推定其契約關係之存在時，自不容契約當事人無端否認（二一上字第三〇四六號判例）。合夥之退夥人如已領回出資及分配之利益，並繳銷合夥憑證，自得推定其與他合夥人間已為結算（二二上字第二七六號判例）。

法律上之推定有二種，一為法律上之事實推定 (gesetzliche Vermutungen von Tatsachen)，另一為法律上之權利推定

53 參照 Rosenberg-Schwab, ZPR. 14. Aufl. S. 712f.

(Rechtsvermutungen)。兩種情形之推定，均因法律明文之規定而存在，故稱為法律上之推定。所謂法律上之事實推定指，法律規定以某一事實之存在為基礎，據以認定待證事實之存在情形之推定而言。例如民法第十一條規定：二人以上同時遇難，不能證明其死亡之先後時，推定其為同時死亡。此際，祇須證明有二人同時遇難之事實，如無反證，基此事實即可推定二人係同時死亡之事實。民法第九條、第十一條、第一二四條第二項、第一五三條第二項、第二九五條第二項、第三二五條、第六七三條、第九四四條、第一〇六三條第一項，民事訴訟法第三五五條第一項、第三五六條、第三五八條，此類規定均屬法律上之事實推定。法律之所以規定此種法律上之事實推定，立法者之目的係在減輕或免除當事人之舉證困難。惟此種推定之事實，未必確為真正，故仍許他造當事人以證據加以推翻，僅在對造無法證明之情形下，有舉證責任之當事人始能免除其舉證責任。有法律上之事實推定之情形，法院得不經證明，將被推定之事實據為判決之基礎。從而對造當事人證明相反之事實，以推翻法律所推定之事實者，對造當事人之證明屬於本證而非反證[54]。我國民事訴訟法第二八一條規定：法律上推定之事實無反證者，無庸舉證。奧國民事訴訟法第二七〇條規定：法律所推定之事實無庸證明。於法律未排除相反之證明者為限，相反之證明為合法。此一反證亦得以當事人之尋問 (Vernehmung der Parteien) 依第三七一條以下之規定為之。德國民事訴訟法第二九二條規定：法律就事實之存在為推定時，以法律別無規定為限，相反之證明為合法。此一證明亦得依第四四五條規定以尋問當事人之申請為進行。三國之民事訴訟法規定內容雖未全部相同，但其均係就法律上之推定為規定。惟我國與奧國之條文所稱反證 (Gegenbeweis) 之用語，就本證與反證在舉證責任分配之學理上意義而言，是否妥當，頗有疑問。蓋在法律明文規定某一待證事實為法律上之事實推定時，對造當事人必須提出證據推翻法律所推定之待證事實，否則法院當然得據該事實為判決之基礎，此際，對造當事人所提出相反之證據，其性質係本證也。茲於法條以反證稱之，恐係指相反之證據之意，非指 Rosenberg 在學理上所謂之反證也。

法律上之權利推定指，法律就某權利或法律關係於現在是否存在加以推認之謂。法律上之權利推定並非證據之法則，蓋證據所證明之對象客體僅得以待證事實為對象，不得直接以權利之存否為證明之對象。例如，民法第九四三條第一項規定：

[54] Vgl. Rosenberg, Die Beweislast, 4. Aufl. S. 211; 參照齋藤秀夫，《注解民事訴訟法(4)》第三七七頁。

占有人於占有物上行使之權利，推定其適法有此權利。民法第八一七條第二項規定：各共有人之應有部分不明者，推定其為均等。此即係法律上之權利推定。受利益推定之當事人，雖應就其主張之權利存否為主張，但除推定出發點之事實以外，不必就發生權利之構成要件事實為主張或為證明。毋寧對於權利推定有爭執之對造當事人，應就權利推定不正確之事實為主張，並對之為證明[55]。

又值注意者，推定 (Vermutung) 與擬制 (Fiktion) 兩者亦有區別。於推定之情形，允許以證據將推定之事實為推翻，但於法律所擬制之事實，卻不許證明其係不真實。例如，民法第二十二條規定，住所無可考者，其居所視為住所。民法第一一四條規定：法律行為經撤銷者，視為自始無效。於擬制之情形，係就某一事實視為他一事實，將相異之事實擬制為相同，從而使發生一定之法律效果之立法技術方法。目的在簡化，使相異之事實使成為相同，故，於擬制之情形，不許利用相反之事實為證明而對之加以反駁[56]。

四、舉證責任

(一)舉證責任之概念

法院為裁判之際，必須先就為裁判基礎之事實關係確定其是否存在，然後始能適用法律以判斷其法律效果。若當事人所主張之事實經法院調查證據結果，其存在或不存在之問題獲得確定者，則不生待證事實存否不明之現象，從而亦不發生法院無法適用法律以裁判之情形。萬一，法院及雙方當事人由於缺乏證據，無法使待證事實之存否問題明確時，則在訴訟上發生待證事實存否不明之現象。此際，法院不得以待證事實存否不明為理由，拒絕對該訴訟為裁判，因而發生法院對該訴訟應如何為裁判之問題。法院之裁判，非為原告敗訴之判決，則為被告敗訴之判決，別無其他選擇方法。面對此種敗訴判決之不利情況，法院及雙方當事人必問，何人應就何種待證事實為舉證？於事實存否不明之場合，何人應遭受敗訴判決？此種法律問題為民事訴訟法上所謂舉證責任之分配問題，日本學者稱受此種敗訴不利之負擔為舉證責任，德國學者稱為 Beweislast。

---

[55] Vgl. Rosenberg, Die Beweislast, 4. Aufl. S. 229.

[56] Vgl. Rosenberg, Die Beweislast, 4. Aufl. S. 113.

德日兩國民事訴訟法，對於舉證責任之分配問題均無明文規定，法院之審判實務所依據之原則，僅依賴判例及學說之指導。瑞士民法第八條規定：由主張之事實導出權利之人，除非法律另有規定，應就主張之事實存在為舉證。民國八十九年二月本法修正前，第二七七條規定：「當事人主張有利於己之事實者，就其事實有舉證之責任。」此次修正時增訂但書規定：「但法律別有規定，或依其情形顯失公平者，不在此限。」立法者於立法理由認為，我國現行法就舉證責任之分配，於本條設有原則性之概括規定，在適用上固有標準可循。惟關於舉證責任之分配情形繁雜，僅設原則性規定，未能解決一切舉證責任之分配問題，於具體事件之適用上，自難免發生困難，故最高法院於判例中，即曾依誠信原則定舉證責任之分配。尤以關於公害事件、交通事故、商品製作人責任、醫療糾紛等事件之處理，如嚴守本條所定之原則，難免產生不公平之結果，使被害人無從獲得應有之救濟，有違正義原則，故於原條文之下增訂但書，以資因應。

㈡客觀之舉證責任與主觀之舉證責任兩者概念之區別

如上所述所謂舉證責任，本係於法院及雙方當事人均無法就待證事實為證明而事實存否成為不明之情況時，提供法院就該項待證事實應如何為認定之裁判準則，從而使法院之判決能有最後之交代結果為制度之目的。此即所謂客觀的舉證責任 (Objektive Beweislast)，又稱為實質之舉證責任，亦稱為確定責任 (Feststellungslast)。客觀的舉證責任所提供之此一供裁判之準則，在訴訟審理過程中成為雙方當事人設法努力提出證據，俾能達成有利於自己結果之努力目標。就此而言，客觀之舉證責任對於雙方當事人之舉證活動具有一定之壓力作用。此種為獲取法院之有利於自己之心證而設法提出證據之必要性，學者稱謂主觀的舉證責任 (Subjektive Beweislast)，又稱為形式之舉證責任，亦稱為證據提出責任 (Die Beweisführunglast)[57]。證據提出責任之制度，在羅馬法已有之。當時法官在訴訟上所面對之問題為，應命令何方當事人提出證據以證明其主張事實之問題。若受命令應提出證據之當事人，其提出之證據不能證明其所主張事實時，其所主張事實則被認為不存在，從而由該當事人負不能證明之不利結果。在羅馬法之下，法官不發生當事人雙方均無法證明致事實真象不明之場合，法官應如何為判決之問題。換言之，羅馬法並無現代法所謂客觀的舉證責任之概念。

57 參照 Musielak, Die Grundlagen der Beweislast im Zivilprozess, 1975, S. 208.

茲舉例以明客觀的舉證責任與主觀舉證責任兩者在概念上之區別。例如原告起訴主張對被告有借款一百萬元存在，要求法院判命被告還原告借款一百萬元。依客觀的舉證責任，原告債權人必須就被告向其借款一百萬元之事實為證明，若原告無法為證明，則有無借款一百萬元之事實不明，法院無從認定有借款一百萬元之事實，從而無法適用民法所規定之法律效果（民法第四七八條），命令被告債務人返還借款一百萬元。此際，因原告債權人對於有借款一百萬元之事實應負舉證責任，所以於待證事實不明時，法院應為原告債權人之敗訴判決。此係依客觀的舉證責任，原告債權人在訴訟上最後遭受之不利結果。倘原告債權人舉出證人到庭，證明某年某月某日其在原告家中親眼看到原告將一百萬元交付被告取走之事實。此際，被告債務人覺得情勢對其不利，於是向法院聲明證據，請求傳喚證人某人到庭作證。證人某人到庭作證謂，某年某月某日其偕同被告有事到某地辦事，當天不可能在原告家中出現取款。法官於此情形下，其心證由最初相信原告證人之證言而一變發生動搖，立於必須就雙方證人之證言選擇一方加以相信之情勢。原告見法官之心證發生動搖，為挽救其證據之優勢起見，又提出其在當天早上向銀行提款一百萬元之銀行存款簿為證明。被告亦不甘示弱，另外舉出證人，證明被告急用之一百萬元最後係向該證人所借用。此種雙方當事人迫於情勢之必要而不得不盡其可能為舉證之活動，稱為主觀的舉證責任。主觀的舉證責任係於訴訟程序進行中實際出現之現象，一般而言，法官不致於無法獲得心證，法官大都能綜合全部辯論所得訴訟資料，依自由心證認定事實而為判決。惟在學理上而言，法官於無法就雙方所爭執之待證事實獲得心證而陷於事實存否不明之情況時，不能不有提供法官為判決之認定標準，此即客觀的舉證責任分配之標準。吾人不能因有主觀的舉證責任制度之存在，而否認客觀的舉證責任制度之存在必要性，從而認為不宜採取客觀的舉證責任制度也58。

(三)舉證責任之分配

1. 舉證責任分配之學說　舉證責任應如何分配由雙方當事人為證明之問題，早在羅馬法已有之。當時羅馬法對於舉證責任分配定有兩大原則，一為「原告應負舉證之義務」，另一為「舉證義務存在於主張之人，不存於否認之人」。此種羅馬法上之舉證責任之概念，屬於前述所謂之主觀的舉證責任概念，當時並無客觀的舉證責任概念。客觀的舉證責任概念，係始於一

58　採反對說者，見姚瑞光，《民事訴訟法論》第三五八頁。

八八三年 Julius Glaser[59]。羅馬法上之兩大原則，經中世紀寺院法之演變，確立原告就其訴訟原因之事實為舉證，被告就其抗辯之要件事實為舉證之一般原則，此一原則僅於法律有推定與於消極性之主張兩種情形，始有例外。十九世紀時代之德國學者，對於舉證責任之分配，一直沿用此一原則。惟此一原則，於實際及理論上無法無限制地為利用，例外之情形不斷增加，學者最後不得不放棄此一原則，改由自己各創不同之學說，於是各種學說林立[60]。就十九世紀末葉之各種舉證責任分配學說之研究方法為分類，得分為兩種主要方法，一為待證事實分類說 (Themenverteilungstheorie)，另一為法律要件分類說 (Tatbestandsverteilungstheorie)。所謂待證事實分類說，係專就待證事實本身之性質內容為分析研究，凡符合其一定性質內容之待證事實，當事人就該項待證事實不負舉證責任之分類方法。此種研究方法根本不考慮，某項待證事實在法律構成要件上處於何種地位。例如，消極事實說 (Negativentheorie)、繼續事實說 (Fortdauertheorie)、特別例外事實缺乏說 (Die Theorie der Abwesenheit besonderer Ausnahmetatsachen)、內在事實說 (Die Theorie der inneren Tatsachen) 等學說均屬於此類之研究方法。所謂法律要件分類說，係專就個別具體之法律構成要件之事實，按法律構成要件之性質內容，依不同價值標準為分類，凡歸屬於某一類法律構成要件之事實，當事人就該項事實負舉證責任之分配方法。Leonhard 之全備說 (Vollständigkeitstheorie)、Rosenberg 之規範說 (Die Normentheorie) 即屬於法律要件分類說之方法[61]。今日德國、日本及我國學者所謂之通說，實指德國學者 Rosenberg 之舉證責任分配說而言，研究舉證責任分配問題者，不能不知 Rosenberg 之規範說。

2. **Rosenberg 規範說之舉證責任分配**　Rosenberg 認為民法之法律規範本身，已經具有舉證責任分配之規則，立法者於立法時，已將舉證責任分配問題在各法條中為考慮及安排，學者祇須將全部民法之法條為分析，不難直接發現舉證責任分配之一般抽象之統一原則。此種專以法律規範之規定形式為分析分類為舉證責任之分配方法，德國學者稱其為規範說。依 Rosenberg 之看法，法院之審判係以法規為大前提而以法律要件事實為小前提，從而導出法律效果為目的之認定事實與判決之全部過程。所以，舉證責任分配祇有一原理，即：「若無一定法條之適用，則無法獲得訴訟上請求成果之當事人，應就該法條要

[59] 參照 Rosenberg, Die Beweislast, 5. Aufl. S. 18ff.

[60] 參照 Musielak, Die Grundlagen der Beweislast im Zivilprozess, 1975, S. 267f.

[61] 有關全備說與規範說之詳細內容，請參見陳榮宗，〈舉證責任之分配〉，載《舉證責任分配與民事程序法》第十六頁以下。

件於實際上已存在之事實，負主張及舉證責任。」簡言之，「各當事人應就其有利之規範要件為主張及舉證」[62]。民法之法律規範相互之間，非立於補足支援關係，則成為互相對抗或排斥之關係。舉證責任之分配原理，可自法律規範之此種關係中獲得。實體法之無數法律規範可分為對立之兩大類，一為基本規範（Grundnorm），又稱為請求權規範（Anspruchsnorm）、主要規範（Hauptnorm）或通常規範（Regelnorm）。凡能發生一定權利之法律規範，均屬於此類，Rosenberg 特別稱其為權利發生規範（Rechtsbegründende Norm）。另一類為對立規範（Gegennorm），此類法律規範可再細分為三種，即權利妨害規範（Rechtshindernde Norm）、權利消滅規範（Rechtsvernichtende Norm）、權利受制規範（Rechtshemmende Norm）。凡於權利發生之始，則將權利之效果為妨害，使權利不能發生者，此種規定稱為權利妨害規範。於權利發生以後，能將已經存在之權利再為消滅者，規定此種內容之法律規範稱為權利消滅規範。於權利發生以後，權利人欲行使權利之際，能將權利之效果加以遏制或排除，使該權利不能發揮實現者稱為權利受制規範。例如，我國民法第四七八條所規定，消費借貸之貸與人有請求借用人返還之權利，此種規定為權利發生規範。我國民法第七十九條係就未成年人所訂契約之法律效力為規定，屬於權利妨害規範。蓋未成年人所為之消費借貸行為，係未成年人之契約行為，須經法定代理人之承認始生效力，若未經法定代理人承認，能妨害權利之有效發生。我國民法第三〇九條之規定，係就消費借貸之返還請求權因清償而消滅之效果為規定，故屬於權利消滅規範。我國民法第一二五條規定請求權因十五年間不行使而消滅，債務人於請求權之時效消滅以後，得拒絕為給付，此種規定係抑制一旦發生之權利，使其不能實現，故屬於權利受制規範[63]。

Rosenberg 將民法之法律規範作上述四種分類之後，展開其舉證責任之分配原則，認為，主張權利存在之人，應就權利發生之法律要件存在之事實為舉證；否認權利存在之人，應就權利妨害法律要件、權利消滅法律要件或權利受制法律要件之存在事實為舉證[64]。又依 Rosenberg 之解釋，立法者於制定法律時，將權利發生之情形利用通常規範為規定，而將權利妨害情形以例外規範之形式為規定。所以凡在條文中，以但書之形式為規定者，均為例外規範，亦即屬於權利妨害規範。顯見 Rosenberg

---

[62] 參照 Rosenberg, Die Beweislast, 5. Aufl. 1965, S. 98f.

[63] 參照 Rosenberg，上揭書第一〇〇頁以下。

[64] 參照 Rosenberg，上揭書第一二二頁以下。

同時利用「通常與例外之原理」(Das Regel-Ausnahme Prinzip)，俾以判斷某一法律規範歸屬於權利發生規範，抑或屬於權利妨害規範之問題。Rosenberg 之規範說，其基本思想係認為，法官僅於就法律要件事實之存在獲得積極之確信時，始能適用該法律，從而確認其法律效果存在，於法官就法律要件事實之不存在獲得確信時，固然不得適用該法律，縱然法官就法律要件事實之存在不存在，無法獲得確信時，亦不得適用該法律，從而不得確認其法律效果存在。換言之，法律要件事實不存在或存否不明之場合，法官無適用該法律以判決之餘地，此際，法官僅得認為該法律不能適用，因而為不利於該當事人之判決。舉證責任之分配原則係以此種基本思想為出發點，於法律要件事實存否不明之場合，若該法律要件事實屬於權利發生法律要件事實，則由主張權利存在之人為舉證。若該法律要件事實屬於權利妨害或權利消滅或權利受制之法律要件事實者，則由主張權利不存在之人（即相對人）負舉證責任[65]。

3. 我國司法院解釋與最高法院之判例解釋　有關舉證責任分配之解釋與判例頗多，茲舉其值注意者若干供參考。(1)司法院三十年十二月三十日院字第二二六號解釋云：事實為法律關係發生之特別要件者，在消極確認之訴，應由被告就其存在負舉證之責任，在其他之訴，應由原告就其存在負舉證之責任，非債清償之不當得利返還請求權，以對於不存在之債務而為清償之事實，為其發生之特別要件，自應由主張此項請求權存在之原告就事實之存在負舉證之責任，而該事實之存在，係以所清償之債務不存在為前提，故該原告就其所清償之債務不存在之事實有舉證責任，最高法院二十八年上字第一七三九號民事判例，不過本此理由而為同一之論斷，與消極確認之訴之舉證責任毫無關係。(2)最高法院二十八年上字第一七三九號判例云：非債清償之不當得利返還請求權，以債務不存在為其成立要件之一，主張此項請求權成立之原告，應就債務不存在之事實負舉證之責任。本件被上訴人為原告，主張伊父生前並無向上訴人借用銀兩之事，上訴人歷年收取伊家所付之利息均屬不當得利，請求返還，除須證明其已為給付之事實外，自應就債務不存在之事實負舉證之責任，原審僅以上訴人不能證明其債權之存在，即認其歷年收取之利息為不當得利，於法殊有未合[66]。(3)最高法院十七年上字第九一七號判例云：民事訴訟如係由原告主張權利者，應先由原告負舉證之責，若原告先不能舉證，以證實自己主張之事實為真實，則被告就其抗辯事實即令不能

---

[65] 參照 Rosenberg，前揭書第十二頁及第九十八頁以下。

[66] 關於本件司法院解釋及最高法院判例之評論，請見陳榮宗，〈舉證責任之分配〉，載《舉證責任分配與民事程序法》第八十三頁以下。

舉證，或其所舉證據尚有疵累，亦應駁回原告之訴。⑷最高法院二十年上字第七〇九號判例云：確認法律關係不成立之訴，原告如僅否認被告於訴訟前所主張法律關係成立原因之事實，以求法律關係不成立之確認，應由被告就法律關係成立原因之事實，負舉證之責。⑸債權人對於已提出之給付拒絕受領者，固自提出時負遲延責任，但主張債權人應負遲延責任之債務人，就債權人拒絕受領給付之事實，有舉證之責任（最高法院二一上字第八二四號判例）。⑹當事人主張其意思表示係因被詐欺或脅迫而為之者，應就其被詐欺或被脅迫之事實，負舉證之責任（最高法院二一上字第二〇一二號判例）。⑺上訴人承租被上訴人之房屋，因上訴人店內失火焚燬其一部，雖為不爭之事實，然被上訴人請求上訴人賠償其損害，尚須證明上訴人係因重大過失而失火（最高法院二六鄂上字第四〇〇號判例）[67]。⑻最高法院五十年臺上字第一六五九號判例云：支票為無因證券，僅就支票作成前之債務關係，無庸證明其原因而已。至該支票本身是否真實，即是否為發票人所作成，即應由支票債權人負證明之責，此觀民事訴訟法第二七七條規定之法理至明。又民國六十五年七月六日最高法院六十五年度第六次民庭庭推總會議決議㈠云：本票本身是否真實，即是否為發票人所作成，應由執票人負證明之責（參照本院五〇臺上字第一六五九號判例），故發票人主張本票係偽造，依非訟事件法第一九五條第一項（舊法第一〇一條第一項）規定，對執票人提起確認本票係偽造或本票債權不存在之訴者，應由執票人就本票為真正之事實，先負舉證責任[68]。⑼就定有期限之債務為保證，保證人主張債權人允許主債務人延期清償，援引民法第七五五條之規定為抗辯時，對於債權人允許延期之事實固負舉證責任，但債權證書之到期日經塗改者，保證人簽名究在塗改前抑在其後，如有爭執，自應由持有債權證書之債權人負舉證責任（最高法院五二臺上字第二七九九號判例）。⑽權利之出賣人，應擔保該權利無瑕疵，如出賣人主張買受人於契約成立時知權利有瑕疵，出賣人可不負擔保之責時，應由出賣人就買受人之知情負舉證責任（最高法院六五臺上字第一一九號判例）。⑾民國六十九年十二月二日最高法院六十九年度第二十七次民事庭會議決議云：消費借貸契約為要物契約，因借用物之交付而生效力。甲提出借據（借用證），如未表明已收到借款，尚不足證明其交付借款之事實，如經乙爭執，仍須就交付借款之事實負舉證責任。至於借據即借用證有未表明已收到借款，則屬事實之認定問題。⑿民國七十三年一月十日最高法院七十三年度第一次民事庭會議

---

[67] 有關本件判例之評論，請見陳榮宗，前揭書第八十二頁以下。

[68] 關於本件判例與決議之評論，請見陳榮宗，前揭書第八十七頁以下及第九十七頁以下（本票偽造之舉證責任分配）。

決議㈡云：支票為無因證券，支票債權人就其取得支票之原因，固不負證明之責任，惟執票人子既主張支票係發票人丑向伊借款而簽發交付，以為清償方法，丑復抗辯其未收受借款，消費借貸並未成立，則就借款之已交付事實，即應由子負舉證責任。

4. 近年來德日學者對 Rosenberg 規範說之反駁及其新學說之提出　Rosenberg 之規範說在德日及我國成為學者及法院判例實務之通說地位，支配舉證責任分配之理論達幾十年。惟自一九六五年前後，德國學者開始著文對規範說之理論為反駁，日本學者受其影響，亦有部分學者反對 Rosenberg 之舉證責任分配學說。規範說首先遭受之反駁為此說太偏重法條規定之外在形式，不能顧及雙方當事人間之實質公平正義。蓋規範說就權利發生、權利妨害、權利消滅與權利受制之規定所為之分類，以及就普通規定與例外規定之分類，係以純粹法律形式為區分標準，無法兼顧舉證責任分配對於雙方當事人之利益衡量，不能以法律價值之立場為適當之舉證責任分配[69]。其次規範說所為權利發生規範與權利妨害規範之區分，在法律概念上並無實際可分之標準可言。由於權利發生要件事實與權利妨害要件事實，兩者在發生之時間上係於同一時點，並無先後之分，故成為權利發生要件之事實，其事實之不存在，同時則成為權利妨害要件之事實，成為權利妨害要件之事實，其事實之不存在，同時成為權利發生要件之事實。處於此種對立矛盾關係之兩種要件事實，其所形成之兩種法律規範，於實體法內容上並無區別之意義。例如，法條規定：「滿二十一歲之人，對其契約行為應負責任。」此係發生一定法律效果之規範，屬於權利發生規範。「未滿二十一歲之人，對其契約行為不負責任」之規定，係妨害法律效果發生之規範，此為權利妨害規範。依規範說之舉證責任分配原則，主張契約請求權發生之人，應就滿二十一歲之事實為舉證，而主張契約請求權不發生之人，則就未滿二十一歲之事實應為舉證。蓋滿二十一歲為權利發生要件事實，而未滿二十一歲為權利妨害要件事實也。其實，「滿二十一歲之人，對其契約行為應負責任」之規定，與「未滿二十一歲之人，對其契約行為不負責任」之規定，兩條文僅係表達方式不同而已，兩者規定內容，實指同一事件也。所謂滿二十一歲之人對其契約行為應負責任，其意義不外指，未滿二十一歲之人對其契約行為不負責任之意，兩者之實質內容並無區別可言。兩者之實質內容既然同一，其舉證責任應歸同一之當事人負擔始

---

[69] 見 Grunsky, Grundlagen des Verfahrensrechts, 2. Aufl. S. 427; Wahrendorf, Die Prinzipen der Beweislast im Haftungsrecht, S. 57.

合理，豈可於條文上之表達形式成為前條形式時，則指為屬於權利發生規範，從而舉證責任歸由一方負擔，反之，改以後條形式為表達時，則認為其係權利妨害規範，其舉證責任變由他方負擔？依此種規範標準所為之舉證責任分配原則，在理論上有問題也[70]。

反對德國通說之學者，有認為應取消法律要件分類之形式的構造，而改以接近證據（Beweisnähe）或知悉事件始末（Hergangskenntnis）為舉證責任之分配標準者[71]。學者有主張於損害賠償之訴訟，改以危險領域說（Gefahrenkreistheorie）取代通常之舉證責任分配標準者[72]。Prölss 認為，被害人對於損害發生之客觀及主觀要件，均不負舉證責任，應由加害人就發生損害之客觀及主觀要件事實不存在為舉證。蓋其損害原因出自加害人始能控制之危險領域範圍內，非被害人所能左右者。危險領域說之主要論據有三：第一、被害人無法知悉於加害人控制下之危險領域內所發生之事件經過，而通常處於無證據之狀態。第二、加害人對於自己控制下之領域內所發生之侵權行為，較容易瞭解其實情，對於有關證據較為接近。第三、民法上有關令當事人負責任之法律規定，其目的係為預防損害之發生而設，此種目的之達成，必須課加害人就其危險領域內所發生之實情為舉證而免責，始能奏效。

反對規範說之學者，另有主張所謂蓋然性說（Wahrscheinlichkeitstheorie）。依蓋然性說之理論，於待證事實不明之情形，該項待證事實依人類生活經驗及統計上，其發生之蓋然性高者，主張該項事實發生之當事人不負舉證責任，相對人就該項事實之不發生應為舉證。蓋於事實存否不明而當事人又無法舉證之情形，法院認定蓋然性高之事實發生，遠較認定蓋然性低之事實不發生，能接近真實而避免誤判。故在舉證責任分配之設計上，應歸主張事實蓋然性低之當事人負舉證責任[73]。又主張新學說之中，有所謂損害歸屬說者（Schadenzurechnungstheorie），此說由 Wahrendolf 所倡導[74]。此說認為，舉證責任分配之原

[70] 見 Leipold, Beweislastreseln und gesetzliehe Vermutungen, 1966, S. 38ff.; Musielak, Die Grundlagen der Beweislast im Zivilprozess, S. 295ff.

[71] 見 Leipold, a. a. O. S.15ff.

[72] 見 Prölss, Beweiserleichhterungen im Schadensersatzprozess, Karlsruhe 1966.

[73] 參照 Musielak, Die Grundlagen der Beweislast im Zivilprozess Bürgerlichen Recht und im Arbeitsrecht als Rechtspolitische Regelungsaufgabe, S. 36f.

[74] 見 Wahrendolf, Die Prinzipien der Beweislast im Haftungsrecht, 1976.

則，應以實體法條所欲規律之實質價值為分析研究，始能定其分配之標準，不應依法條規定之外在形式為分配之方法。舉證責任分配係以公平正義為最基本之抽象原理。財產法上之實體責任，不外出自契約、侵權行為與危險責任三種情形。但此三種情形所發生之損害賠償責任，在法律制度之設計上均有相同之目的，即應如何以公平合理之原理原則除去被害人所身受之損害，從而歸由應負責任之人負擔。若在實體法方面能正確決定其責任歸屬或損害歸屬之原則，則舉證責任分配之原理，亦可依此損害歸屬原則為標準而為分配。例如，商品製作人就消費者之被害損失應負賠償責任，製作人應就其商品所生之加害無故意過失之事實負舉證責任。蓋製作人所從事之商品生產雖對促進社會之事有利，但其主要係為私人之利益為目的，其因此所造成之意外危險，能利用保險制度等等分散方法將其轉嫁於一般社會，製作人實際上所負損害賠償責任幾乎不存在，所以製作人應基於社會危險分配原則 (Das Prinzip sozialer Risikoverteilung) 之精神，對於其商品製造之故意過失不存在事實負舉證責任。此種情形與無過失責任不同，是為舉證責任轉換之情形，屬於舉證責任分配方法之一種[75]。

(四)表見證明與舉證責任轉換理論之運用

舉證責任分配問題之解決方法，於實體法有明文規定者，固可依明文。其無明文者，則發生法律有缺漏或規定不足之情形，從而法院為解決其法律適用問題時，必須利用法律解釋方法進行法律補充之工作。Rosenberg之規範說與對其反對之各種新學說，雖其方法及觀點不同，但其所努力之目標均在提供公平合理符合正義之解決方法與標準。舉證責任分配問題於通常所遭受到之最大困難為，無直接證據可供證明待證事實而必須依賴間接事實之情形。尤其於侵權行為之故意過失與因果關係之舉證責任，依通說雖認為應由被害人就其為舉證，但於實務上被害人對此類事實大都無法直接為舉證，其舉證極為困難。若一律依通說方法於被害人無法舉證時，即為被害人之敗訴判決，於社會一般觀感及正義之感受上多無法接受。因此對於現代社會所發生之損害賠償，例如醫療糾紛、交通事故、商品所生傷害、公害事故等之損害問題，近年來德國聯邦最高法院不得不在被害人之舉證責任方面，利用判例解釋方法多方努力減輕被害人之舉證負擔，俾能調整通說之舉證責任分配而趨於公平。其所採取之途徑，一為表見證明 (Prima facie Beweis, Beweis des ersten Anscheins, Anscheinsbeweis)，另一為舉證責任轉換

[75] 見Wahrendolf，上揭書第一一二頁以下。

(Umkehr der Beweislast)。茲將其概念與運用情形為敘述如次：

1. 表見證明　所謂表見證明乃法院利用一般生活經驗法則，就一再重複出現之典型事象，由一定客觀存在事實，以推斷某一待證事實之證據提出過程。例如，貨車司機竟將貨車開上人行道而傷害行人，此際，由貨車開上人行道此一客觀事實，於一般生活經驗上而言，若別無其他特殊原因，通常可推斷貨車司機有故意過失之事實。表見證明係由法院判例與學者之解釋方法而產生之制度，其與民法典中明文規定之法律上之事實推定制度不同。表見證明之功能在增強法官之自由心證，使法官之心證在經驗法則及一定客觀事實之運用下，能就待證事實為推斷，從而對於當事人有爭執而不明之事實狀態獲得一定之判斷。表見證明係幫助負舉證責任之人為舉證之一種方法，其性質屬於主觀的舉證責任。負舉證責任之當事人利用表見證明，將待證事實為證明之後，該當事人已盡其就本證為舉證責任，若相對人別無其他更有力之反證 (Gegenbeweis) 提出，俾以推翻本證時，相對人將因本證之證明成功而處於不利益之地位。若相對人能提出有力反證以推翻表見證明所推斷之結果時，表見證明則因有力反證而無法成功。於上述之例而言，若貨車司機能證明，其貨車之所以開上人行道之原因，並非因其故意過失所致，實乃車道上突然有前車之油類漏出，致車道油滑，無法控制貨車行駛方向所致。此際，相對人係舉例外之原因事實為反證，俾以推翻表見證明所推斷之故意過失。於此情形，法院心證發生動搖，負本證之當事人必須另外舉證，否則本證之證明不成功，負本證之當事人無法獲勝訴判決。由上面之說明可知，表見證明並非屬於客觀的舉證責任分配之方法，僅係主觀的舉證責任問題，屬於證據評價之問題 (Beweiswürdigung)，又稱為法官心證問題。相對人所負擔之責任實係證據提出之責任 (Beweisführungslast)，相對人若未盡其證據提出之責任時，當事人並非依舉證責任分配原則當然受敗訴判決。此際，尚須視法院對於本證之心證程度如何而定，若法院之心證尚未達對本證為確信，而陷於事實不明狀態者，依客觀舉證責任分配原則，法院應對負本證之當事人為敗訴判決[76]。

2. 舉證責任轉換　舉證責任轉換之概念必須在理論上先承認 Rosenberg 之規範說所建立之基本規則為瞭解之出發點，始有可比較之相對概念而獲知其概念之意義。在不採取 Rosenberg 之舉證責任分配原則之學者而言，並無舉證責任轉換之明確

[76] 參照 Rosenberg-Schwab, ZPR. 12. Aufl. S. 615ff.; Musielak, a. a. O. S. 83ff.

概念界限。所謂舉證責任轉換指，於特別之情形，法律將一般情形之舉證責任分配為相異規定，使相對人就相反事實負舉證責任之分配規定。例如，依 **Rosenberg** 之規範說，我國民法第一八四條第一項所規定之一般侵權行為損害賠償請求權，被害人原告應就加害人被告有故意過失之要件事實，並就加害行為與損害之間有因果關係存在之事實為舉證。但於動物之占有人侵權行為損害賠償請求權，此為特別情形，民法第一九〇條第一項規定：動物加損害於他人者，由其占有人負損害賠償責任。但依動物之種類及性質，已為相當注意之管束，或縱為相當注意之管束而仍不免發生損害者，不在此限。依此條規定之形式架構以觀，加害人被告應就其對管束動物無故意過失之事實負舉證責任，被害人原告對於加害人被告之故意過失及因果關係之事實不必為舉證，僅就加害人被告占有動物之事實及動物加害之事實為舉證。將民法第一八四條與第一九〇條之舉證責任分配規定為比較觀察，足知在一般侵權行為情形，故意過失及因果關係之要件事實歸被害人原告舉證，但在動物占有人侵權行為之情形，卻改歸由加害人被告就其要件事實不存在為舉證。此種舉證責任之變換現象，學者稱為舉證責任轉換。

德國聯邦最高法院歷年來一再以判例方法，就民法無明文規定之醫療損害、交通事故之損害、商品瑕疵之損害與公害之損害等等事件，於適用一般侵權行為規定，以定舉證責任分配之際，大都另以各種特別具體情況之事實存在，作為解釋法律適用法律之方法，從而於上述各種類型之侵權行為損害賠償，將加害人故意過失之要件事實及因果關係之要件事實，由被害人改歸由加害人負其要件事實不存在之舉證責任。此種以判例解釋法律之方法，將舉證責任分配作與通說不同之處理，使加害人負舉證責任之現象，即所謂舉證責任轉換之概念[77]。

3. 證明之妨害　訴訟實務上，常有當事人之一方因故意過失行為，將該訴訟唯一之證據為滅失，致雙方當事人就有爭執之待證事實無證據可用，形成待證事實存否不明之狀態。在此種情形，應由何方當事人就該待證事實負舉證責任，從而負其不能舉證之敗訴危險，此乃成為學者討論舉證責任分配之問題。此種問題之產生係由於證據遭受當事人之妨害而存在，學者稱其為證明之妨害 (**Beweisvereitelung**)。若證據之滅失由於負舉證責任之當事人自己之行為所致，其舉證責任固然不生變動。如證據之滅失係由於應負舉證責任當事人之相對人所引致，則發生相對人是否因而就其證據滅失行為所致之待證事實不明負

[77] 參照 Rosenberg-Schwab, ZPR. a. a. O. S. 641ff.; Musielak, a. a. O. S. 132ff.; Wahrendolf, a. a. O. S. 35ff.

舉證責任之問題。德國聯邦最高法院之判例，對於證明之妨害所採取之解決方法及其判決理由前後不一。有直接利用德國民事訴訟法第二八六條關於自由心證之規定，由法官依其具體情形為判斷，因而採取表見證明之方法，命妨害證明之當事人負證據提出責任而使負主觀的舉證責任者。亦有採取舉證責任轉換方法，使妨害證明之當事人，就客觀的舉證責任為負責，而原應負舉證之當事人因而不負客觀的舉證責任者[78]。

本法修正時增訂第二八二條之一規定：「當事人因妨礙他造使用，故意將證據滅失、隱匿或致礙難使用者，法院得審酌情形認他造關於該證據之主張或依該證據應證之事實為真實。前項情形，於裁判前應令當事人有辯論之機會。」立法者認為，當事人以不正當手段妨礙他造之舉證活動者，例如故意將證據滅失、隱匿或有其他致礙難使用之情事，顯然違反誠信原則；為防杜當事人利用此等不正當手段以取得有利之訴訟結果，並顧及當事人間之公平，特增設本條第一項規定。即法院得審酌當事人妨礙他造舉證之態樣、所妨礙證據之重要性等情形，依自由心證認他造關於該證據之主張或依該證據應證之事實為真實，以示制裁。法院依第一項規定，對妨礙他造舉證活動之當事人課以不利益時，為保障該當事人在程序上之權利，於裁判前應令當事人有辯論之機會，故設本條第二項規定，以期周延。

(五)對舉證責任分配之管見

有關舉證責任分配問題之討論，無論昔日之待證事實分類說、法律要件分類說，抑或近年來之新學說，其共同追求之目的相同，均以維持雙方當事人間之正義公平為其最高目標，其所不同者僅為如何決定舉證責任分配之標準與方法而已。待證事實分類說之方法，因其離開實體法規定之法律內容，僅重視待證事實本身之性質特徵為分析而定其舉證責任分配之標準，結果與法律內容本身脫節，固然已為學者所不取。法律要件分類說雖重視實體法法條之內容而就各法條間之關係為分析，並研究各種不同之法律要件事實，將其為歸類作為舉證責任分配之標準。但此說僅僅注重法律規範之形式內容，並不重視該法律規範之實質價值內容，所以依法律要件分類說之舉證責任分配結果，無法獲得真正實質之公平。通說受批評之原因無他，實乃其分配之形式方法而已。如能將其形式之分配標準稍微修正，配以若干實質之分配標準，使舉證責任分配方法更具彈性，

78 參照 Musielak, a. a. O. S. 134.

使能接近實體之公平，則通說之舉證責任分配方法，不犯太形式之弊端。本於此種觀點，拙以為改革法律要件分類說之方向，不宜全盤放棄其基本規則之分類標準，應依 Musielak 與 Leipold 之見解，在維持法律要件分類說之下，將在學理上有問題之部分去除，使殘存之部分有繼續運用之價值，同時應注意隨時補以特別法則，俾能補救形式分類之窮[79]。

五、自由心證主義[80]

(一)自由心證主義之意義與訴訟法之時代背景

法官於裁判時，基於審理中所出現之全部資料與情況依其良心自由之判斷形成心證而認定主要事實之採證方法，稱為自由心證。民國八十九年二月本法修正後第二二二條規定：法院為判決時，應斟酌全辯論意旨及調查證據之結果，依自由心證判斷事實之真偽，但別有規定者，不在此限。當事人已證明受有損害而不能證明其數額或證明顯有重大困難者，法院應審酌一切情況，依所得心證定其數額。法院依自由心證判斷事實之真偽，不得違背論理及經驗法則。得心證之理由，應記明於判決。此即明定採自由心證主義之原則，僅於例外情形始用法定證據主義。德國民事訴訟法第二八六條，日本民事訴訟法第二四七條，均採自由心證主義之原則。所謂法定證據主義係指，法律預先規定一定之採證方法，對於某種事實之認定，必須依據某一定之證據始可，法官僅能依法定具體方法採證認定事實，不得由法官依其良心經驗自由形成心證之方法。例如，法律明定，契約以負擔不動產物權之移轉、設定或變更之義務為標的者，應由公證人作成公證書（民法第一六六條之一）。若當事人之間有不動產買賣之事實，必須以買賣契約之公證書面為證據始可。法官不得以人證為方法證明不動產買賣之事實存在或不存在。早期之法官素質不高而不齊，為求採證認定事實能一致，硬性規定法官採證認定事實方法。惟時代進步社會生活複雜，以有限之證據法則欲規律無窮之社會事，已有實際困難。立法者認為，不如全面信賴法官之智慧良心與經驗，以法官之

[79] 詳細請參見陳榮宗，〈舉證責任之分配〉，載《舉證責任分配與民事程序法》第九十二頁以下。

[80] 參照岩松三郎、兼子一，《法律實務講座》第四卷第四十九頁以下。中野、松浦、鈴木，《民事訴訟法講義》第三一一頁以下。兼子一等四人，《條解民事訴訟法》第五〇四頁以下。齋藤秀夫等四人編，《注解民事訴訟法(4)》（第二版）第三四二頁以下。Vgl. Müinchener Kommentar, Band 1. §286, S. 1699ff.

自由意思採證認定事實為裁判，較能符合真實。且在自由主義之法治社會，強調法官獨立司法之必要性，故，現代社會之民刑事審判之證據法則，遂由昔日之法定證據主義原則改為今日之自由心證主義原則，僅於例外情形，保留若干法定證據法則之例外規定。

㈡自由心證主義之內容

依本法第二二二條之規定觀之，有下列各點值得注意：

1.法院之證據方法無限制，按證據方法有物之證據方法與人之證據方法，而其所導出之證據資料有文書之內容、勘驗之結果、證言之內容。法院於認定事實時所採取之證據方法，依自由心證主義原則，若法院以人證之憑信力強於書證時，則其捨書證而採人證，以判斷事實上主張之真偽，不得謂為違法（一八上字第一三九七號判例）。若依昔日之法定證據主義原則，書證之證據力強於人證，法官必須依書證認定事實。惟應注意者，本法明文有規定應依文書證明者，則主張之事實有無，例外必須以文書證之，不得依自由心證認定事實。例如，訴訟代理權之有無，原則上以委任書為證明或以法院書記官記明之言詞筆錄證明其有無言詞委任（本法第六十九條第一項）。又依本法第二一九條規定，關於言詞辯論所定程式之遵守，專以筆錄證之。

2.法院對證據力之評價由法官依論理法則或經驗法則，為自由判斷。惟法官得心證之判斷過程及其理由，應於判決理由中為明白記載，此為防止法官濫用自由心證之法則而設。法官所為之事實判斷，究竟因何項資料而獲得心證，若係斟酌全辯論意旨，其辯論意旨內容如何？如係斟酌調查證據之結果，其證據內容為如何？其與應證事實之關係如何？法官就該項證據採取或不採取之原因為何？均應記明於判決。如未記明於判決，即屬民事訴訟法第四六九條第六款所謂判決不備理由（四三臺上字第四七號判例）。

3.當事人已證明受有損害而不能證明損害之數額時，法院應斟酌損害之原因及其他一切情事，作自由心證定其數額，不得以其數額未能證明，即駁回其請求（二一上字第九七二號判例）。證據之取捨，屬於事實審法院之職權，若其取捨並不違背法令，即不容當事人以採證不當為指摘（二八上字第二一八號判例）。又法院如認為須就應證之事實訊問當事人本人，以期發見真實，亦得依民事訴訟法第二〇三條第一款命當事人本人到場，當事人本人不遵命到場者，法院於依自由心證判斷事實之真偽時，自得斟酌其不到場之情形，為該當事人不利益之認定（二八上字第一七二七號判例）。關於訴訟上自認及不爭執事實之效力之規定，在離婚之訴，於離婚之原因事實在撤銷婚姻，於構成撤銷婚姻之原因事實不適用之，固為民事訴訟法第五七四條第二項所明定。但法院以此自認或不爭執之情形，為其依自由心證判斷事實真偽之資料，於法要無違背（二九上字第五六號判例）。家事事件法制定後，該法第十條、第五十八條已有與二十九年上字第五十六號判例不同之規定，應適用新法之規定，故二十九年上字第五十六號判例，已於一○一年八月十四日經最高法院一○一年度第六次民事庭會議決議不再援用。

4. 法院應斟酌全辯論意旨及調查證據之結果，依自由心證判斷事實之真偽。所謂全辯論意旨係指，於言詞辯論時所出現之一切資料、當事人之態度、證人狀況而言，當事人之辯論內容固然應成為形成心證之資料，法官之勘驗、鑑定或調查證據之結果，當事人或代理人之陳述態度，主張之更正、撤回自認之情況，提出攻擊防禦方法之時期，均包括在內成為全辯論意旨之內容。所謂調查證據之結果，指依法調查證據所得之一切結果而言。法院判斷事實之真偽，須斟酌辯論全體意旨及所有證據調查之結果，不能僅據會計師之報告，置其他證據於不問（一九上字第三六三號判例）。原告提出之證據，法院雖認為有相當之證明力，而對於被告所舉反證要不能恝置不論（二○上字第一一七一號判例）。

㈢自由心證主義之功過

自由心證之法則就理論而言，確實係優於法定證據主義之制度。但在法院實務上，由於法官個人審判獨立，難免發生前後審之法官個人主觀上所採重點之差異，而形成採證資料取捨之不同，從而調查證據結果及判決結果勝敗完全相反之現象。尤其在司法風紀無法受一般社會全部絕對信賴之我國社會情形下，再優良之自由心證法則之運用，亦難免受一般社會人士無辜之誤解與責備。民事訴訟之雙方當事人，對於訴訟之求勝心切，有時難免不擇手段，提出繁多之合法及不合法取得之證據方法與證據資料，法官面對一大堆有待過濾取捨之證據，難免因個人主觀重點之差異而各人所形成之心證結果不同。此種情形，尤其在事實真偽所占之蓋然性比率各半時，法官之最後心證結果，無法擔保確實符合客觀之真實。敗訴之當事人因心存不平，難免對法官個人為各種臆測。倘因訴訟事件複雜，法院調查證據不周全而發回更審多次，當事人之上訴結果或更審結果，時而敗訴，時而勝訴，則當事人之臆測更多。總而言之，在一般人民對司法風紀未有絕對信賴之情形下，優良之自由心證原則，在另一角度而言，有時不如昔日所採用之法定證據主義。為避免當事人對法官個人為各種臆測，法定證據主義之功能，有無再行檢討餘地，頗值深思。

㈣證據共通之原則

所謂證據共通之原則指，一方當事人所提出之證據，不僅係為其提出之當事人有利之事實所利用，而且法院得將其為相對人有利事實之認定而利用之原則。依辯論主義之原則，當事人有提出證據之責任。於一般情形當事人係提出能證明有利自己事實之證據，但另一方面，關於證據價值之認定係由法官依經驗法則以自由心證為之，於斟酌調查證據結果及全辯論意旨後，就事實之真偽為判斷。當事人所提出之證據，雖係為其有利之認定事實之目的而提出，但此種目的不能拘束法官，法官得自由判斷該項證據之證據價值，法官判斷之結果有時反而對提出證據之當事人不利，此係出於自由心證主義，並無不妥當之處，此乃於民事訴訟得承認證據共通之原則之依據。換言之，當事人所聲明之證據，一旦經法院為證據調查，有時得為自己之利益而發生作用，有時反而為相對人之利益而發生作用，此種證據資料之作用即所謂證據共通之原則。法院就當事人適法提出之證據，應為雙方當事人共通為證據價值之判斷。提出證據之當事人，雖於法院為證據調查以前得任意為撤回其證據之聲明，惟於法院開始調查證據之後，非經對造當事人之同意，不得撤回其證據之聲明。蓋一旦開始調查證據，法院有可能獲得有利於對造當事人之證據資料也[81]。

㈤證據契約

當事人之間以合意就特定訴訟定其事實之證據方法，稱為證據契約。證據契約之種類有多種。雙方當事人約定僅得提出特定之證據方法而不許提出其他證據方法者，稱為證據限制契約。雙方當事人約定就特定事實承認其為真實或承認其為非真實者，謂之自白契約。雙方當事人合意約定，將關於任意規定之舉證責任分配原則為變更者，稱為舉證責任契約。在辯論主義之原則下，當事人間之證據限制契約得承認其有效力。蓋於訴訟上既然承認當事人有提出證據及撤回證據聲明之自由，從而以此契約限制自由心證之證據資料而左右審判結果，亦無不許之理由。又當事人既然得自由處分財產權利關係，則雙方約定就其財產權利關係存否之前提事實以一定方法加以認定，此不外係間接地自由處分其財產權利關係，故當事人間之自白契

81 參照菊井維大，《全訂民事訴訟法（下）》第一三六頁。新堂幸司，《民事訴訟法》（第二版補正版）第三四三頁。

約應認為有效[82]。除此之外，基於相同之理由，舉證責任契約之約定於雙方當事人之間，亦應認為有效。

六、證據調查程序

定（本法第三二五條）、書證（本法第三四一條）、勘驗（本法第三六四條）、當事人訊問（本法第三六七條之一）均為證據方法。

當事人要求法院對於一定之證據方法為調查之訴訟行為，稱為聲明證據。證據方法有各種，人證（本法第二九八條）、鑑

㈠聲明證據

1. 聲明證據之時期與方式　本法第二八五條規定，聲明證據，應表明應證事實。聲明證據，於言詞辯論期日前，亦得為之。當事人聲明人證，應表明證人及訊問之事項；聲請鑑定，應表明鑑定之事項；聲明書證，應提出文書及表明依該文書應證之事實；聲請勘驗，應表明勘驗之標的物及應勘驗之事項。訊問證人，於法院認為必要時，得依職權為之，其訊問之事項即係應證事實，情形與聲明人證情形相似。

聲明證據之時期，因證據係攻擊防禦方法之一種，應於適當時期為聲明。但本法為期訴訟能迅速起見，於本法第二八五條第二項規定，於言詞辯論期日前，亦得聲明證據。於言詞辯論期日前聲明之證據，法院得於言詞辯論期日為調查，法院亦得使受命法官於準備程序為調查，必要時法院得囑託受託法官為調查。惟一旦法院之本案言詞辯論終結後，原則上當事人不得再行聲明證據，僅於例外情形，法院認為有再開辯論必要時，得就當事人聲明之證據為調查。

當事人聲明證據之方式，得以書狀為之，亦得以言詞為之。以書狀聲明證據之情形，通常於起訴狀一併為之，或另提出聲明證據之書狀，或於準備書狀附帶為之，當事人得視適當情形為聲明證據。以言詞聲明證據之情形，當事人得於準備程序期日向受命法官提出，亦得於言詞辯論期日向法院提出，於法院書記官前以言詞陳述，由法院書記官作成筆錄，以代書狀之提出亦可（本法第一二二條第一項）。

[82] 參照新堂幸司，前揭書第三四七頁。菊井維大，《全訂民事訴訟法（下）》第一三八頁以下。Rosenberg-Schwab, ZPR. 14. Aufl. S. 692.

2.聲明證據之撤回或捨棄　依處分權主義與辯論主義之原則，當事人聲明之證據得任意撤回。此項證據之撤回，本法第二一三條第一項第二款稱為證據之捨棄。惟當事人聲明證據之撤回，應於法院未調查證據以前為撤回。法院一旦調查證據完畢時，已取得證據資料，依證據共通之原則，他造當事人亦得援用此項證據資料，法院亦得斟酌該項調查證據之結果，為其自由心證判斷事實之基礎，所以不許於此情形任意撤回聲明之證據。但證據之一部調查完畢而另一部分尚未調查之情形，對於未調查之部分仍得撤回。撤回證據聲明之效果與未聲明證據相同，當事人得於事後再為聲明證據，他造當事人亦得就同一證據聲明調查，法院認為必要時，亦得依職權調查當事人已撤回之證據。

3.對聲明證據之衡情取捨　本法第二八六條規定，當事人聲明之證據，法院應為調查。但就其聲明之證據中認為不必要者，不在此限。原則上，法院就當事人聲明之證據，能調查而有必要者，應為調查。但如不問有無調查必要，一概踐行調查證據程序，無實益而徒勞，有違訴訟經濟原則，故於一定情形，例外許法院對於不必要之證據，得衡情不為調查。例如，當事人聲明之證據，與應證事實無關、毫無證據價值、訟爭事實已臻明瞭已可裁判等情形均是。於法院認為無調查證據必要而不為調查證據之情形，應於終局判決理由中記載其所以不為調查之原因。蓋當事人所聲明之證據係重要之攻擊防禦方法，法院若未於判決理由中將不調查證據之原因為記載，構成判決不備理由之違法，當事人得據為上訴第三審之理由。惟應注意者，當事人所提出之證據，如係唯一之證據方法，於證明事實有重大關係或與其他證據有互相表明之用者，不問有無必要，法院應予調查[83]。又對於當事人所聲明證據之取捨，限於事實審法院始得為之，第三審法院除應依職權調查之證據外（例如審判權之有無），應以第二審判決確定之事實為判決基礎（本法第四七六條第一項），不生證據之取捨問題[84]。

㈡調查證據

法院進行調查證據程序，就證據為查驗，俾以確信待證事實之有無，此種法院之訴訟行為稱為調查證據。茲分別就調查證據相關之規定事項說明如次。

---

83 參照石志泉著，楊建華增訂，《民事訴訟法釋義》第三三五頁。姚瑞光，《民事訴訟法論》（八十九年版）第三九六頁。王甲乙等三人，《民事訴訟法新論》（九十二年版）第四一五頁。

84 參照吳明軒，《中國民事訴訟法（中）》（八十九年版）第八五七頁。

1. 調查證據之機關　依本法之規定，調查證據之機關，因在國內或在國外而異，宜分別敘述。

(1)國內調查之機關　調查證據，原則上應由受訴法院自行調查。於行合議審判之訴訟事件，法院於必要時，得以庭員一人為受命法官，使行準備程序，受命法官亦得調查證據。受訴法院於認為適當時，得囑託他法院指定法官調查證據（本法第二九〇條）。又受託法院如知應由他法院調查證據者，得代為囑託該法院（本法第二九二條第一項）。另外依本法第二八九條規定，法院得囑託機關、學校、商會、交易所或其他團體為必要之調查；受託者有為調查之義務。法院認為適當時，亦得商請外國機關、團體為必要之調查。

(2)國外調查之機關　本法第二九五條第一項規定：「應於外國調查證據者，囑託該國管轄機關或駐在該國之中華民國大使、公使、領事或其他機構、團體為之。」據此規定，國外調查之機關有二，一為外國管轄機關，另一為駐在外國之中華民國大使、公使、領事或其他機構、團體。惟應注意者，本法第二九五條第二項規定，外國機關調查證據，雖違背該國法律，如於中華民國之法律無違背者，仍有效力。蓋訴訟行為之程式，應依行為地之法律，無論外國管轄機關在該國調查證據之程序，是否合於我國法律，均應認其效力。外國管轄機關調查證據之程序，既然不違背我國法律之規定，自無不承認其效力之理。至其調查證據之證據力如何，我國法院得依自由心證為判斷[85]。

2. 調查證據之方法　依本法第二八八條之規定，法院不能依當事人聲明之證據而得心證，為發現真實認為必要時，得依職權調查證據。依前項規定為調查時，應令當事人有陳述意見之機會。受訴法院、受命法官或受託法官於必要時，得在管轄區域外調查證據（本法第二九三條）。當事人之一造或兩造不到場時，亦得調查證據（本法第二九六條）。法院於調查證據前，應將訴訟有關之爭點曉諭當事人。法院訊問證人及當事人本人，應集中為之（本法第二九六條之一）。依本法第二八七條規定，因有窒礙不能預定調查證據之時期者，法院得依聲請定其期間。但期間已滿而不致延滯訴訟者，仍應為調查。

又受訴法院於言詞辯論前調查證據，或由受命法官、受託法官調查證據者，法院書記官應作調查證據筆錄（本法第二九四條第一項）。此項筆錄之製作，應準用本法第二一二條（言詞辯論筆錄應記載事項之程式）、第二一三條（言詞辯論筆錄應

[85] 參照石志泉著，楊建華增訂，前揭書第三四三頁。吳明軒，前揭書第八六二頁。

記載辯論進行之要領及當事人之各種訴訟行為內容）、第二一三條之一（使用機器輔助製作言詞辯論筆錄）及第二一五條至第二一九條之規定（本法第二九四條第二項）。受託法官調查證據筆錄，應送交受訴法院（本法第二九四條第三項），俾供受訴法院進行最後言詞辯論而判決。

3.調查證據後之處置　本法第二九七條第一項規定，調查證據之結果，應曉諭當事人為辯論。所謂調查證據之結果，指查驗證據方法所得之證據資料而言。例如，證人所陳述之事項，勘驗所認識之情況，文書所證明之事項，鑑定人所表示之意見。所謂曉諭當事人為辯論，係指法官向當事人詢問對該調查證據之結果，有何意見之意而言。當事人於此時，通常會陳述其有利於己之意見，表示對調查證據結果之認同或反對。

又依本法第二九七條第二項規定，於受訴法院外調查證據者，當事人應於言詞辯論時陳述其調查之結果。但審判長得令書記官朗讀調查證據筆錄或其他文書代之。於受訴法院直接調查證據之情形，當事人係在場，當事人不必陳述調查證據之結果。惟若由受託法官或在外國所進行之調查證據程序，當事人於調查證據時未必到場，於此種情形，使當事人於言詞辯論時陳述調查證據結果，實際上有困難，故，法律規定審判長得令書記官朗讀調查證據筆錄或其他文書為取代。

法院未就調查證據之結果，曉諭當事人為言詞辯論，即係違背法令，以此項證據調查之結果為有利於當事人之判決基礎，其判決即有法律上之瑕疵（三七上字第六九三五號判例）。於受訴法院外調查證據，當事人於言詞辯論時未陳述調查證據之結果，亦未由審判長令庭員或書記官朗讀調查證據筆錄以代當事人之陳述，而逕以此項調查之結果為判決基礎，其判決即為法律上之瑕疵（四一臺上字第七四八號判例）。

七、各種證據方法之調查程序

㈠人　證

本法第二九八條至第三二三條規定以人證為證據方法之程序。除法律有規定外，不問何人，於他人之訴訟，有為證人之義務（本法第三〇二條）。

1.證人之意義　依法院之命令，於他人之訴訟，向法院法官陳述自己觀察事實之第三人，稱為證人。證人係訴訟當事人以外之第三人。當事人或應與當事人同視之法定代理人，於該訴訟，自己不得為證人。共同訴訟人除就有利於己之共同事實不得為證人外，就他共同訴訟人所主張之事實，得為證人（二一上字第三九九二號判例）。訴訟代理人與當事人之法定代理人不同，訴訟代理人得為證人（二九滬上字第七三號判例）。參加人、輔佐人、已脫離訴訟之當事人（本法第六十四條第二項）、確定判決效力所及之第三人（本法第四〇一條），均得為證人。惟若法定代理人就未成年子女之財產無管理權，而有管理權之監護人為未成年之當事人進行訴訟時，法定代理人得為證人。於其他董事代表法人所進行之訴訟，不代表法人之董事得為證人。破產管理人為破產財團所進行之訴訟，破產人得為證人。訴訟繫屬中，受讓訴訟標的之權利或義務之人，得為證人。惟應注意者，證人係陳述自己觀察事實之人，性質上應以自然人始有可能，法人或非法人之團體不得為證人。於該訴訟擔任法官、司法事務官、書記官之人係第三人，並非當事人，得為證人，惟一旦為證人，就該訴訟應即自行迴避，不得再為審判或出庭記錄（本法第三十二條第六款、第三十九條）。

證人係將自己所認識過去之事實及狀態，於訴訟向法官為陳述之人，其所為證言，於性質上屬於傳述報告之性質，故，證人不具代替性，無法由其他人取代而作證。此與鑑定人之具代替性，且得依其專門知識而表示其個人見解之情形不同。

我國立法例在本法於民國八十九年二月修正以前，係採取當事人不得於自己之訴訟為證人之制度，惟在外國立法例，有採當事人亦得為證人之制度者。德國民事訴訟法於一九三三年修正時，引進所謂「當事人訊問」之證人制度（Parteivernehmung）。德國民事訴訟法第二編第一章地方法院程序第十節當事人訊問之證據，自第四四五條至第四七七條，特設專節規定當事人訊問之證據有關之程序。依德國民事訴訟法之規定，當事人訊問之證據係屬於補充性之證明方法。於當事人無法以證人或文書為證明之情形，法院得依當事人之聲請或依職權，傳訊當事人之一方或雙方就待證事實之存在不存在為陳述而作證，必要時法院得命作證之當事人為發誓，俾以觀察而獲得法院之自由心證。當事人訊問制度係以當事人本人為證據方法，而以當事人所知事實之陳述為證言之制度。法院為獲得證據而為當事人訊問之情形，與法院為闡明訴訟關係而於訴訟中行使闡明權，使當事人陳述事實之情形，兩者不同。前者係法院調查證據程序中所使用之證據方法，當事人係以證人地位為陳述而作證，後者係於言詞辯論程序，當事人係以訴訟原告或被告之地位為陳述而辯論，兩者在訴訟法上之法律效果顯不相同[86]。奧國民事訴訟法第三七一條至第三八三條，日本民事訴訟法修正前第三三六條至第三四二條，亦均設有當事人訊問之證據制度[87]。

2.證人之義務　本法第三〇二條規定：除法律別有規定外，不問何人，於他人之訴訟，有為證人之義務。此項為證人之義務係訴訟法上之義務，屬於公法上之義務。居住於我國領土上之人，除享有治外法權之人外，均有於他人之訴訟，為證人之義務。為使證人履行其義務，首先有使證人依法院通知到場之必要，其次證人有陳述之必要，否則無法作證。又為確保證人能為真實陳述之必要，須使證人為具結而以處罰為壓力始見其效果。從而為證人之義務，就具體言之，得分為證人之到場義務、陳述義務、具結義務。茲分別說明之。

(1)證人之到場義務　證人有應法院通知於指定期日及場所出面受訊之義務，一旦到場，非至訊問完畢或經法官許可，不得離去。證人係不能替代之訴訟關係人，不得委任代理人到場或以提出書面代替親自到場，否則，仍有違反證人之到場義務。惟為顧及若干特殊情形，本法設有例外規定或變通之方式：

①享有治外法權之人，不受我國法院審判權之管轄，無到場作證義務。②得拒絕證言之證人，於訊問期日前，已將其拒絕證言之原因事實，向法院陳明並經釋明，表示拒絕證言者，毋庸於期日到期（本法第三〇九條第二項）。③元首為證人者，應就其所在為詢問（本法第三〇四條），不必於期日依通知到法院所指定之場所接受詢問而作證。④遇證人有不能到場，或有其他必要情形時，法院得就其所在訊問之（本法第三〇五條第一項）。例如，證人有病住院，或證人在軍中服役不能離開軍隊，經其長官覆知礙難到場之情形（本法第三〇〇條第二項）。⑤證人須依據文書、資料為陳述，或依事件之性質、證人之狀況，經法院認為適當者，得命兩造會同證人於公證人前作成陳述書狀（本法第三〇五條第二項）。於此情形，無強令證人到法院陳述必要，若法院認為適當者，得由兩造會同證人於公證人前作成陳述書狀，以代到庭陳述。⑥經兩造同意者，證人亦得於法院外以書狀為陳述（本法第三〇五條第三項）。證人依此方式於法院外以書狀為陳述者，仍應具結，並應將結文附於書狀，經公證人認證後提出（本法第三〇五條第六項前段）。證人依前述⑤或⑥以書狀為陳述後，所為證言與到庭以言詞陳述有同一之效力。惟若法院認證人之書狀陳述須加說明，或經當事人聲請對證人為必要之發問者，法院仍得通知該證人到場陳述（本法第三〇五條第四項）。⑦證人所在與法院間有聲音及影像相互傳送之科技設備而得直接訊問，並經法院認為適當者，得以該設

86 參照 Jauernig, ZPR. 22. Aufl. S. 199ff.; Thomas-Putzo, ZPO. 15. Aufl. S. 823ff.

87 詳細請參照奧國 Fasching, ZPR. 2. Aufl. S. 528ff.; 齋藤秀夫，《注解民事訴訟法(5)》第二九三頁以下。

備訊問之（本法第三〇五條第五項）。利用此種科技設備由法院直接訊問，與證人到庭以言詞陳述無甚差別，於此情形，無強令證人到庭必要。惟為確保證人之陳述真實無偽，以科技設備為訊問者，亦應於訊問前或訊問後具結（本法第三〇五條第六項後段）。又證人得以電信傳真或其他科技設備將⑤、⑥及具結之文書傳送於法院，其效力與提出文書同（本法第三〇五條第七項）。有關利用科技設備訊問證人及令證人具結之辦法、科技設備種類及文書傳送之細節，應隨科技發展狀況而定，其辦法由司法院另外規定行之（本法第三〇五條第八項）。

(2)證人之陳述義務　證人經合法通知到場後，對於審判長、受命法官、受託法官之訊問，有為陳述之義務。對於訊問之事項，無論知悉與否，均應陳述作答，不得默不作答。否則，違反證人之陳述義務，應受本法之制裁。惟本法基於人情義理或實際上之情形，不能不考慮許證人於有一定原因時，得經法定程序而拒絕證言。

①拒絕證言之原因　本法第三〇七條規定，證人有下列各款情形之一者，得拒絕證言：一、證人為當事人之配偶、前配偶、未婚配偶或四親等內之血親、三親等內之姻親或曾有此親屬關係者。二、證人所為證言，於證人或與證人有前款關係之人，足生財產上之直接損害者。三、證人所為證言，足致證人或證人有第一款關係或有監護關係之人受刑事訴追或蒙恥辱者。四、證人就其職務上或業務上有秘密義務之事項受訊問者。五、證人非洩漏其技術上或職業上之秘密不能為證言者。得拒絕證言者，審判長應於訊問前或知有前項情形時告知之。

拒絕證言之制度，本在維持證人與親屬間之親誼，或在維持職務上之義務，或為避免對證人苛求其作證而遭受損害而設。惟若絕對貫徹此原則而不設例外情形，無法解決作證之實際需要，亦非適宜。故本法就若干特殊事項之情形，另外規定證人仍不得拒絕證言。依本法第三〇八條規定，證人有第三〇七條第一項第一款或第二款情形者，關於下列各款事項，仍不得拒絕證言：一、同居或曾同居人之出生、死亡、婚姻或其他身分上之事項。二、因親屬關係所生財產上之事項。三、為證人而知悉之法律行為之成立及其內容。四、為當事人之前權利人或代理人，而就相爭之法律關係所為之行為。

證人雖有第三〇七條第一項第四款情形，如其秘密之責任已經免除者，不得拒絕證言。

又本法第三〇六條規定：以公務員或曾為公務員之人為證人而就其職務上應守秘密之事項訊問者，應得該監督長官之同意。前項同意，除經釋明有妨害國家之利益者外，不得拒絕。此規定係為防止公務員因作證而洩漏機密損害政府利益，故，原則上，證人得拒絕證言，但經其監督長官之同意時，始得為證言。若為證人之公務員未得該管監督長官之同意，就其職務上應守秘密之事項為證言者，此項證言可否採為裁判之基礎？我國學者有認為，事關公益，縱然當事人不責問其證言違法，亦不得採為裁判之基礎者[88]。有謂，未經同意僅屬程序欠缺問題，與該證言之實質內容無涉，法院如認其證言可信，仍可採為裁判之基礎者[89]。拙以後說為是，蓋為維持裁判之真實及公平正義，無故意放棄證人之有用證言而不得考慮之理。

②拒絕證言之程序　證人依法得拒絕證言者，於受通知後並非當然可不到場。其應向通知之法院或受命法官、受託法官陳明拒絕證言之原因事實，並為釋明，但法院得酌量情形，令以具結代釋明（本法第三〇九條第一項）。證人於訊問期日前拒絕證言者，法院書記官應將拒絕證言之事由，通知當事人（本法第三〇九條第三項）。若舉證之當事人認為證人拒絕證言為正當，則可認為舉證之當事人有捨棄該證據方法之意思，此項人證之聲明，即為終結，無須裁定。惟若當事人就證人拒絕證言之當否有所爭執時，應由受訴法院、受命法官或受託法官，於訊問到場之當事人後為裁定。對於此項裁定，得為抗告。抗告中應停止執行（本法第三一〇條）。但裁定如係由受命法官或受託法官所為者，僅得向受訴法院提出異議（本法第四八五條第一項）。

值注意者，證人為當事人四親等內之血親或三親等內之姻親者，依民事訴訟法第三〇七條第一項第一款之規定，僅該證人得拒絕證言而已，非謂其無證人能力，所為證言法院應不予斟酌，事實審法院本其取捨證據之職權，依自由心證，認此項證人之證言為可採予以採取，不得謂為違法（四〇臺上字第一一九二號判例）。又民事訴訟法第三〇八條第一項各款，不過規定證人不得拒絕證言之情形，非謂此項證人關於同條項所列各款事項之證言，不可不予採取，故其證言是否可採，審理事實之法院仍得依其自由心證判斷之（二九上字第一二六一號判例）。

(3)證人之具結義務　證人於陳述前，應為確切擔保其陳述均屬真實之表示，此項表示，謂之具結。本法第三一二條規定：審判長於訊問前，應命證人各別具結。但其應否具結有疑義者，於訊問後行之。審判長於證人具結前，應告以具結之義務及偽證之處罰。證人以書狀為陳述者，不適用前二項之規定。證人拒絕具結者，法院得以裁定處新臺幣三萬元以下罰鍰（本

[88] 見石志泉，《民事訴訟法釋義》第三五三頁。姚瑞光，《民事訴訟法論》第三八二頁。吳明軒，《中國民事訴訟法（中）》第八九一頁。

[89] 見曹偉修，《最新民事訴訟法釋論（下）》第一〇〇二頁。

法第三一五條、第三一一條）。其為具結而虛偽陳述者，負刑法第一六八條所規定七年以下有期徒刑之偽證罰刑責。證人之具結義務，與刑法上之偽證罪互相為用，目的在強制證人之心理，迫使證人不敢為虛偽之陳述，俾能確保證言之真實。應注意者，證人之具結為偽證罪之犯罪構成要件之一，若證人未經具結，縱為虛偽之陳述，亦不負偽證之罪責。

法院使證人為具結之方法，係命證人朗讀結文。結文內應記載當據實陳述，決無匿、飾、增、減等語；如證人於法院訊問後具結者，結文內應記載係據實陳述並無匿、飾、增、減，如有虛偽陳述，願受偽證之處罰等語。若證人不能朗讀者，由書記官朗讀，並說明其意義。又結文應命證人簽名，其不能簽名者，由書記官代書姓名並記明其事由，命證人蓋章或按指印（本法第三一三條）。值注意者，應具結之證人未命其具結，法院之訴訟程序雖有違背，但若當事人當時知其違背並無異議，而為本案之言詞辯論者，依民事訴訟法第一九七條第一項但書規定，應認其責問權業已喪失，法院仍得以該證言為裁判之基礎（二八上字第一五四七號判例）。又依本法第三一三條之一規定，證人以書狀為陳述者，其具結應於結文內記載係據實陳述並無匿、飾、增、減，如有虛偽陳述，願受偽證之處罰等語，並簽名。

上述證人之具結義務，係於證人為證言時之附隨義務。一旦具結而虛偽陳述，即負偽證罪責。於通常情形，證人均有具結義務，惟若證人有特殊原因存在，不宜使負刑責，如仍命其具結，未免過苛，故，本法例外設有不得令具結之規定。

依本法第三一四條之規定：以未滿十六歲或因精神障礙不解具結意義及其效果之人為證人者，不得令其具結。以下列各款之人為證人者，得不令其具結：一、有第三〇七條第一項第一款至第三款情形而不拒絕證言者。二、當事人之受僱人或同居人。三、就訴訟結果有直接利害關係者。本條第一項規定情形之證人，法院絕對不得命其具結，具結義務絕對免除。本條第二項各款情形之證人，其應否具結，由審判長斟酌情形為決定，此類證人之具結義務並非絕對免除。對於不得令具結或得不令具結之證人而法院令其具結者，其證言之證據力不因而受影響，法院得依自由心證判斷該項證言之證據力。

3. 證人之制裁　證人之義務係公法上之義務，違背此項義務時，本法依其違反義務之三種情形設有制裁之規定。

(1) 證人違背到場義務之制裁　本法第三〇三條規定：證人受合法之通知，無正當理由而不到場者，法院得以裁定處新臺幣三萬元以下之罰鍰。證人已受前項裁定，經再次通知，仍不到場者，得再處新臺幣六萬元以下之罰鍰，並得拘提之。拘提證人，準用刑事訴訟法關於拘提被告之規定；證人為現役軍人者，應以拘票囑託該管長官執行。處證人罰鍰之裁定，得為抗告，抗告中應停止執行。

(2)證人違背陳述義務之制裁　本法第三一一條規定：證人不陳明拒絕之原因、事實而拒絕證言，或以拒絕為不當之裁定已確定而仍拒絕證言者，法院得以裁定處新臺幣三萬元以下罰鍰。前項裁定，得為抗告，抗告中應停止執行。

(3)證人違背具結義務之制裁　依本法第三一五條規定，第三一一條之規定，於證人拒絕具結者準用之。即法院得以裁定處新臺幣三萬元以下罰鍰。證人對此裁定，得為抗告，抗告中應停止執行。

4.證人之權利　證人到庭作證雖為盡其公法上之義務，但須支付旅費或費時而減少工作收入，國家應給予適當之補償為宜。本法第三二三條規定：證人得請求法定之日費及旅費。但被拘提或無正當理由拒絕具結或證言者，不在此限。前項請求，應於訊問完畢時，或完畢後十日內為之。關於第一項請求之裁定，得為抗告。證人所需之旅費，得依其請求預行酌給之。證人之日費及旅費，雖為訴訟費用之一部，應由敗訴當事人負擔，但審判長亦得命當事人預納（本法第九十四條之一第一項）。惟此項證人之請求權，非對於當事人之權利，而係對於國家之權利。即使當事人未向法院繳納此項費用，法院仍有對證人為給付之義務。證人於到場後，即得請求此項費用。雖因當事人捨棄該人證，或證人因依法拒絕證言而未受法院訊問，亦有此項請求權。但該證人若因被拘提到場，或不陳明拒絕證言之原因事實而拒絕證言，或無法定理由而拒絕具結者，均應認為違背證人之義務，不能享有證人之權利。

5.法院關於人證為調查之程序　法院進行有關人證之調查程序有一定之階段及方法，茲分別依次就聲明人證、法院通知證人、法院對證人之訊問為敘述如次。

(1)聲明人證　本法第二九八條規定，聲明人證，應表明證人及訊問之事項。證人有二人以上時，應一併聲明之。表明證人時，必須表明其姓名及其住居所，俾法院能為通知。另外必須將要求法院對證人為訊問之事情內容為表明，通常係將與訴訟事件有關之待證事實為表明（本法第二八五條第一項）。但法院為求發覺真實，訊問證人不受當事人表明訊問事項之限制。

(2)法院通知證人　本法第二九九條規定，通知證人應於通知書記載下列各款事項：一、證人及當事人。二、證人應到場之日、時及處所。三、證人不到場時應受之制裁。四、證人請求日費及旅費之權利。五、法院。審判長如認證人非有準備不能為證言者，應於通知書記載訊問事項之概要。現役軍人或在監所人為證人之情形，其通知方法較為特別。依本法第三〇

○條規定：通知現役軍人為證人者，審判長應併通知該管長官令其到場。被通知者如礙難到場，該管長官應通知其事由於法院。同法第三○一條規定：通知在監所或其他拘禁處所之人為證人者，審判長應併通知該管長官提送到場或派員提解到場。前條第二項之規定，於前項情形準用之。

(3)法院之訊問證人　審判長對於證人，應先訊問其姓名、年齡、職業及住居所，於必要時，並應訊問證人與當事人之關係及其他關於證言信用之事項（本法第三一七條）。此項訊問，目的在調查證人有無錯誤，證人應否具結，以及其證言可否採信。

審判長經人別訊問，確定證人無錯誤後，除有本法第三一四條所規定不得或得不令證人具結之情形外，於訊問前應命證人各別具結，但其應否具結有疑義者，於訊問後行之。審判長於證人具結前，應告以具結之義務及偽證之處罰（本法第三一二條）。證人為具結，應於結文內記載當據實陳述，決無匿、飾、增、減等語；其於訊問後具結者，結文應記載係據實陳述並無匿、飾、增、減，如有虛偽陳述，願受偽證之處罰等語。此際，證人應朗讀結文，如不能朗讀者，由書記官朗讀，並說明其意義。此項結文應命證人簽名，其不能簽名者，由書記官代書姓名並記明其事由，命證人蓋章或按指印（本法第三一三條）。此項具結之訊問及方式，目的在使證人為真實陳述。

審判長對證人為具結訊問後，開始訊問證人時，應與他證人隔別訊問，但審判長認為必要時，得命與他證人或當事人對質。目的在避免證人串通為虛偽陳述，俾能發見真實。證人在期日終竣前，非經審判長許可，不得離去法院或其他訊問之處所（本法第三一六條）。又於訊問時，審判長應命證人就訊問事項之始末連續陳述。證人之陳述，不得朗讀文件或用筆記代之；但經審判長許可者，不在此限（本法第三一八條）。證人就訊問事項為陳述後，其陳述有不明瞭不完足或有疑問者，審判長因使證人之陳述明瞭完足，或推究證人得知事實之原因，得為必要之發問。陪席法官告明審判長後，得對於證人發問（本法第三一九條）。

審判長對於證人為發問，目的在闡明不明瞭之事實關係，此項發問權應屬審判長之權責。故，當事人不得自由對於證人為發問，陪席法官如欲發問，尚須告明審判長後始得發問，本法第一九九條及第三一九條定有明文，目的在維持法庭之秩序。惟本法另於第三二○條規定：當事人得聲請審判長對於證人為必要之發問，或向審判長陳明後自行發問。前項之發問，亦得就證言信用之事項為之。前二項之發問，與應證事實無關、重複發問、誘導發問、侮辱證人或有其他不當情形，審判長得依聲請或依職權限制或禁止之。關於發問之限制或禁止有異議者，法院應就其異議為裁定。

訊問證人時，原應令當事人在場，俾當事人能知悉證人所陳述之事實內容。惟證人有時因必須陳述不利於當事人之事實，礙於情面或畏怖結怨，在當事人前不能盡其陳述。故於本法第三二一條規定，法院如認證人在當事人前不能盡其陳述者，得於其陳述時命當事人退庭，但證人陳述畢後，審判長應命當事人入庭，告以陳述內容之要旨。法院如認證人在特定旁聽人前不能盡其陳述者，得於其陳述時命該旁聽人退庭。

6.日本民事訴訟法之訊問證人制度　日本明治二十三年舊民事訴訟法第三一五條規定，當事人不得自行對證人為發問。當時立法者認為，如允許當事人迫證人為陳述，反而無法獲得真實。大正十五年民事訴訟法修正規定，經審判長許可時，當事人得自行對證人為發問。立法者改變看法，認為期待周全訊問之必要，應允當事人有適當之發問權，從而承認當事人有補充性之發問權。二次大戰後美軍佔領日本，昭和二十三年民事訴訟法一部修正，於原第二九四條之條文追加規定，改採英美法之交互訊問制度，確立當事人對證人直接之訊問權，從而訊問主體由審判長變為當事人。日本民事訴訟法修正前第二九四條規定：「①聲請對證人為訊問之當事人得先對證人為訊問，其訊問終了後，由他造當事人得對證人為訊問。②當事人為訊問終了後，審判長得對證人為訊問。③審判長認為必要時，得隨時自行訊問。④當事人之訊問與已為之訊問有重複時，就爭點無關事項為訊問時，其他認為特別必要時，審判長得限制訊問。⑤陪席裁判官得告明審判長對證人為訊問。」在此種交互訊問制度之下，聲請訊問之當事人首先對證人直接為訊問（稱為主訊問或直接訊問），其次由對造為訊問（反對訊問），接著再由主訊問之當事人為訊問。自明治二十三年舊民事訴訟法以來之審判長所掌握之訊問主導權（歐洲大陸法系之訊問證人方式），遂移轉於當事人，審判長成為於最後為補充性之訊問。交互訊問證人之方式係貫徹當事人責任主義之產物，此乃英美法之陪審制度及其所發展之證據法為背景而形成者[90]。日本學者對於引進交互訊問證人制度之得失頗有批判。有認為採取交互訊問制度結果，訊問證人之時間使用太長，訴訟拖延。此乃因日本未採英美法之集中審理主義及事證開示制度，無法於事先

[90] 參照齋藤秀夫，《注解民事訴訟法(5)》第八十三頁以下。

充分準備，於交互訊問時形成不必要之訊問證人，浪費訊問時間而效果不高。又日本律師對於交互訊問之技術不熟練，亦為原因，蓋自明治時代以來，對證人訊問之主導權均由審判長實施而順利，昭和二十三年引進英美法以當事人為主導之制度，無法熟練運作[91]。

我國於民國八十九年二月修正民事訴訟法第三二〇條，立法者強調當事人之訴訟主體地位及保障當事人對證人之發問權，將原條文第一項後段「審判長亦得許可當事人自行對證人發問」之規定，修正為「當事人得向審判長陳明後自行發問」。

(二)鑑　定

鑑定係為輔助法官對事物之判斷能力，命有特別學識經驗之第三人，本於其專門知識、技能經驗，陳述特別規律或經驗法則之證據調查程序。即以鑑定人為證據方法，而以鑑定人之鑑定意見為證據資料，俾以證明待證事項之調查證據。

1. 鑑定人之意義　鑑定人係受法院選任而以自己之專門知識，在他人之訴訟程序上，向法院陳述關於特別規律或經驗法則之意見或就特定事項提供判斷意見之第三人。法院於調查證據之際，對於非有專門知識或特別經驗之特殊事項，無法判斷該項事實之真偽或存否，因此必須借助鑑定人之專家能力提供鑑定意見，始能獲得證明，此種調查證據之制度，即為鑑定制度。現代社會科技發達，各種專門知識爆炸，鑑定制度之重要性愈見其重要性。

本法規定之鑑定人與人證，均係以第三人之陳述內容為證據，兩者之證據調查程序頗有相同之處。故本法第三二四條規定：鑑定，除本目別有規定外，準用關於人證之規定。惟就鑑定人與證人而言，兩者仍有若干差異，其區別有下列各點：第一、證人係陳述自己所見所聞事實之人，性質上無可代替。鑑定人係以其專門知識經驗判斷事實而陳述其自己見解之人，凡有專門知識之同行專家，法院均可將其同時或先後選任為鑑定人，性質上有代替性。第二、由於證人之不可代替性，所以證人由當事人聲請而傳喚，不到場時得拘提。但鑑定人係由法院為選任及撤換，對鑑定人不得拘提，鑑定人得以書面陳述其意見。第三、證人限於自然人始得擔任，證人之具結，得於法院訊問後為之，訊問時應與其他證人個別隔離訊問。鑑定人則得由法人或機關團體擔任，其具結應於鑑定前為之，訊問時得命多數鑑定人共同陳述意見。第四、於證人作證情形，當事人不

---

[91] 見木川統一郎，〈交互訊問制度の運用と將來〉，載《新實務民事訴訟法講座2》第七十五頁以下。兼子一等四人，《條解民事訴訟法》第一〇一二頁以下。三ケ月章，《民事訴訟法》（弘文堂）第四七〇頁。

得聲明拒卻證人。但於鑑定人之情形，本法第三三一條規定，當事人得為拒卻鑑定人之聲明，蓋基於公正之原因也，其理由與聲請法官迴避相同。

2. 鑑定人之義務　鑑定人之義務係對於國家而存在之義務，屬公法上之義務。依本法規定，原則上與證人之義務相同，有到場義務、陳述義務、具結義務。茲就鑑定人義務之特別規定敘述如次。

①本法第三二八條規定：具有鑑定所需之特別學識經驗，或經機關委任有鑑定職務者，於他人之訴訟，有為鑑定人之義務。一般人，無為鑑定人之義務。②鑑定人無正當理由而不到場者，固應與證人相同，受同一之制裁，然鑑定人可使他人為替代，法院無強其為鑑定人之必要，故本法第三二九條規定，鑑定人不得拘提。③本法第三三〇條規定：有第三十二條第一款至第五款情形之一者，不得為鑑定人。但無其他適當之人可為選任或經當事人合意指定時，不在此限。鑑定人拒絕鑑定，雖其理由不合於第三〇七條第一項之規定，如法院認為正當者，亦得免除其鑑定義務。按被選任為鑑定人之人，與證人同，有陳述鑑定意見之義務，如有拒絕證言相同之原因，亦得拒絕陳述鑑定意見。除此之外，若鑑定人謂其能力不足勝任等情形，不陳述鑑定意見時，法院亦得免除其為鑑定義務，蓋法院得另行選任其他鑑定人為鑑定也。又鑑定人為證據方法，同時亦為法院之輔助機關，其鑑定結果往往影響法院之裁判。為確保鑑定人之中立性及公正性，鑑定人有本法第三十二條第一款至第五款關於法官應自行迴避事由之情形，不得就該訴訟事件為鑑定人。惟於例外情形，若無其他適當之人可為選任時，為免無從選任鑑定人之虞，得選任之。又當事人合意指定鑑定人時，亦得例外不受資格之限制，尊重當事人之意思使其指定之鑑定人為鑑定。④本法第三三四條規定，鑑定人應於鑑定前具結，於結文內記載必為公正、誠實之鑑定，如有虛偽鑑定，願受偽證之處罰等語。若鑑定人於具結後而為虛偽陳述者，負刑法第一六八條之刑責。

3. 鑑定人之拒卻　鑑定人之鑑定見解為證據資料，足以影響法院之裁判。若鑑定人與雙方當事人之間有特定之親屬或利害關係，難期其為公正誠實之鑑定，為防免鑑定人之偏頗，本法設有當事人得聲明拒卻鑑定人之規定。依本法第三三一條規定，當事人得依聲請法官迴避之原因拒卻鑑定人；但不得以鑑定人於該訴訟事件曾為證人或鑑定人為拒卻之原因。除前條第一項情形外，鑑定人已就鑑定事項有所陳述或已提出鑑定書後，不得聲明拒卻，但拒卻之原因發生在後或知悉在後者不在此限。又本法第三三二條規定：聲明拒卻鑑定人，應舉其原因，向選任鑑定人之法院或法官為之。前項原因及前條第二項但書之事實，應釋明之。依同法第三三三條規定，拒卻鑑定人之聲明經裁定為不當者，得為抗告；其以聲明為正當者，不得聲明不服。拒卻鑑定人之聲明是否正當，應由受訴法院或受命法官、受託法官明予裁定，不得僅以進行訊問或廢止訊問，默示其以拒卻為不當或正當，否則即不得遽以該鑑定之結果為判決之基礎（四三臺上字第六四二號判例）。

4.行鑑定之程序　依本法第三二五條規定：聲請鑑定，應表明鑑定之事項。又依本法第二〇三條第四款規定，法院因闡明或確定訴訟關係，得依第二編第一章第三節之規定行鑑定。故，法院行鑑定得依當事人之聲請為之，亦得依職權行鑑定。惟當事人聲請鑑定時，應將其待鑑定之事項為表明，俾法院能斷定有無行鑑定之必要。至於鑑定人之表明，則非必要，蓋鑑定人係由法院依法應選任者也。

依本法第三二六條規定，鑑定人由受訴法院選任並定其人數。法院於選任鑑定人前，得命當事人陳述意見；其經當事人合意指定鑑定人者，應從其合意選任之。但法院認其人選顯不適當時，不在此限。已選任之鑑定人，法院得撤換之。同法第三二七條規定：有調查證據權限之受命法官或受託法官依鑑定調查證據者，準用前條之規定。但經受訴法院選任鑑定者，不在此限。

俟法院選任鑑定人後，除當事人向法院聲明拒卻鑑定人之情形外，法院應即依訊問證人之規定為鑑定人之訊問。此際，受訴法院、受命法官或受託法官，應於鑑定前命鑑定人為具結，並得命鑑定人具鑑定書陳述意見，其鑑定書須說明者，得命鑑定人到場說明（本法第三二四條、第三三四條、第三三五條）。又若鑑定人有數人者，法院得命其共同或各別陳述意見，不必使之隔離為陳述（本法第三三六條）。為使鑑定能順利起見，本法第三三七條規定：鑑定所需資料在法院者，應告知鑑定人准其利用。法院於必要時，得依職權或依聲請命證人或當事人提供鑑定所需資料。鑑定人因行鑑定，得聲請調取證物或訊問證人或當事人，經許可後，並得對於證人或當事人自行發問；當事人亦得提供意見。

鑑定人與證人不同，依本法第三三八條之規定，除得請求法定之日費及旅費外，得另外請求相當之報酬。鑑定所需費用，得依鑑定人之請求預行酌給之。

值得注意者，鑑定，除以自然人為鑑定人之外，依本法第三四〇條規定，法院認為必要時，得囑託機關、團體或商請外國機關、團體為鑑定或審查鑑定意見。其須說明者，由該機關或團體所指之人為之。本目關於鑑定人之規定，除第三三四條及第三三九條外，於前項情形準用之。此種鑑定程序，稱為囑託鑑定。例如囑託法務部調查局、內政部警政署刑事警察局、汽車肇事責任鑑定委員會為鑑定，其人員及科學設備完整，鑑定方便而可靠。此種囑託鑑定與一般鑑定不同，有關一般鑑定人之訊問、具結及處罰之規定，於囑託鑑定均不適用[92]。故，本法第三四〇條第二項特別就囑託鑑定規定本目關於鑑定人之規定，除第三三四條及第三三九條外，於前項情形準用之。

5. 鑑定證人之適用法則　於他人之訴訟，陳述須依特別專門知識得知已往事實之第三人，學者稱為鑑定證人（Der sachverständiger Zeuge）。例如，某醫生曾經醫治某病人而知悉病人於某一段時間染有某種病症之事實。就醫生必須利用醫學之特別專門知識，始能知悉病症而言，醫生與鑑定人類似。但醫生非以己專門知識陳述其對病人之病症意見，而係陳述其所見聞之病人已往病症事實，則醫生與證人相同。若醫生於他人之訴訟，就該病人已往某一時間染有某種病症為作證時，難免發生該醫生之身分究竟為鑑定人抑或證人之疑問。從而法院於調查證據程序，應依鑑定人之程序抑或依證人之程序為之？即生疑問。本法為解決此種問題，特於第三三九條規定：訊問依特別知識得知已往事實之人者，適用關於證人之規定。鑑定證人，因其陳述已往之事實，且其性質無可替代，故，應認其為證人而非鑑定人，其與一般證人所不同者，不過其所見聞之事實，須依特別知識始能獲知而已。

惟值注意者，若法院對於鑑定證人，除命其報告觀察事實之結果外，另外又命其陳述鑑定意見者，則係同時為證人兼具鑑定人之身分，除適用證人之規定外，應併用鑑定人之規定。例如，曾經為死者診斷醫治之醫生，就死者之病症為作證後，法院又選任其為鑑定人，命其鑑定死者是否因患此病而死亡。於此情形，醫生係以證人而兼鑑定人，應分別以證人及鑑定人身分為具結，除日費及旅費外，得另外請求報酬，當事人亦得聲明拒卻鑑定人。

6. 現代型訴訟之鑑定問題[93]　由於現代社會科技進步，社會繁榮結果，公害訴訟、製造物責任訴訟等各種昔日所無之現

---

[92] 最高法院二十八年滬抗字第一〇四號判例云：法院囑託公署或團體陳述鑑定意見或審查之者，毋庸踐行具結之程序，此觀民事訴訟法第三百三十四條之規定，未為同法第三百四十條所準用，可明瞭。

[93] 參照小林秀之，〈現代訴訟と鑑定〉，載《ジュリスト》（新版）第二六八頁以下。栂善夫，〈科學裁判と鑑定〉，載《講座民事訴訟⑤》第二四七頁以下。野田宏，〈鑑定をめぐる諸問題〉，載《新實務民事訴訟法講座⑵》第一五三頁以下。

代型訴訟不斷增加。此類訴訟之爭點與高度之專門知識有關，通常無法利用一般常識為判斷，不能不依賴鑑定而對訴訟之勝敗具有決定性之作用。足見鑑定對於現代型訴訟之重要性，從而發生若干訴訟上之現代問題。例如，於鑑定費用膨大之情形，當事人不聲請鑑定，對於絕對必要之鑑定，法院應如何解決？國內無法找到鑑定人時，對絕對必要之鑑定，可否不經鑑定而判決？若專家之間就專門性之科學問題尚有對立之爭論，面對不同之鑑定結果，非專家之法官如何對於自己所不懂之事實為取捨決定？在專家稀少情形下，若當事人與該專家鑑定人有應迴避原因情形，如何維持鑑定人之中立性問題，亦頗值深思。

現代型訴訟之鑑定，科學性之爭點所占比重頗高，其涉及最尖端之知識爭點時，鑑定意見未有絕對之定論者，法院應如何為評價之問題頗費心思。日本最高裁判所曾經就鑑定結果未絕對肯定有因果關係之醫療過失訴訟為判決。最高裁判所判決要旨認為，醫療過失之因果關係之證明，不必要求自然科學的絕對證明，若其證明能使通常人不抱懷疑之程度而確信其真實性有高度之蓋然性者，即可肯定有因果關係存在。最高裁判所認為，訴訟上之證明應與自然科學的證明有所區別，但訴訟上之證明亦不可完全忽視自然科學的證明。訴訟上之證明雖係出於法律性之觀點，但就專門性的鑑定為評價時，亦必須有某程度之專門知識與能自各種角度為考慮，始不發生完全忽視自然科學的證明。於言詞辯論時，尤其應使雙方當事人就鑑定意見為陳述辯論。

7.囑託鑑定　依本法第二八八條第一項規定，法院不能依當事人聲明之證據而得心證，為發現真實認為必要時，得依職權調查證據。若法院認為必要時，亦得依職權命行鑑定（本法第二〇三條第四款）。法院實務大都依本法第三四〇條之規定，囑託機關或團體陳述鑑定意見或審查鑑定之意見，鑑定人不限於自然人始得為之。機關或團體之科學設備及專門人員，通常較自然人個人為充實，由其為鑑定較確實而公正。囑託機關或團體陳述鑑定意見或審查鑑定人之意見，由受囑託之機關或團體以鑑定書為陳述，除準用第三三四條及第三三九條之規定外，關於具結之規定，均不準用於機關團體之鑑定人。從而囑託機關或團體為鑑定時，不必踐行具結程序，若其鑑定書須說明時，由該機關或團體所指定之人為說明（本法第三四〇條）。於此情形，到場為說明之人係該機關或團體之代表，並非鑑定人。

㈢書　證

1.書證與文書之概念　以一般人能知之文字或符號，將人之意思或思想表達記載於物體之上，此種物體稱為文書。現在文明社會，最普遍之文書係以紙張為物體，此為一般人所稱之文書。惟文書之概念，重在能表達人之意思或思想而用文字或符號為表達工具，故其物體之質料為紙、皮、木片、金、石均非問。又其記載方法為印刷、手寫、刀刻，其表達工具為文字、符號、點字，均非重要。惟若照片、圖畫、練習寫字等非表達人之意思思想為內容之紙張，則不能稱為文書。

書證係以存於文書上之意思或思想為內容之證據，此種證據存於文書之上，故稱為書證。可知在概念用語上，書證係以文書為證據方法之證據資料。

2. 文書之種類　書證既然存於文書之上，而文書又由於作成機關、文書內容作用、文書製作方法之不同，能影響書證之證據價值，故，文書種類之分析辨別，則有意義與實益。茲依各種分類標準說明文書之種類如次。

(1) 公文書、私文書　此係依文書之作成機關不同所為之分類。公務機關或公務員於職務上製作之文書，稱為公文書。非公文書之文書，即係私文書。本法對公文書及私文書之形式上之證據力，分別設有推定之規定。

(2) 勘驗文書、報告文書　此種分類係以文書之內容所發生作用不同所為之分類，日本學者稱為處分證書與報告證書。德國學者將其稱為「生效性文書」(Die wirkende Urkunde) 與「證明性文書」(Die bezeugende Urkunde)[94]。文書本身之制作即同時完成法律的行為 (Rechtsakt) 之創作，此種文書稱為「生效性文書」。法律的行為發生而存在，即該文書之制作完成。例如，法院判決書、契約書、催告書、支票、遺書。此種文書之特徵為，文書制作人將自己欲表示之法律的行為表達在文書，使成為一體。簡言之，文書之制作行為即係法律的行為，故有「生效性文書」之稱，又稱為「創造性文書」(Die konstituierende Urkunde)，我國學者稱為勘驗文書。此種文書之形式上證據力，一旦被認定，其實質上證據力，當然亦被認定。

「證明性文書」又稱為「報導性文書」(Die berichtende Urkunde)，日本及我國學者稱為報告文書。文書之記載內容，僅係文書制作人之見聞、判斷或感想，制作人將此內容利用文書表達而已，此種文書，即為「證明性文書」。例如，法院書記官制作之筆錄、診斷書、帳簿、日記、證明書、收據。此種文書內容，是否與事實相符，當事人得爭執，不得因文書之形式上之證據力被認定，而當然認定實質上證據力。

[94] 參照 Rosenberg-Schwab, ZPR. 14. Aufl. S. 744.

(3)原本、正本、繕本、影本、節本、譯本、認證本　此係就同一內容之文書，依其制作方法及文書相互間之關係為分類。由文書制作人最初制作完成之原始文書，稱為原本。正本係全部內容照原本抄繕，對外與原本有同一效力之文書。繕本係抄繕原本全部內容，影本係就原本影印而成，對外均無原本相同效力。節本係節錄原本內容一部之文書，譯本係因原本為外國文字，將其譯成中國文字之文書。所謂認證本，係指文書經認證手續之文書，有證明該文書之制作為真正之效力。

(4)準文書　本法第三六三條第一項規定：本目書證之規定，於文書外之物件有與文書相同之效用者，準用之。現代科技發達，電腦、傳真、錄影、錄音等電子工具，能保存人類各種意思思想活動之記錄。利用此類設備保存之記錄，與一般之文書之物體性質雖有不同，但其能將人類之意思思想內容為保存，其功能作用與文書相同。此類設備所保存之內容，既然有解讀可能，且能譯為文字寫成書面，則在證據方法之分類上，得將其歸類為文書。惟因其物體性質與一般書面之文書不同，應解釋其係本法第三六三條所規定之準文書。從而其調查證據之程序，應準用本法第三四一條至第三六三條規定之書證程序[95]。

3.文書之證據力　文書之存在必須其制作名義人確有制作之事，且對於待證事實，有證明之作用，文書始有證據力可言。倘文書係由他人所偽造，該文書自始無證據力可言。文書之成立為真正並非偽造者，稱此文書有形式上之證據力。有形式上證據力之文書，其內容有證明待證事實為存在或不存在之價值者，稱此文書有實質上證據力。文書必先有形式上證據力之後，始有實質上證據力。惟文書有形式上證據力，未必有實質上證據力。故，形式上證據力涉及文書存在之真偽問題，而實質上證據力涉及文書內容能否證明待證事實之問題。文書有無實質上證據力，由法院根據經驗法則，依自由心證為判斷。其有無形式上證據力，本法第三五五條至第三六一條分別對公文書與私文書為規定，茲先說明文書之形式上證據力，再就其實質上證據力為說明。

(1)文書之形式上證據力　文書之形式上證據力，因公文書與私文書而本法之規定有差異。

①公文書　本法第三五五條規定：文書，依其程式及意旨得認作公文書者，推定為真正。公文書之真偽有可疑者，法

[95] 參照兼子一、松浦馨、新堂幸司、竹下守夫著，《條解民事訴訟法》第一〇三七頁以下。

院得請作成名義之機關或公務員陳述其真偽。據此，舉證之人不必證明公文書為真正，他造如有爭執，應舉出反證以證明公文書非真正。應注意者，外國公署或外國公務員於其職務上作成之公文書，非本法第三五五條所稱之公文書，無推定為真正之效力（三九臺上字第五〇七號判例）。

本法第三五六條規定：外國之公文書，其真偽由法院審酌情形斷定之；但經駐在該國之中華民國大使、公使或領事或其他機構證明者，推定為真正。據此，倘法院審酌情形，不能斷定為真正者，舉證人應舉證證明該外國公文書為真正。

②私文書　本法第三五七條規定：私文書應由舉證人證其真正；但他造於其真正無爭執者，不在此限。他造對私文書不爭執其真正；祇能認為其有形式上證據力，其實質上證據力之有無，應由法院諭兩造為適當完全之言詞辯論，始得資為判斷（四八臺上字第八三七號判例）。本法第三五八條規定：私文書經本人或其代理人簽名、蓋章或按指印或有法院或公證人之認證者，推定為真正。當事人就其本人之簽名、蓋章或按指印為不知或不記憶之陳述者，應否推定為真正，由法院審酌情形定之。本條推定為真正之規定，須其簽名、蓋章或按指印係本人或其代理人為之，在當事人間已無爭執或經舉證人證明者，始得適用（二八上字第一〇號判例）。非謂私文書上已有簽名、蓋章、按指印，即可推定為真正。本法八十九年二月修正時，增訂第三五七條之一規定：當事人或代理人就真正之文書，故意爭執其真正者，法院得以裁定處新臺幣三萬元以下罰鍰。前項裁定得為抗告，抗告中應停止執行。第一項之當事人或代理人於第二審言詞辯論終結前，承認該文書為真正者，訴訟繫屬之法院得審酌情形撤銷原裁定。其立法理由為促進當事人及代理人履行真實陳述義務，如當事人或代理人就真正之文書故意爭執其真正，非但違背真實陳述義務（本法第一九五條第一項），且將使法院調查證據而延滯訴訟，特增設制裁規定。惟當事人或代理人於第二審言詞辯論終結前，承認該文書為真正者，已改正其故意爭執之不當行為，法院得審酌情形撤銷原裁定。

公文書或私文書，其真偽不明時，除上述法律推定情形或當事人為舉證情形外，法院應如何判斷真偽？依本法第三五九條規定，文書之真偽，得依核對筆跡或印跡證之。法院得命當事人或第三人提出可供核對之文書。核對筆跡或印跡，適用關於勘驗之規定。又本法第三六〇條規定，無適當之筆跡可供核對者，法院得指定文字，命該文書之作成名義人書寫，以供核對。文書之作成名義人無正當理由不從前項之命者，準用第三四五條或第三四九條之規定。即，法院得審酌情形認他造關於該文書之主張為正當或依該文書應證之事實為真實，或法院得以裁定對該不從命之第三人處新臺幣三萬元以下罰鍰，於必要時並得以裁定命為強制處分。

有疑義者，法院對於文書筆跡之真偽，有判斷之必要時，是否必須命為鑑定始為合法？最高法院判例認為，法院得自行核對筆跡，依其自由心證為判斷，未實施鑑定程序，不得指為違法（一九上字第二一八九號、二八上字第一九〇五號判例）。

⑵文書之實質上證據力　文書記載內容，是否與待證事實相一致，應由法院依自由心證判斷為原則，惟對於下列各種文書之內容，於判斷其證據價值（即實質上證據力）時，可得言者如次。①生效性文書（即勘驗文書），因其文書內容之作成，即係該法律的行為之完成，若該文書為真正，文書內容即存在，不得再存疑，即當然有實質上證據力。例如法院判決書正本，如為真正，即可證明有法院之判決行為及宣告內容。②報導性文書（即報告文書），因係傳述文書制作人之觀察事實，雖文書為真正，但傳述之內容事實是否可靠而可信，尚須斟酌，非當然有實質上證據力。例如醫生之診斷書，即使為真正，非當然可證明有診斷行為及診斷之病為可信也。③公文書如為真正且屬生效性文書者，固有實質上證據力，若為報導性文書，除有反證足證公文書內容與待證事實不符之外，通常均有實質上證據力。最高法院判例認為，法院書記官依法定程式所作筆錄，除有反證證明其記載失實外，就其所記事項有完全之證據力（二六上字第四六一號判例）。送達證書為公證書，就其所記載事項除有反證外，應認為有證據力（三〇抗字第六二七號判例）。於勘驗，依法製作之筆錄及所附勘圖，均有完全之證據力（一九上字第一二四四號判例）。④私文書如為真正，亦應分別視其為生效性文書，抑或報導性文書。前者有實質上證據力，後者非當然有實質上證據力。實務上，常見之契約書屬前者，商業帳簿屬後者。私人帳簿經稅捐機關蓋有核驗者，亦為私文書，僅能增強其實質上證據力，惟非當然有實質上證據力。又常有證人不親自出庭而自己書寫證明書，交付當事人提出，或郵寄到法院之事。此種私文書內容，不僅不得視為證言，亦無實質上證據力。又繕本、影印本僅有報導性文書之地位，即使原本為生效性文書亦然。

4.文書提出之義務及制裁　文書係重要之證據方法，文書之持有人，非為當事人原告被告，即為第三人。於訴訟上，持有文書之當事人固然可自行提出其文書為證據，惟若相對人或第三人持有此項可為證據之文書者，此際必問，持有該項文書之人，有無法律上之義務提出文書？如有提出義務，其應提出之文書有無限制範圍？不從提出文書之命時，訴訟法上之效果如何？

本法第三四四條規定，下列各款文書，當事人有提出之義務：一、該當事人於訴訟程序中曾經引用者。二、他造依法律規定，得請求交付或閱覽者。三、為他造之利益而作者。四、商業帳簿。五、就與本件訴訟有關之事項所作者。前項第五款之文書內容，涉及當事人或第三人之隱私或業務秘密，如予公開，有致該當事人或第三人受重大損害之虞者，當事人得拒絕提出。但法院為判斷其有無拒絕提出之正當理由，必要時，得命其提出，並以不公開之方式行之。又本法第三四八條規定，關於第三人提出文書之義務，準用第三〇六條至第三一〇條、第三四四條第一項第二款至第五款及第二項之規定。據此規定，可知當事人或第三人，雖負有提出文書之義務，但無提出一切文書之義務。其有義務提出之文書，於當事人有五種，而於第三人限於四種。

本法第三四五條規定：當事人無正當理由不從提出文書之命者，法院得審酌情形認他造關於該文書之主張或依該文書應證之事實為真實。前項情形，於裁判前應令當事人有辯論之機會。所謂法院得認他造關於該文書之主張為真實，即指法院以他造關於文書之存在真正之主張為真實，或關於文書之性質內容之主張為真實而言。法院得依本法第二二二條之自由心證法則認定他造所主張之應證事實已經證明。俾對違反文書提出義務者發揮制裁之實效。

又本法第二八二條之一第一項規定：當事人因妨礙他造使用，故意將證據滅失、隱匿或致礙難使用者，法院得審酌情形認他造關於該證據之主張或依該證據應證之事實為真實。當事人故意有此種行為時，其結果與前述當事人不從法院命令為文書之提出無異，此際，法院得認他造關於該文書之存在事實為真實。至於被隱匿、毀壞或致不堪使用之文書，無論為當事人何方所執或第三人所執，均非所問。

第三人所執之文書，如係就當事人間之法律關係所作，為一造之利益而作，當事人依法律規定得請求交付或閱覽者，依本法第三四八條之規定，第三人有提出該文書之義務，當事人得聲請法院命第三人提出（本法第三四六條第一項）。第三人無正當理由不從提出文書之命者，依本法第三四九條規定，法院得以裁定處新臺幣三萬元以下之罰鍰；於必要時，並得以裁定命為強制處分。前項強制處分之執行，準用強制執行法關於物之交付請求權執行之規定。第一項裁定，得為抗告，抗告中應停止執行。

5. 法院關於書證調查之程序

⑴當事人之書證聲明　本法第三四一條規定，聲明書證，應提出文書為之。此際，當事人執有文書者，應將文書提出於法院，聲請法院調查書證。惟若聲明書證係使用他造所執之文書者，依本法第三四二條規定，當事人應聲請法院命他造提出。此項聲請，於聲請狀應表明下列各款事項：一、應命其提出之文書。二、依該文書應證之事實。三、文書之內容。四、文書為他造所執之事由。五、他造有提出文書義務之原因。法院認應證之事實重要，且舉證人之聲請正當者，應以裁定命他造提出文書（本法第三四三條）。

聲明書證係使用第三人所執之文書者，依本法第三四六條規定，當事人應聲請法院命第三人提出，或定由舉證人提出之期間。本法第三四二條第二項關於聲請書狀應表明之事項，於此項聲請時應記載。應命其提出文書及文書內容之表明顯有困難，法院得命第三人為必要之協助。除此之外，亦應就文書為第三人所執之事由及第三人有提出義務之原因為釋明。

當事人聲明書證若不具備法定要件時，法院應於終局判決之理由中載明駁回其聲請之理由，當事人間就此項聲請有爭執時，法院亦得以中間判決為駁回（本法第三八三條）。如聲明書證已具備法定要件，則除他造當事人或第三人自行提出該文書於法院或交由聲明人提出之情形外，法院必須就該文書應證之事實是否重要為審查。同時審查舉證人之聲請是否正當。若法院認應證之事實並非重要，或認舉證人之聲請非正當，即不認為他造或第三人執有該文書之情形，或不認為執有文書之人有提出義務者，均應於終局判決理由中為駁回聲請之說明，有爭執時，亦得以中間判決為駁回。但法院若認為應證之事實重要，且舉證人之聲請正當者，依本法第三四三條及第三四七條規定，應以裁定命他造或第三人提出該文書。其應命第三人提出者，得裁定定一定期間，由舉證人自行提出。法院為此項裁定前，應使第三人有陳述意見機會（本法第三四七條）[96]。

⑵文書之提出　文書提出之方法，因公文書與私文書而不同。依本法第三五二條規定：公文書應提出其原本或經認證之繕本或影本。私文書應提出其原本。但僅因文書之效力或解釋有爭執者，得提出繕本或影本。法院認有送達必要時，得命當事人提出上述文書之繕本或影本。當事人提出公文書之認證繕本，或僅因效力與解釋有爭執而提出私文書繕本後，法院認為有必要時，依本法第三五三條之規定，法院得命提出文書之原本。若不從法院之命提出原本或不能提出者，法院依其自由

[96] 參照姚瑞光，《民事訴訟法論》第三九六頁以下。王甲乙等三人，《民事訴訟法新論》第四〇三頁以下。

心證斷定該文書繕本或影本之證據力。又依本法第三五〇條規定：機關保管或公務員執掌之文書，不問其有無提出之義務，法院得調取之。惟該文書之記載如涉及公務員職務上應守秘密之事項者，法院之調取應得該監督長官之同意，該文書之提出除經釋明有妨害國家之利益外，不得拒絕；監督長官如予拒絕，法院為判斷其有無拒絕提出之正當理由，得命其提出，並以不公開之方式為之，俾兼顧文書之秘密事項。書證之提出，以於言詞辯論時提出於受訴法院為原則，但受訴法院如以裁定命受命法官或受託法官調查證據者，自得向受命法官或受託法官為提出。此際，受訴法院得定其筆錄內應記載之事項及應添附之文書（本法第三五四條）。

第三人於訴訟本無任何關係，其提出文書之義務，雖為公法上之義務，但其因提出文書所生之費用，如亦命第三人負擔，自非事理之平。故，本法第三五一條規定，第三人得請求提出文書之費用。關於此項費用請求之期間，抗告與得請求預行酌給之事項，均準用本法第三二三條第二項至第四項關於證人旅費請求之程序規定。但第三人無正當理由不從提出文書之命，經法院處以罰鍰，並為強制處分後，始提出文書之情形，不得請求提出文書之費用。

(3)文書之發還　當事人或第三人提出之文書原本，無論為公文書或私文書，法院於調查完畢後，均應返還於提出文書之人。但法院認為有將當事人或第三人提出之文書，暫留置於法院之必要者，依本法第二〇三條第三款之規定，法院得為暫時留置之處置。又依本法第三六一條規定：提出之文書原本須發還者，應將其繕本、影本或節本附卷。提出之文書原本，如疑為偽造或變造者，於訴訟未終結前，應由法院保管之。但應交付其他機關者，不在此限。蓋為防止湮滅變更之患也，惟如為刑事訴追，須交付檢察機關偵查者，則須交付其機關。

㈣勘　驗

1. 勘驗之意義與證據能力

勘驗係指，法官以其五官之感覺作用，直接親自體驗物體之性狀，從而認識一定性狀事實之存否為證據之調查證據行為。勘驗主要目的在法官親自體驗物體而認識物體性狀，其方法為視、聽、嗅、味、觸之感覺，其物體包括一定之物或人，勘驗所得結果為法官對形、色、音、質、量等性質狀態之認識。在此意義下，文書得成為勘驗之物體，人亦得為勘驗之對象。

民事訴訟法對於證據之證據能力，未設一般規定，對於使用非法所取得之證據可否作為證據而有證據能力？更無明文。

例如，對於被告為強暴脅迫詐欺而取得之錄音或被告書面內容，有無證據能力？能否作為法官為勘驗之客體？日本通說認為，法無禁止明文，且法官得依自由心證判斷該證據之證據力，故得不考慮證據能力之有無問題。但有反對說[97]。又對錄音帶為調查證據時，將其視為文書而依調查書證程序進行，抑或視為勘驗之物體而依勘驗程序為之，學者之間頗有爭論。德國學者多數主張依勘驗程序，而日本學者多數認為依書證程序[98]。此種問題爭論之實益，主要係，文書之形式證據力有本法第三五五條至第三五八條推定為真正之規定，且有第三五九條及第三六〇條有關於鑑別筆跡方法之規定。至於勘驗之標的物，並無適用此類規定餘地。法院實務，係將錄音帶之真偽，利用鑑定為解決，至於錄音帶之內容，係將其譯為文字作成書面，使符合文書形式，依書證之調查證據程序進行。

2. 勘驗之程序

(1)聲請勘驗或依職權勘驗　聲請勘驗應表明勘驗之標的物及應勘驗之事項（本法第三六四條）。聲請勘驗，應提出勘驗之標的物為之。不動產或人為勘驗客體，不能提出於法院者，應表明已準備接受勘驗。聲請勘驗之標的物為他造或第三人占有者，應聲請命他造或第三人提出（本法第三六七條、第三四一條、第三四二條第一項、第三四六條第一項）。

法院因闡明或確定訴訟關係，或因使辯論易於終結，或不能依當事人所聲明之證據而得心證或因其他情形認為必要時，得依職權行勘驗（本法第二〇三條第四款、第二六九條第四款、第二八八條）。

(2)法院對勘驗之裁定及實施　法院認為勘驗之事實重要，且舉證人之聲請正當者，應以裁定命他造或第三人提出勘驗標的物（本法第三六七條、第三四三條、第三四七條）。當事人無正當理由不從提出勘驗標的物之命者，法院得認他造關於該勘驗標的物之主張或依該勘驗物應證之事實為真實。第三人無正當理由不從提出勘驗標的物之命者，法院得以裁定處新臺幣三萬元以下罰鍰，於必要時，並得以裁定命為強制處分。前項強制處分之執行，準用強制執行法關於物之交付請求權執行之規定。前項裁定得為抗告，抗告中應停止執行（本法第三六七條、第三四五條、第三四九條）。

機關保管或公務員執掌之勘驗標的物，不問其有無提出之義務，法院得調取之。惟勘驗之標的物如涉及公務員職務上應

---

[97] 森勇，〈證據能力〉，載《民事訴訟法の爭點》（新版）第二五六頁以下。

[98] 參照小山昇等四人編，《演習民事訴訟法》第五四二頁以下。

守秘密之事項者，應得該監督長官之同意，除對該勘驗之標的物之提出經釋明有妨害國家之利益者外，該監督長官不得拒絕同意；監督長官如予拒絕，法院為判斷其有無拒絕提出之正當理由，必要時，得命其提出，並以不公開之方法行之。原則上，勘驗由受訴法院為之，倘使受命法官或受託法官就勘驗標的物調查證據者，受訴法院得定其筆錄內應記載之事項及應添附之勘驗標的物（本法第三六七條、第三五〇條、第三五四條）。受訴法院、受命法官或受託法官於勘驗時得命鑑定人參與（本法第三六五條）。勘驗於必要時，應以圖畫或照片附於筆錄；並得以錄音、錄影或其他有關物件附於卷宗（本法第三六六條）。當事人因妨礙他造使用，故意將勘驗標的物隱匿、毀壞或致不堪使用者，法院得認他造關於該勘驗標的物之主張或依該勘驗標的物應證之事實為真實（本法第二八二條之一）。

㈤當事人訊問

1.當事人訊問之意義與立法目的　法院訊問當事人本人，以其陳述為證據資料，此種證據方法稱為當事人訊問(Parteivernehmung)，日本民事訴訟法用語為當事者尋問，德國、奧國、日本均採此種制度。我國民事訴訟法於此次修正前，不採當事人訊問制度，當事人就自己之訴訟，不得同時兼當事人與證人雙重身分，當事人以外之他人始得為證人而有證人能力。民國八十九年二月本法修正，特於第二編第一審程序第一章通常訴訟程序第三節證據設第五目之一當事人訊問，增訂第三六七條之一、第三六七條之二、第三六七條之三，是為我國法參考德、奧、日三國之立法例所為之規定。

立法者認為，為達到爭點整理及集中調查證據之目標，法院應儘可能於訴訟程序之前階段，及早掌握案情全貌，進而整理、確定及簡化爭點，以便擬定審理方針及調查證據之範圍。因當事人本人通常為最知悉紛爭事實之人，其陳述最有可能提供原始之案情資料，而有助於法官迅速發現真實。依現行民事訴訟法規定，法院為闡明案情及整理爭點，固得依第二〇三條第一款及第二六九條第一款之規定，命當事人本人到場，而以其陳述作為第二二二條第一項全辯論意旨之一部分加以斟酌，但尚不得逕以當事人之陳述作為證據資料，實有礙法院發現真實及促進訴訟迅速進行，故為發揮當事人本人陳述之功能，增訂第五目之一當事人訊問。

當事人本人以訴訟原告或被告地位，於言詞辯論時就其訴訟標的之權利或法律關係為事實上或法律上為主張而陳述，或法院行使闡明權，命當事人到庭就事實關係為陳述。於此兩種情形，當事人之陳述屬於訴訟資料提出之性質，但當事人於法院為當事人訊問時所為之陳述，其性質係屬於證據資料提出之性質，兩者不同。由於當事人自己係證據方法而成為調查之對象，其陳述並非辯論，從而不成為當事人自認之問題。縱然當事人欠乏訴訟能力，法院亦得對其為當事人訊問，對其法定代理人亦得依當事人訊問之程序為調查證據，非依證人之調查程序為之。

2. 當事人訊問之程序　本法第三六七條之一規定：「法院認為必要時，得依職權訊問當事人。前項情形，審判長得於訊問前或訊問後命當事人具結，並準用第三百十二條第二項、第三百三十三條及第三百十四條第一項之規定。當事人無正當理由拒絕陳述或具結者，法院得審酌情形，判斷應證事實之真偽。當事人經法院命其本人到場，無正當理由而不到場者，視為拒絕陳述。但命其到場之通知書係寄存送達或公示送達者，不在此限。法院命當事人本人到場之通知書，應記載前項不到場及第三項拒絕陳述或具結之效果。前五項規定，於當事人之法定代理人準用之。」

就事實審理而言，因當事人本人通常為最知悉紛爭事實之人，故最有可能提供案情資料，以協助法官發現真實及促進訴訟，進而達到審理集中化之目標。為使法院能迅速發現真實，應認為法院得訊問當事人本人，並以其陳述作為證據。故於第一項規定法院於必要時，得依職權訊問當事人。又為貫徹直接審理主義，原則上應由受訴法院訊問當事人，惟如有特殊情形，例如有第二七〇條第三項各款情形之一者，則得由受命法官或受託法官訊問當事人。於法院訊問當事人時，為加強當事人陳述之可信度，審判長得斟酌情形，於訊問前或訊問後命當事人具結。又第三一二條第二項、第三一三條及第三一四條第一項有關證人具結前審判長之告知義務、具結之程序及不得命具結等規定，於命當事人具結之情形，均可準用。當事人訊問制度功能之發揮，有賴當事人之據實陳述。惟於當事人拒絕陳述或具結時，法院仍應查明其他可供使用之相關證據，並審酌當事人拒絕陳述或具結之理由及其他相關情形，依自由心證，判斷當事人關於訊問事項所主張之事實或法院依職權調查之應證事實之真偽，以求發現真實。

當事人經法院命其本人到場，無正當理由不到場者，即難以達到當事人訊問之目的，於此情形，視為當事人拒絕陳述而適用第三項之規定，以促其依法院之命到場陳述。又法院命當事人本人到場，得以書面裁定，或面告當事人或代理人（包括訴訟代理人及法定代理人），或於期日通知書上記載其意旨等方式為之。惟如命當事人到場之通知書係寄存送達或公示送達者，該當事人實際上多未能知悉通知書之內容，不宜遽將之視為拒絕陳述，故併設但書規定。為促使當事人注意，於法院命當事人到場之通知書上，應記載當事人無正當理由不到場及拒絕陳述或具結之效果。至於法院如係製作書面裁定，或面告當事人或其代理人，命當事人到場者，亦應於裁定正本附記或一併告知上述不到場及拒絕陳述或具結之效果。當事人如無訴訟能力，其法律行為係由其法定代理人代為或經法定代理人同意，為期迅速發現真實，並發揮當事人訊問制度之功能，即有訊問其法定代理人之必要，故於第六項設準用之規定。至於法人之代表人、非法人團體之代表人或管理人及依法令得為訴訟上行為之代理人，亦應依第五十二條準用第六項規定。

3.當事人故意為虛偽陳述時之處置　本法第三六七條之二規定：「依前條規定具結而故意為虛偽陳述，足以影響裁判之結果者，法院得以裁定處新臺幣三萬元以下之罰鍰。前項裁定，得為抗告；抗告中應停止執行。第一項之當事人或法定代理人於第二審言詞辯論終結前，承認其陳述為虛偽者，訴訟繫屬之法院得審酌情形撤銷原裁定。」

當事人依前條規定具結而為虛偽陳述者，往往誤導法院審理訴訟之方向，不僅使法院難以發現真實，且易使訴訟程序延滯，致浪費法院及雙方當事人之勞力、時間、費用，並損及司法公信力，故有予以適當制裁之必要。惟現行刑法第一六八條偽證罪之犯罪主體，以證人、鑑定人及通譯為限，當事人依前條規定於訊問前或訊問後具結，並經法院查明其確有故意為虛偽陳述之情事，仍不宜以偽證罪相繩。為促使當事人為真實陳述，以達當事人訊問制度之目的，規定當事人故意為虛偽陳述時，法院得以裁定處新臺幣三萬元以下之罰鍰。又當事人依前條規定所為之陳述，性質上屬於證據資料之範圍，與第一九五條所稱當事人之陳述，係屬訴訟資料之範圍有所不同。如當事人僅單純違背第一九五條所定之真實陳述義務，尚不得依當事人訊問之處罰規定課處罰鍰。為保障受罰鍰裁定人之程序上權利，於本條第二項明定對於第一項處罰鍰之裁定得為抗告，於抗告中應停止執行。

受罰鍰裁定之當事人或法定代理人，如於第二審言詞辯論終結前，承認其陳述為虛偽者，因已履行真實陳述義務，訴訟繫屬之法院得不待受裁定人之抗告，亦不受抗告期間之影響，依職權審酌情形撤銷原裁定，此為增訂本條第三項之理由。

4.準用關於人證之規定　本法第三六七條之三規定：「第三百條、第三百零一條（關於訊問證人時，對現役軍人、在監所或拘禁處所之人之通知方法）、第三百零四條、第三百零五條第一項、第五項、第三百零六條（對元首、不能到場證人及公務員之訊問方法）、第三百零七條第一項第三款至第五款、第二項、第三百零八條第二項（拒絕證言及不得拒絕證言之事由）、

第三百零九條（拒絕證言之釋明）、第三百十條（拒絕證言當否之裁定）、第三百十六條第一項（隔別訊問與對質）、第三百十八條至第三百二十二條之規定（命連續陳述、法院及當事人之發問權、令當事人或特定旁聽人退庭之訊問、受命法官及受託法官訊問證人之權限），於訊問當事人或法定代理人準用之。」蓋於當事人訊問程序亦有準用有關訊問人證程序之必要，俾能兼顧合理性之程序規定。

5.對增訂當事人訊問制度之管見　國內學者對於本法民國八十九年二月之修正增訂當事人訊問制度之反應，有認為昔日本法立法先賢早已洞察，以當事人本人為證人之制度不宜，而非漏未規定，修正前之制度較優，此次之修法者，將昔日棄置者拾回，增設創新，堪稱向下沉淪之修法，批判頗烈[99]。有認為現行法對於法院能認定事實，依自由心證判斷事實真偽之規定已有各種可用，不虞無解決途徑。且在訴訟程序，各當事人就其主張有利於己之事實，應負舉證責任，如其故意為不實而有利於己之陳述，此為訴訟制度所使然，以法律強制當事人自為不利於己之陳述，有違人性，未免強人所難。況兩造就同一事實之陳述互異，各自堅持自己之陳述為真實，如何判斷其中一造係據實陳述，而他造之陳述為不實，易滋法院偏頗之猜疑。認為增設當事人訊問制度之立意雖佳，但預測將來其施行之效果不彰[100]。

拙以為增訂當事人訊問制度之當否，實務經驗之成果如何，得作為論斷之重要標準。依日本學者就日本實務之統計研究，此制度頗為實用而成果頗佳。於當事人無律師代理之第一審訴訟事件，法院利用當事人訊問為調查證據之件數甚高，非想象中之效果不彰。自以為光明正當之當事人，不僅不懼法院對其為訊問，且多有希望法院為當事人訊問而求事實真相能證實[101]。另外有日本學者認為，當事人必然對自己不利事項為虛偽陳述而其證言真實性可靠性不高，此種一般人之看法，未必符合實情，法院因行當事人訊問而獲得正確事實陳述之事件為大多數。足見認為此制度價值不高之看法，並不正確。

又英美法之訴訟程序，將當事人訊問所得證據價值，與對證人或書證等情形所得之證據價值同等對待，不加區別，並未有何弊害。大陸法系之德、奧、日長久以來一直採用當事人訊問制度作為補充性之證據方法，迄今未見有廢除之主張。雖有

[99] 見姚瑞光，《民事訴訟法論》（八十九年十一月版）第四四五頁以下。

[100] 見吳明軒，《中國民事訴訟法（中）》（八十九年九月版）第九五六頁。

[101] 參照吉井直昭，〈當事者本人の役割〉，載《新實務民事訴訟法講座2》第九十三頁以下。

主張設法改進補充性地位之見解及主張不宜於訴訟程序尾端始使用之見解，但均認為此制度可取[102]。拙以為我國學者持反對者，究其原因，似為主觀上之心理感覺及偏愛沿用已久而無弊端之制度。此次民事訴訟法大修正，其修正重點之一既然置於強調客觀真實、訴訟迅速、爭點整理及集中審理，則於證據程序採取當事人訊問制度，拙認為可贊同。

八、證據保全

㈠證據保全制度之機能

證據保全係，法院於訴訟提起前或起訴後未達調查證據之程度，因證據有滅失或礙難使用之虞或經他造同意，依聲請或依職權，預先為調查證據而確保證據安全之程序。例如，證人病危或將移居國外，文書保存期限已滿將受焚燬，災難事故現場，因急待回復將清理除去。有此情況發生時，如不由法院先為證據保全，則事後證據滅失，正確之裁判將生困難，此為證據保全制度立法之理由。

當事人聲請證據保全，必須有保全證據之理由，即㈠證據有滅失或礙難使用之虞，或㈡經他造同意（本法第三六八條）。惟法院認為必要時，亦得於訴訟繫屬中，依職權為保全證據之裁定（本法第三七二條）。證據保全之制度目的，本為解決不得已之情況必要而存在。惟若聲請人將證據保全程序加以利用，目的在迫使相對人或第三人提出證據，作為其收集有利證據之手段，對此種情形，法院可否准許即成為問題。又若法院對聲請人許為保全證據之裁定後，相對人或第三人拒絕法院進入其所有之建築物現場為勘驗調查證據，應如何處理，亦值思考。例如醫療糾紛事件，病人懷疑醫生對醫療有過失錯誤，要求閱覽病歷被拒絕，此際，如聲請人以醫生將有塗改病歷，真正之內容將有滅失之虞為理由，於起訴前聲請法院裁定為證據保全時，法院可否據聲請人此種理由及對醫生過失之懷疑為釋明，准許為證據保全？日本學者對此問題，有認為應同時立於訴訟之原告被告立場為考慮，不得僅憑聲請人一方主觀抽象之猜測事實，即裁定准許為證據保全。有認為聲請人對保全證據之理由應釋明之程度，必須嚴格。僅就醫生有虛偽事實、推辭責任、以往有塗改病歷情事等顯示該醫院或醫生有不可信賴之具體

[102] 參照吉井直昭，上揭文。河野信夫，〈當事者の尋問〉，載《講座民事訴訟法⑤》第二九七頁以下。

事實為釋明時，始得許可[103]。按病歷為報告文書，惟為防免記載內容被塗改，亦得成為法院勘驗之標的物。醫院或醫生依醫師法第十二條規定，應製作病歷且應保存十年，如違反此種義務有同法第二十九條之處罰規定。此種病歷，既有保管責任之人，自不生滅失問題，以無提前為證據保全必要，若以病歷內容記載有被塗改可能而言，即有確保病歷原狀之必要。法院對此種證據保全之方式，應採勘驗方法，將病歷為影印，作成勘驗筆錄，保管於法院，不能將病歷原本保管而影響醫生工作。又法院可否於證據保全時，傳喚醫生本人為訊問而調查證據，亦有疑問，蓋此種情形，無異允許於起訴前先對預定為被告之人為審理，且聲請人得於事後不一定提起訴訟，對於被告而言不公平，且亦不合訴訟經濟[104]。

本法第三六八條規定：「證據有滅失或礙難使用之虞，或經他造同意者，得向法院聲請保全；就確定事、物之現狀有法律上利益並有必要時，亦得聲請為鑑定、勘驗或保全書證。前項證據保全，應適用本節有關調查證據方法之規定。」本條第一項後段及第二項係民國八十九年二月本法修正時所新增訂。立法者認為，證據保全制度，依現行法之規定，固有事先防止證據滅失或礙難使用，而避免將來於訴訟中舉證困難之功能。惟如能使欲主張權利之人，於提起訴訟前即得蒐集事證資料，以了解事實或物體之現狀，將有助於當事人研判紛爭之實際狀況，進而成立調解或和解，以消弭訴訟，達到預防訴訟之目的。此外，亦得藉此賦予當事人於起訴前充分蒐集及整理事證資料之機會，而有助於法院於審理本案訴訟時發現真實及妥適進行訴訟，以達審理集中化之目標。為發揮證據保全制度之功能，應擴大容許聲請保全證據之範圍，故於原條文後段增訂，就確定事、物之現狀，亦得聲請保全證據。然為防止濫用此一制度而損害他造之權益，乃明定此種保全證據之聲請，限於有法律上利益並有必要時，始得為之，且其保全證據之方法以鑑定、勘驗及保全書證為限。至於所謂「確定事、物之現狀有法律上利益並有必要者」，例如，於醫療糾紛，醫院之病歷表通常無滅失或礙難使用之虞，但為確定事實，避免遭篡改，即有聲請保全書證之必要；另為確定人身傷害之程度及其原因時，亦得聲請為鑑定。又所有人對於無權占有人請求返還所有物之前，為

103 參照高見進，〈證據保全制度の機能〉，載《民事訴訟法の爭點》（新版）第二七〇頁以下。小山昇等四人編，《演習民事訴訟法》第五五四頁以下。

104 依 Rosenberg-Schwab, ZPR. 14. Aufl. S. 735 之說明，得合法為保全證據之證據方法，僅限於勘驗、訊問證人及訊問鑑定人，但不得就書證及訊問當事人進行保全證據之調查證據。

確定占有人使用其所有物之範圍及狀況，亦得聲請勘驗。於保全證據程序中調查證據，應適用本節有關證據方法之規定，爰增訂第二項規定。國內學者有認為上述新增訂係法律常識、審判經驗俱有不足之修正，頗不以為然者[105]。

(二)證據保全之程序

1.管轄法院　本法第三六九條規定，保全證據之聲請，在起訴後，向受訴法院為之，在起訴前，向受訊問人住居地或證物所在地之地方法院為之。遇有急迫情形時，於起訴後，亦得向前項地方法院聲請保全證據。

2.證據保全之聲請　本法第三七〇條規定，保全證據之聲請，應表明下列各款事項：一、他造當事人，如不能指定他造當事人者，其不能指定之事由。二、應保全之證據。三、依該證據應證之事實。四、應保全證據之理由。前項第一款及第四款理由，應釋明之。因本法第三六八條已修正擴大得聲請保全證據之範圍，為避免濫用證據保全制度，及避免侵害相對人之隱私權或其他權利，保全證據之聲請，如不能指定他造當事人者，其不能指定之理由，及應保全證據之理由，應釋明之。

3.法院之裁定　本法第三七一條規定，保全證據之聲請，由受聲請之法院裁定之。准許保全證據之裁定，應表明該證據及應證之事實。駁回保全證據聲請之裁定，得為抗告，准許保全證據之裁定，不得聲明不服。

4.法院之調查證據　因保全證據而為之證據調查，亦屬證據調查之一種，故須依調查證據之通則及人證、鑑定、勘驗之法則為之。惟為保護不明之相對人利益，另有下列之特別規定：

(1)法院之通知　調查證據期日，應通知聲請人，除有急迫或有礙證據保全情形外，並應於期日前送達聲請狀或筆錄及裁定於他造當事人而通知之。當事人於前項期日在場者，得命其陳述意見（本法第三七三條）。經合法通知後，法院即得調查證據，聲請人及他造當事人均不到場亦得為之（本法第二九六條）。當事人於保全證據程序之調查證據期日在場者，除有急迫情形或有礙證據保全外，於調查證據開始前命其陳述意見，可避免程序進行不合聲請意旨及侵害相對人權益等情事發生，又保全證據程序進行中或調查證據完畢後，得命當事人陳述意見，以保障其程序上利益，故於第二項規定，俾能適用。

(2)法院得為他造當事人選任特別代理人　關於保全證據之事，應通知他造當事人而不通知時，其程序為不合法，除因

105 見姚瑞光，《民事訴訟法論》（八十九年十一月版）第四五一頁以下。

當事人不責問者外，聲請人日後不得利用此項保全證據（本法第一九七條）。法院之通知對他造當事人之利害有關，故本法第三七四條特別規定：他造當事人不明或調查證據期日不及通知他造者，法院因保護該當事人關於調查證據之權利，得為選任特別代理人。第五十一條第三項至第五項之規定，於前項特別代理人準用之。

5.法院得依職權保全證據　法院得於訴訟繫屬中，認為必要時，依職權為保全證據（本法第三七二條）。訴訟繫屬中，法院認為尚未調查之證據，對該訴訟重要，且有致滅失或礙難使用之虞者，縱當事人未聲請保全證據，法院亦得依職權為保全證據，以利審判。

6.言詞辯論時當事人得聲請再訊問證人　本法第三七五條之一規定：「當事人就已於保全證據程序訊問之證人，於言詞辯論程序中聲請再為訊問時，法院應為訊問，但法院認為不必要者，不在此限。」法院依保全證據程序調查證據之結果，原則上固與訴訟上調查證據之結果有同一之效力。惟保全證據程序未必均由本案受訴法院行之，又如於保全證據調查程序中，他造當事人不明或未於保全證據程序到場者，即無從對法院調查證據表示意見，為貫徹直接審理主義，並保障當事人對證人之發問權，特明定，當事人就已於保全證據程序訊問之證人，於言詞辯論程序中聲請再為訊問時，法院應為訊問。但法院認為不必要者，例如，於保全證據程序係由本案受訴法院訊問證人，並已經兩造於該程序中表示意見者，或該證人之證言與本案待證事實無關者，法院即無須重複訊問，以達訴訟經濟之目的。

7.當事人於保全證據程序中之協議　本法第三七六條之一規定：「本案尚未繫屬者，於保全證據程序期日到場之兩造，就訴訟標的、事實、證據或其他事項成立協議時，法院應將其協議記明筆錄。前項協議係就訴訟標的成立者，法院並應將協議之法律關係及爭議情形記明筆錄。依其協議之內容，當事人應為一定之給付者，得為執行名義。協議成立者，應於十日內以筆錄正本送達於當事人。第二百十二條至第二百十九條之規定，於前項筆錄準用之。」

本條係民國八十九年二月修正本法時新增訂。立法者之立法理由認為，當事人於起訴前聲請保全證據者，得利用法院所調查之證據及所蒐集之事證資料，了解事實或物體之現狀，研判紛爭之實際狀況，此時，如能就訴訟標的、事實、證據或其他事項達成協議，當事人間之紛爭可能因此而獲得解決或避免擴大。此外，當事人將來縱使提起本案訴訟，因當事人於保全證據程序中已就特定事實、證據或其他事項達成協議，故於法院審理本案時，亦可減少爭點，而節省法院及當事人進行訴訟所需之勞力、時間或費用，達到訴訟經濟目的。此係本條第一項規定之理由。又保全證據程序貴於迅速，故當事人於保全證據程序當場無法達成協議時，該程序即告終了，當事人事後如欲再成立協議，可循訴訟程序或訴訟以外方式如訴訟外和解、調解、調處、仲裁等解決紛爭。

當事人於保全證據程序中就訴訟標的達成協議時，為特定其協議標的之範圍，法院除將當事人協議之內容記明筆錄外，應將協議之法律關係及爭議情形一併記明筆錄，爰於第二項前段明定之。又為貫徹當事人依其承諾而自動履行給付內容之意思，並達到疏減訟源之目的，當事人依其於保全證據程序中就訴訟標的或併就訴訟標的外之事項所達成之協議，應為一定之給付者，應賦予協議執行力，爰於第二項後段明定之。當事人於保全證據程序成立協議者，法院應於十日以內以筆錄正本送達於當事人。第二一二條至第二一九條關於筆錄應記載事項、附件、引用文書或附件之效力、朗讀、閱覽、簽名、增刪及證明力等之規定，於保全證據程序中成立協議之筆錄亦得準用。

我國學者對本條之規定頗有指責[106]，拙亦認為本條規定超出保全證據程序之任務範圍太大，且於實務上利用之可能性不大，本條規定將成為具文。保全證據程序之利用，一般而言，多在起訴前因證據有滅失之虞情形，當事人慮及所涉將來之紛爭事件重大，始有急於委請律師進行此項保全證據程序，以確保將來訴訟之權益。由於涉及之利害關係重大，當事人不可能輕率於保全證據程序中達成本條所規定之協議內容。當事人若認為有和解必要，雙方亦必慎重選擇適當之時間地點，經適當之親友識人從中協助始能達成。何況當事人非精通法律之人，對於重大法律關係之權益為處分，多不放心。何況辦理保全證據之法官，祇要其應調查證據之工作完成，程序即可終結，利用程序額外勸諭雙方當事人達成協議，多此一舉增加工作負擔。立法者之空想目的，實際上難於達成。

8. 調查證據筆錄之保管　調查證據筆錄，由命保全證據之法院保管，但訴訟繫屬他法院者，應送交該法院（本法第三七五條），此為配合訴訟法院進行調查證據及辯論之必要及方便也。

9. 證據保全之費用　保全證據程序之費用，除別有規定外，應作為訴訟費用之一部定其負擔（本法第三七六條）。保全證

[106] 見姚瑞光，《民事訴訟法論》（八十九年十一月版）第四五七頁。

據之聲請被駁回者，聲請費用固應於駁回聲請之裁定內，諭示由聲請人負擔（本法第九十五條）。若法院進行保全證據程序後，聲請人未起訴者，支付此項費用之人如欲求償，得依本法第三七六條之二第二項規定，聲請法院裁定命保全證據之聲請人負擔。

10. 證據保全之效果　證據保全程序所進行者，亦為調查證據，經合法之調查證據，在以後之訴訟程序中，兩造均得為利用。應於言詞辯論時，依本法第二九七條第二項規定，由當事人陳述調查證據之結果，並為辯論。換言之，在保全證據程序調查之證據，與訴訟程序中所調查者完全相同。惟應注意者，於保全證據程序，對文書僅得以勘驗方法調查證據，而保全文書之原狀，不得進一步對文書為書證之調查，故於訴訟程序，仍應由法院對該件保全之文書為調查證據，俾能獲得書證而辯論[107]。

本法第三七六條之二規定：「保全證據程序終結後逾三十日，本案尚未繫屬者，法院得依利害關係人之聲請以裁定解除因保全證據所為文書、物件之留置或為其他適當之處置。前項期間內本案尚未繫屬者，法院得依利害關係人之聲請，命保全證據之聲請人負擔程序費用。前二項裁定得為抗告。」保全證據程序終結後，如當事人之紛爭久懸不決，則因保全證據所為文書、物件之留置或其他處置，將無法獲得適當之處理，而致聲請保全證據之當事人或利害關係人（例如文書、物件之所有人或利用人）遭受損害，為保障其權益，於第一項明定，保全證據程序終結後逾三十日，本案尚未繫屬者，保全證據之法院得依利害關係人之聲請，以裁定解除因保全證據所為文書、物件之留置，將之發還予所有人、持有人，或為其他適當之處置。例如，鑑定之資料尚留在鑑定機構，法院得以裁定令該機構將資料彙送法院保存，或訴訟卷宗內關於勘驗或鑑定之結果，部分內容涉及隱私或業務秘密者，利害關係人得聲請法院禁止閱覽。至於相對人或其他利害關係人倘因實施保全證據而支出費用，法院得依利害關係人之聲請，命保全證據之聲請人負擔程序費用。若法院依第二項規定為命負擔程序費用之裁定後，當事人再提起本案訴訟者，此部分保全證據之費用，應不適用本法第三七六條之規定，即不作為訴訟費用之一部再定其負擔。

---

[107] 參照 Rosenberg-Schwab, a. a. O. S. 737; 曹偉修，《最新民事訴訟法釋論（下）》第一一三七頁。

第五節　言詞辯論

一、言詞辯論之意義與制度之必要性[108]

我國民事訴訟法第一編總則第四章訴訟程序第五節自第一九二條起至第二一九條規定，稱為言詞辯論。德國民事訴訟法第一編總則第三章訴訟程序第一節自第一二八條起至第一六五條規定言詞辯論，日本民事訴訟法第二編第一審訴訟程序第二章言詞辯論及其準備第一節口頭辯論，規定條文自第一四八條起至第一六〇條止。各國民事訴訟法為何均設有言詞辯論制度？言詞辯論之意義及內容如何？有首先瞭解之必要。言詞辯論係指訴訟審理之方式以言詞辯論之方式為進行而言。然則所謂言詞辯論之審理方式，究竟具有何種特色與功能？此可自十九世紀德國普通法時代將書面審理方式改為言詞辯論審理方式之歷史沿革，獲知其制度存在之意義。

一直到十九世紀後半葉為止，在德國各地施行之普通法訴訟，其審理訴訟之方式一般而言有六特色。即㈠採取書面主義，訴訟審理均以書面為之。㈡為避免因當事人接觸法官而法官受不良影響起見，採取間接主義。㈢法官審判對一般人不公開，採秘密審判方式。㈣採取法定順序主義，硬性規定原告被告依次於一定期間內應將其主張、抗辯、再抗辯全部向法院提出，逾時喪失權利，不許再行提出。㈤採取證據分離主義，利用證據判決方法，將程序區分為證據調查與辯論之二階段。㈥採取法定證據主義，法官僅能依法律所定證據方法採證認定事實。簡言之，當時之普通法訴訟之審理方式係以書面審理為中心，結合上述各種原則而進行訴訟審理。

由於此種書面審理方式之重大缺點，訴訟審理拖延、秘密審判發生弊端而不公正，加以自由主義思想之政治運動在各地展開，德國民事訴訟法遂於一八七七年採取言詞審理原則與公開審理主義，而此種言詞審理方式即所謂言詞辯論方式。此種言詞辯論方式之特色係以下列五大審理原則所構成。即㈠雙方當事人於法官面前出庭，法官親自利用言詞辯論為方法展開法

108 參照竹下守夫，〈口頭辯論の意義と必要性〉，載《民事訴訟法の爭點》（新版）第二二〇頁以下。

律糾紛之審理，直接由法官與雙方當事人面對面以言詞為審理，出現於言詞辯論之訴訟資料始得成為法官為判決之資料，結合直接主義與言詞主義為訴訟審理方式。㈡廢除法定順序主義而改採隨時提出主義，言詞辯論縱然經多次之期日而為之，亦不改其言詞辯論之一體性原則。㈢廢止證據判決之制度，不再區分證據調查與辯論之階段，採取所謂證據結合主義得同時一併提出而為言詞審理。㈣採自由心證主義，允許法官依其良心採證而認定事實。㈤廢除秘密審判方法，改採一般公開審判之原則。

我國民事訴訟法關於言詞辯論規定之相關原則，計有本法第二二一條所規定，判決應本於當事人之言詞辯論始得為之原則；第二二二條所規定自由心證主義；第二〇九條所規定法院調查證據於言詞辯論期日行之；第一九六條所規定攻擊或防禦方法得於言詞辯論終結前提出，即採自由順序主義之原則。八十九年修訂第一九六條第一項攻擊防禦方法，除別有規定外，應依訴訟進行之程度，於言詞辯論前適當時期提出之，改採適時提出主義。言詞辯論之程序即在包含上述各種原則下而由法院、雙方當事人以及其他訴訟關係人，共同參與而運作。因此，言詞辯論之意義遂有廣義與狹義之分，同時由於法律規定內容事項之不同，亦得分為不同之種類。

狹義之言詞辯論指，當事人於法院所定之言詞辯論期日，就訴訟標的之法律關係或權利所為攻擊或防禦之一切辯駁及爭論而言（本法第二〇六條）。法院實務，係由審判長於言詞辯論期日，諭令雙方當事人在法庭以言詞就該訴訟為最後之辯駁，言詞辯論終結時，審判長即當場諭示該訴訟辯論終結及法院宣判之時間。本法條文中所稱本案之言詞辯論或辯論係指狹義之言詞辯論而言，例如，本法第二十五條、第二五五條第二項所規定之言詞辯論即此意義之言詞辯論。廣義之言詞辯論指，除法院之宣示裁判以外，法院、當事人及其他訴訟關係人，於期日就該訴訟所為一切行為而言，法院之指揮訴訟、調查證據、當事人之聲明陳述、證人或鑑定人之陳述等行為均包括在內（本法第二一三條）。

言詞辯論之種類，以辯論內容為標準，得分為本案之言詞辯論與非本案之言詞辯論兩種，非本案之言詞辯論又稱為程序之辯論。所謂本案之言詞辯論指，當事人就訴訟標的之法律關係為實體法上之辯論而言，即就原告之訴有無理由而辯論之情形而言。非本案之言詞辯論係，當事人就訴訟要件所為訴訟程序合法不合法之問題為辯論而言，即非就實體問題而就程序問題所為之辯論。訴訟實務上，法院於一般情形大都先就訴訟程序之合法不合法為調查，再就訴訟有無理由之實體問題為審判。

一旦發覺原告之訴訟程序不合法又不能補正者，即依本法第二四九條規定，以裁定駁回原告之起訴，但法院認為必要時，得命為辯論（本法第二三四條）。

本法第二二一條第一項規定，判決除別有規定外，應本於當事人之言詞辯論為之。此種於法院為判決時所必須踐行之言詞辯論，稱為必要的言詞辯論。應經必要的言詞辯論而未辯論者，其判決即屬違法，得為第三審上訴之理由。裁判應否經言詞辯論，得由法院自由決定者，稱為任意的言詞辯論。在裁定程序，原則上採取任意的言詞辯論（本法第二三四條第一項），至於判決程序，除有少數特別之情形外，原則上均採必要的言詞辯論。

二、言詞辯論之進行過程

言詞辯論係於審判長所指定之言詞辯論期日，由審判長指揮之下為進行，其進行過程敘述如次。

1. 首先由審判長諭原告為其訴之聲明，此時，原告即就起訴狀所記載應受判決事項之聲明以言詞為陳述。例如陳述：「請判命被告給付原告新臺幣一百萬元，並自民國八十年二月一日起至清償日止按年利率百分之五計算之利息。訴訟費用由被告負擔。」其次，審判長諭被告為其訴之聲明，此際除被告有就訴訟標的為認諾之情形外，於一般情形，係由被告就原告之聲明為反對之聲明。例如被告陳述：「請駁回原告之訴」，或「請駁回原告之請求」。本法第一九二條規定：言詞辯論，以當事人聲明應受裁判之事項為始。其意義即指上述之事情而言。

2. 俟雙方當事人為訴之聲明後，審判長即命原告陳述其請求之事實理由。此際，原告即就其與被告之間有金錢借貸之事實為主張而陳述其發生事實之經過。原告陳述完畢；審判長接問被告對原告之主張有何意見。此際，被告之反應態度，可能為否認有金錢借貸之事實，或為不知有金錢借貸之陳述，或為沉默不語，或為承認有金錢借貸之事實。又被告有可能主張其已全部清償借款一百萬元完畢，已不再積欠原告借款。對於被告所主張清償借款之事實，原告可能立即加以否認，或陳述不知有清償之事，或沉默不語，或承認被告清償之事實。本法第一九三條第一項規定：當事人應就訴訟關係為事實上及法律上之陳述。此係指上述事情而言。依言詞審理主義之原則，當事人不得引用文件以代言詞陳述，但於例外情形，若以舉文件之辭句為必要時，得朗讀其必要之部分（本法第一九三條第二項）。

3.原告、被告於其所主張之事實，經對造加以爭執時，必須利用證據將其主張之事實為證明。為此，當事人應依本法第二編第一章第三節之規定，向法院聲明所用之證據（本法第一九四條）。此際，若當事人聲明之證據，可當場調查者，即可由法院進行調查證據（本法第二〇九條），並於調查證據後，就調查證據結果曉諭當事人為辯論（本法第二九七條第一項）。若此項證據於受訴法院外調查者，當事人應於言詞辯論時陳述其調查之結果，但審判長得令書記官朗讀調查證據筆錄或其他文書代之（本法第二九七條第二項）。

4.若言詞辯論無法於一次之期日終結時，法院得另定期日續行辯論（本法第一九八條第三項）。實務上大都均能於一次之言詞辯論期日終結言詞辯論。雙方當事人所主張之主要待證事實已經充分之舉證，法院已達可為終局判決之狀態時，即可由審判長宣示終結言詞辯論（本法第一九八條第一項），並指定法院宣示判決之期日（本法第二二三條第二項）。惟法院於言詞辯論終結後，宣示裁判前，如有必要得命再開言詞辯論（本法第二一〇條）。法院一旦宣示辯論終結，應於指定之宣示判決期日為宣判，此項宣判之期日，自言詞辯論終結時起不得逾二星期（本法第二二三條第三項）。

三、審判長之訴訟指揮權

訴訟係雙方當事人有利害關係對立之事，若將訴訟程序之進行及整理之事放置不管，無法期待訴訟有迅速及妥適結果。因此有加以監視，使訴訟能適法及有效率地進行，有採取適當之處置必要。為此目的，法院或審判長所為之行為稱為訴訟指揮，為行訴訟指揮而賦與法院或審判長之權限謂之訴訟指揮權。

訴訟指揮之內容，其範圍頗廣，除終局判決以外之法院訴訟行為全部均包含在內，其主要者有下列各種。㈠有關進行訴訟者。例如，期日之指定、變更，期間伸縮，訴訟程序之停止，續行停止之程序。此類進行訴訟之訴訟指揮權，本法基於職權進行主義之原則，均賦與法院或審判長。㈡為整理及促進訴訟審理有關之措置者。例如，命為分別辯論、合併辯論、限制辯論。本法第二〇四條規定：當事人以一訴主張之數項標的，法院得命分別辯論。但該數項標的或其攻擊或防禦方法有牽連者，不得為之。第二〇五條規定：分別提起之數宗訴訟，其訴訟標的相牽連或得以一訴主張者，法院得命合併辯論。命合併辯論之數宗訴訟，得合併裁判。第五十四條所規定之訴訟，應與本訴訟合併辯論及裁判之。但法院認為無合併之必要或適用

第一八四條之規定者，不在此限。第二〇六條規定：當事人關於同一訴訟標的，提出數種獨立之攻擊或防禦方法者，法院得命限制辯論。㈢為整理於期日所為之各種訴訟行為者。例如，本法第一九八條規定：審判長開閉及指揮言詞辯論，並宣示法院之裁判。審判長對於不從其命令者，得禁止發言。言詞辯論須續行者，審判長應速定期日。㈣為使訴訟關係能明瞭所為處置者。例如，本法第一九九條規定：審判長應注意令當事人就訴訟關係之事實及法律為適當完全之辯論。審判長應向當事人發問或曉諭，令其為事實上及法律上陳述、聲明證據或為其他必要之聲明及陳述；其所聲明或陳述有不明瞭或不完足者，應令其敘明或補充之。陪席法官告明審判長後，得向當事人發問或曉諭。我國學者稱此規定為審判長之闡明權，德國民事訴訟法第一三九條有相同之規定，德國學者大都稱為闡明義務（Aufklärungspflicht）[109]。但日本學者有稱為釋明權者，亦有稱為釋明義務者[110]。日本民事訴訟法第一四九條有相同規定。又例如，本法第二〇三條規定：法院因闡明或確定訴訟關係，得為下列各款之處置：一、命當事人或法定代理人本人到場。二、命當事人提出圖案、表冊、外國文文書之譯本或其他文書、物件。三、將當事人或第三人提出之文書、物件，暫留置於法院。四、依第二編第一章第三節之規定，行勘驗、鑑定或囑託機關、團體為調查。

訴訟指揮權原則上屬於法院。但於合議庭，關於言詞辯論或調查證據之指揮，主要係以審判長為發言機關而行使訴訟指揮權，此際，若當事人對於審判長之措置有異議之情形，法院應就其異議為裁定。本法第二〇一條規定：參與辯論人，如以審判長關於指揮訴訟之裁定，或審判長及陪席法官之發問或曉諭為違法而提出異議者，法院應就其異議為裁定。又受命法官或受託法官，因處理所受授權之事項，亦有訴訟指揮權（本法第二〇二條、第二七〇條、第二七二條）。訴訟指揮有如同於言詞辯論之指揮情形以事實行為行之者，但多數情形採裁判之方法行之。於為裁判時，由法院以裁定方法為之，由審判長、受命法官、受託法官為之者，以命令之方法為之。訴訟指揮之方法雖以裁定或命令之方法為之，但因訴訟指揮之目的非在對一定事項為確定之判斷，僅係就程序進行、審理方法為臨機應變所為之處置而已。於為裁定或命令之後，一旦認為不必要或不

[109] 參照 Jauernig, ZPR. 22. Aufl. S. 76ff.; Thomas-Putzo, ZPO. 15. Aufl. §139.

[110] 例如，安井光雄，〈釋明權〉，載《民事訴訟法の爭點》（舊版）第一九六頁以下。山本和彥，〈釋明義務〉，載《民事訴訟法の爭點》（新版）第二二二頁以下。

妥當者，法院或審判長即得隨時自行為撤銷。又值注意者，訴訟指揮因屬於法院之權能，縱然當事人聲請發動此項權能，其聲請之性質僅屬於陳情之性質，法院不為照准之情形，原則上，無庸一一對當事人為交代。惟法律於一定情形，明定當事人對某項訴訟指揮有聲請權者，此際，法院不得就當事人之聲請放置不為處理，應以裁定為准許與否之交代。例如，移送訴訟之聲請（本法第二十八條），當事人聲請審判長為必要之發問（本法第二〇〇條第一項），當事人聲請撤銷訴訟程序停止之裁定（本法第一八六條），法院不得任置不理[111]。

四、法院之闡明權

(一)闡明權之概念與目的

本法第一九九條第二項及第三項規定：審判長應向當事人發問或曉諭，令其為事實上及法律上陳述、聲明證據或為其他必要之聲明及陳述，其所聲明或陳述有不明瞭或不完足者，應令其敘明或補充之。陪席法官告明審判長後，得向當事人發問或曉諭。此一規定即學者所稱法院之闡明權。在處分權主義與言詞辯論之原則下，法院不得就當事人未聲明之事項為判決，法院判決應以經言詞辯論之訴訟資料為基礎始得為之。當事人於言詞辯論期日，聲明應受判決之事項以後，應即就訴訟關係為事實上及法律上之陳述，並聲明所用之證據，對於他造主張之事實及提出之證據，亦應為陳述，並應依訴訟進行之程度，於言詞辯論終結前，適當時期提出其攻擊或防禦之方法（本法第一九二條、第一九三條第一項、第一九四條、第一九五條第二項、第一九六條第一項）。當事人若未為聲明或陳述，或其聲明、陳述有不明瞭或不完足者，審判長即應盡其闡明之權責，以利訴訟程序之進行。此項闡明之權責，我國學者稱為闡明權，日本學者稱為釋明權或釋明義務，德國學者大都以闡明義務稱之。依德國民事訴訟法第一三九條之規定，審判長為達成闡明之目的，必要時得與雙方當事人，就訴訟之法律關係為事實上及法律上之討論及提出問題。法官與雙方當事人之間，討論本案訴訟之法律關係，主要係法官藉公開其認為重要之法律觀點，促使雙方當事人為聲明、主張或提出證據，俾能影響法官之法律觀點。德國學者自其第一三九條之立法沿革及理由中，

---

[111] 參照中野貞一郎等三人，《民事訴訟法講義》（補訂第二版）第二三三頁。

大都認為法院之闡明屬於義務而非法院得斟酌之規定。在德國，其闡明權自審判長之訴訟發現真實及法院應為闡明之立場而言，屬於法院之義務。從而在德國，闡明不僅為法院之權利，同時亦為法院之義務，對此見解學者已無爭論，其爭執者，僅係闡明義務之範圍如何之問題[112]。昔日德日學者有認為闡明係審判長之權利而非其義務，審判長若不行使其權利時，並不違法，當事人不得據為上訴理由者，此種見解已不合時宜。

我國最高法院有若干判例認為，法院之闡明為義務，如有違背，其訴訟程序即有重大瑕疵。例如，最高法院四十三年臺上字第一二號判例云：民事訴訟法第一百九十九條第二項規定，審判長應向當事人發問或曉諭，令其陳述……云云，此為審判長因定訴訟關係之闡明權，同時並為其義務，故審判長對於訴訟關係未盡此項必要之處置，違背闡明之義務者，其訴訟程序即有重大瑕疵，而基此所為之判決，亦屬違背法令。最高法院四十九年臺上字第一五三○號判例云：當事人對於代位權行使與否，意思不明時，審理事實法院之審判長，有依民事訴訟法第一百九十九條第二項行使闡明權之職責，其疏於行使，僅以其所有權生效要件欠缺，而為其敗訴之判決時，應認為有發回更審之原因。

(二)闡明權之內容與其範圍

依本法第一九九條第二項規定內容觀之，計有三種：

1. 令當事人陳述事實，聲明證據，或為其他必要之聲明或陳述。法院開始進行辯論時，須確知當事人應受判決事項之具體內容如何。當事人如不為訴之聲明時，審判長應為曉諭。此際，因當事人大都不解訴之聲明為何事，審判長宜使用通俗之用語，詢問其要求法官如何判決，促當事人以言詞就其起訴狀或答辯狀所載訴之聲明為陳述。以後應令其就起訴原因事實或答辯之事實理由為陳述，並聲明證據，或為其他必要之聲明或陳述。審判長行使此項闡明之目的，依言詞辯論之原則，僅在瞭解訴訟事件之具體內容，非使當事人提出新主張為目的。

民國八十九年二月本法修正時，立法者為擴大訴訟制度解決紛爭之功能，使當事人得利用同一訴訟程序徹底解決紛爭，增訂本法第一九九條之一規定：「依原告之聲明及事實上之陳述，得主張數項法律關係，而其主張不明瞭或不完足者，審判

[112] 參照Münchener Kommentar, ZPO. §139, S. 998ff.; 齋藤秀夫編，《注解民事訴訟法(2)》第二四八頁以下。

長應曉諭其敘明或補充之。被告如主張有消滅或妨礙原告請求之事由，究為防禦方法或提起反訴有疑義時，審判長應闡明之。」據此規定，若原告主張之事實，於實體法上得主張數項法律關係而原告不知主張時，審判長理應曉諭原告得於該訴訟程序中併予主張。惟我國民事訴訟法採當事人處分權主義及辯論主義，原告究欲主張何項法律關係，其是否為訴之變更或追加，應由原告斟酌其實體利益及程序利益而為決定。又被告如主張有消滅或妨礙原告請求事由，究為防禦方法抑或提起反訴有疑義時，為達一訴訟解決有關紛爭之目標，並利於被告平衡追求其實體利益與程序利益，審判長亦應適時行使闡明權。

由於立法者增訂本法第一九九條之一，其結果，法院或審判長行其闡明權之範圍已大為擴張，國內學者有認為本法第一九九條之一之增訂係不當者[113]。立法者僅立於擴大訴訟制度解決紛爭之功能，於立法政策上一再擴大審判長行使闡明權之範圍。於採取律師強制制度之民事訴訟法，確有達成一訴訟解決相關多數紛爭之功能。惟於採當事人訴訟制度之民事訴訟法，過分擴大審判長之闡明權結果，由於當事人非法律專家，不知法律規定有何權利可主張或抗辯，難免形成既為審判者角色又為比賽者之教唆人角色，此兩者背反之場面。就處分權主義與辯論主義之基礎而言，審判長之闡明權內容與範圍，在理論上宜有相當程度之節制，不能過分擴大，始合正確之立法政策。

2. 當事人之聲明或陳述有不明瞭者，令其敘明。當事人一定之聲明與起訴之原因事實不符，或其陳述含糊不清之情形，審判長若不加以闡明，則該訴訟事件係不明，倘不加闡明而強行裁判，其裁判理由必然不足，難為當事人所折服。例如，原告請求被告給付租金，但其於陳述事實理由中又謂持有被告之票據，請求被告清償票款。此際，原告之訴究竟係基於租賃關係抑或票據關係為請求，認事用法相去甚遠，裁判理由如何說明，關係重大，審判長自有闡明之必要。

3. 當事人之聲明或陳述不完足者，應令其補充完足。法院依當事人書狀之記載或其他情事，可認當事人有提出時效抗辯之意思者，依民事訴訟法第一九九條第二項規定，審判長固應向該當事人發問或曉諭，命其提出與否之陳述，若無何種情事可認當事人有提出消滅時效抗辯之意思者，審判長不得採用同條項規定，為此發問或曉諭（司法院三十三年七月十二日院字第二七〇八號解釋）。

113 見姚瑞光，《民事訴訟法論》（八十九年十一月版）第二六四頁以下。

㈢闡明權之作用與辯論主義之關係

闡明權係法院行使訴訟指揮權時之最重要方法。法院為闡明時，不限於使不明瞭之當事人之聲明、陳述、主張使為明瞭，其有不完備而有缺點之情形，亦應令其補充完整。法院為闡明之方法，大都係利用對當事人為發問之方法為之，故，法院之闡明權，德國學者又稱為質問權 (Fragerecht) 或質問義務 (Fragepflicht)[114]。按民事訴訟法之立法原則，有當事人主義與職權主義之對立，且有辯論主義與職權探知主義之對峙。現在各國之民事訴訟法，已無絕對採取極端之當事人主義。為訴訟之迅速及正確之進行，立法者採取職權主義之訴訟指揮權制度，俾以改善當事人主義之重大缺點，而闡明權即為訴訟指揮權中之最重要方法之一。又依辯論主義與處分權主義之原則，當事人應就其訴之聲明為特定，就待證事實為主張並提出證據，法院不得干涉。惟若當事人之聲明、主張、陳述，有不適當或不完整之重大缺點之情形，法院亦立於徹底之辯論主義與當事人主義，不顧一切而為裁判時，則勢必形成本應勝訴之當事人竟遭敗訴之判決，就判決之正確及妥當之要求而言，實係違背正義之要求而不值鼓勵。為補救辯論主義與當事人主義之此種缺點，法院利用職權主義之闡明作用，為一定程度之修正，實有必要。就此而言，闡明權之行使雖出於職權主義而限制辯論主義，但其意義目的在除去辯論主義之弊端及補救缺點，俾以保護法律應加保護之權利人。從而闡明權之行使，就此觀點言之，並非與辯論主義成為敵對之關係而成為互助之關係。

法院於行使闡明義務時，究竟於何種情形下必須行使，且其行使於何種程度，始不發生無視辯論主義與處分權主義之違法問題？法院於實際運作時，因無明確之具體標準，僅能依賴辦案審判長主觀上之判斷，有時難免發生當事人間對審判長有無超越闡明程度之爭議，學者之間對此問題亦無人提出完整可採之標準，僅賴判例解決問題。我國相關判例已如前述，但德國之學說判例傾向於擴大闡明義務之範圍。日本學說判例較保守，尤其於第二次世界大戰終結後，其最高裁判所幾乎未曾出現因闡明權之行使不行使問題之判例，似乎完全否定闡明義務之存在，迄昭和三十年前後始開始有判例出現，以法院不行使闡明權為理由廢棄原判決之情形。昭和四十年以後，重視闡明義務之傾向增強，除有違反消極的闡明義務之判例外，對違反積極的闡明義務之判例亦多次出現[115]。拙認為我國採當事人訴訟之立法例，不採德國之律師強制主義，但法院為發現客觀之

---

[114] 參照 Baumbach-Lauterbach-Albers-Hartmann, ZPO. 42. Aufl. §139 12.

[115] 參照中野貞一郎等三人，《民事訴訟法講義》第二一三頁以下。

真實，對於不懂法律之當事人盡闡明義務，使判決能更符合客觀真實之結果，確有必要。若強調極端之辯論主義而法院昧著良心，以形式上之真實，為不合客觀真實之判決，恐與法律正義之價值相違背。此乃何以一九三三年德國民事訴訟法於其第一三八條第一項規定，雙方當事人應就事實上之情形為完整之表示且依真實為陳述之原因所在。我國民事訴訟法第一九五條第一項規定：當事人就其提出之事實，應為真實及完全之陳述，其立法目的相同。此種課當事人以真實陳述之義務，其目的在維持訴訟能獲客觀真實之判決。從而在訴訟審理中，不宜強調辯論主義，而忽略法院為發現客觀真實而為闡明及判決也。

五、當事人之真實義務與責問權

(一)當事人之真實義務(die Wahrheitspflicht)[116]

本法第一九五條第一項規定：當事人就其提出之事實，應為真實及完全之陳述。此項規定與德國民事訴訟法第一三八條第一項規定相同，學者稱為當事人之真實義務。日本民事訴訟法並無相同規定之條文，惟日本學者對於真實義務之問題多有論述。民事訴訟法雖採取當事人處分權主義及辯論主義，但並不允許當事人有就其所知悉之真實為虛偽之主張及陳述之自由。換言之，當事人於知悉一定之真實時，固然自己不得為虛偽之主張事實或聲明虛偽之證據。對於他造所主張之事實，亦不得於明知其主張事實係真實之情形，對之加以爭執或提出虛偽之反證。當事人在訴訟法上之此種義務，稱為當事人之真實義務。辯論主義之立法係為發現真實之目的而將其為利用之訴訟方法，故真實義務具有補助辯論主義發現真實之功能。換另一角度而言，縱然辯論主義係私法自治在訴訟法上之另一種形態，在私法上既然有誠實信用原則之要求及禁止權利濫用（民法第一四八條），則在訴訟法上為公平起見，亦無允許當事人濫用訴訟程序而為虛偽主張之道理。雖然本法對於違反真實義務之當事人，並無明文對其處罰之規定，但法院於察知當事人有虛偽之主張事實或聲明虛偽證據時，得將其作為影響法院心證之因素，斟酌全辯論意旨及調查證據之結果而為不利於該當事人之判決。若因當事人之虛偽主張及聲明虛偽證據而增加訴訟費用者，法院並得據此而命該當事人負擔此項費用。

---

[116] 參照 Jauernig, ZPR. 18. Aufl. §26, S. 80ff.

㈡當事人之責問權

本法第一九七條規定：當事人對於訴訟程序規定之違背，得提出異議。但已表示無異議或無異議而就該訴訟有所聲明或陳述者，不在此限。前項但書規定，於該訴訟程序之規定，非僅為當事人之利益而設者，不適用之。日本民事訴訟法第九十條與德國民事訴訟法第二九五條之規定均有相同規定，學者稱為當事人之責問權（das Rügerecht）。訴訟法就有關訴訟之行為設有行為之要件、方式等之各種規定，一旦對此種規定加以違反而為行為時，原則上，法院不得以此種違法之行為為前提而進行訴訟程序。惟於實際上，法院有時並未注意有此種違法行為之存在而進行訴訟程序。此際，為保護當事人之程序利益起見，賦當事人以監視適法進行訴訟程序，則有其必要。立法者遂立法規定，於法院或對造當事人就有關訴訟所為之行為違背訴訟法規時，賦當事人得就該違法行為表示異議而主張其無效之權能，此項權能即當事人之責問權。

惟若當事人已知悉法院或對造有違背訴訟法規之事而不為異議，或當事人若稍微注意即可知悉違法之事而不為注意之情形，俟法院以該項違法行為為基礎進行程序之後，始隨時行使責問權而使已進行之程序全部歸於無效者，訴訟程序無法安定，且亦違反訴訟經濟。於此情形，不得不考慮分辨訴訟法規之目的作不同之處理。若所違背之規定係為保障當事人進行訴訟之利益而規定者，當事人既然甘受該項違背之不利益，則已無使其再行主張程序無效之必要。因此，本法規定，允許當事人得放棄責問權，且規定當事人於不速行責問時，即喪失其責問權。依本法第一九七條之規定，當事人得喪失責問權之要件有三：第一、須法院、對造當事人或其他訴訟關係人之訴訟行為違背訴訟程序之規定。第二、該項違背之規定係僅為當事人之利益而設者。第三、當事人已表示無異議或無異議而就該訴訟有所聲明或陳述。例如，未將訴訟繕本一併與言詞辯論期日之通知送達於被告（本法第二五一條第一項、第一三五條），指定星期日或其他法定休息日為期日（本法第一五五條），訴訟程序當然或裁定停止間，法院或當事人仍為關於本案之訴訟行為（本法第一八八條第一項），應具結之證人未命具結（二八上字第一五四七號判例）。最高法院五十年臺上字第一八八〇號判例云：上訴人於原審所定之言詞辯論期日，雖未受有合法之傳喚，但上訴人既於期日到場而為本案之辯論，依民事訴訟法第一百九十七條第一項但書，應認其責問權已喪失，殊難以此資為不服之論據。

㈢提出攻擊或防禦方法之適當時期

本法第一九六條之規定，於民國八十九年二月修正，由自由順序主義改採限制的自由順序主義。依本法第一九六條規定，攻擊或防禦方法，除別有規定外，應依訴訟進行之程度，於言詞辯論終結前適當時期提出。當事人意圖延滯訴訟，或因重大過失，逾時始行提出攻擊或防禦方法，有礙訴訟之終結者，法院得駁回之。攻擊或防禦方法之意旨不明瞭，經命其敘明而不為必要之敘明者，亦同。

立法者認為，為防止訴訟延滯及因應時代潮流，故於本條第一項增訂，攻擊或防禦方法應依訴訟進行之程度，於言詞辯論終結前適當時期提出。至於所謂適當時期，係依法律之規定或由法院酌量為決定。本法已就當事人提出攻擊或防禦方法之時期，有特別規定者，應從其規定。例如第二七六條所規定，準備程序後於行言詞辯論時，不得主張未於準備程序能主張之事項；第四四七條第一項所規定，當事人在第二審不得提出新攻擊防禦方法，惟有該項但書列舉之情形者，不在此限，即其適例。本條第一項所規定，除別有規定外一語係指上述之例而言。又當事人意圖延滯訴訟或因重大過失逾時始行提出攻擊防禦方法，或攻擊防禦方法之意旨不明瞭，經命其敘明而不為必要之敘明者，法院於認為有礙訴訟之終結時，得將其駁回之。

六、當事人之發問權與參與辯論人之異議權

本法第二〇〇條規定：當事人得聲請審判長為必要之發問，並得向審判長陳明後自行發問。審判長認為當事人聲請之發問或經許可之自行發問有不當者，得不為發問或禁止之。此為期待言詞辯論能完全而設。關於事實真相或其他必要事項，審判長之發問尚未完足者，原則上，當事人得聲請審判長為必要之發問，若向審判長陳明後，亦得由當事人自行發問。

又本法第二〇一條規定：參與辯論人，如以審判長關於指揮訴訟之裁定，或審判長及陪席法官之發問或曉諭為違法而提出異議者，法院應就其異議為裁定。按審判長乃合議庭之代表機關，其於言詞辯論時行使訴訟指揮權，其行使訴訟指揮權有無違法，應受法院之監督。若當事人、代理人、證人、鑑定人等，凡參與訴訟之人，以審判長指揮命令或發問為違法而為異議，則應由法院就其異議為裁定，陪席法官之發問或曉諭有違法而對之有異議之情形亦同。當事人對於審判長指揮訴訟之違法命令，固得申述異議，惟關於法院對異議之裁判，則不許抗告（一七抗字第二〇二一號判例）。又法院命將已閉之辯論再開，屬於訴訟指揮之性質，在不得抗告之列（二〇抗字第二一六號判例）。

七、法院就訴訟為分別、合併、限制之言詞辯論

本法第二〇四條規定：當事人以一訴主張之數項標的，法院得命分別辯論。但該數項標的或其攻擊或防禦方法有牽連關係者，不得為之。第二〇五條規定，分別提起之數宗訴訟，其訴訟標的相牽連或得以一訴主張者，法院得命合併辯論。命合併辯論之數宗訴訟，得合併裁判。第五十四條所定之訴訟，應與本訴訟合併辯論及裁判之。但法院認為無合併之必要或應適用第一八四條之規定者，不在此限。第二〇六條規定：當事人關於同一訴訟標的，提出數種獨立之攻擊或防禦方法者，法院得命限制辯論。

民事訴訟法規定，當事人之訴訟於一定要件之下，得將訴訟為合併或不為合併，其自由選擇之幅度頗大。惟此種訴訟之合併或不為合併之情形，有時在法院實際為審理時，形成審判工作之錯綜複雜或裁判結果之衝突。為使法院審判工作能順利進行或防止裁判牴觸起見，本法特於言詞辯論程序規定，法院於必要情形得就訴訟為分別辯論、合併辯論、限制辯論之各種適當之措施。此種措施在性質上屬於訴訟指揮權之行使，當事人對之不得聲明不服（一九抗字第五四六號判例）。

法院命分別辯論之情形，於分別為辯論後，即應分別裁判，其情形與各別提起數訴之情形無異。惟應注意者，本法有特別規定數宗訴訟必須合併者，則不許分別為辯論，例如，本法第五十六條之必要共同訴訟。

法院依本法第二〇五條第一項規定得命合併辯論之情形，限於數宗訴訟得行同種訴訟程序者始可。法院以裁定命為合併辯論之後，即與合併提起數訴之情形相同。若數宗訴訟之當事人兩造相同者，固然得合併為裁判，但若數宗訴訟之當事人兩造不相同者，則不得合併裁判（三一上字第二七九七號判例）。又數宗訴訟之當事人兩造或一造相同，得由法院合併審理者，自以該數宗訴訟均繫屬於同一審級之法院時為限（一九抗字第五四四號判例）。法院命合併辯論或合併裁判與否原則上由法院依職權為斟酌決定，惟本法有明文規定應合併辯論及裁判者，例如本法第二〇五條第三項前段所規定主參加之訴之情形。惟學者有認為，於主參加訴訟與本訴訟合併之情形，法院命合併辯論即可收二訴之裁判不相牴觸之效，何以在當事人兩造不相同、地位相反之事件，應合併裁判，殊不可解者[117]。

法院命限制辯論之情形，係指就已提出之數種攻擊或防禦方法限制其為全面辯論而言，非為除去其他之攻擊或防禦方法，

而係就當事人所提出之數獨立攻擊或防禦方法，定其辯論之次序，命依次為辯論之意[118]。所謂獨立之攻擊或防禦方法者，指當事人因攻擊或防禦而主張之事實，足使訴訟標的之法律關係發生、變更、消滅或足以妨礙其效果之發生者而言。當事人所主張而提出之各種獨立之攻擊或防禦方法有多數之情形，若其中之一成立時，即可使訴訟獲得勝訴判決者，法院不得不限制辯論，而不為全面就數種攻擊或防禦方法同時辯論，俾以簡化而達訴訟程序經濟之目的。

八、通譯之應用與對欠缺陳述能力當事人之處置

本法第二〇七條規定：參與辯論人如不通中華民國語言，法院應用通譯；法官不通參與辯論人所用之方言者亦同。參與辯論人如為聾、啞人，法院應用通譯。但亦得以文字發問或使其以文字陳述。關於鑑定人之規定於前二項準用之。法院行言詞辯論時，參與辯論人均為我國國人者，自當以中華民國語言為之。惟若其為外國人而不通中華民國語言或我國人而僅懂地方方言者，則於法官不通此類外國語言或方言時，則有使用通譯之必要。聾、啞人若不識文字，則無法筆談，僅得使用懂得手語之通譯協助法官進行辯論。通譯係依其技能參與於辯論之人，於訴訟為翻譯傳達意思之機關，其地位類似鑑定人，關於通譯之選任、具結、迴避、公費等，悉準用鑑定人之規定。

本法第二〇八條規定：當事人欠缺陳述能力者，法院得禁止其陳述。前項情形，除有代理人或輔佐人同時到場者外，應延展辯論期日；如新期日到場之人再經禁止陳述者，得視同不到場。前二項之規定，於訴訟代理人或輔佐人欠缺陳述能力者準用之。當事人欠缺陳述能力，無法使訴訟關係明顯而為辯論，此際，無論其係一時因泥醉抑或平常即無陳述能力，法院得禁止其陳述，同時應延展辯論期日，並宜諭令於新期日由他人到場陳述。但當事人被禁止陳述時，如同到場之訴訟代理人或輔佐人有陳述能力者，不必展延期日，若於新期日到場之人，又因無陳述能力，經再禁止陳述時，法院得視為其人不到場而為同一處置，法院得依他造之聲請，由其一造辯論而為判決。

[117] 見姚瑞光，《民事訴訟法論》第二六六頁。

[118] 參照姚瑞光，《民事訴訟法論》第二六七頁。王甲乙等三人，《民事訴訟法新論》第一八九頁。

九、更新辯論與再開辯論

本法第二一一條規定：參與言詞辯論之法官有變更者，當事人應陳述以前辯論之要領。但審判長得令書記官朗讀以前筆錄代之。本法採言詞辯論主義與直接審理主義，法官非參與為判決基礎之言詞辯論者，不得參與判決（本法第二二一條第二項）。參與言詞辯論之法官，如有前後易人之情形，應使當事人陳述以前辯論之要領，俾後參與之法官知悉其事。但審判長亦得令書記官朗讀以前筆錄，以代當事人之陳述。此種辯論之過程，學者稱為更新辯論。

又本法第二一〇條規定，法院於言詞辯論終結後，宣示裁判前，如有必要得命再開言詞辯論。言詞辯論終結後，法院如認為事件關係尚未臻於十分明瞭，不適於為裁判者，得命再開言詞辯論。或由於參與辯論之法官發生死亡、重病等變故，無法製作判決書之情形，法院得於宣示裁判前，以裁定命再開言詞辯論。命再開已閉之言詞辯論，屬於法院之職權，當事人並無聲請再開之權，故當事人聲請再開時，不必就其聲請予以裁判，即使予以裁判，亦屬訴訟程序進行中所為之裁定，依民事訴訟法第四八三條之規定，不得抗告（二八抗字第一七三號判例）。法院為再開言詞辯論之裁定者，應另定再開辯論之期日，將其通知與再開辯論之裁定，一併送達於兩造當事人。於再開之言詞辯論時，雖非屬再開理由之點，當事人亦得更為辯論，得提出新攻擊或防禦方法，其以前遲誤訴訟行為之當事人，得於期日到場除去其遲誤之效果。但法院不得專為遲誤訴訟行為之當事人，除去遲誤之效果而命再開辯論（二九上字第一二七三號判例）。

十、言詞辯論筆錄

㈠言詞辯論筆錄之意義與製作目的

法院書記官於言詞辯論期日當場依法定程式，就言詞辯論進行之經過要領及若干重要事項為記載之公文書，稱為言詞辯論筆錄。本法採言詞審理主義及直接審理主義，判決應本於當事人之言詞辯論為之。此項言詞辯論之內容及其程式之遵守，若無文字記載保存，法官僅憑記憶為裁判，難免疏失發生錯誤。為確保證明言詞辯論進行之經過及其內容程式事項之存在，杜絕日後之爭執，安定此後之程序接續，使上訴審法院能調查判斷原判決法院之審判程序是否合法，故，有製作言詞辯論筆錄之必要。從而言詞審理主義之缺點得以補救。

㈡言詞辯論筆錄之記載內容及製作程式

本法第二一二條規定：法院書記官應製作言詞辯論筆錄，記載下列各款事項：一、辯論之處所及年月日。二、法官、書記官及通譯姓名。三、訴訟事件。四、到場當事人、法定代理人、訴訟代理人、輔佐人及其他經通知到場之人姓名。五、辯論之公開或不公開，如不公開者，其理由。第二一三條規定：言詞辯論筆錄內，應記載辯論進行之要領，並將下列各款事項，記載明確：一、訴訟標的之捨棄、認諾及自認。二、證據之聲明或捨棄及對於違背訴訟程序規定之異議。三、依本法規定應記載筆錄之其他聲明或陳述。四、證人或鑑定人之陳述及勘驗所得之結果。五、不作裁判書附卷之裁判。六、裁判之宣示。除前項所列外，當事人所為重要聲明或陳述及經曉諭而不為聲明或陳述之情形，審判長得命記載於筆錄。又本法第二一三條之一規定，法院得依當事人之聲請或依職權，使用錄音機或其他機器設備，輔助製作言詞辯論筆錄。其辦法，由司法院定之。

又當事人將其在言詞辯論時所為之聲明或陳述記載於書狀，當場提出，經審判長認為適當者，得命法院書記官以該書狀附於筆錄，並於筆錄內記載其事由（本法第二一四條）。法院書記官製作之筆錄不得挖補或塗改文字，如有增加、刪除，應蓋章並記明字數，其刪除處應留存字跡，俾得辨認（本法第二一八條）。審判長及法院書記官應於筆錄內簽名；審判長因故不能簽名者，由資深陪席法官簽名，法官均不能簽名者，僅由書記官簽名，書記官不能簽名者，由審判長或法官簽名，並均應附記其事由（本法第二一七條）。有疑義者，言詞辯論筆錄未經審判長推事簽名，亦未附記其事由，基此所為之判決得否予以廢棄，發回更審？最高法院四十七年三月五日之四十七年度第一次民刑庭總會會議決議㈣云：審判筆錄，審判長未簽名，應認為違法，如經上訴人據為上訴理由，而其內容又與判決有因果關係者，應將原判決廢棄。又最高法院五十年臺上字第一〇二四號判例云：審判長未依民事訴訟法第二百十七條規定於筆錄內簽名，經當事人提出異議，且其內容又與判決有因果關係者，法院始得認為有瑕疵而發回更審，此為本院裁判上所持之見解，此項見解於法院書記官漏未簽名時，亦適用之。

㈢審判筆錄內引用附卷文書之效力

本法第二一五條規定，筆錄內引用附卷之文書或表示將該文書作為附件者，其文書所記載之事項，與記載筆錄者有同一之效力。所謂「筆錄內引用附卷之文書」，係指文書業已附卷，而於筆錄內予以引用者而言。例如實務上最常見，當事人所為之聲明或陳述，已於其所提出附卷之起訴狀或準備書狀中敘明，開庭時再以言詞重複為之，此際，法院書記官為節省勞力，即可不必一一照當事人之聲明或陳述內容為記載，得僅記載「原告之聲明與起訴狀相同」。所謂「表示將該文書作為附件」，係指於筆錄內記明將該附卷之文書作為附件而言。例如，將當事人在法庭所提出之書狀附於筆錄，並於筆錄內記載其事由，即係表示將該書狀作為筆錄之附件。筆錄內引用附卷之文書或將該文書作為附件，文書之內容雖未於筆錄本件內容為記載，應已構成筆錄之一部分，此項文書所記載之事項，與記載於筆錄者有同一之效力。

㈣言詞辯論筆錄之朗讀及閱覽

筆錄所記載之言詞辯論事項成為有公證力之內容，倘有錯誤，勢必影響當事人或關係人之利益，應有使依聲請於法庭向當事人或關係人朗讀或令其閱讀之機會，俾其能提出異議請求更正或補充。惟朗讀或令閱覽者，限於事關訴訟勝敗之第二一三條第一項第一款至第四款事項。故，本法第二一六條規定：筆錄或前條文書內所記第二百十三條第一項第一款至第四款事項，應依聲請於法庭向關係人朗讀或令其閱覽，並於筆錄內附記其事由。關係人對於筆錄所記有異議者，法院書記官得更正或補充之；如以異議為不當，應於筆錄內附記其異議。

㈤言詞辯論筆錄之效力

本法第二一九條規定：關於言詞辯論所定程式之遵守，專以筆錄證之。所謂言詞辯論所定程式，係指與言詞辯論之實質內容相對稱者而言。本法雖以採用自由心證主義為原則（本法第二二二條），但為言詞辯論所規定之外部形式上之程式，其有無遵守，僅得以筆錄為證明，專以筆錄之證據力，藉以杜絕是否遵守言詞辯論所規定程式之紛爭。言詞辯論所定之程式，例如，本法第二一二條各款所規定辯論之處所及年月日、法官書記官及通譯姓名、當事人法定代理人訴訟代理人之到場、辯論之公開或不公開等事項，專憑筆錄為證明，不許以其他證據為證明。在筆錄內記載所確認之事項，證明該事項程式確經遵守，筆錄內未記載者，證明未經遵守[119]。依德國民事訴訟法第一六五條後段之規定，僅於有反證證明筆錄係偽造者外，不許就筆錄所記載程式內容為反證。蓋法院依法製成之筆錄為公文書之一種，於證據法上有相當之效力也（一九上字第一七九三號判

[119] 參照 Thomas-Putzo, ZPO. 15. Aufl. §165, S. 380.

例、二〇上字第二九四號判例）。本法第二一九條之規定，即屬本法第二二二條第一項但書所謂之特別規定。至於當事人聲明之內容，當事人、證人、鑑定人之陳述、勘驗結果，裁判之內容等事項之實質內容，不能專以筆錄為證明，不適用第二一九條之規定。此類言詞辯論之實質內容，有時雖未記入筆錄，但確經言詞辯論而為審判長或法官所記憶者，法院仍得據為裁判之資料。法院實務上為杜絕此種問題之爭執，開庭時利用錄音保存記錄，俾以補救法院書記官之記載遺漏或錯誤。

第三章　訴訟程序之終結

第一節　訴之撤回

一、訴之撤回之概念與其性質

訴之撤回係，原告於判決確定前，向法院表示撤回其起訴，俾以溯及消滅訴訟繫屬之訴訟行為。原告一旦向法院為起訴之訴訟行為，即生訴訟繫屬，從而法院必須以裁判終結訴訟。惟基於處分權主義之原則，原告於判決確定以前，願意放棄法院對其為權利保護，俾以溯及於起訴終結其訴訟者，法律應無不許之理。故，本法第二六二條規定，原告得撤回其訴訟之制度。訴之撤回係原告單方之訴訟行為，其性質屬於與效之訴訟行為(Bewirkungshandlung)❶，無須法院之准許，於撤回訴訟之意思表示到達法院時，即發生消滅訴訟繫屬之溯及效果，性質上不許撤回，亦不得附期限或附條件。原告雖得為訴之撤回，但被告之利益亦有保護之必要。因此，本法分別規定，被告已為本案之言詞辯論者，原告撤回其訴，應得被告同意；於本案經終局判決後將訴撤回者，原告不得復提起同一之訴（本法第二六二條第一項但書、第二六三條第二項），此時被告之同意，僅屬撤回訴訟之效力發生要件，不得解釋撤回訴訟為雙方之訴訟行為。

原告撤回訴訟之目的，於實務上，大都見於當事人已於訴訟外成立和解，或原告已獲被告之清償情形。惟亦有，於起訴後因見證據不足有敗訴之虞，先予撤回，俟以後再行起訴為目的者。

❶ Jauernig, ZPR. 22. Aufl. S. 101.

二、訴之撤回與其他各種行為之區別

1.訴之撤回與上訴之撤回，兩者宜有區別。訴之撤回，視同未起訴（本法第二六三條第一項），其法律效果係溯及的消滅一切之訴訟繫屬，例如，原告於第三審判決以前，將訴訟撤回者，不僅第三審訴訟繫屬消滅，且溯及於起訴時，第二審及第一審之訴訟繫屬亦全部歸於消滅，各審級法院判決亦當然失其效力❷。至於上訴之撤回，僅係上訴人對於法院表示撤回上訴之訴訟行為，其撤回上訴之法律效果，僅使上訴審之訴訟繫屬溯及於上訴時歸於消滅而已，不影響下級審之訴訟繫屬及其判決之效力。

2.訴之撤回與訴訟標的之捨棄、實體權利之拋棄，亦有差異。訴訟標的之捨棄（der Klageverzicht）係原告於法院審判程序中，承認其權利主張無理由，自行陳述表示將訴訟上之請求（即訴訟標的）為放棄之訴訟行為❸。此種訴訟行為之法律效果，於訴訟法上發生法院應本於原告之捨棄而為原告敗訴之判決（本法第三八四條）。原告對訴訟標的之捨棄，不影響起訴所生訴訟繫屬之效果，此與訴之撤回發生消滅訴訟繫屬之溯及效果情形，兩者頗有差異。

實體權利之拋棄，與訴之撤回或訴訟標的之捨棄，亦有差異。實體權利之拋棄，係權利人對於義務人，以消滅其權利為目的之意思所為實體法上之法律行為，僅生實體法上權利消滅之法律效果。訴之撤回或訴訟標的之捨棄，係訴訟法上之訴訟行為，僅生訴訟法上之法律效果，兩者不同。訴之撤回或訴訟標的之捨棄，並不當然使權利人之實體權利發生消滅之結果，而實體權利之拋棄，亦不當然發生原告為訴之撤回或為訴訟標的之捨棄。

3.訴之撤回與撤回訴訟之合意，兩者之差異。學者之間，就撤回訴訟之合意之法律性質及法律效果之見解頗有爭論❹。訴之撤回必須由原告向法院為之，始生撤回訴訟之法律效果而使訴訟繫屬歸於消滅。但撤回訴訟之合意，僅係雙方當事人於訴訟外所達成之契約行為，其目的在使原告向法院撤回訴訟。原告如不依約向法院表示撤回訴訟時，被告可否據此合意，向

❷ 參照中野、松浦、鈴木編，《民事訴訟法講義》第三五一頁。

❸ 參照 Jauernig, ZPR. 22. Aufl. S. 168; Rosenberg-Schwab, ZPR. 14. Aufl. S. 847f.

❹ 見陳榮宗，〈撤回訴訟之合意〉，載《民事程序法與訴訟標的理論》第二六四頁以下。

法院請求駁回原告之起訴？法院是否仍得進行原告之訴訟？早期之學者，有主張撤回訴訟之合意為不合法而無效之行為，既不生實體法上之效力，亦不生訴訟法上之任何效力，惟此種見解，現在已無人追隨。現在學者之間所爭執者，僅係合意撤回訴訟之法律性質及其效果之問題。學說上，有私法行為說與訴訟行為說之對立。

主張私法行為說者認為，撤回訴訟之合意係私法上之契約行為，僅能發生私法行為之法律效果，原告負有民法上撤回訴訟之作為義務。原告如違約不將訴訟撤回時，有謂被告僅得請求損害賠償，有謂被告得起訴取得執行名義強制執行。有認為，被告得於訴訟上為原告惡意之抗辯，使法院駁回原告之訴。

主張訴訟行為說者認為，撤回訴訟之合意，於訴訟法雖無明文規定，亦應視為訴訟行為而有訴訟法上之法律效果。故，撤回訴訟之合意，於訴訟上，法院應將其與訴之撤回作相同之處理。法院應於知悉有撤回訴訟之合意存在時，以判決宣示原告之訴發生撤回之效力。亦有認為，法院於被告在訴訟上為抗辯時，應以原告之訴不合法為理由為駁回。

德國與日本之判例均認為，被告在訴訟上抗辯，有撤回訴訟之合意存在時，法院應駁回原告之訴❺。拙以為，撤回訴訟之合意，其法律性質既然係私法行為而非訴訟行為，不得僅憑被告在訴訟上為抗辯，即視為有原告撤回訴訟之法律效果，從而由法院駁回原告之訴。蓋在學理上有嚴格區分私法行為與訴訟行為之必要也，何況應兼顧原告與被告雙方之實際利益，不得僅憑原告違約一端，即認為原告無權利保護必要而強制使訴訟繫屬歸於消滅。否則，當事人間之實體權利義務未獲澈底解決之前，原告勢必另行起訴，徒增另行訴訟之煩，強制使生撤回訴訟之結果，並無訴訟實益可言。

三、訴之撤回之有效要件

本法第二六二條規定，原告於判決確定前得撤回訴之全部或一部。但被告已為本案之言詞辯論者，應得其同意。訴之撤回，應以書狀為之；但於期日，得以言詞向法院或受命法官為之。以言詞所為訴之撤回，應記載於筆錄，如他造不在場，應將筆錄送達。訴之撤回，被告於期日到場，未為同意與否之表示者，自該期日起；其未於期日到場或係以書狀撤回者，自前

❺ 見陳榮宗，上揭書第二七二頁以下。

項筆錄或撤回書狀送達之日起，十日內未提出異議者，視為同意撤回。據本條之規定，訴之撤回應具備之有效要件，得敘述如次：

1.訴之撤回限於原告始得為之，被告不得撤回原告之起訴。惟訴之撤回係訴訟行為，原告須有訴訟能力，其由訴訟代理人撤回者，須有本法第七十條第一項但書之特別授權。本法第五十一條所規定由法院審判長選任之特別代理人，依同條第四項但書規定，不得撤回訴訟。無訴訟能力人或無代理權人所提起之訴，在法定代理人或本人為追認之前，無訴訟能力人或無代理權人得自己撤回訴訟❻。從參加人雖得撤回其從參加，但不得撤回被參加人之訴。本法第四十一條之被選定人，有為一切訴訟行為之權，但選定人得限制其為訴之撤回（本法第四十四條第一項）。普通共同訴訟或類似必要共同訴訟之原告，得撤回自己之訴訟。但於固有必要之共同訴訟，應由全體原告共同為訴之撤回。蓋依本法第五十六條第一項第一款規定，其中一原告之撤回訴訟係不利益之行為，對於全體不生效力。且於此情形，將因其中一原告之撤回訴訟而形成餘存原告當事人不適格也❼。

2.訴之撤回須在判決確定前，向法院為之。原告為訴之撤回，必須向其訴訟繫屬之法院為之。若僅向被告表示撤回，或雙方當事人達成撤回訴訟之合意，因非訴訟行為，不生撤回訴訟效力。若僅由調處爭議之第三人，以書狀向法院陳明當事人已成立和解者，不生撤回訴訟之效果（二九上字第九三五號判例）。原告起訴之後至判決確定之前，得隨時由原告撤回訴訟，不分訴訟繫屬於任何審級，不分訴訟是否辯論或判決。惟訴之撤回係訴訟行為，為維持訴訟程序之安定，不得附期限或條件。又原告得撤回之訴訟，不限其種類，原告雖對於婚姻事件之訴、親子事件之訴，依法不許為認諾或自認，但均許為訴之撤回。

3.被告已為本案之言詞辯論者，原告撤回訴訟，應得被告同意，否則，不生原告撤回訴訟之效力。蓋被告已為本案言詞辯論後，有得受法院以本案判決而確定其私權之訴訟上利益。何況原告之訴於未經本案終局判決而撤回者，依本法第二六三條第一項規定，視同未起訴，原告得另行起訴。比較原告與被告雙方之利益，顯見對被告不公平，故本法規定，於此情形應經被告同意。又第一審判決後，原告為訴訟之撤回，亦須經被告同意始可。否則於被告敗訴之情形，將因原告撤回訴訟而被

❻ 參照齋藤秀夫編，《注解民事訴訟法(4)》第二〇八頁。兼子、松浦、新堂、竹下著，《條解民事訴訟法》第八七六頁。

❼ 參照兼子、松浦、新堂、竹下著，前揭書第八六九頁。

告之上訴利益被褫奪，於被告勝訴情形，其確定私權之結果，將因訴訟撤回，消滅訴訟繫屬，而成為未確定私權之狀態。被告雖因原告不得復提同一之訴而可避免再行應訴之煩，但其已應訴而得確定私權之訴訟上利益，由原告片面之意思而被褫奪，對被告頗不公平。故本法第二六二條第一項但書所指本案之言詞辯論，係指第一審而言，不得解為，訴訟進行至第二或第三審後，原告始撤回訴訟，若該訴訟未經本案之言詞辯論者，仍不須得被告之同意❽。至於本訴撤回後，反訴之撤回，不須原告之同意（本法第二六四條）。惟若反訴被告已就反訴為本案之言詞辯論，而本訴尚未撤回者，反訴原告為撤回反訴，仍應經反訴被告同意。

又於被告多數之固有必要共同訴訟，在本案言詞辯論之前，原告得對被告中之一人撤回起訴，其撤回訴訟之效力及於全體（本法第五十六條第一項第二款），但在本案言詞辯論之後，原告應經被告全體同意，始得撤回訴訟❾。蓋共同被告中一人之同意行為，係不利於共同被告全體之行為，依本法第五十六條第一項第一款規定，對於全體不生效力，故須由全體被告同意原告撤回訴訟，始能生效。

訴之撤回，得就訴之全部或一部為撤回。惟關於訴訟一部之撤回，與減縮應受判決事項之聲明，兩者宜有區別。訴訟當事人多數或一訴主張數項訴訟標的之情形，若原告撤回其中一部分當事人或一部分訴訟標的，即成訴之一部撤回。在被告已為本案之言詞辯論者，應經被告同意。惟若當事人或訴訟標的之個數不減少，僅原告之應受判決事項聲明，其金錢或代替物之數量減少者，此非屬訴之一部撤回，而為減縮應受判決事項之聲明。應適用本法第二五五條第一項第三款之規定，不須經被告之同意。

四、訴之撤回之程序與法院之審查

1. 訴之撤回應向訴訟繫屬之法院為之，終局判決後，尚未上訴者，向判決法院為之，惟若提起上訴後，撤回其訴訟者，

❽ 相反見解，見姚瑞光，《民事訴訟法論》第三四四頁。

❾ 參照齋藤秀夫編，《注解民事訴訟法(4)》第二〇九頁。司法院74. 5. 31. (74)廳民一字第四二五號函。王甲乙等三人，《民事訴訟法新論》第二八二頁以下。

則應向上訴法院為之。訴之撤回應以書狀為之，但於期日，得以言詞向法院或受命法官為之。以言詞所為訴之撤回，應由法院書記官記載於筆錄，如他造不在場，應將筆錄為送達（本法第二六二條第二、三項）。

被告已為本案之言詞辯論者，訴之撤回應得被告同意，未經被告同意而撤回之訴訟，不生撤回訴訟之效力。惟若被告，於收受撤回書狀或筆錄之送達後十日內，對於訴之撤回未提出異議者，視為被告同意撤回（本法第二六二條第四項後段）。此項同意如為默示，必須被告有某種舉動，例如蓋章於撤回書狀內之相當處所，足以推知其有同意撤回之意思者，始為相當（六〇臺上字第二八九五號判例）。被告已為本案之言詞辯論後，原告始以言詞撤回起訴，並經記載於言詞辯論筆錄，若被告不在場，法院亦未將該筆錄送達於被告以徵其同意，嗣原告可否撤回其撤回之意思表示？最高法院六十七年八月八日六十七年度第八次民事庭庭推總會議決議云：被告已為本案之言詞辯論後，原告始以言詞辯論為訴之撤回，經記載於言詞辯論筆錄，其撤回於陳述時即已生效，不因被告當時不在場且法院未送達筆錄而受影響。至其撤回因被告尚未同意而不發生終結訴訟之效果，則屬另一問題，其撤回之意思表示既已生效，自不得任意再行撤回。

本法第二六二條第二項、第三項、第四項規定，於民國八十九年二月有部分修正。第二項但書修正為，「但於期日，得以言詞向法院或受命法官為之」。原告之撤回起訴，得以言詞為之者，不限於言詞辯論時，凡原告於準備程序期日、言詞辯論期日、宣示判決期日及其他期日，到場者，均得以言詞向法院或受命法官為訴之撤回。第三項配合第二項修正，將言詞辯論時修改為言詞，並將言詞辯論筆錄修改為筆錄。第四項修正為，「訴之撤回，被告於期日到場，未為同意與否之表示者，自該期日起；其未於期日到場或係以書狀撤回者，自前項筆錄或撤回書狀送達之日起，十日內未提出異議者，視為同意撤回。」修正前之第四項，就訴之撤回，被告雖於期日到場，但未為同意與否之表示時，究應如何處理之問題，未設規定。立法者為保障被告之權益，允許被告得於十日內考慮是否同意訴之撤回，故特以明文加以規定。又為避免因被告遲未表示同意與否，致訴訟程序久懸，故規定被告如未於該期間內提出異議時，亦視為同意撤回起訴。

2. 法院對於撤回訴訟是否合法之審查，應依職權為調查。訴之撤回是否合法，雙方當事人發生爭執時，經法院調查結果認為合法生效者，法院應以裁定諭示撤回合法，駁回當事人就訴求為辯論及裁判之聲明，因原有之訴既不存在，又未經依法律所定程式提起新訴故也。若認為無合法之撤回者，則應以中間判決諭示其旨，或俟就訴為終局判決時，於其理由中諭示之

（本法第三八三條、第二二六條第三項）❿。

五、訴之撤回之效力

本法第二六三條規定，訴經撤回者，視同未起訴，但反訴不因本訴撤回而失效力。於本案經終局判決後將訴撤回者，不得復提起同一之訴。此係就訴之撤回合法生效為前提。

㈠原告之訴溯及於起訴時發生消滅之效果

所謂訴經撤回，視同未起訴，係指原告之訴訟溯及於起訴時發生消滅之法律效果。訴訟未經終局判決者，法院固不得續行其程序而為判決，其經法院終局判決者，無論係第一審抑或上訴審之終局判決，其程序及終局判決均失其效力。惟反訴之性質原係獨立之訴訟，與本訴並無必然之關係，不受本訴撤回之影響，不因本訴撤回而失效力。又於實體法上，因起訴而中斷之時效，由於撤回訴訟而視為未中斷時效（民法第一三一條），此係實體法之明文所生效果。惟於訴訟外所生之私法行為，並非訴訟行為，雖於訴訟中以攻擊防禦方法為之，其私法行為之法律效果，不受撤回訴訟之影響⓫。

㈡經本案終局判決後撤回訴訟，禁止再行起訴

此係為防止原告濫行撤回訴訟而設之法律效果，惟此係禁止原告再行起訴，並不同時禁止被告以原告地位，就同一訴訟之訴訟標的，以他造為被告另行提起新訴訟。例如，原告為債務人，對被告債權人提起確認債權不存在之確認訴訟，經法院終局判決後，於確定前，原告撤回訴訟，其後，債權人得以債務人為被告，提起給付訴訟。惟日本少數學者有認為，原告撤回其經終局判決之訴訟，既然須經被告同意始得有效撤回，茲若再允許被告於原告撤回訴訟後，另行起訴，則其結果，因為原告得再行應訴，而無異原告得規避再行起訴之禁止，故，主張對被告亦應禁止再行起訴者⓬。本法第二六三條之規定，不宜擴張解釋，否則無異認為被告亦得撤回原告之訴也。

❿ 參照石志泉著，楊建華增訂，《民事訴訟法釋義》第三〇六頁。

⓫ 參照兼子一，《民事訴訟法體系》第二九六頁。小山昇，《民事訴訟法》第一九九頁。

⓬ 見齋藤秀夫編，《注解民事訴訟法⑷》第二二三頁。

又本法第二六三條明定，於本案經終局判決後，將訴撤回，始有禁止原告復提同一訴訟之適用。故，於法院就原告之訴，以程序不合法所為之終局判決，非此所謂之本案終局判決，於程序判決後原告將訴撤回者，得再行起訴，不受禁止之限制。

六、擬制之訴之撤回

本法第一九一條規定，當事人兩造無正當理由遲誤言詞辯論期日者，除別有規定外，視為合意停止訴訟程序。如於四個月內不續行訴訟者，視為撤回其訴或上訴。前項訴訟程序停止間，法院於認為必要時，得依職權續行訴訟，如無正當理由兩造仍遲誤不到者，視為撤回其訴或上訴。此種規定係法律明文而當然發生訴之撤回效果，稱為擬制之訴之撤回，其與原告以意思表示向法院撤回訴訟之情形不同。有疑義者，本條同時將撤回訴訟與撤回上訴為規定，而撤回訴訟與撤回上訴兩者之法律效果完全不同。若雙方當事人在第二審訴訟審理中前後二次遲誤言詞辯論期日情形，其結果應視為原告之訴撤回？抑或視為上訴人之上訴撤回？解釋上必然發生爭議，蓋原告在上級審法院，亦得為訴之撤回也。何況於上級審法院發生訴之撤回與上訴之撤回，對當事人而言，有利害關係完全相反之結果也。拙以為，若於第二審法院發生視為撤回之情形，解釋上以視為撤回上訴始較適當。蓋上訴人於其上訴審程序進行中，不應怠懈到庭而發生訴訟上不利之結果，何況上訴審程序係因上訴人之上訴而開始，對上訴人之利害關係重大，宜由上訴人注意遵守其程序規定也。

應注意者，依五十九年二月二十三日最高法院五十九年度第一次民刑庭總會議決議(二)之見解，本法第一九一條規定之言詞辯論期日並不包括準備程序期日在內。當事人兩造無正當理由遲誤準備程序期日兩次，不能依本條規定，視為撤回其訴或上訴。又當事人兩造連續遲誤兩次言詞辯論期日，必須第一次言詞辯論期日之通知送達與被告，應有十日以上就審期間，始得視為撤回。就審期間如未達十日，被告遲誤該次言詞辯論期日，即有正當理由，雖兩造再遲誤第二次言詞辯論期日，亦不得視為撤回其訴（司法院76.7.9.(76)廳民二字第二四九二號函）。

第二節　訴訟和解

訴訟程序終結之情形，除判決或撤回訴訟之外，有於訴訟上成立和解為終結者。本法第三七七條至第三八〇條之一用語稱為和解，與民法用語相同，惟其概念未必與民法之和解相同，因此民事訴訟法學者均稱其為訴訟和解（Prozeβvergleich），以示區別。訴訟和解制度在訴訟實務上，與法院判決相同，占有重要性。為求和諧解決糾紛，熱忱之法官經常於開庭時勸諭當事人和解，雙方當事人亦多有樂於和解而終結訴訟者。德日民事訴訟法對訴訟和解之規定簡略，待研究之問題頗多，且在實務上利用情形普遍，因此判例亦多。據統計，德國於一九八一年其區法院以訴訟和解結案者，占訴訟事件之百分之九點三，地方法院為百分之十六，高等法院為百分之十七[13]。依我國一九八九年統計，以訴訟和解結案者，於地方法院為百分之十點五六，高等法院為百分之十八點二，足見訴訟和解在實務上之重要性。

民國九十二年本法修正，立法者有見於訴訟和解制度在解決私權糾紛之貢獻及重要性，特別為充實訴訟和解制度，擴大訴訟和解制度解決紛爭之功能，除在原有本法第三七七條所規定成立訴訟和解之方法外，增設另外三種成立訴訟和解之途徑方法，規定於本法第三七七條之一及第三七七條之二。新增訂之訴訟和解方法頗具特色，是為我國立法者面對我國國情社會所獨創之新制度，德國、日本之民事訴訟法未有類似此種制度。就立法之進步言之，我國民事訴訟法之訴訟和解立法，可謂較母國法先進，是為我國民事訴訟法於民國九十二年之新修正，值得特書之處。惟我國訴訟和解之新制度，將來之實際成效如何有待觀察[14]。

一、訴訟和解之意義

訴訟和解係，當事人於訴訟繫屬中，在受訴法院、受命法官或受託法官開庭期日，為終結訴訟為目的，就訴訟上所主張之權利義務互相讓步達成合意，將結果向法院為陳述之訴訟行為。若當事人於訴訟外，約定互相讓步以終止爭執或防止爭執發生之契約，則為民法第七三六條之法律行為，不發生訴訟法上之法律效果。訴訟和解係民事訴訟法所規定，且能發生訴訟法上之法律效果，其須具備之法律要件亦與民法之和解不同，作成訴訟和解之方式自與民法之和解有別，雖就和解內容所互相讓步之權利義務而言，訴訟和解與民法之和解兩者相同，惟因兩者在法律制度上之功能目的不同，兩者之概念不能不有區

[13] 參照 Rosenberg-Schwab, ZPR. 14. Aufl. S. 809.

[14] 對我國新修正制度之評估，請參見姜世明，〈訴訟上和解制度之變革〉，載《律師雜誌》第二八七期第五十九頁以下（臺北律師公會發行）。

別。

又民事訴訟法為避免發生訴訟，於起訴前設有在法院所行之調解制度（本法第四〇三條），稱為法院之調解。法院之調解，其程序與訴訟和解不同，惟兩者均為於法院所為，且調解成立者，與訴訟和解有同一之效力（本法第四一六條第一項），故其實質與訴訟和解無異。除外，另有破產法所規定之法院和解與商會和解，其程序與法律效果，均與本法第三七七條所規定之訴訟和解不同，宜有區別。

二、訴訟和解之法律性質⑮

訴訟和解，其行為之效果，一方面發生實體法上之效果，另一方面發生訴訟法上之效果，其行為為單一抑或二行為？其行為之性質究竟如何？學者之間頗有爭論。

(一)私法行為說

此說認為訴訟和解為私法上之和解行為，僅在訴訟期日所訂立而已。在筆錄上為記載，目的僅作公證之用。訴訟上發生終結訴訟之效果，係因和解結果，在訴訟上其對訴訟標的之爭執已消失所形成者⑯。

(二)訴訟行為說

此說認為訴訟和解為訴訟行為。其係雙方當事人於訴訟期日就訴訟標的為一定之實體處分，將終結訴訟之意旨在訴訟上為陳述之訴訟行為。訴訟和解因屬於訴訟行為，僅受訴訟法規定之支配，不適用民法和解之規定。

(三)兩行為併存說(Lehre vom Doppeltatbestand)⑰

---

⑮ Vgl. Rosenberg-Schwab, ZPR. 14. Aufl. S. 815ff.; Jauernig, ZPR. 22. Aufl. S. 169f.; 中野、松浦、鈴木編，《民事訴訟法講義》第三七四頁以下。

⑯ 此說由 Walsmann, Acp. 102, 170; Lehmann, Der Prozeßvergleich, 1911; Esser, Heinrich Lehmann und die Lehre vom Prozeßvergleich, Festschrift für Heinrich Lehmann Zum 80. Geburstag, 1956, Bd. II, S. 713. Rosenberg 之《民事訴訟法》第九版為止，主張私法行為說，但以後已放棄，現在主張兩性行為說。請參照 Rosenberg-Schwab, ZPR. 14. Aufl. S. 816 及註解[35]說明。

⑰ 此說由 Pohle, Baumgärtel, Bötticher, Holzhammer, Tempel 等學者所主張。參照 Rosenberg-Schwab, ZPR. 14. Aufl. S. 815 註解[36]。

此說認為訴訟和解係，由終結訴訟為目的之訴訟契約(Prozeβvertag)與民法上之和解契約兩個獨立之行為併存而成。前者之行為適用訴訟法原則，後者之行為適用實體法規定，各行為之法律效果，分別獨立判斷。從而有可能發生，因訴訟契約無效而不生終結訴訟，但民法上之和解契約仍然有效。亦有可能發生，訴訟契約有效而終結訴訟，但卻因民法上之和解契約無效而使訴訟和解之內容變成無效。主張此說之中，有所謂新併存說者認為，兩行為雖然併存，但一方行為若無效，他方行為亦變為無效，兩行為有依存關係。

㈣兩性行為說(Lehre vom Doppelnatur)⑱

此說有稱為兩性說、一行為兩性質說、兩行為競合說者。主張此說者認為，訴訟和解僅有一行為，但此一行為同時兼有民法上法律行為性質與訴訟法上訴訟行為之性質。適用法律時，應同時適用訴訟法與實體法，不分訴訟法上之要件抑或實體法上之要件，一欠缺其有效要件，訴訟和解全部歸為無效。不發生上述兩行為併存說所謂，訴訟終結而民法之和解無效，或訴訟不終結而民法之和解生效之分離現象。

德國及日本之判例與學說傾向兩性行為說⑲，我國最高法院四十三年臺上字第一〇七五號判例云：「訴訟上之和解，為私法上之法律行為，同時亦為訴訟法上之訴訟行為，即一面以就私法上之法律關係止息爭執為目的，而生私法上效果之法律行為，一面又以終結訴訟或訴訟之某爭點為目的，而生訴訟法上效果之訴訟行為，兩者之間，實有合一不可分離之關係，故其行為如有私法上或訴訟法上無效或得撤銷之事由存在，不問何者，均屬民事訴訟法第三百八十條第二項所謂和解有效或得撤銷之原因，當事人自得以之為請求繼續審判之理由。」似採兩性行為說。

學者對於訴訟和解之法律性質發生爭論，其原因有二，一為合理說明和解行為之本質，另一為解釋法律適用之問題。在早期訴訟行為尚未完全脫離私法行為之時代，兩者行為區別並不明顯，一律適用實體法之規定為解釋，俾以解決訴訟法上之問題，並無奇怪之處。惟自訴訟法體系與實體法體系兩者獨立分開之後，當事人之訴訟行為可否與私法行為同視，則成為檢

⑱ 國內學者，對此說用語頗不一致，且概念似未完全清楚。詳見駱永家，《既判力之研究》第一六一頁以下之批評。此說由 Rosenberg-Schwab, Blomeyer, Thomas-Putzo, Jauernig, Nikisch, Lüke, Henckel, Niese 等人之著作所主張。參考 Rosenberg-Schwab, ZPR. 14. Aufl. S. 816 註解 37。

⑲ 參照 Jauernig, ZPR. 22. Aufl. S. 169; 中野、松浦、鈴木，《民事訴訟法講義》第三七五頁。

討訴訟法體系功能之課題之一。若干當事人之訴訟行為，例如起訴之行為，如果可無限制視為私法行為而適用意思表示瑕疵之相關規定為解決，則於一連串之訴訟程序進行完畢，判決確定之後，因當事人主張起訴之意思表示有瑕疵，而竟可依私法行為之方法推翻已進行之全部訴訟程序，則訴訟程序毫無安定性可言。因此，在學理上有區分訴訟行為與私法行為之必要性存在。原則上，當事人之訴訟行為係由有訴訟能力之人為之始有效，大部分情形係向法院為之，不能附條件或期限，僅限訴訟程序內部有其效力，此為訴訟行為之特性，與私法行為有所不同。然則，訴訟和解之性質究竟如何歸屬？其標準為何？依德國學者所倡導之主要效果說 (Hauptwirkungtheorie)，法律行為所產生之法律效果，其主要效果，若發生實體法上之法律效果者，此項法律行為應歸類為民法上之法律行為；若主要效果係發生訴訟法上之法律效果者，則此項法律行為歸為訴訟法上之訴訟行為。訴訟和解之主要法律效果，依 Rosenberg-Schwab 之看法，係同時兼有實體法及訴訟法之法律效果，屬於一法律行為兼有兩種法律性質之情形，適用法律時，必須實體法與訴訟法兩者同時兼用。若有訴訟法上之無效原因存在，訴訟和解固然無效，有實體法上之無效原因時，訴訟和解亦為無效。我國學者對於此種理論似尚未瞭解，且對於德國學者所稱之兩行為併存說 (Lehre vom Doppeltabestand) 與兩性行為說 (Lehre vom Doppelnatur) 之概念區別界線不清，加上使用日本學者用語之望文生義，遂生各種學理上之誤會解釋，各執己見⑳。個人以為上述兩性行為說於學理及判例均較其他各說為可取。

三、訴訟和解之法律要件

由於訴訟和解係一法律行為同時兼具實體法上及訴訟法上之法律性質，其能否合法成立生效，必須同時兼備實體法及訴訟法雙方之要件，茲分別就實體法之要件及訴訟法之要件為說明。

㈠實體法之要件

此處所稱實體法之要件僅指法律行為之成立生效應具備之特別構成要件而言。

⑳ 我國學者主張兩行為併存說者有，王甲乙等三人，《民事訴訟法》第四二〇頁。姚瑞光，《民事訴訟法新論》第四〇九頁。曹偉修，《最新民事訴訟法釋論（下）》第一一四二頁。吳明軒，《中國民事訴訟法（中）》第八二三頁以下。贊同兩性行為說者，有駱永家，〈訴訟上之和解與既判力〉，載《既判力之研究》第一六二頁以下。陳計男，〈論訴訟上之和解〉，載《程序法之研究㈠》第十八頁以下。

1. 訴訟和解僅得就其訴訟標的之權利或法律關係依法得自由處分者，始得為其內容　按財產法之權利或法律關係得自由處分為原則，依辯論主義原則，財產權得為訴訟和解。有問題者為，性質上不許處分或涉及公益之事項，亦即依本法應行職權探知主義及職權主義之事項。本法原第九編人事訴訟程序所規定之婚姻關係事件、親子關係事件、監護及輔助宣告事件、死亡宣告事件，其所涉及之各種訴訟，其訴訟標的大部分與公益有關，不許當事人任意處分。一旦訴訟繫屬，法院自應為判決，不許為訴訟和解，此為原則。惟若人事訴訟中之離婚訴訟與終止收養關係之訴訟，其與其他婚姻無效、撤銷婚姻、收養無效、撤銷收養、以及親生子女關係所生各種訴訟之情形不同，得為訴訟和解，不得僅因其屬於人事訴訟而一律認為不得以訴訟和解為解決。其理由有三：第一、離婚與否，終止收養與否，係雙方當事人於實體法上得自由決定之事項。雙方當事人得以契約方法為協議離婚或終止收養，僅於協議不成情形，始成為訴訟。此際，其訴訟雖必須以離婚之法定原因，或終止收養之法定原因，為提起訴訟之原因事實，惟不得因此即否定當事人得於訴訟中成立訴訟和解之自由意思決定權。第二、離婚與否，終止收養與否，主要係為保護雙方當事人之私益問題，非為保護公益或其性質有求客觀真實必要之問題。離婚與終止收養，與公益無關，不得以公益為理由，認為不得為訴訟和解。第三、離婚之訴與終止收養之訴，如能於訴訟中為訴訟和解，遠比判決離婚與判決終止收養為佳，蓋可維持雙方情感上之和睦，不致反目成仇也㉑。

司法院76.4.10.(76)廳民一字第二〇二三號函，認為訴訟上和解離婚，性質仍屬兩願離婚，於向戶政機關為離婚登記時，方始有效成立，故於訴訟上成立和解離婚尚非所不許。似採不禁止離婚之訴訟和解，惟學者有認為法院不得於訴訟上為當事人離婚之和解者㉒。

民國九十八年四月二十九日民法親屬編修正增訂第一〇五二條之一規定，離婚經法院調解或法院和解成立者，婚姻關係

㉑ 日本學者，亦有贊同此種見解者，見兼子一，《民事訴訟法體系》第三〇七頁。中村英郎，《民事訴訟法》第三八五頁。齋藤秀夫編，《注解民事訴訟法(3)》第三九五頁。兼子、松浦、新堂、竹下，《條解民事訴訟法》第七一五頁。

㉒ 見陳計男，《程序法之研究》第二十五頁註解。楊建華，《民事訴訟法(二)》第三八二頁，第四〇九頁以下。主張離婚得為訴訟和解且有判決同一效力，不待離婚登記即於判決確定時生效者，見拙著，〈民法第一〇五〇條修正後法院所為調解離婚與訴訟和解離婚之性質與效力〉，載《法學叢刊》一三五期。

消滅。法院應依職權通知該管戶政機關。以立法賦予離婚調解或和解成立之形成力，離婚經法院和解成立，即生離婚效力。惟為避免當事人未向戶政機關辦理離婚登記，故明訂法院應依職權通知該管戶政機關為離婚之登記。上開法條增訂後，訴訟上成立和解離婚，於和解成立時，婚姻關係消滅，此項立法學理及實務兼顧，殊值肯定。

民國一〇一年一月十日家事事件法制定，就家事訴訟事件性質上屬於准許當事人合意處分或形成之法律關係者，應允許當事人於訴訟上和解，家事事件法第四十五條規定，當事人就離婚、終止收養關係、分割遺產或其他得處分之事項，得為訴訟上和解。至於屬於不得處分事項，例如撤銷婚姻、否認子女之訴及認領子女之訴，不得為訴訟上和解（家事事件審理細則第六十六條）。

2. 當事人訴訟和解之意思表示須無構成實體法上無效或撤銷之原因　此為訴訟和解成立有效之基礎，依兩性行為說及兩行為合併說見解，均認為訴訟和解應以實體法上之意思表示無瑕疵為前提。

3. 當事人間須就訴訟標的為互相讓步，俾以終結訴訟為目的　所謂互相讓步，必須雙方就爭執之權利各人有部分不為堅持己見，從而雙方達成折衷內容之合意之意。若僅一方全部為讓步，即成為對訴訟標的之認諾或捨棄之情形，不能謂為訴訟和解。又雙方當事人成立訴訟和解，其實體法上之目的固為終止爭執或防止爭執之發生（民法第七三六條），惟既然於訴訟中成立，即其目的同時兼有終結訴訟之目的。

(二)訴訟法之要件

僅有實體法之要件，不能有效成立訴訟和解，尚須具備訴訟行為之有效成立要件始可，至於須具備訴訟要件更屬當然。

1. 當事人須有訴訟能力，如由訴訟代理人為訴訟和解者須有特別代理權（本法第七十條第一項但書）。

2. 當事人必須就該訴訟有當事人適格。蓋無當事人適格者無訴訟實施權，該訴訟不具備訴訟要件而訴訟不合法，法院不得為本案判決，從而法院亦不得於此情形之訴訟為當事人成立訴訟和解。選定當事人為和解者，應得選定人全體同意（本法第四十四條），在必要共同訴訟情形，須由全體共同為訴訟和解始可（本法第五十六條第一項第一款），否則，不能拘束全體當事人也。

法院實務上有疑義者，雙方當事人於法院開庭期日偕同第三人到場，法院進行訴訟和解時，第三人參加訴訟和解，並就和解內容之債務答允與債務人共同負清償責任。此際，該訴訟和解能否對第三人成立生效而將來對第三人為強制執行？德國民事訴訟法第八編強制執行第七九四條第一項第一款規定，當事人間或當事人與第三人間就訴訟標的所成立之訴訟和解有執行名義，民國九十二年修正前我國民事訴訟法無此明文規定，第三人可否參加訴訟和解，學者見解不一[23]。民國九十二年本法第三七七條增訂第二項規定：「第三人經法院之許可，得參加和解。法院認為必要時，亦得通知第三人參加。」法律疑義現在已獲解決。

3. 訴訟和解，必須於訴訟繫屬中，應在訴訟期日於受訴法院、受命法官或受託法官之前，由雙方當事人及法院依法定方式為之（本法第三七七條、第三七八條、第三七九條）。訴訟和解具有訴訟行為之性質，其特性為，一面雙方當事人間就和解內容有合意，另一面必須將此合意於法官面前為之，並將此項合意內容結論向法院為陳述，依法定方式，由法院書記官作成和解筆錄，經法院法官、雙方當事人、法院書記官簽名，此項訴訟和解始為成立[24]。蓋訴訟和解成立者，與確定判決有同一之效力，不能不慎重其事。此項訴訟和解行為為要式行為，當事人於法院期日雖已達成和解內容之合意且已向法院為陳述，惟若最後拒絕於和解筆錄為簽名者，尚不能解釋已成立訴訟和解[25]。

本法第三七七條第一項規定，法院不問訴訟程度如何，得隨時試行和解。受命法官或受託法官亦得為之。當事人間雖於訴訟繫屬中成立和解，而非於準備程序期日、調查證據期日、言詞辯論期日，由受訴法院或受命法官或受託法官為之者，仍屬訴訟外之和解（二八上字第二〇四〇號判例）。實務上，常見雙方當事人於強制執行時，於執行法官之前成立和解，此種和解非此處所謂訴訟和解，屬於訴訟外之和解。

4. 訴訟和解以訴訟標的之範圍為原則，惟若將訴訟標的外之事項，亦列為和解者，亦非不法[26]。雙方當事人間就訴訟標

---

[23] 有關此類相關問題之討論，見陳石獅，〈訴訟標的外之和解〉，載《民事訴訟法之研討㈠》。同，〈訴訟標的外之和解與繼續審判〉，載《民事訴訟法之研討㈡》。

[24] 參照 Rosenberg-Schwab, ZPR. 14. Aufl. S. 810ff.; Fasching, ZPR. 2. Aufl. S. 681f.

[25] 不同見解，有姚瑞光，《民事訴訟法論》第四一二頁。陳計男，《程序法之研究㈠》第二十四頁。

[26] 參照 Jauernig, ZPR. 22. Aufl. S. 170.

的以外之權利義務，同時列為訴訟和解內容，一併成立和解之情形，應視為雙方當事人同意追加訴訟標的。法院於此情形，依法命當事人補足訴訟費用後，得就雙方當事人所合意內容範圍為訴訟和解，就減輕訟源之法律政策而言，應可贊同。惟應注意者，訴訟標的外之事項，必須能行同種程序者，始得合併為和解。例如，不得於夫妻間之財產權訴訟中，合併成立離婚之訴訟和解。

四、訴訟和解方法之種類及其進行程序

民國九十二年本法修正後，訴訟和解制度增訂本法第三七七條之一及第三七七條之二，訴訟和解方法除原規定本法第三七七條一種之外，已變成四種方法。茲分別敘述各種訴訟和解方法之種類及其進行程序如次：

㈠雙方當事人自主之訴訟和解

依本法第三七七條第一項之規定，法院不問訴訟程度如何，得隨時試行和解。受命法官或受託法官亦得為之。惟第三審法院為法律審，雖九十二年修訂第四七四條第一項規定第三審之判決應經言詞辯論，但法院認為不必要時，不在此限。惟目前第三審法院仍罕見行言詞辯論程序，故事實上無法為當事人進行訴訟和解。法院因試行和解，得命當事人或法定代理人本人到場（本法第三七八條）。蓋對當事人本人由法院直接勸諭互相讓步以息爭執，並曉以和解之利，成立和解機會較高，故設此規定。又離婚與終止收養關係屬於重大身分行為，故家事事件法第四十五條第一項但書規定，離婚或終止收養關係之和解，須經本人表明合意，始得成立，以昭慎重。至於當事人係由本人列場，或以聲音及影像相互傳送之科技設備等方式表明合意者，均無不可。法院試行和解而成立者，法院書記官應作成和解筆錄。法院書記官應依製作言詞辯論筆錄方式，將訴訟和解成立之意旨、處所、年月日，和解內容，及當事人並法定代理人或訴訟代理人姓名，法官、書記官及通譯姓名為記載。此項和解筆錄內容涉及雙方當事人之利害關係重大，應於當庭向參與和解之關係人朗讀或令其閱覽。如關係人對於和解筆錄所記有異議時，法院書記官得更正或補充之。若雙方關係人對和解筆錄所記均無異議時，最後應由關係人及審判長、法院書記官於和解筆錄內簽名（本法第三七九條、第二一二條至第二一九條）。此項和解筆錄有強固之證據力（本法第二一九條），且與確定判決有同一之效力（本法第三八〇條第一項），其以給付為內容者有執行名義（強制執行法第四條第一項第三款）。法院

書記官於製作和解筆錄正本時不能不慎重其事，應於和解成立之日起十日內，以和解筆錄正本送達於當事人及參加和解之第三人。

我國學者有認為訴訟和解，非因作成和解筆錄而成立者。此種看法不重視訴訟和解之要式行為性質。惟德國學者 Rosenberg-Schwab 及奧國學者 Fasching 均認為筆錄製作及法院、雙方當事人之簽名為訴訟和解成立形式要件，法律雖無明文，但就實務實際運作情形之慎重，訴訟和解與判決有同一效力之重要性以觀，解釋上無法認為，雙方當事人就和解內容為合意向法院陳述即已成立。否則，當事人閱覽筆錄後拒絕簽名之情形，勢必強行認為當事人應受拘束，顯見其情形之不通情理。

(二)法院、受命法官、受託法官依雙方當事人聲請定和解方案所成立之訴訟和解

本法第三七七條之一規定：「當事人和解之意思已甚接近者，兩造得聲請法院、受命法官或受託法官於當事人表明之範圍內，定和解方案。前項聲請，應以書狀表明法院得定和解方案之範圍及願遵守所定之和解方案。法院、受命法官或受託法官依第一項定和解方案時，應斟酌一切情形，依衡平法理為之；並應將所定和解方案，於期日告知當事人，記明筆錄，或將和解方案送達之。當事人已受前項告知或送達者，不得撤回第一項之聲請。兩造當事人於受第三項之告知或送達時，視為和解成立。依前條第二項規定參加和解之第三人，亦得與兩造為第一項之聲請，並適用前四項之規定。」

立法者認為，兩造當事人於試行和解時，雖互相讓步，但無法達成合意時，因尚未成立和解，法院仍須進行本案審理程序。惟於兩造當事人和解之意思已甚接近時，如能容許其選擇不以判決之方式，而委由法院基於公正客觀之立場，依衡平法理定和解方案，不僅使當事人之紛爭能獲得圓滿解決，且可減少法院及當事人為進行本案訴訟審理程序所須耗費之勞力、時間、費用，俾當事人平衡追求其實體與程序利益。故增訂第一項，明定於當事人和解之意思已甚接近時，兩造得共同或先後聲請法院、受命法官或受託法官於其表明願成立和解之範圍內，定和解方案。

又為使當事人得利用此制度徹底解決紛爭，當事人所表明法院得定和解方案之範圍，不限於訴訟標的範圍，得併就訴訟標的有關之事項，一併請求定和解方案。法院、受命法官或受託法官於受理當事人之聲請後，除當事人聲請之事項有違反強制禁止規定、公序良俗或當事人無處分權等情事外，有定和解方案之義務。

法院、受命法官或受託法官依第一項聲請定和解方案時，須受當事人所聲明範圍之限制，而當事人兩造為前項聲請後，亦須接受法院、受命法官或受託法官所定之和解方案。為求慎重及明確，爰於第二項明定當事人為前項聲請，應以書狀為之，並表明法院得定和解方案之範圍及願遵守所定之和解方案，以杜爭議。

法院、受命法官或受託法官依第一項定和解方案時，應於當事人所表明範圍內，斟酌一切情形，依衡平法理定之，惟不限於在期日內為之。於定和解方案後，如指定期日，應於期日將所定和解方案之內容告知當事人，並記明筆錄使生效力，而後為送達；如未指定期日，即應將和解方案送達於當事人，使當事人得知悉和解方案之內容。故，規定第三項。

為尊重當事人之意願，當事人為第一項聲請後，原則上得不經對造之同意而撤回聲請。惟已受告知或送達和解方案者，即不應再許其撤回聲請，爰於第四項明定之。

法院、受命法官或受託法官依第一項定和解方案後，於將和解方案告知或送達當事人前，當事人仍得撤回其聲請，故何時視為和解成立，即有疑義。為此，於第五項明定，於兩造均受告知或送達時，視為和解成立。

㈢法院、受命法官、受託法官依雙方當事人及參加和解之第三人聲請定和解方案所成立之訴訟和解

依本法第三七七條第二項之規定，第三人經法院之許可，得參加和解。法院認為必要時，亦得通知第三人參加。按訴訟上當事人間之和解能否成立，時有涉及第三人之意見者，例如，訴訟標的與第三人之權利或義務有關，或當事人間須有第三人之參與，始願成立和解時，為使當事人間之紛爭得以圓滿解決，允許第三人參加當事人間之和解，實有其必要性。故，明定經法院之許可或通知，得使第三人參加當事人間之和解，俾達促成和解、消弭訟爭之目的。至於第三人參加當事人間之和解，如和解不成立時，該第三人當然脫離該程序。

為徹底解決當事人間之紛爭，若當事人依本法第三七七條之一第一項規定聲請法院、受命法官、受託法官定和解方案時，參加和解之第三人亦同意於一定範圍內，委由法官、受命法官、受託法官一併定和解方案者，自當允許參加和解之第三人與雙方當事人一併使成立訴訟和解。於此情形，訴訟和解成立之過程及訴訟和解之效力，均與前述㈡法院、受命法官、受託法官依雙方當事人聲請定和解方案所成立之訴訟和解情形相同。故，本法第三七七條之一第六項特別規定：「依前條第二項規定參加和解之第三人，亦得與兩造為第一項之聲請，並適用前四項之規定。」

㈣法院、受命法官、受託法官依一方當事人聲請或依職權提出和解方案所成立之訴訟和解

本法第三七七條之二規定：「當事人有和解之望，而一造到場有困難時，法院、受命法官或受託法官得依當事人一造之聲請或依職權提出和解方案。前項聲請，宜表明法院得提出和解方案之範圍。依第一項提出之和解方案，應送達於兩造，並限期命為是否接受之表示；如兩造於期限內表示接受時，視為已依該方案成立和解。前項接受之表示，不得撤回。」

立法者之立法理由認為，本法原則上採言詞審理主義，故於當事人一造到場有困難時，除符合第三八五條及第三八六條之規定，法院得為一造辯論判決外，訴訟程序往往因此不能迅速進行，影響當事人之權益。於此情形，如法院、受命法官或受託法官能斟酌一切情形，求兩造利益之平衡提出和解方案，並為兩造所接受，當事人間之紛爭即可獲得圓滿解決，故，增訂本條規定，以擴大和解制度解決紛爭之功能。又為避免當事人利用此一制度拖延訴訟，於第一項明定，法院、受命法官或受託法官依當事人一造之聲請或依職權提出和解方案時，須以當事人有和解之望，而一造到場有困難者為限。

為使法院、受命法官或受託法官所提出之和解方案能符合當事人之意思，易為當事人接受，當事人依前項規定聲請時，宜表明法院得提出和解方案之範圍，以供法院、受命法官或受託法官參考。法院、受命法官或受託法官依本條第一項規定提出之和解方案，須當事人均表示接受，始得視為依該方案成立和解，故應將和解方案送達於兩造，以利當事人了解該方案內容。又為避免程序延滯，法院於送達和解方案時，應同時限期命當事人為是否接受該方案之表示；如兩造均於期限內以言詞或書面表示接受時，即視為已依該方案成立和解，否則，法院仍須續行訴訟程序。為使程序安定，如當事人於限期內已表示接受和解方案，即不得再撤回其接受之意思表示。

上述依本法第三七七條之一或第三七七條之二視為和解成立者，應於十日內將和解內容及成立日期以書面通知當事人及參加和解之第三人，該通知視為和解筆錄（本法第三七九條第四項）。

五、訴訟和解之效力

有關訴訟和解之效力問題，德、奧、日三國學者研討頗多，原因出於其民事訴訟法之規定太簡略。尤其德國民事訴訟法規定太簡略，僅於其第七九四條第一項第一款對執行名義為規定，並於其第一一八條第一項規定和解應作成筆錄。奧國民事訴訟法於總則編第三章第四節和解，有第二〇四條至第二〇六條之規定，但未有如我國就和解效力及繼續審理之程序為規定。

日本民事訴訟法修正前分別於第一三六條及第二〇三條，就試行和解之程序，與和解之效力有所規定，但對於有瑕疵之和解如何審理之程序卻無明文規定。又訴訟和解之法律性質涉及實體法上之法律行為與訴訟法上之訴訟行為兩者交錯之法律效果問題，如何兼顧兩法律領域為解釋，學者頗為困難㉗。所幸，我國民事訴訟法第三七七條至第三八〇條之一之規定，無論何種問題，均較德、奧、日三國之規定為完整。雖尚有爭論之問題，但較有法條依據可為解釋，不必每事依賴德、奧、日學說，僅於必要情形為參考即可。茲依本法相關規定，就訴訟和解之效力為敘述。

本法第三八〇條第一項規定，和解成立者，與確定判決，有同一之效力。家事事件法第四十五條第二項規定，前項和解成立者，於作成和解筆錄時發生與確定判決同一之效力。所謂與確定判決有同一之效力，係指訴訟和解在本質上雖非判決，但在訴訟法上之法律效果，兩者應無二致，應比照確定判決之法律效果作相同之看待與處理。不得僅因訴訟和解之本質與判決之本質不同一端，從而推翻本法第三八〇條第一項規定明文也。據此，訴訟和解之效力，可分別就形式的效力與實質的確定力為觀察㉘。

(一)形式的效力

1. 訴訟和解經作成筆錄由雙方當事人及法院法官、法院書記官簽名後成立，從而法院應受該和解筆錄內容之羈束，除和解筆錄有誤寫誤算或其他類似之顯然錯誤，得類推適用本法第二三二條規定，由法院書記官為更正處分之外（四三臺抗字第一號判例），法院不得任意撤銷或變更，學者稱為羈束力 (bindende Kraft)。

2. 訴訟和解成立時，當事人已不得依上訴方法聲明不服，該訴訟程序即行終結，訴訟事件之繫屬歸於消滅。訴訟和解於程序上已不能由當事人再要求改變之此種確定狀態，稱為形式的確定力 (formelle Rechtskraft)。

(二)實質的確定力

訴訟和解成立時，就和解標的之權利或法律關係，依和解之內容發生確定之效果，雙方當事人對於和解內容不得為相反

㉗ 學者主要爭論為，訴訟和解有無既判力。對此計有三說，即(一)肯定說、(二)否定說、(三)制限的既判力說。另一爭論為，訴訟和解有無效、撤銷原因時，如何救濟問題。詳見石川明，〈訴訟上の和解とその效力〉，載《民事訴訟法の争點》（新版）第三一〇頁以下。

㉘ 參照中村英郎，〈裁判上の和解〉，載《民事訴訟法講座》第三卷第八三六頁以下。

之主張，法院亦不得就同一和解標的之內容於另一訴訟為相異之判斷。雙方當事人及法院，均受此項和解內容拘束之狀態，學者稱為實質的確定力 (materielle Rechtskraft)，又稱為既判力。此項訴訟和解之既判力所及之主觀範圍，與確定判決既判力相同。不但對雙方當事人，且對於訴訟繫屬後為當事人之繼受人，及為當事人或其繼受人占有請求之標的物者，亦有效力（本法第四〇一條第一項）。對於為他人而為原告或被告者，此項訴訟和解對於該他人亦有效力（本法第四〇一條第二項）。

(三)執行力

於訴訟和解之標的為給付請求權時，給付內容適於強制執行者，該訴訟和解筆錄正本有執行名義，與給付判決相同，債權人得據以聲請法院對債務人為強制執行，稱為執行力。訴訟和解有訴訟行為之性質，依訴訟行為不得附條件之原則，不得附條件，但訴訟和解之給付內容得附條件及期限。又和解內容亦得約定對待給付。當事人於和解時，就起訴之訴訟標的之外，另將未起訴之權利合併列入和解內容者，亦有執行力。蓋此種和解內容，基於尊重當事人意思及訴訟經濟之原則，無解釋為不合法之必要。又第三人參加訴訟和解成為和解給付內容之權利人或義務人者，依尊重當事人意思之原則，應視為當事人之追加，具有合法地位。

民國九十二年本法修正增訂本法第三八〇條之一，將因增訂本法第三七七條第二項、第三七七條之一與第三七七條之二而發生之相關法律效果加以明文規定。依本法第三八〇條之一規定，當事人就未聲明之事項或第三人參加和解成立者，得為執行名義。按訴訟進行中，於實務上時有併就當事人訴訟標的外之事項，或第三人依本法第三七七條第二項規定參加而成立和解者，惟訴訟上成立之和解，依本法第三八〇條第一項規定，僅於當事人間就已聲明之事項，有與確定判決同一之效力。然為謀求當事人間之紛爭得以有效解決，並加強和解功能俾達到消弭訟爭之目的，就當事人間未聲明之事項或第三人參加而以給付為內容所成立之和解，雖無與確定判決同一之效力，亦宜賦予執行力。故，增訂本法第三八〇條之一。至於當事人就未聲明之事項，或與參加和解之第三人間所成立之和解，如嗣後發生爭執時，因其非原訴訟範圍，故當事人不得請求繼續審判，惟得另依適當之訴訟方式處理，例如，訴請確認和解所成立之法律關係不存在，或請求返還已依和解內容所為之給付。

(四)形成效果

又稱為創設效果 (Gestaltungswirkung)。訴訟和解之目的若係以形成新之法律關係為內容者，於實體法上之和解，固然能因成立和解而發生和解之形成效果，於訴訟和解，亦得於訴訟法上發生其形成效果[29]。按原告於起訴時，應確定其訴訟標的，並決定法院為其權利保護之形式為給付或確認抑或形成。若原告之訴為形成之訴，例如，提起撤銷股東會決議之訴（公司法第一八九條），提起離婚之訴（民法第一〇五二條），此際，原告之訴訟標的為形成效果之主張，且係以起訴方法行使其形成權。法院本可依法為形成判決而終結訴訟，惟為雙方當事人之和諧起見，於開庭期日勸諭和解成立，此時原告之訴在訴訟法上之意義而言，實係以訴訟和解取代法院判決而已，法院及雙方當事人以訴訟行為所欲達成之訴訟法上之法律效果，即係撤銷股東會決議之效果，和解離婚之效果。此種訴訟和解之訴訟行為，係法院與雙方當事人之合同行為，並非單純雙方當事人間之合意行為。法院既有參與為訴訟和解之訴訟行為，則其與法院以判決所為之訴訟行為，兩者之效力依本法第三八〇條規定應係相同。故訴訟和解之效力，於原告之形成之訴有形成效力，於解釋上不應認為，訴訟和解僅有既判力與執行力而無形成效力，況增訂民法第一〇五二條之一規定已明文賦予離婚和解成立時之形成力。就身分事項成立和解時，因自和解筆錄作成時即生效力，倘有依法應辦理戶政登記之情形，法院應於和解成立後，通知戶政機關，依法令規定辦理登記，以生公示作用。故家事事件法第四十五條第三項規定，因和解成立有關身分之事項，依法應辦理登記者，法院應依職權通知該管戶政機關。值注意者，若原告提起之形成之訴無權利保護利益者，因不具備訴訟要件，訴訟不合法，法院無法為本案判決，於此情形，法院自不得允許雙方當事人進行訴訟和解。又原告之形成之訴，若其訴訟標的涉及公益重大，依職權主義原則，不許當事人自由處分者，法院自無允許訴訟和解之理。惟此係法院不應允許為訴訟和解之問題，其情形與法院允許訴訟和解而發生形成效果之問題無關。換言之，不得僅據形成之訴限定之原則，全部否認所有之形成之訴均不可成立訴訟和解也。須知形成之訴之中，其以保護原告或被告之私益為重者，非不可由當事人以合意為處分而成立訴訟和解，無必須以形成判決為終結訴訟之理也[30]。最高法院五十八年臺上字第一五〇二號判例云：判決為法院對於訴訟事件所為之公法的意思表示，調解或和解，為當事人就訴訟上之爭執互相讓步而成立之合意，其本質並非相同。故形成判決之形成力，無由當事人以調解或和解之方式代之，從而在調解或訴訟上和解分割共有不動產者，僅生協議分割之效力，非經辦妥分割登記，不生喪失共有權，及取得單

[29] 參照中村英郎，上揭書第八三八頁。菊井維大，《全訂民事訴訟法（上）》第三四〇頁。

[30] 反對見解，陳計男，〈論訴訟上和解〉，載《程序法之研究(一)》第三十頁以下。姚瑞光，《民事訴訟法論》第四一四頁以下。

獨所有權之效力。此種見解係以訴訟和解之本質解釋推論判決之效力，倘以此方法而解釋訴訟和解之效力，則訴訟和解應無既判力可言，本法第三八〇條第一項所規定之意義將喪失殆盡。解釋訴訟和解之效力問題，必須拋開其本質論而專注於訴訟和解制度在訴訟法上之目的論，以價值論之立場，瞭解本法第三八〇條第一項在使本質不同之訴訟和解於法律效果方面，與法院判決發生同一效力為目的者也。若兩者之本質係相同，則無多此一舉為規定之必要。

六、訴訟和解之無效、撤銷與其救濟程序

本法第三八〇條第二項及第四項規定，和解有無效或得撤銷之原因者，當事人得請求繼續審判。第五〇〇條至第五〇二條及第五〇六條之規定，於第二項情形準用之。本法於民國一〇二年四月十六日修正，增訂第三項規定，將原第三項改列為第四項，增訂第三項規定，請求繼續審判者，應繳納第八十四條第二項所定退還之裁判費。又因和解之效力可能及於第三人，而依第二項規定，得請求繼續審判之人為當事人，第三人不得為請求，為保障第三人之固有權益及程序權，特增訂第五項規定，第五編之一第三人撤銷訴訟程序之規定，於第一項情形準用之，使第三人得提起第三人撤銷訴訟，撤銷對其不利部分之和解。德、奧、日三國均無此種規定，但在學說判例方面，卻大都採取與我國明文規定之繼續審判方法為救濟。蓋其學者及判例，大都基於訴訟和解之本質非確定之判決為論點，採取訴訟和解無既判力之見解。從而認為訴訟和解有無效或撤銷之原因存在情形，原訴訟既然未經法院判決而終結，故可由法院繼續審判。惟其學說判例就具體情形所主張見解，多不一致㉛。

我國由於有本法第三八〇條之明文，且多年來有最高法院判例為解釋，爭論較少。茲就訴訟和解得請求繼續審判之原因與繼續審判程序，分別敘述之。

㈠訴訟和解之無效及撤銷原因

最高法院四十三年臺上字第一〇七五號判例云，訴訟和解之行為如有私法上或訴訟法上無效或得撤銷之事由存在，不問何者，均屬民事訴訟法第三八〇條第二項所謂和解有無效或得撤銷之原因，當事人自得以之為請求繼續審判之理由。

㉛ 參照 Rosenberg-Schwab, ZPR. 14. Aufl. S. 818ff.; Fasching, ZPR. 2. Aufl. S. 685ff.; 中野、松浦、鈴木，《民事訴訟法講義》第三八一頁以下。

1.實體法上之無效與撤銷之原因　訴訟和解因實體法之規定而成為無效之情形不一，其常見者，以民法總則之規定為多。例如，⑴和解內容違反強制或禁止之規定（民法第七十一條），⑵和解內容有背於公共秩序或善良風俗者（民法第七十二條），⑶和解不依法定方式者（民法第七十三條），⑷和解當事人在無意識或精神錯亂中之意思表示（民法第七十五條），⑸和解當事人間之通謀虛偽意思表示（民法第八十七條），⑹和解當事人之一方為心中保留而他方明知其事者（民法第八十六條但書），均為訴訟和解無效原因。

至於實體法規定得撤銷者，例如，和解成立係因他造當事人之詐欺或脅迫者（民法第九十二條）。依民法總則第八十八條規定，原則上表意人就意思表示之錯誤得撤銷，惟民法債編第七三八條就和解之錯誤有特別規定，故訴訟和解不得以錯誤為理由撤銷為原則，但例外於下列情形得撤銷，即⑴和解所依據文件，事後發見為偽造或變造，而和解當事人若知其為偽造或變造即不為和解者，⑵和解事件，經法院確定判決，而為當事人雙方或一方於和解當時所不知者，⑶當事人之一方，對於他方當事人之資格或對於重要之爭點有錯誤而為和解者。

2.訴訟法上之無效原因　訴訟法上之訴訟行為，基於維持訴訟程序安定之理由，如有瑕疵，原則上不得撤銷。惟若該訴訟行為之瑕疵涉及不法情形重大時，則有無效情形存在。訴訟要件為原告之訴應具備之重要事項，若不具備訴訟要件時，訴訟不合法，雙方當事人若於不合法之訴訟中為訴訟和解，此項訴訟和解即屬不合法而無效。例如，⑴和解當事人無當事人能力或訴訟能力，⑵由法定代理人或訴訟代理人為和解，其代理權有欠缺或雖有代理權而無和解之權限，⑶由選定當事人為和解時，未經多數共同利益人全體之同意，⑷和解當事人無當事人適格，⑸就訴訟法上不得任由當事人處分之事項為和解，⑹和解事件法院無裁判權或不屬普通法院之管轄。訴訟和解於上述情形下成立，即構成訴訟法上之無效，當事人得據為請求法院繼續審判之原因。

訴訟和解有上述實體法上或訴訟法上之無效或得撤銷原因時，當事人固然得請求繼續審判。惟若訴訟和解因當事人行使解除權而解除時，能否請求繼續審判？學者之間有肯定說、否定說與折衷說之爭論㉜。主張肯定說者認為，訴訟和解之解除，

㉜ 參考中野、松浦、鈴木，《民事訴訟法講義》第三八六頁以下。石川明，〈訴訟上の和解とその效力〉，《民事訴訟法の爭點》第三一三頁以下。

溯及訴訟和解成立時無效，其法律效果與訴訟和解之撤銷及訴訟和解之無效情形，兩者無區別，應作相同處理而繼續審判，德國主要學者主張此說，但德國判例採否定說㉝。否定說認為，因解除而消滅者僅係私法上之權利義務關係而已，並不消滅因訴訟和解已終結之訴訟效果，且解除係於訴訟和解成立後新發生之法律事實，與於訴訟和解成立時已經存在之情形不同，於解除訴訟和解之情形，應以新訴訟起訴為審判，不得回復舊訴訟繼續審判，此為日本通說，且為日本判例之解釋㉞。折衷說主張，將和解之解除分為「通常型和解之解除」與「更改型和解之解除」，於前種情形之解除訴訟和解，應繼續審理，於後種情形，則提起新訴訟為救濟㉟。我國學者大都認為於新訴訟和解之解除情形，不得請求法院繼續審判，蓋本法對此無明文，且解除非於訴訟和解時即已存在之法律事實，與無效或撤銷情形不同，個人贊同不得請求繼續審判㊱。

㈡法院繼續審判之程序

法院受理當事人請求繼續審判時，應先審查當事人有無依民事訴訟法第三八〇條第三項規定，繳納第八十四條第二項退還之裁判費，及其請求是否合法，若未繳納退還之裁判費，或其請求不合法者，法院應以裁定為駁回，此項裁定得為抗告。如其繼續審判之請求合法，但顯無理由者，法院得不經言詞辯論逕以判決駁回之。所謂繼續審判之請求顯無理由，必須請求人所主張和解無效或得撤銷之原因，在法律上顯不得據為請求繼續審判之理由者，始足當之，若請求人所主張和解無效或得撤銷之原因，尚須調查證據，始能認定其有無繼續審判之理由者，仍應行必要之言詞辯論，不得不經言詞辯論逕以判決駁回之（六九臺上字第四二號判例）。此係由於本法第三八〇條第四項規定，第五〇〇條至第五〇二條及第五〇六條之規定，於請求繼續審判之情形準用所致。

㉝ 主張此說者有，Jauernig, ZPR. 22. Aufl. S. 171f.; Rosenberg-Schwab, ZPR. 14. Aufl. S. 821; Grunsky, Grundlagen des Verfahrensrechts, 2. Aufl. S. 101; 佐上善和，〈訴訟上の和解〉，《演習民事訴訟法（下）》第十三頁。但德國判例 BGH. 16, 388 反對於解除時為繼續審理。

㉞ 主張此說者有，兼子一，《民事訴訟法體系》第三〇九頁，見最高裁昭和四十三年二月十五日第一小法庭判決（《民集》二十二卷二號第一八四頁）。

㉟ 主張折衷說者有，中野、松浦、鈴木，《民事訴訟法講義》第三八八頁以下。

㊱ 相同見解，姚瑞光，《民事訴訟法論》第四一八頁。陳計男，《程序法之研究㈠》第三十四頁以下。

當事人對於和解請求繼續審判，依民事訴訟法第三八〇條第三項（舊法）準用同法第五〇〇條第一項及第二項規定，應自和解成立之日起三十日之不變期間內為之，如請求繼續審判之理由知悉在後者，該項期間自知悉時起算（七〇臺抗字第二九一號判例）。以法律限制此項請求繼續審判期間，有無違背憲法？大法官會議解釋釋字第二二九號認為，訴訟和解與確定判決有同一效力，和解成立後請求繼續審判，將使已終結之訴訟程序回復，為維持法律秩序之安定，自應有期間之限制。民事訴訟法第三八〇條第三項（舊法），就同條第二項之請求繼續審判，準用第五〇〇條提起再審之訴不變期間之規定，與憲法第十六條亦無牴觸。

法院於審理時，如認和解確有無效或得撤銷之原因者，得以中間判決諭示其旨，或於終局判決理由中加以說明，並應按和解當時之訴訟程度行言詞辯論後為判決。訴訟和解，於法院就原有訴訟為終局判決確定時，溯及訴訟和解成立時失其效力。第三人以善意取得之權利，不因訴訟和解有無效或得撤銷之原因而受影響。蓋訴訟和解成立與確定判決有同一效力，本法第五〇六條有關保護善意第三人利益之再審判決規定，於繼續審判之情形，應可類推適用[37]。

第三節　裁　判

一、總　說

㈠裁判之意義

法院之訴訟行為，其最重要者為裁判。所謂裁判係指，法院依法律規定形式就受理之事件為判斷或意思表示之訴訟行為。裁判必須由法院為之，審判長、受命法官、受託法官所為之裁判，亦屬廣義之法院所為裁判。換言之，法官所為者始得稱為裁判，法院書記官等其他法院職員所為之訴訟行為，並非裁判，稱為處分。

法院之裁判，依其方法得分為，判決、裁定、處分 (Urteil, Beschluss, Verfügung) 三種，判決係由法院，原則上本於必要

[37] 參照王甲乙等三人合著，《民事訴訟法新論》第四三三頁。

言詞辯論，依一定法定程式作成書面及宣示，就當事人實體上或程序上之爭點所為終結程序之訴訟行為。裁定係由法院，原則上不必經言詞辯論及宣示，未必依一定法定程式作成書面，就當事人或其他訴訟關係人實體上或程序上之爭點所為終結程序之訴訟行為。處分係審判長、受命法官、受託法官，或法院書記官，於程序進行中，就程序上爭點所為不能終結程序之訴訟行為。

(二)裁判之種類

裁判之種類得依各種標準為分類，惟其中特別值得注意者為，判決、裁定、處分之分類。茲將三者之區別敘述如次：

1. 裁判機關　判決係法院所為，裁定係法院、審判長、受命法官、受託法官所為，處分係審判長、受命法官、受託法官所為。從而原則上，對判決不服者，得提起上訴；對裁定不服者，得提起抗告；而對處分不服者，得向受訴法院聲明異議，經受訴法院就該異議為裁定後，不服裁定，始得提起抗告（本法第二四〇條、第四八五條）[38]。

2. 裁判時之審理方式　判決，原則上須本於言詞辯論，且須依法定程式作成書面，載明主文及事實理由，並宣示之。裁定，原則上得不經言詞辯論，得不作成書面，作成書面者亦得不附理由，除經言詞辯論為裁定者外，無庸宣示。處分有時稱為命令，其作成方法，依裁定有關規定辦理。

3. 裁判事項內容及受裁判人　判決與裁定係以事件之實體爭點或程序爭點為終結性之判斷，原則上均以當事人為受裁判人。但裁定之受裁判人，於訴訟程序附隨事項，亦得以訴訟關係人為受裁判人，例如對證人或鑑定人為裁定。處分係專以程序爭點為裁判事項，以當事人或訴訟關係人為受裁判人。

4. 裁判之效力　裁判之效力有羈束力（本法第二三一條）與既判力（本法第四〇〇條、第四〇一條）之分。判決後，為該判決之法院應受其羈束，不得以職權自己任意撤銷或變更其判決。且判決確定後，於作用方面發生既判力，於相同當事人

[38] 民事程序，除通常訴訟程序外，尚有其他程序，例如，督促程序、保全程序、非訟事件程序、破產事件程序、強制執行事件程序。此類程序之運作，均以裁定及處分為之，因此區分裁定與處分之必要性，顯出其重要性。強制執行法第十二條之規定，及有關之最高法院判例，如56.臺抗字第三三七號、58.臺抗字第四三六號、66.臺抗字第二六號、67.臺抗字第五七四號，均與此有關。參照 Baur, Zivilprozessrecht, 2. Aufl. 1977, S. 165ff.; besonders S. 172ff.; Jauernig, Zivilprozessrecht, 22. Aufl. 1988, S. 203ff.

間之同一訴訟標的內容，他法院及雙方當事人均不得作相異之爭執或判決。裁定之效力，應區分裁定事項為實體事項抑或程序事項。對實體事項所為之裁定，其效力與判決相同，具有羈束力與既判力，例如確定之支付命令，確定訴訟費用所為之裁定，法院不得自行撤銷或變更裁定，且於裁定確定後，法院及雙方當事人不得再行就裁定內容作相異之爭執。惟對程序事項所為之裁定，原則上無羈束力，亦無既判力，原裁定法院得依職權撤銷或變更之。處分係對於指揮訴訟程序事項所為，且係審判長、受命法官、受託法官或法院書記官依職權所為，受訴法院自得由於受處分人之異議而撤銷或變更之，故處分之效力，無羈束力亦無既判力可言㊴。

㈢民事程序法之裁定性質

本法第一編總則第四章訴訟程序第六節裁判，除判決之規定外，於第二二〇條、第二三四條起至第二四〇條係有關裁定之規定。又於本法第四編抗告程序，專就不服裁定之程序為規定。上述裁定之規定，係就民事訴訟程序中之附隨程序事項所作之裁定，稱為「附隨裁定」。惟於民事程序法中，除民事訴訟程序外，尚有其他各種程序，例如，非訟事件程序、家事非訟程序、破產程序、強制執行程序、督促程序、公證程序、調解程序等。於此類民事程序，其程序之開始均以聲請為之，其程序之終結均以裁定為之。其情形與訴訟程序，以起訴為開始而以判決為終結之情形相類似。此種情形之裁定係民事聲請程序之「獨立裁定」，與前述之「附隨裁定」，兩者顯有區別㊵。於民事聲請程序，法院所為裁判均以裁定為之，裁定事項內容，並非全部為程序事項，其中大部分為實體事項。法院所為實體事項之裁定，形式上與判決不同，但其為裁判之本質與作用，兩者應無不同。昔日學者未見此種所謂「獨立裁定」之特性，專注於附隨裁定之性質，輕視裁定之獨立性，一律認定裁定係解決非實體上之爭點，裁定無羈束力，亦無既判力，裁定效力較判決遜色。此種誤會，出於未全盤認識民事事件係由起訴程序與聲請程序兩者之事件所構成之事實。立法者為避免利用起訴程序以判決為裁判之遲延缺點，於證據明確，當事人對事項無爭執情形，利用聲請程序以裁定迅速為審判，俾達訴訟經濟及獲解決事件之實效。此種訴訟之非訟化趨勢，漸受重視結果，

㊴ 參照 Baur, a. a. O. S. 172f.

㊵ 用語概念，參照三ケ月章，〈決定手續と抗告手續の再編成〉，《民事訴訟法研究》第八卷第一六五頁以下。Vgl. Habscheid, Freiwillige Geriehtsbarkeit, 7. Aufl. S. 173ff.

對於法院之裁定程序及其抗告程序之理論結構，有重行認識研究必要㊶。

㈣司法事務官之處理程序

我國社會近年來經濟發展迅速、教育普遍，人民權利意識升高而各種糾紛不斷增加，法官受理之工作負擔已不勝負荷。如何減輕法官工作負擔，使其專注於審判工作，以提升裁判品質，此為我國司法改革必須面對之問題之一。司法院為解決此一問題，參考德國實施多年之法務官（Rechtspfleger）制度，於民國九十二年民事訴訟法修正時，在第一編總則第四章訴訟程序增設第六節之一，規定「司法事務官之處理程序」。法院組織法於九十六年七月十一日增訂第十七條之一第一項規定地方法院設置司法事務官，作為法源依據。同時增訂第十七條之二第一項規定，明訂司法事務官辦理下列事務：

1. 返還擔保金事件、調解程序事件、督促程序事件、保全程序事件、公示催告程序裁定事件、確定訴訟費用額事件。
2. 拘提、管收以外之強制執行事件。
3. 非訟事件法及其他法律所定之非訟事件。
4. 其他法律所定之事務。

並增訂第三項規定司法事務官辦理前項各款事件之範圍及日期，由司法院定之。司法院於修法後已招考訓練司法事務官，並分發至地方法院，明訂自九十七年一月二十一日開始辦理上開事務，以分擔法官工作負擔。

依德國法務官法（Rechtspflegergesetz）之規定，法務官係獨立機關，為減輕法官之工作負擔，負責專歸法官審判以外之其他裁判工作。法務官係官員，但非係法官。法務官雖依法為裁判，不受指示而裁判，但無法官獨立審判不受干涉之保障。法務官之任用，必須法務官考試及格始可。通常先在法務官專科學校就學十八個月及在法院及檢察機關學習一年，後經法務官考試及格而任用。法務官辦理之工作分為三類，一係全部移轉由法務官辦理之工作，二係法官保留而移轉由法務官辦理之工作，三係法官保留而個案移轉由法務官辦理之工作。第一類工作，例如，社團事件、監護事件、遺產及分割事件、失蹤事件、土地登記簿事件，除外於督促程序、強制執行之措施、破產與和解之措施、確定訴訟費用、登記。第二類工作，例如，成年

㊶ 見新堂幸司，〈訴訟與非訟〉，《民事訴訟法の争點》（新版）第十六頁以下。山木戶克己，〈裁判手續の多樣性〉，《講座民事訴訟法(2)》第八十七頁以下。陳榮宗，〈法院依法所為裁定之既判力〉，《訴訟當事人與民事程序法》第二一一頁以下。

宣告、依民法第一六六六條奪取親權、扶養措施、因死後處分發給繼承證明書。第三類工作，例如，公示催告、提存、罰鍰、律師報酬[42]。德國法務官法就法務官能辦理之工作規定頗為細密，無法詳細枚舉。德國法務官法於一九六九年實施，計條文四十條，此一制度實施後，對減輕法官工作負擔之功能頗大。我國於民事訴訟程序能將其參考引用，對於司法改革將有預期之效果。

1.司法事務官處理之事件　本法第二四〇條之一規定：「本法所定事件，依法律移由司法事務官處理者，除別有規定外，適用本節之規定。」依法院組織法第十七條之二第一項所規定之督促程序事件、公示催告裁定事件及確定訴訟費用額等事件，將移由司法事務官處理，其程序應適用第六節之一司法事務官之處理程序。至於本節所未規定之程序，仍應適用本法就各該事件原為法官處理而設之相關規定程序。

2.司法事務官作成之文書　本法第二四〇條之二規定：「司法事務官處理事件作成之文書，其名稱及應記載事項各依有關法律之規定。前項文書之正本或節本由司法事務官簽名，並蓋法院印。司法事務官在地方法院簡易庭處理事件時，前項文書之正本或節本得僅蓋簡易庭關防。」司法事務官就處理受移轉事件所作成之文書，其名稱及應記載事項應與原由法官處理者相同。為充分發揮司法事務官設置功能，並簡化文書製作程序，明定文書之正本或節本應逕由司法事務官簽名並蓋法院印後核發。若司法事務官係配置在地方法院簡易庭處理事件時，則此項文書之正本或節本得僅蓋簡易庭關防。

3.司法事務官之處分效力與對處分之救濟　本法第二四〇條之三規定：「司法事務官處理事件所為之處分，與法院所為者有同一之效力。」司法事務官設置之目的，在於合理分配司法資源，並減輕法官工作負擔，若其處理事件所為處分之效力與原由法官作成者不同，將使程序繁複，影響當事人之權益。所以，本條規定其所為之處分，與法院所為者有同一之效力，以杜爭議。

又本法第二四〇條之四規定：「當事人對於司法事務官處理事件所為之終局處分，得於處分送達後十日之不變期間內，以書狀向司法事務官提出異議。但支付命令之異議仍適用第五百十八條及第五百十九條之規定。本法於民國一〇二年四月十

[42] 參照 Manfred Wolf, Gerichtsverfassungsrecht aller Verfahrenszweige, 6. Aufl. S. 284ff.

六日修正，將第一項但書修正為，但支付命令經異議者，除有五一八條所定或其他不合法之情形，由司法事務官駁回外，仍適用第五一九條規定。修正理由為債務人對支付命令異議如已逾第五一八條之二十日期間，或有其他不合法情形，仍應由司法事務官作成第一次處分。司法事務官認前項異議有理由時，應另為適當之處分；認異議無理由者，應送請法院裁定之。法院認為第一項之異議為有理由時，應為適當之裁定；認異議為無理由者，應以裁定駁回之。前項規定，應敘明理由，並送達於當事人。」

為保障當事人之權益，並達到追求程序迅速與訴訟經濟之目的，對於司法事務官處理事件所為之終局處分，應許當事人得逕向為處分之司法事務官提出異議，由其盡速重行審查原處分之是否妥當。但債務人對於支付命令提出異議之情形，除異議已逾第五一八條規定之二十日不變期間，或異議有不合法定程式等不合法情形，得由司法事務官依本條第一項但書規定予以駁回外，仍應適用第五一九條規定，不適用第二四〇條之四規定。

司法事務官受理當事人之異議，如認為異議有理由者，應自行另為適當之處分。如認為異議為無理由者，則仍應由原法院之法官處理，以充分保護當事人之權益。法院於受理司法事務官所送之異議時，應依各該事件之規定為審理。如認異議為有理由者，應為適當之裁定，如認異議為無理由者，應以裁定駁回之。法院所為上開之裁定，均應敘明理由，並送達於當事人。至於對法院所為之裁定是否得提起抗告，則仍應依各該事件之相關規定處理。

㈤訴訟卷宗

關於訴訟事件之一切文書，由法院書記官彙集而保存者，稱為訴訟卷宗，本法有時簡稱為卷宗或卷，例如本法第三十一條第二項稱為卷宗，於本法第一四一條第四項、第一四二條第一項及第一四三條均稱為卷。訴訟卷宗不僅為法院所利用，當事人或第三人於一定之條件下亦得利用。本法於第一編總則第四章訴訟程序第七節訴訟卷宗，規定利用訴訟卷宗相關之程序。

1. 訴訟卷宗之資料保存　本法第二四一條規定，當事人書狀、筆錄、裁判書及其他關於訴訟事件之文書，法院應保存者，應由書記官編為卷宗。卷宗滅失事件之處理，另以法律定之。所謂當事人書狀，除當事人提出之起訴狀、聲請狀、陳報狀之外，包括其他訴訟關係人向法院提出之書狀。所謂筆錄，最常見者，有言詞辯論筆錄、準備程序筆錄、調查證據筆錄、勘驗筆錄、和解筆錄及宣判筆錄，當事人向法院以言詞聲請或陳報時，由法院書記官作成之筆錄亦包含在內。裁判書係指判決及裁定之原本或正本。其他關於訴訟事件之文書有各種，例如，送達證書、不能為送達之報告書、交付郵政機關送達之證書、法院對機關團體之函文及其回函、鑑定書、證書之繕本、影本或無須發還之原本、勘驗之圖書、照片、錄影、錄音等物件。上述各種文件均應由法院書記官編入卷宗，由法院書記官保管。

訴訟卷宗之保存，定有保存期限。萬一因天災、戰亂、盜竊、遺失或因其他事由而滅失情形，其處理程序有依法律之必要。民國六十二年五月二日民刑事訴訟卷宗滅失案件處理法公布施行，卷宗滅失事件之處理即依其規定為之㊸。

2. 當事人或第三人利用訴訟文書之程序　本法第二四二條規定，當事人得向法院書記官聲請閱覽、抄錄或攝影卷內文書，或預納費用聲請付與繕本、影本或節本。第三人經當事人同意或釋明有法律上之利害關係，而為前項之聲請者，應經法院裁定許可。卷內文書涉及當事人或第三人隱私或業務秘密，如准許前二項之聲請，有致其受重大損害之虞者，法院得依聲請或依職權裁定不予准許或限制前二項之行為。前項不予准許或限制裁定之原因消滅者，當事人或第三人得聲請法院撤銷或變更該裁定。前二項裁定得為抗告。於抗告中，第一項、第二項之聲請不予准許；其已准許之處分及前項撤銷或變更之裁定，應停止執行。當事人、訴訟代理人、參加人及其他經許可之第三人之閱卷規則，由司法院定之。

按民事訴訟之當事人公開原則（der Grundsatz der Parteiöffentlichkeit），若無特別明文規定禁止情形，原則上，當事人得閱覽訴訟卷宗。但第三人僅於經當事人同意或釋明有法律上之利害關係情形，向法院聲請閱卷經法院裁定許可，始得閱覽及抄錄卷內文書。為保護當事人或第三人，若卷內之文書有涉及當事人或第三人之隱私或業務秘密，而准許閱覽、抄錄或攝影，有足致其受重大損害之虞時，法院得依其聲請或依職權裁定不予准許或為一定之限制行為。惟法院為此項裁定，應在不影響當事人行使辯論權之範圍內，始得為之。所謂業務秘密，包括營業秘密法第二條所定之營業秘密，以及其他業務上之秘密在內。

法院依本條第三項規定為不予准許或限制第一、二項行為之裁定後，如該裁定所認不予准許或應限制之原因消滅者，應許當事人或第三人聲請法院撤銷或變更原裁定。本條第三項及第四項之裁定，影響當事人或第三人之權益較大，應得抗告始

㊸ 參照吳明軒，《中國民事訴訟法（上）》（民國八十九年版）第六〇六頁以下。

合理。

依本法第四九一條第一項規定，抗告，除別有規定外，無停止執行之效力。惟於抗告中如再准許當事人為本法第二四二條第一項、第二項之聲請，或就第一項、第二項之聲請已准許閱覽之處分，或就駁回當事人或第三人依本條第三項所為聲請之裁定，及依本條第四項規定所為撤銷或變更之裁定，如於抗告中得准許閱覽、抄錄或攝影之行為，可能使當事人或第三人遭受重大損害，有失准其提起抗告之立法意旨，故於本條第五項後段明定，於抗告中，第一項、第二項之聲請，不予准許，其已准許之處分及前項撤銷或變更之裁定，於抗告中，應停止執行。

3. 不得利用判決草案及其準備或評議文件，並未經宣示、公告、法官簽名之裁判書　本法第二四三條規定，裁判草案及其準備或評議文件，除法律別有規定外，不得交當事人或第三人閱覽、抄錄、攝影或付與繕本、影本或節本；裁判書在宣示或公告前，或未經法官簽名者，亦同。按裁判之草稿及其準備文件，為準備製作裁判書之資料，其與裁判之評議均應嚴守秘密。依法院組織法第一〇三條及第一〇六條規定，不得公開，對當事人或第三人自不許交其閱覽、抄錄、攝影。裁判書未經法官簽名者，該裁判書尚未合法作成，裁判書在宣示前或公告前，裁判書之羈束力尚未發生，為該裁判之法院、審判長、受命法官、受託法官不受其羈束（本法第二三一條、第二三八條）。尚未發生裁判效力之此種裁判書與裁判草稿無異，自不宜公開使當事人或第三人知悉其內容也。

二、裁判之成立與生效

裁判之分類，以判決與裁定為最重要，且判決與裁定之成立，與生效，其法律規定各不相同，有分別就判決與裁定說明之必要。

㈠判決之成立與生效

法院判決之成立與生效之過程，首須由法院決定判決內容，其次作成判決書，並於期日將判決為宣示始可，最後應將判決書為送達，茲分別敘述之。

1. 判決內容之決定　法院審理之訴訟達於可為判決之程度時，應終結當事人之辯論，斟酌全辯論意旨及調查證據之結果，依自由心證判斷事實之真偽，就當事人聲明之事項，由參與為判決基礎辯論之法官，決定判決內容。於獨任法官之審判，固然得由該法官一人決定其判決內容，但於合議庭之審判，必須由全體庭員參與評議，依過半數庭員之意見決定判決內容。

依本法第二二一條規定，判決，除別有規定外，應本於當事人之言詞辯論為之。法官非參與為判決基礎之辯論者，不得參與判決。在事實審法院程序，係採取言詞審理主義與直接審理主義為原則，當事人所為之聲明或陳述，以提供判決資料為目的者，應於言詞辯論中以言詞為之，始為有效，若僅載於其所提出之書狀，尚未以言詞提出者，不得以之為判決之基礎，違者，即屬判決違背法令㊹。又判決法院之組織不合法者，其判決當然為違背法令，以未參與言詞辯論之法官參與判決，即其法院之組織難認為合法，其判決自屬當然違背法令㊺。由上所述可知，合法決定法院判決內容，必須其法院組織合法，且判決內容所憑藉之資料基礎，本於當事人聲明之判決事項，且經當事人之言詞辯論，由法院斟酌全辯論意旨及調查證據結果，依自由心證判斷事實真偽者始可。

2.判決書之制作　法院決定判決內容後，必須由法官執筆作成書面，此一書面稱為判決原本。判決書之制作，必須記載一定之事項，依本法第二二六條第一項規定，判決書應記載之事項如左：

(1)當事人姓名、住所或居所，當事人為法人或其他團體或機關者，其名稱及公務所、事務所或營業所　當事人，除原告、被告或上訴人、被上訴人之外，參加人亦為當事人，應記載於其所輔助之當事人之後。當事人為未成年人者，宜記載出生年月日。以自己名義為他人進行訴訟之訴訟擔當人，宜記明其擔當訴訟之意旨。

(2)有法定代理人、訴訟代理人者，其姓名、住所或居所　法人之董事為法人之代表人，非法人團體之代表人或管理人，雖非法定代理人，但依本法第五十二條規定，準用本法關於法定代理之規定，實務上均將代表人或管理人記為法定代理人。又未成年人為訴訟當事人，若其父母均健在，是否必須列父母為共同法定代理人？如僅列父或母一人為法定代理人，其法定代理是否合法？對此問題，民事訴訟法並無特別規定，僅得依民法之規定（本法第四十七條）。實務上認為得僅由父為法定代理人，但不得僅由母為法定代理人，蓋民國八十五年修正前民法第一〇八九條規定，對未成年子女之權利義務由父母共同行

㊹ 最高法院二十九年上字第三八五號判例，同院五十年臺上字第七二五號判例。

㊺ 最高法院三十八年臺上字第二九二號判例。

使為原則，父母對於權利之行使意思不一致時，由父行使之。法定代理權亦係父母權利之一種，除父有不能行使之情形外，無由母單獨行使餘地，故得由父單獨列為法定代理人㊻。民國八十五年民法第一〇八九條修正後，其第二項規定，父母對於未成年子女重大事項權利之行使意思不一致時，得請求法院依子女之最佳利益酌定之。將修正前，「父母對於權利之行使意思不一致時，由父行之」，此一規定修正。依修正後之現行法，不能由父單獨列為法定代理人。惟實際上，以未成年子女為訴訟當事人之事件，父母之間，一般大都同意由父一人出名為法定代理人而進行訴訟，故就習慣言之，判決書單獨列父一人為法定代理人，不得指為違法。

(3)訴訟事件；判決經言詞辯論者，其言詞辯論終結日期　判決既判力之客觀範圍係以事實審言詞辯論終結時為準，於該期日之後所生之新事實，不為既判力所及，而在該期日前所生之事實，當事人得提出而未提出者，應為既判力所及。故，判決書應記載言詞辯論終結期日，使既判力之基準時點顯現於判決書中。上訴審法官及當事人，不必另外查閱卷宗所載最後言詞辯論期日，可直接自判決書中獲知判決經最後言詞辯論日期，有利於訴訟之進行。

(4)主文　此為判決之結論，即對於當事人應受判決事項之聲明，由法院所為准許或駁回之意思表示內容。原告敗訴之主文，僅須記載，原告之訴駁回，即可。不區分訴訟不合法與訴訟無理由而作不同記載㊼。原告勝訴之判決，於給付判決，應將命被告給付範圍種類數量具體記載明確，俾能強制執行。於確認判決，必須將法律關係存在或不存在所涉及之標的物，就其數量位置編號詳細表明，俾能明確區分而識別。系爭標的物名稱繁多者，得另作附表列於判決書之最後。於形成判決，應依原告所聲明之法律效果內容記載明確，必要時，得製圖附列於判決書。又關於訴訟費用之負擔及宣告假執行之條件內容，亦應於主文之最後為記載。

(5)事實　事實項下，應記載言詞辯論時當事人之聲明及其提出之攻擊或防禦方法。民事判決之事實為當事人所主張之

㊻ 最高法院曾著有四十九年臺上字第一〇四一號判例，但九十一年度第十三次民事庭會議決議不再援用。惟學者有認為，實務作法在法律上欠依據者。見楊建華，《民事訴訟法(三)》第三十三頁以下。

㊼ 日本民事訴訟法實務，其判決主文，於訴訟不合法之情形，以「本件訴訟卻下」之形式表示之，於訴訟無理由之情形，以「原告請求棄卻」為表示。參照中野貞一郎、松浦馨、鈴木正裕編，《民事訴訟法講義》（補訂第二版）第四〇〇頁以下。

事實，無論該事實是否真偽，抑或法院於認定事實時有無必要，均須全部記載。蓋雙方當事人所主張提出之事實，於上訴情形，上級審法院可能認為有必要而重要也。又法院依職權調查證據及發生訴訟承擔或承受情事，當事人二造於言詞辯論期日不到場等，與判決程序有關事項，亦應記載。

(6)理由　理由係依據兩造當事人所主張之事實，將判決主文之結論為導出之判斷說明過程。判決係以法條為大前提，事實為小前提，以主文為結論之全部推論過程，理由即係說明此種三段論法之推理過程。故，於理由項下，應記載關於攻擊或防禦方法之意見及法律上之意見，此所謂法律上之意見，雖不以列舉法條之條文為限，然必據其記載，得知所適用者為如何法規，始為相當，否則即為本法第四六九條第六款之判決不備理由㊽。

(7)年、月、日　實務上，判決書之製作，均記載年月日，使閱讀之人能知該判決之時間。

(8)法院　此指為判決之法院。判決必須以受訴法院之名義為之，否則不合法。

又依本法第二二六條第二項規定，事實項下，應記載言詞辯論時當事人之聲明，並表明其聲明為正當之攻擊或防禦方法要領。當事人在言詞辯論時所提出之攻擊或防禦方法，有時候甚為冗長，如均詳為記載於事實項下，則徒增判決書篇幅及加重法官之負擔。法官得就此部分表明其聲明為正當之攻擊或防禦方法之要領即可。另外依本條第三項規定，理由項下，應記載關於攻擊或防禦方法之意見及法律上之意見。依本條第四項規定，一造辯論判決及基於當事人就事實之全部自認所為之判決，其事實及理由得簡略記載之。按一造辯論判決及基於當事人就事實之全部自認所為之判決，其事實認定較為單純。為減輕法官製作判決書之負擔，於此二類判決，其事實及理由得簡略為記載。

除上開各事項之外，依本法第二二九條第三項規定，對於得上訴之判決，應於送達當事人之正本內，記載其上訴期間及提出上訴狀之法院。惟此為訓示規定，縱然法院書記官於制作判決正本為送達時，未為此項記載，不影響上訴期間之進行㊾。又上訴期間為不變期間，法院不得伸長或縮短，法院在判決書內記明之上訴期間，縱較法定之不變期間為長，亦不生何等效力，當事人不得藉口其提起上訴係在記明之上訴期間內，而主張其上訴尚未逾期㊿。不得上訴之判決，縱法院書記官誤為得

㊽ 最高法院四十年臺上字第一四四號判例。

㊾ 最高法院二十九年抗字第九八號判例。

上訴之記載，當事人亦不得因此即謂該判決得為上訴[51]。

依本法第二二七條之規定，為判決之法官應於判決書內簽名，法官中有因故不能簽名者，由審判長附記其事由，審判長因故不能簽名者，由資深陪席法官附記之。此規定僅適用於合議庭，於獨任法官，無適用餘地。倘獨任法官因故不能簽名者，別無補充簽名辦法，如其不能簽名係一時之情形，得延展宣判之期日，如為長期性之不能簽名，僅得更換法官再開言詞辯論，重行審判。惟若獨任法官先將判決主文於期日為宣示後，因故無法完成判決書及簽名情形，依本法第二三一條規定，由於為判決之法院，受該判決之羈束，不得任意撤銷判決，別無補救辦法。僅得由法院書記官將已宣示之判決主文，作成判決節本送達於當事人，俟當事人對此項程序不法之判決提起上訴，由上級法院為廢棄原判決[52]。

3. 判決之宣示　法院作成判決書後，由審判長於法庭上公開將判決主文朗讀、向外發表之訴訟行為，稱為宣示判決。宣示判決以朗讀主文為原則，至於判決理由，如認為有須告知者，應朗讀或口述其要領。法院書記官應將宣示判決之事，記載於言詞辯論筆錄。（本法第一九八條第一項、第二二四條、第二一三條第一項第六款）。

依本法第二二三條之規定，原則上，應宣示之判決，以經言詞辯論者為限，其不經言詞辯論者，無庸宣示，但應公告。例如依本法第二四九條第二項規定，原告之訴依其所訴之事實，在法律上顯無理由，法院得逕行為駁回之判決，均不宣示。宣示判決，應於辯論終結之期日或辯論終結時指定之期日為之。此項指定之宣示期日，自辯論終結時起，不得逾二星期。惟此項指定宣示期日之規定係訓示規定，縱有違背，於判決之效力無影響，當事人不得以之為上訴理由[53]。

判決之宣示，係就已成立之判決向外發表，並非判決之成立要件，經言詞辯論之判決，未依民事訴訟法第二二三條第一項宣示，而以送達向外發表者，不得謂判決尚未成立，雖其發表之方式違背訴訟程序之規定，判決亦不因而無效[54]。判決究

50 最高法院二十三年抗字第三四三號判例。
51 最高法院三十二年抗字第二五五號判例。
52 司法院三十二年十一月二十三日院字第二六一一號解釋。
53 最高法院四十一年臺上字第四二四號判例。
54 最高法院三十三年上字第二九二號判例。

於何時成立，應分別情形定之，合議法院之判決，於評議時成立。獨任法官之判決，先作判決書後宣示者，於作成判決書時成立，先宣示後作成判決書者，於宣示時成立，其不經言詞辯論者，於作成判決書時成立。已成立之判決，在宣示或送達前，法院仍不受其羈束55。

判決經宣示後，發生之效力有二：㈠依本法第二二五條規定，宣示判決，不問當事人是否在場，均有效力。判決宣示或公告後，當事人得不待送達，本於該判決為訴訟行為（本法第二三一條第二項），例如立即得提起上訴之行為。但上訴期間之起算，於當事人受收判決書之送達時起算。㈡依本法第二三一條第一項規定，判決宣示後，為該判決之法院受其羈束，不宣示者，經公告後受其羈束。此種效力，學者稱為判決之自已拘束力(Bindungswirkung)。法院不得任意將已宣示之判決自行撤銷或變更，縱然雙方當事人均同意將其撤銷或變更，亦不得為之。倘法院違背本法第二三一條第一項規定，而任意自行撤銷或變更原判決者，其後判決及原判決，均非當然無效，惟於當事人有合法上訴時，上訴審法院應將該判決廢棄56。換言之，原判決仍然維持其原有效力，而後判決即係違法之判決。

應注意者，判決之成立與判決之生效，兩者宜有區別，判決之成立時期與生效時期各不相同。依本法第二三一條第一項規定，已成立之判決，在宣示或公告前，法院仍不受其羈束。可見判決之成立，係法院內部事項，判決之對外生效要件，係以宣示或公告為其發表方法。

---

55 最高法院三十六年五月二十三日民刑庭總會決議。
裁判之成立時期，學說計有三說：一謂，裁判於意思決定時成立。在獨任法官之裁判，於法官決定其裁判內容之意思時，即告成立，在合議庭之裁判，經依法評議後，其裁判因而成立。至於以後之宣示及送達，不過促使裁判發生效力，故未曾參與審判之法官亦得列席宣示判決。二謂，裁判於宣示時成立。法院或法官決定裁判意思後，依其意思制作裁判書，此均為法院內部關係，對外尚不能認為裁判成立。故於裁判未宣示前，尚得予以變更，必其宣示後，始能認為裁判成立。三謂，裁判於裁判者表示其決定之意思時成立。蓋裁判既為法院或法官之意思表示，故其成立應具備內外兩要件，即意思之決定及其決定之表示。依此說，裁判之成立，須由裁判者依其決定意思制作裁判書或命記載於筆錄時成立。前述最高法院三十六年五月二十三日民刑庭總會決議，對於合議案件之裁判成立時期，採第一說，對獨任法官之裁判成立時期，則採第三說。參照曹偉修，《民事訴訟法釋論》第六六〇頁以下。

56 司法院三十五年院解字第三二〇九號解釋。

法院實務上為便民起見，使未到場聆聽判決宣示之當事人能及早獲悉判決結果，通常於經合議庭評議或獨任法官將判決原本交付法院書記官後，將判決主文公告或以明信片郵告當事人者。此種未宣示而提前公告之判決主文，依本法第二三一條規定，判決於公告時發生判決效力，從而對法院有羈束力。應認為法院公告主文者，受該判決之羈束，法院不得自行撤銷或變更其判決[57]。

4. 判決正本之制作與送達　法官制作完成之判決原本，應於判決宣示後，當日交付法院書記官；其於辯論終結之期日宣示判決者，應於五日內交付之。書記官應於判決原本內，記明收領期日並簽名（本法第二二八條）。法院書記官收領判決原本後，應於十日內作成判決正本送達於當事人。判決之正本或節本，應分別記明之，由法院書記官簽名並蓋法院印（本法第二二九條第二項、第二三〇條）。

法院書記官制作判決正本送達係重要事項，蓋當事人上訴期間之起算，係自當事人受判決正本送達時開始。且不經宣示之判決，其對外發表使法院受判決羈束之方法，係以公告為方法。於當事人得上訴之判決，如判決正本未經合法送達，判決無法確定。惟關於法官應交付判決原本於法院書記官之五日期限，以及法院書記官應作成判決正本送達於當事人之十日期限，均係訓示規定，如有違背，於法院程序之效力無影響。

(二)判決之更正與補充

本法第二三二條第一項規定，判決如有誤寫、誤算或其他類此之顯然錯誤者，法院得依聲請或依職權以裁定更正，其正本與原本不符者亦同。又本法第二三三條第一項規定，訴訟標的之一部或訴訟費用，裁判有脫漏者，法院應依聲請或依職權以判決補充之。前者之制度，稱為判決之更正，後者稱為判決之補充。判決內容之記載必須正確無錯誤，且判決之訴訟標的必須完整無脫漏，始能確保判決之正確完整。一旦發生錯誤或脫漏，應有補救之程序，俾能補正。否則，法院威信受損，當事人權益受害，此種情況不容放置不顧。

1. 判決之更正

[57] 相同見解，見楊建華，《民事訴訟法(三)》第一三六頁以下。

(1)要件　發生判決更正之原因，係因判決書有誤寫、誤算或其他類此之顯然錯誤，或因判決之正本與原本有不符情形。此乃因法院已為判決之意思表示，惟於判決書原本所表示者，與法院本來之意思不一致，或未有表示，故有將錯誤更正必要。所謂顯然錯誤，係指於判決書中所見者，與法院原來意思不符，依該訴訟事件及判決應有之內容，法院或訴訟關係人均能一望而知之情形。誤寫、誤算為最典型之事例，判決正本不應與判決原本不符，此為當然，如有錯誤自應更正。故，判斷應否為判決之更正，其標準有二：第一、必須法院於判決已有意思表示之存在事實。第二、但於判決原本或正本中，記載不一致或未有記載。據此標準，則所謂判決書之顯然錯誤，包括範圍頗廣。

法院於判決有無已為意思表示之存在事實，於具體情形，其標準應求之於判決書之主文與理由。蓋判決書之主文為判決結論，判決書之理由則係法院就當事人所主張者為判斷，說明導出主文之依據，故判決書之主文與理由均係法院就判決所為之意思表示。判決書之主文或理由，若兩者之一已有記載者，則可認為法院已有為判決之意思表示。至於判決書之事實項下所記載者，僅屬當事人所主張攻擊防禦方法之事實，非屬法院所為判斷之意思表示，不得作為法院有無已判決之標準。

判決書有無顯然錯誤之標準，不限於判決書各種事項之記載與判決之意思表示不一致，且包括判決書中缺漏未有記載之情形。例如判決理由中對於借款十萬元及買賣價金三萬元分別為判斷認為原告之訴全部有理由，但於主文中僅列借款十萬元而未有買賣價金三萬元之記載者，即屬判決書有顯然錯誤，發生判決之更正原因。依判例解釋，判決理由中所表示之意思，於判決主文中漏未表示者，亦屬顯然錯誤。訴訟標的之法律關係不變，實際上亦由被告當事人參與訴訟，法院依原告起訴主張之被告錯誤姓名或名稱為裁判而記載者，即係當事人姓名或名稱之錯誤，均屬判決之更正問題[58]。

(2)判決之更正程序　判決書發生錯誤後，依本法第二三二條之規定，法院得依聲請或依職權以裁定更正。此項更正之裁定應附記於判決原本及正本，如正本已經送達，不能附記者，應製作該裁定之正本送達。對於更正或駁回更正聲請之裁定，得為抗告。但對於判決已合法上訴者，不在此限。如對本案判決已有合法之上訴時，對於更正或駁回更正聲請之裁定，則不得再以抗告程序聲明不服，而應一併由上訴審處理。故當事人如誤以抗告程序聲明不服，最高法院九十三年第四次民事庭會

---

[58] 最高法院四十一年臺抗字第六六號判例。同院六十九年臺職字第三號判例。

議決議認為原法院及抗告法院均不得認其抗告為不合法，以裁定予以駁回，而應將之送交上訴審併案處理。判決之更正必須由法院另以裁定為之，不得未經裁定而逕行直接將錯誤部分增刪或塗改。此項更正之裁定，雖非參與原判決之法官，亦得參與[59]。又無論法院依職權自行裁定更正抑或依當事人聲請為更正之裁定，均得隨時為之，無期間之限制。且當事人對於法院所為更正判決或駁回更正聲請之裁定，如有不服，得依抗告程序聲請救濟而得抗告。

法院之和解筆錄，如有誤寫、誤算或其他類此之顯然錯誤者，法律上雖無得為更正之明文，而由民事訴訟法第三八〇條、強制執行法第四條第三款等規定觀之，訴訟上之和解與確定判決有同一之效力，本法關於判決書更正錯誤之規定，於和解筆錄有同一之法律理由，自應類推適用。和解筆錄係由法院書記官依職務所作，其錯誤之更正，法院書記官即得為更正之處分（本法第二三二條、第二四〇條）[60]。

值注意者，更正裁定，並非法院就事件之爭執重新為裁判，不過將裁判中誤寫、誤算或其他類此之顯然錯誤，加以更正，使裁判中所表示者，與法院本來之意思相符，原裁判之意旨，並未因而變更。故更正裁定溯及於原裁判時發生效力。亦即原裁判之效力，不因更正裁定而受影響。對原裁判上訴或抗告之不變期間，自不因更正裁定而延長（七九臺聲字第三四九號判例）。

2. 判決之補充

(1) 要件　法院應判決之事項，係由當事人所提出之訴訟標的及應受判決之聲明兩者所構成。倘當事人於訴訟中已提出訴訟標的及其應受判決之聲明，而法院於判決時將其一部或全部脫漏，未為判決之意思表示者，即生判決有脫漏之情形。此際，其應補救之方法係利用判決之補充。故，判決之補充，其要件為判決有脫漏，而所謂判決有脫漏係指，法院就當事人已提出之訴訟標的及應受判決事項之聲明，未為判決之意思表示而言。若法院就當事人提出之訴訟標的及應受判決事項之聲明，於判決書主文或理由中已全部為判決之意思表示，惟於主文或理由中脫漏未有記載者，此種情形屬於前述判決書之錯誤，應以判決之更正為補救，不屬判決之脫漏，不得以判決之補充為補救。

[59] 最高法院二十三年抗字第二一七三號判例。

[60] 最高法院四十三年臺抗字第一號判例。

依本法第二三三條第一項規定，判決脫漏之事項雖限於訴訟標的之一部或訴訟費用，惟當事人應受判決事項，包括假執行之事項在內（本法第三九四條）。法院應依職權宣告假執行而未為宣告或忽視假執行或免為假執行之聲請者，準用本法第二三三條之規定。故，法院對於假執行宣告為脫漏者，亦為判決之脫漏，有判決補充之必要。惟最高法院六十三年臺抗字第二七五號判例認為法院忽視被告免為假執行之聲請者，不在得聲請補充判決之列[61]。此判例已與九十二年修正後之本法第三九四條規定不合，最高法院九十四年第八次民事庭會議因而決議不再援用。

訴訟標的一部之脫漏，例如，原告請求被告給付本金及利息，法院僅就本金之一部或利息部分漏未裁判。原告起訴慮其先位之聲明無理由而為預備之聲明者，法院認先位之聲明無理由而為駁回其訴之裁判時，如未就後位之聲明予以調查裁判，即屬民事訴訟法第二三三條第一項所謂訴訟標的之一部裁判有脫漏（四四臺抗字第二八號判例）。惟若法院認先位之聲明有理由，而為原告勝訴之判決時，無庸更就後位之預備聲明為審判，即不生裁判脫漏問題（四八臺上字第一八七號判例）。

法院為終局判決時，應依職權為訴訟費用之裁判（本法第八十七條第一項）。當事人就訴訟費用之負擔不論有無聲明由他造負擔，法院均應依職權為裁判。法院為終局判決時，若就訴訟費用漏而未裁判，亦屬裁判脫漏之情形。

(2)判決補充之程序　判決有脫漏者，法院應依當事人聲請或依職權以判決補充之。原則上，當事人無論為原告或被告，均得聲請法院為補充判決。

於訴訟標的之一部裁判有脫漏情形，僅原告及反訴原告有聲請補充判決之權。訴訟費用之裁判有脫漏情形，於原告勝訴判決者，原告有權聲請補充判決；於原告敗訴判決者，被告得聲請補充判決；於當事人各一部勝訴一部敗訴者，雙方當事人均有權利聲請法院為補充判決。

依本法第二三三條第二項規定，當事人就脫漏部分聲明不服者，以聲請補充判決論。同條第三項規定，脫漏之部分已經辯論終結者，應即為判決；未終結者，審判長應速定言詞辯論期日。同條第四項規定，因訴訟費用脫漏所為之補充判決，於本案判決有合法之上訴時，上訴審法院應與本案訴訟同為裁判。判決之脫漏部分既經辯論終結，應踐行之訴訟程序業已完竣，

[61] 最高法院六十三年臺抗字第二七五號判例，最高法院九十四年第八次民事庭會議決議不再援用。

其訴訟已達可為裁判程度，法院應即為補充判決。脫漏部分雖已辯論終結，法院如認尚未達可為終局判決之程度者，得命再開辯論，於辯論後為補充判決。至於不經言詞辯論之判決，一經當事人聲請為補充判決，法院應即為判決。

法院之何審級判決有脫漏裁判，當事人應即向該審級法院聲請為補充判決，上級法院不得對下級法院判決之脫漏部分逕為裁判，俾免剝奪當事人之審級利益。惟若當事人對於下級法院判決之脫漏部分聲明不服者，視為向下級法院聲請補充判決。上級法院審判中，發見下級法院判決脫漏裁判，雖當事人曾經聲請補充判決，仍應僅就上訴部分予以進行，不得將訴訟卷宗發還下級法院，命其就脫漏部分為補充判決後，再行送卷（二五院解字第三一六四號解釋㈢）。但上級法院就上訴部分已為全部之終局判決後，應即將訴訟卷宗發還下級法院進行補充判決程序。

脫漏之部分未經辯論終結者，審判長應速定言詞辯論期日，專就脫漏部分進行調查證據及辯論，俟辯論終結時就脫漏部分為補充判決。為補充判決之法官，既須參與言詞辯論，自不以參與前判決之法官為限。[62]

第一審判決有脫漏者，如脫漏部分為訴訟標的之一部，既未經法院為實體裁判，當事人得另行起訴，不受一事不再理之限制。第二審或第三審之判決有脫漏者，如當事人未聲請補充判決，或經法院駁回其聲請之裁定確定後，其效力如何？因該脫漏部分曾經下級法院判決，應解為脫漏部分之下級法院判決歸於確定，當事人不得以上級法院之判決脫漏裁判為理由，重行起訴。

按補充判決亦為判決，其效力與一般判決相同，補充判決與前判決並無主從關係，應分別自判決生效時發生效力。判決之補充與判決之更正兩者不同，宜有區別。第一，前者應以判決為之，當事人對此判決得獨立上訴，後者應以裁定為更正。第二，前者，不得由上級法院就下級法院之脫漏裁判為補充判決，但後者，得由上級法院就下級法院之判決書錯誤，以裁定為更正。

㈢裁定之成立與效力

裁定之種類與判決情形相同，得分為實體上之裁定與程序上之裁定，亦得分為給付裁定、確認裁定、形成裁定三種，另

[62] 參照吳明軒，《中國民事訴訟法（上）》（八十九年九月版）第五八八頁以下。

外亦得分為中間裁定與終局裁定，又可分為獨立裁定與附隨裁定。所謂裁定係指，法院、審判長、受命法官、受託法官於訴訟程序中就一定事項所為判決以外之判斷或意思表示之訴訟行為。本法第二二〇條規定，裁判，除依本法應用判決者外，以裁定行之。裁定，得依當事人或訴訟關係人之聲請為之，亦得依法律規定依職權為之。於指揮訴訟之裁定，法院、審判長、受命法官、受託法官得依職權為之。

1. 裁定之成立

(1) 裁定之審理　本法第二三四條規定，裁定得不經言詞辯論為之。裁定前不行言詞辯論者，除別有規定外，得命關係人以書狀或言詞為陳述。有無行言詞辯論之必要，由為裁定之法院、審判長、受命法官、受託法官依其自由意見視具體情形為決定。但法律特別明定不得命行言詞辯論者，不得行言詞辯論。例如本法第五一二條明定，法院應不訊問債務人，就支付命令之聲請為裁定，此情形即是。行言詞辯論之情形，目的僅在補充訴訟資料之不足，如當事人於言詞辯論期日不到場或拒絕辯論，不發生一造辯論為裁定之問題，亦不生合意停止訴訟之問題。

(2) 裁定書之製作　在裁定程序中，本法並未規定裁定書應具備一定之程式，本法第二三九條所規定裁定準用判決之規定中，並無準用第二二六條判決書內容之規定。故，裁定書之製作，無一定之程式。至於裁定是否必須以書面為之，應視裁定性質而異。關於指揮訴訟之裁定，均得不作裁判書附卷，僅須記載於言詞辯論筆錄即可。裁定須送達者，即有製作裁定書之必要。裁定書之主文、事實理由，分欄記載與否，悉依法官之意見（三〇抗字第七七號判例）。僅於駁回聲明或就有爭執之聲明所為裁定應附理由外（本法第二三七條），其餘情形均得不附理由。至於裁定主文及為裁定之法官簽名為裁定應具備內容，不能省略。

裁定如有誤寫、誤算或其他類此之顯然錯誤者，法院得依聲請或依職權以裁定更正；其正本與原本不符者，亦同。此項更正之裁定，應附記於裁定原本及正本；如正本已經送達，不能附記者，應製作該更正裁定之正本送達。對於更正或駁回更正聲請之裁定，得為抗告。但對於原裁定已經合法抗告者，不在此限（本法第二三九條、第二三二條）。另外若裁定有脫漏之情形，法院應依聲請或依職權以裁定為補充之（本法第二三九條、第二三三條）。

(3) 裁定之宣示與送達　本法第二三五條規定，經言詞辯論之裁定，應宣示之；終結訴訟之裁定，不經言詞辯論者，應公告之。本法第二三六條規定，不宣示之裁定，應為送達。已宣示之裁定得抗告者，應為送達。關於送達判決之規定，於送達裁定準用之（本法第二三九條、第二二八條、第二二九條、第二三〇條）。裁定有應行送達者，有不必送達者，其應送達裁定之情形有二：①不宣示之裁定。此項裁定既然未為宣示，當事人或訴訟關係人無從知悉裁定內容，故應為送達。此項裁定，縱然不得抗告或不得聲明不服，仍然應予送達，俾當事人或關係人能知悉裁定內容。②已宣示而得抗告之裁定。得抗告之裁定涉及當事人與訴訟關係人之利害關係，且有抗告之不變期間之問題，自應送達裁定，使其能適時提起抗告。於此情形，該裁定縱然已宣示，但抗告期間之開始係以收受裁定之時起算，非以宣示之時起算，故應為送達。裁定不必送達者，例如，准許公示送達之裁定，無須以正本送達（五五臺抗字第三二六號判例）。又例如，法院或院長依職權為法官迴避之裁定（本法第三十八條）、指定期日之裁定（本法第一五四條、第一五六條），不必送達。

2.裁定之效力　本法第二三八條規定，裁定經宣示後，為該裁定之法院、審判長、受命法官或受託法官受其羈束；不宣示者，經公告或送達後受其羈束。但關於指揮訴訟或別有規定者，不在此限。所謂受其羈束係指，不得自行將裁定撤銷或變更而言。惟關於指揮訴訟之裁定，旨在促進訴訟之順利進行，若不得自行撤銷或變更，則指揮訴訟反而受制，無法適當為活用，故例外明定不受裁定之羈束。又法律別有規定之裁定，其情形有使原裁定法院或法官自行撤銷或變更裁定必要，不宜受裁定之羈束。例如，本法第一五九條、第一六三條、第一八六條、第四九〇條第一項、第五〇七條、第五二九條第四項、第五三〇條、第五六七條等均是[63]。

三、判決之瑕疵[64]

判決有可能發生瑕疵，就其瑕疵之種類為觀察，得區分為三種情形：

(一)非判決(Nichturteil, Scheinurteil)

---

[63] 參照吳明軒，《中國民事訴訟法（上）》（八十九年九月版）第五九二頁以下。王甲乙等三人，《民事訴訟法論》（八十八年二月版）第二一〇頁以下。姚瑞光，《民事訴訟法論》（八十九年十一月版）第二九五頁以下。

[64] 參照 Jauernig, ZPR. 22. Aufl. S. 212f.; 中野、松浦、鈴木編，《民事訴訟法講義》（補訂二版）第四一二頁以下。

又稱為表面判決，此種情形所謂之判決，僅係文字上之表面稱為判決而已，實際上根本欠缺成立判決之基本要件，在法律上無法認為其有判決之存在意義者。例如，不具法官身分之人所為之判決、未經宣示之判決草稿，均屬非判決。成立判決，須判決係由法官所為，且由法官將判決內容向外界宣示始可。非判決，根本不生判決之效力，亦不發生終結審級之事，當事人得聲請法院續行審判程序，法院應重新為判決。

㈡無效判決(Wirkungsloses Urteil)

此種判決確係由法院之法官所為，在法律上言，確實成立，具有判決存在之形式意義，但因有重大之瑕疵，不發生判決之效力。例如，對於無審判權之外國外交官所為之法院判決、對於無訴訟繫屬之事件所為判決、對於根本不存在之虛構之當事人所為之判決、對於已不存在之婚姻所為之離婚判決。無效判決不生判決之實質既判力、執行力、形成力。但此種無效判決，因有終結審級之事，且法院不得於宣示判決後自行撤銷該判決而有自己拘束力，判決確定時有形式上之既判力，所以不得輕易將無效判決放置不加理會，應依一般規定以上訴或再審之訴方法除去該判決。

㈢不屬非判決亦不屬無效判決之判決

此類判決，縱然有程序上之重大瑕疵或因實體上之不正確判斷而有瑕疵存在，但其判決就效力而言，是為有效之判決，此與前述之無效判決有所區別。民事訴訟之實務上，最常見之有瑕疵判決為此類判決，至於無效判決與非判決並不常見。此類有瑕疵之判決，雖然有判決之效力，但因其有瑕疵存在，得依法為撤銷。民事訴訟法所規定之上訴及再審制度，主要係為撤銷此類有瑕疵之判決為目的之救濟程序。

學理上雖可區分上述之無效判決與不屬無效之判決，但在實務上及學說上，有時難於分清兩者之界限，判例與學者之間常有爭論。例如，對事實上不能之給付命為給付之判決，是否為無效判決？對無訴訟代理人之無訴訟能力當事人所為之判決、對被冒名之人所為之判決，是否為無效判決？頗有疑義。在學理上區分無效判決與不屬無效之判決，其實益在，一旦上訴與再審之不變期間經過後，已無撤銷判決之程序時，確定之無效判決，不生實質上既判力、執行力、形成力，而不屬無效之判決，卻有之。從而在實務上發生，判決能否執行、判決有無實體上之證明力等問題。

四、判決之種類

本法所規定之判決，依其內容、作成形式、效力等不同之標準，得分為若干種類，茲分別說明如次：

1. 本案判決與訴訟判決 (Sachurteil und Prozessurteil)[65]　此係以判決之內容，是否就訴訟標的之實體法律關係為內容所為判決，作為標準之分類。法院就原告之訴為實體審理所作有理由或無理由之判決，稱為本案判決。法院就程序問題所為之判決，稱為訴訟判決，又稱為程序判決。上級審法院就下級審法院之判決以不合法所為廢棄原判決及發回之判決或移送於管轄法院之判決（本法第四五二條第二項），均屬於訴訟判決。本法第二四九條就原告之訴不具備訴訟要件之情形，規定法院應以裁定駁回為原則，於例外情形，原告之訴，依其訴之事實，在法律上顯無理由者，法院得不經言詞辯論，逕以判決駁回之[66]。

2. 給付判決、確認判決、形成判決　依原告起訴要求法院為權利保護形式之種類為區分，原告之勝訴判決得分為給付判決、確認判決、形成判決三種。值注意者，法院就原告之給付訴訟或形成訴訟為原告敗訴之判決，均屬確認判決。

3. 終局判決與中間判決　此係就法院之判決是否終結審級程序而區分。終局判決係能終結其審級程序效力之判決。中間判決僅就訴訟進行中所發生之中間爭點為判決，並不就訴之訴訟標的本身為判決，中間判決僅供繼續進行終局判決之用，不能終結審級程序。終局判決得分為全部終局判決與一部終局判決（本法第三八一條、第三八二條）。

本法第三八三條第一項規定：各種獨立之攻擊或防禦方法，達於可為裁判之程度者，法院得為中間判決。請求之原因及數額俱有爭執時，法院以其原因為正當者，亦同。按中間判決之制度目的，在防止訴訟之錯雜，於為終局判決以前，先就當事人間發生爭執之先決問題為判決，俾能準備為終局判決。法院得依職權自由斟酌，決定其是否為中間判決（二〇上字第六〇〇號判例）。中間判決所判決之事項，對於為該中間判決之法院有拘束力，嗣後法院為終局判決時，必須以中間判決所判決

---

[65] 參照 Jauernig, ZPR. 22. Aufl. S. 208ff.

[66] 訴之不合法，舊民事訴訟條例第二九〇條規定乃以判決駁回，民事訴訟律第二九六條且規定須經言詞辯論，前民事訴訟法改為裁定行之。現行法繼受其規定。現行法第二四九條第二項為民國三十四年修正時所增設，係本法事實審採言詞辯論主義之例外規定，此為他國立法例所無。參照曹偉修，《最新民事訴訟法釋論（上）》第八一五頁以下。

之事項為前提，不得為相反之認定。又當事人僅得對於得上訴之終局判決為上訴，不得獨立對於中間判決為上訴。惟若對於終局判決上訴時，亦得對中間判決聲明不服，於上訴程序中並受上訴法院之審判（本法第四三八條）。此際，中間判決對於上訴審法院無拘束力，上訴審法院得就當事人不服之中間判決為審判。又若當事人僅就終局判決為上訴而對中間判決未上訴之情形，上訴審法院一旦將終局判決廢棄而發回原審法院時，中間判決仍然有效而對原審法院有拘束力[67]。

又依本法第三八四條之一第一項規定，中間判決或捨棄、認諾判決之判決書，其事實及理由得合併記載其要領。立法者認為，為簡化裁判書之製作，就中間判決或捨棄、認諾判決之判決書，其製作程式應予簡化，故明定此種判決書，得合併記載其事實及理由要領。至於本法第三八三條第二項就訴訟程序上之中間爭點所為之裁定，除依第二三七條規定應附理由外，依第二三九條之規定，並無準用第二二六條關於判決書製作程序之規定，故無必循一定程式之必要。

4. 捨棄判決與認諾判決[68] 本法第三八四條規定：當事人於言詞辯論時為訴訟標的之捨棄或認諾者，應本於其捨棄或認諾為該當事人敗訴之判決。原告就其主張之訴訟標的，向法院為否定意旨之陳述，法院基於原告此一訴訟標的之捨棄所為原告敗訴之判決，稱為捨棄判決。被告就原告主張之訴訟標的，向法院為肯認其訴為有理由之陳述，法院基於被告此一認諾所為被告敗訴之判決，謂認諾判決。捨棄與認諾，其性質屬於陳述，是為單純之訴訟行為。當事人於為捨棄或認諾時，不以有法律效果意思為必要，故非屬訴訟上之法律行為。若當事人於言詞辯論時為捨棄或認諾，其後果，本法第三八四條規定，法院應本於其捨棄或認諾為該當事人敗訴之判決，此係因法律之規定而然，非因當事人之效果意思而發生。

就捨棄與認諾之性質為觀察，其屬單方行為，僅得於言詞辯論時向法院以言詞為陳述而表示。其不得附條件，附有條件之認諾，不生法院應為認諾判決之效力（三二上字第四七八四號判例）。認諾係指對於訴訟標的之承諾而言，若僅對於他造主張之事實而為承認，則屬自認，不得謂之認諾（四四臺上字第一六五號(2)判例）。訴訟標的之捨棄，與訴之撤回不同，前者係在訴之聲明存在之情形下，就為訴訟標的之法律關係，自為拋棄其主張，後者係表示不請求法院就已提起之訴為判決之意思。故在訴訟標的之捨棄，法院仍須就其聲明，為原告敗訴之判決。在訴之撤回，因請求已不存在，法院毋庸為裁判（六四臺上

[67] 參照新堂幸司，《民事訴訟法》（第二版補正版）第三九〇頁。

[68] 參照 Jauernig, ZPR. 22. Aufl. S. 167ff.; Rosenberg-Schwab, ZPR. 14. Aufl. S. 840ff.

字第一四九號判例）。減縮應受判決事項之聲明，與訴訟標的之捨棄兩者亦截然不同，民事訴訟法並無法院就超過減縮聲明之原有聲明部分，應為原告敗訴判決之規定，但法院對於原告所為之捨棄，應為原告之敗訴判決（五一臺上字第七七三號判例）。當事人若於言詞辯論時為訴訟標的之認諾，法院即應不調查原告所主張為訴訟標的之法律關係是否果屬存在，而以認諾為該當事人敗訴之判決基礎（四五臺上字第三一號判例）。

有關當事人之捨棄或認諾之立法例，德日與我國均有不同。依德國民事訴訟法第三〇六條及第三〇七條之規定，法院僅於對造當事人聲請為駁回之判決時，始得對於為捨棄或認諾之當事人為敗訴判決。並非如同我國本法第三八四條所規定，法院應本於當事人之捨棄或認諾為該當事人敗訴之判決。日本民事訴訟法第二六七條規定，和解或請求之拋棄或認諾經記載於筆錄者，該記載與確定判決有同一之效力。據此規定，日本立法例不設捨棄判決與認諾判決之制度，其制度與我國之訴訟和解制度相同，僅將當事人請求之拋棄或認諾於法院之審判筆錄為記載，即可成立而發生與確定判決相同之效力。奧國民事訴訟法不設捨棄判決與認諾判決之制度，但其於第二三七條第一項後段設有「兼拋棄請求之撤回訴訟」之制度（Klagsrücknahmen mit Anspruchsverzicht）[69]。

值得注意者，本法於民國九十二年修正時增訂第三八四條之一。規定：「中間判決或捨棄、認諾判決之判決書，其事實及理由得合併記載其要領。法院亦得於宣示捨棄或認諾判決時，命將判決主文所裁判之事項及理由要領，記載於言詞辯論筆錄，不另作判決書。其筆錄正本或節本之送達，與判決正本之送達，有同一之效力。第二百三十條之規定，於前項筆錄準用之。」立法者之立法理由認為，為簡化裁判書之製作，就中間判決或捨棄、認諾判決之判決書，其製作程式應予簡化，為此明定此三種判決書，得合併記載其事實及理由要領。當事人於言詞辯論時為訴訟標的之捨棄或認諾者，就本案訴訟已無爭執，故其判決書之製作方式得再予簡化。明定法院亦得於宣示此二種判決時，命將判決主文所裁判之事項及理由要領，記載於言詞論筆錄，以代替判決書之製作。並規定該筆錄正本或節本之送達，與判決正本之送達，有同一之效力。本法第二三〇條關於判決正本或節本程式之規定，於此項言詞辯論筆錄亦有準用。

[69] 參照 Fasching, ZPR. 2. Aufl. S. 636f.

5.兩造辯論判決與一造辯論判決　此種分類係依判決是否由兩造辯論所為為標準。由當事人兩造於辯論期日到場進行辯論後所為之判決，稱為兩造辯論判決。僅由到場之一造當事人進行辯論所為之判決，謂之一造辯論判決。本法第三八五條規定：言詞辯論期日，當事人之一造不到場者，得依到場當事人之聲請，由其一造辯論而為判決；不到場之當事人，經再次通知而仍不到場者，並得依職權由一造辯論而為判決。前項規定，於訴訟標的對於共同訴訟之各人必須合一確定者，言詞辯論期日，共同訴訟人中一人到場時，亦適用之。如以前已為辯論或證據調查或未到場人有準備書狀之陳述者，為前項判決時，應斟酌之；未到場人以前聲明之證據，其必要者，並應調查之。按立法例上，對於當事人不於辯論期日到庭情形之對策，有所謂「對席判決主義」與「缺席判決主義」之分。前者指，於當事人缺席時，以法律擬制缺席之當事人已有一定之陳述或自認之訴訟效果，從而擬制雙方有對席之辯論基礎。後者指，於當事人缺席，法院即得據缺席之事實，對缺席之當事人為全面不利益判決而終結訴訟之主義。依對席判決主義之原則，法院尚須就缺席當事人所提出之書狀資料為斟酌參考，始得判決。於缺席判決主義，卻全部不考慮缺席當事人之利益，為懈怠人之敗訴判決。我國學者對於法院就當事人一造不到場辯論情形所為判決，稱為一造辯論判決，此係就到庭之當事人為兩造或僅一造所為之觀察而稱呼。若就本法第三八五條第三項之規定而言，法院為一造辯論判決時，仍應斟酌未到場人以前已為之辯論、證據調查、準備書狀之陳述。足見我國係採前述之對席判決主義，而非採缺席判決主義。應注意一造辯論判決，並不等於缺席判決。

日本民事訴訟法修正前第一三八條規定：原告或被告於最初言詞辯論期日不出庭或出庭而不為本案辯論時，其提出之訴狀、答辯書、其他準備書面所記載之事項，視為對之已有陳述，法院得命出庭之對造為辯論。足見日本係採對席判決主義之原則，其情形與我國相同。

奧國民事訴訟法第三九六條及第三九七條規定，原告或被告於最初開庭期日缺席時，出席之當事人關於訴訟標的所為事實上陳述，如非與證據相反者，應認為真正，並以此為基礎依出席當事人之聲請，以缺席判決（Versäumisurteil）為該訴訟請求之勝訴判決，缺席之當事人已提出之書狀毋庸斟酌，缺席判決與認諾判決、捨棄判決相同，應於最初開庭期日由審判長或由於期日出庭之受命推事為宣示。缺席之當事人對於缺席判決得提出異議，要求回復原狀[70]。

德國民事訴訟法第三三〇條規定，原告於言詞辯論期日不到場時，得依被告聲請以缺席判決，將原告之訴駁回（實體判決）。同法第三三一條第一項前段規定，若原告聲請對缺席之被告為缺席判決時，應將原告之事實上言詞陳述視為被告之自認；同條第二項規定，若法院認為原告聲請有理由者，應對被告為實體敗訴之缺席判決。但法院認為原告之訴無理由者，應為原告之實體敗訴判決。缺席之原告及被告於受實體敗訴之缺席判決時，均得於二週內向原判決法院聲明異議，由原判決法院重新就原告之訴進行審判，不採上訴制度。惟若出席之原告或被告，以訴訟無理由或不合法受敗訴判決時，此種判決並非真正之缺席判決（Unechtes Versäumnisurteil），敗訴之原告或被告得於收受判決後一個月或判決宣示後五個月內提起上訴[71]。拙以為，就立法政策而言，我國與日本所採對席判決主義較能符合實質上判決真實之要求，訴訟程序較不浪費。德、奧之缺席判決制度雖有促進訴訟迅速之功能，但判決僅有形式上真實。僅為訴訟迅速而犧牲判決之實質上真實性，是否可取，不能不生疑問。

訴訟實務上，一造辯論判決之規定頗為實用，茲將其要件說明如次。依本法第三八五條與第三八六條之規定，一造辯論判決之要件有三：即

(1)須當事人之一造於言詞辯論期日不到場　一造當事人不到場而得為一造辯論之情形，限於不到場之一造係遲誤言詞辯論期日，若所遲誤者為準備程序等其他期日，則不得為一造辯論判決（三〇滬上字第一六九號判例）。兩造雖於言詞辯論期日均到場，惟若其中一造到場而不為辯論或任意退庭之情形，依本法第三八七條規定，視同不到場，法院仍然得因他造之聲請而為一造辯論判決。若兩造於言詞辯論期日均未到場，或僅一造到場，但其不為辯論或退庭時，則依本法第一九一條第一項規定視為合意停止訴訟程序，不得為一造辯論判決。

(2)須不到場之一造，無本法第三八六條所列各款情形之事由而不到場　若不到場之一造有本條規定情形之一者，法院應以裁定駁回一造辯論判決之聲請，並延展辯論期日。其各款情形如下：①不到場之當事人未於相當時期受合法之通知。例如，對於不到場當事人所為之傳喚，違背關於就審期間之規定（本法第二五一條第二項）（二九上字第一五四五號判例）。對在監所人為送達而不囑託監所首長為之，卻向其住居所為送達（六九臺上字第二七七〇號判例）。當事人已遷離原住居所，開

[70] 參照奧國 Fasching, ZPO. II, §§396 bis 402, S. 612ff.

[71] 參照 Jauernig, ZPR. 22. Aufl. S. 237f.; Thomas-Putzo, ZPO. 15. Aufl. §§330, 331, 331a.

庭通知書仍向原住居所為送達，並為寄存送達或由無任何關係之第三人代為收受送達（六九臺上字第二七五二號判例）。上述情形均屬不到場之當事人未於相當時期受合法之通知，法院不得依聲請為一造辯論判決。②當事人之不到場，可認為係因天災或其他正當理由者。若當事人因患病不能於言詞辯論期日到場者，如無可認為有不能委任訴訟代理人到場之情形，不得謂有因不可避之事故而不到場（二八上字第一五七四號判例）。訴訟代理人於言詞辯論期日，因別一事件向他法院到場而不到場者，非屬所謂因不可避之事故而不到場（三〇上字第一八〇號判例）。③到場之當事人於法院應依職權調查之事項，不能為必要之證明者。法院應依職權調查之事項如有不備，例如訴訟要件，法院無庸為本案辯論及裁判，法院仍須調查清楚始可。若法院應依職權調查之事項有無欠缺，有證明清楚之可能，而到場之一造當事人，對之不能立即為必要之證明時，法院不得依聲請當場為一造辯論。④到場之當事人所提出之聲明、事實或證據，未於相當時期通知他造者。言詞辯論之進行，應於雙方當事人均無另有其他聲明、事實或證據可提出後，始為之。若到場之當事人於辯論期日始臨時提出，或雖提出而未於相當時期通知他造者，不得由其聲請而為一造辯論之判決，以維持他造有準備防禦之機會（七一臺上字第二一一五號判例）。

(3)一造辯論判決，原則上必須經到場當事人之聲請　依本法第三八五條第一項之規定，到場當事人是否聲請法院為一造辯論判決，此係其自由。言詞辯論期日當事人之一造不到場，除該不到場之當事人係經再次通知而仍不到場者，法院得依職權，令由到場當事人一造辯論而為判決外，必經到場當事人之聲請，始得由其一造辯論而為判決（五七臺上字第二八四號判例）。第一審法院如未經到場當事人之聲請，逕依職權命一造辯論而為判決，其訴訟程序即有第四五一條第一項所稱之重大瑕疵（二九上字第一七八五號判例）。訴訟實務上，到場之當事人如不知為一造辯論判決之聲請時，審判長得依本法第一九九條第二項規定行使闡明權，向該當事人發問或曉諭，令其敘明。若其當場聲請一造辯論時，法院即依其聲請進行辯論。如其不願聲請時，應由法院延展辯論期日。經延展辯論期日，再次通知不到場之當事人而其仍不到場者，法院得依職權令一造辯論而為判決。

必要共同訴訟，如一造當事人全部不到場，而他造之共同訴訟人未全部到場時，依九十二年修法前規定，法院尚不得依聲請或依職權而為一造辯論判決。民國九十二年本法修正時，立法者為避免必要共同訴訟事件之延滯不決起見，增訂本法第三八五條第二項規定：「前項規定，於訴訟標的對於共同訴訟之各人必須合一確定者，言詞辯論期日，共同訴訟人中一人到場時，亦適用之。」換言之，於一造當事人全部不到場，而他造之共同訴訟人未全部到場時，到場共同訴訟人中之一人，即可聲請由其一造辯論而為判決。

6.定有履行期間或分次履行之判決　本法第三九六條規定：判決所命之給付，其性質非長期間不能履行，或斟酌被告之境況，兼顧原告之利益，法院得於判決內定相當之履行期間或命分期給付。經原告同意者亦同。法院依前項規定，定分次履行之期間者，如被告遲誤一次履行者，其後之期間視為亦已到期。履行期間，自判決確定或宣告假執行之判決送達於被告時起算。法院依第一項規定定履行期間或命分期給付者，於裁判前應令當事人有辯論之機會。立法者制定此條目的在實際解決債務人之履行困難問題，因此，除於民法第三一八條之規定外，另於本法第三九六條為規定。但實務於運作時，發生若干法律疑義。

於民法第三一八條規定情形與本法第三九六條第一項所規定「判決所命之給付，其性質非長期間不能履行」情形，法院得依職權於判決內定相當之履行期間。惟若經債權人原告同意之情形，則法院不僅得定相當之履行期間，亦得定分次履行之期間。有疑義者，命被告遷讓房屋之判決，其所定履行期間，應引用何種法條？有主張應引用民法第三一八條第一項但書者，有主張引用本法第三九六條者，有認為上開兩條文可任引用其一者，亦有認為該兩條文併引者[72]。最高法院六十二年第一次民事庭庭長會議決議㈡：命被告遷讓房屋之判決，其所定履行期間之性質，與民事訴訟法第三九六條第一項所定相當，以引用該條為宜。

又法院於判決內所定履行期間之長短，當事人可否以法院酌定期間不當為理由，提起第三審上訴？學者有認為債權人原告可提起第三審上訴者。最高法院四十一年臺上字第一二九號判例認為，民事訴訟法第三九六條第一項之規定，不過認法院有斟酌判決所命給付之性質，得定相當之履行期間之職權，非認當事人有要求此項履行期間之權利，故法院斟酌判決所命給付之性質所定之履行期間，當事人不得以酌定不當，為提起第三審上訴之理由。最高法院五十九年第一次民刑庭總會議決議㈣亦認為，第二審定履行期間為職權之行使，不發生違背法令之問題，因之，不論其所定期間為若干，債權人債務人均不得

[72] 見姚瑞光，《民事訴訟法論》第四三〇頁以下。王甲乙等三人，《民事訴訟法新論》第四六五頁。陳計男，《民事訴訟法論（下）》第四十二頁。曹偉修，《最新民事訴訟法論（下）》第一二五〇頁。吳明軒，《中國民事訴訟法（中）》第一〇四六頁以下。

專就此提起第三審上訴。按法院得以職權為斟酌決定之事項程度，亦應受經驗法則之支配，若顯然違反常理之情形所為之裁量，得以違背經驗法則為上訴理由。至於一般情形，債權人原告不得以其主觀評價主張法院之酌定期間不當為上訴第三審理由，拙認為最高法院之上述見解，就原則而言，並無不妥當情形。

本法第三九六條第三項所規定履行期間之起算點，於判決未宣告假執行者，自判決確定時起算，於宣告假執行者，自該判決送達於被告時起算。有疑義者，第二審判決被告應於六個月之履行期間內為給付，並准原告預供擔保得為假執行，被告上訴第三審後，經法院駁回上訴而判決確定，此際，所定履行期間如自確定時起算，尚未屆滿六個月，如自宣告假執行之判決送達於被告時起算，則已屆滿六個月，究竟以何者為起算點？最高法院六十四年第五次民庭庭推總會議決議㈥認為，所謂履行期間自判決確定時起算，係指未宣告假執行之判決而言，如已宣告假執行，不論聲請時，判決是否確定，均應自宣告假執行之判決送達於被告時起算。最高法院六十七年臺抗字第一九三號判例意旨與上述決議相同。

7.變更原有效果之判決　民國九十二年修正以前本法第三九七條原規定：法律行為成立後，因不可歸責於當事人之事由，致情事變更非當時所得預料，而依其原有效果顯失公平者，法院應依職權公平裁量，為增、減、給付或變更其他原有效果之判決。前項規定，於非因法律行為發生之法律關係準用之。本條規定，學者有稱為因情事變更之判決者[73]。

本法第三九七條之規定原係民國五十七年本法修正時所新增。在此之前，於民國三十年七月一日已有非常時期民事訴訟補充條例第二十條，民國三十四年十二月十日復員後辦理民事訴訟補充條例第十二條及第十三條，就情事變更原則在裁判上之適用為規定。惟關於情事變更原則之問題為實體法上之問題，全部規定於本法，體制上有所不合，且民法修正草案已於民法第二二七條之二增訂其內容。故司法院民事訴訟法研究修正委員會，將情事變更之適用情形分為二，於法律行為成立後或非因法律行為發生之法律關係成立後，事實審言詞辯論終結前發生情事變更之情形，不再在本法第三九七條為適用之規定。於確定判決之事實審言詞辯論終結後發生情事變更之情形，則於本法第三九七條為規定，以利適用[74]。

民國九十二年本法修正時，將本法第三九七條內容加以修正。依本法第三九七條規定：「確定判決之內容如尚未實現，

[73] 見陳計男，《民事訴訟法論（下）》第四十三頁以下。

[74] 參照司法院民國八十三年六月印，民事訴訟法修正草案稿補訂條文暨說明第三百九十七條修正理由說明。

而因言詞辯論終結後之情事變更，依其情形顯失公平者，當事人得更行起訴，請求變更原判決之給付或其他原有效果。但以不得依其他法定程序請求救濟者為限。前項規定，於和解、調解或其他與確定判決有同一效力者準用之。」本條經修正後，其適用要件已變更，應予注意。其要件有下列各點：第一、須於原確定判決事實審之最後言詞辯論終結後，情事有變更。第二、須因情事變更，依其情形顯失公平。第三、須原確定判決之內容尚未實現。第四、當事人無法依其他法定程序請求救濟。上開四要件符合時，原確定判決之當事人得另行起訴，請求法院為變更原判決之給付或其他原有效果。

所謂情事變更，一般係指因天災、戰爭、經濟景氣等原因發生物價高漲或貨幣大貶值之情形而言。依其情形顯失公平，應依社會一般觀念為認定，若物價略有變動，當事人不無受有相當影響，而斟酌其他情形，尚未達於顯失公平之程度者，仍不得遽准債權人，命債務人增加給付（四一年臺上字第四七號判例）。依最高法院六十六年臺上字第二九七五號判例，因情事變更為增加給付之判決，非全以物價變動為根據，並應依客觀之公平標準，審酌一方因情事變更所受之損失，他方因情事變更所得之利益及其他實際情形，以定其增加給付之適當數額。應注意者，若於事實審言詞辯論終結前，已有情事變更者，不得於確定判決後，更行主張情事變更。僅於事實審言詞辯論終結後，發生情事變更始可主張。且必須原確定判決之內容尚未實現，而當事人無法依其他法定程序請求救濟情形，始有允許其更行起訴之必要。

又和解、調解或其他與確定判決有同一效力者，亦可能發生情事變更情形。若其情形顯失公平，情事變更發生在和解、調解成立之後，其給付內容尚未實現，當事人又無法依其他法定程序能獲救濟者，自當準用前述確定判決之規定，許當事人更行起訴請求變更原給付或其他原有效果。

8.宣告假執行之判決　原告勝訴之給付判決，原則上必須於判決確定之後，始得以該確定判決為執行名義聲請對被告為執行。惟訴訟自起訴至最後判決確定為止，通常情形敗訴之被告均得一再利用上訴方法，俾以阻斷判決確定而期能反敗為勝，訴訟難免拖延期間。縱然敗訴之被告明知其上訴結果無勝訴之望，亦得為拖延訴訟而故意提起上訴，從而阻止原告早日實現其權利，另一方面被告亦得趁機於判決確定前將財產為處分，使原告之勝訴判決於確定時落空，無從獲得執行效果。立法者為保護勝訴原告不受被告故意拖延訴訟之害，特設宣告假執行之制度，使原告勝訴之判決得於判決確定前先為執行。惟同時為兼顧被告之利益，就原告判決之宣告假執行，設有若干要件與限制，俾能維持雙方利益之平衡。本法第三八九條起至第三九五條特設宣告假執行判決之規定者，立法理由在此。

(1)宣告假執行之判決制度，在訴訟實務上頗為實用，精通訴訟程序之原告大都均知利用。依本法之規定，法院之宣告假執行，有應依職權宣告者，有依原告聲請為宣告者，其規定情形如何，不能不知。又本法為平衡假執行制度之運用，法院不得不考慮被告之情形為假執行之准駁，其規定條件如何，亦應注意。茲將本法規定各種假執行相關情形為敘述：

①法院應依職權宣告假執行判決之情形　本法第三八九條規定，下列各款之判決，法院應依職權宣告假執行：一、本於被告認諾所為之判決。二、(一〇二年四月十六日修正刪除)。三、就第四二七條第一項至第四項訴訟適用簡易程序所為被告敗訴之判決。四、(九十二年二月七日修正刪除)。五、所命給付之金額或價額未逾新臺幣五十萬元之判決。計算前項第五款價額，準用關於計算訴訟標的價額之規定。第一項第五款之金額或價額，準用第四二七條第七項之規定。

第一款情形之判決，於上訴審為廢棄之可能性較少，為防免被告故意拖延訴訟，故定為法院應依職權宣告假執行。第二款情形，判決所命之扶養義務，性質上有立即履行之必要，無法俟判決確定時始受扶養也。第三款與第五款情形，判決所命給付債務事件較輕微簡單，應迅速結案，縱然經假執行後上訴審為廢棄原判決，被告亦不致受不能回復之損害，故定為應依職權宣告假執行。

②法院應依聲請宣告假執行判決之情形　本法第三九〇條規定，關於財產權之訴訟，原告釋明在判決確定前不為執行，恐受難於抵償或難於計算之損害者，法院應依其聲請，宣告假執行。原告陳明在執行前可供擔保而聲請宣告假執行者，雖無前項釋明，法院應定相當之擔保額，宣告供擔保後為假執行。

得依聲請宣告假執行者，限於就財產權訴訟所為之判決，關於身分關係請求之訴訟，不得聲請為假執行判決。雖為財產權之訴訟，若不適於強制執行之確認判決或形成判決，原告不得聲請宣告假執行，法院亦不得為假執行宣告之判決。原告聲請宣告假執行時，原則上應由原告向法院釋明其聲請假執行之原因，就其在判決確定前不為執行，恐受難於抵償或難於計算之損害情事為釋明。惟為顧及原告舉證釋明發生困難，允許原告得以提供擔保代替釋明，由法院於判決定相當擔保額而宣告供擔保之假執行。此為防免原告濫行聲請宣告假執行，且為保護被告一方受有損害時，得就擔保為取償也。

③法院不准假執行或駁回假執行聲請之情形　本法第三九一條規定，被告釋明因假執行恐受不能回復之損害者，如係

第三八九條情形，法院應依其聲請宣告不准假執行；如係前條情形，應宣告駁回原告假執行之聲請。此一規定，學者有稱為宣告假執行之障礙者[75]。按宣告假執行判決一旦經廢棄或變更時，被告因假執行所受損害應予以回復，倘原告有不能回復之情形存在而准其假執行，對被告頗不公平。立法者為兼顧雙方利益之公平，允許被告以能釋明因假執行恐受不能回復損害為條件，得向法院聲請不准假執行或駁回原告之假執行聲請。例如，原告毫無賠償損害之資力可言，此事經被告釋明者，法院即不得依職權宣告假執行，或將原告假執行之聲請為駁回。

④法院得宣告附條件之假執行或免為假執行　本法第三九二條規定，法院得宣告非經原告預供擔保不得為假執行。法院得依聲請或依職權，宣告被告預供擔保，或將請求之標的物提存而免為假執行。依前項規定預供擔保或提存而免為假執行，應於執行標的物拍定、變賣或物之交付前為之。此一規定亦為兼顧保護被告利益而設，使法院於具體訴訟事件為宣告假執行時，得依職權斟酌情形，以原告預供一定擔保額為條件宣告假執行，或使法院得准被告預供一定擔保或將請求之標的物提存而宣告免為假執行。此際，無論法院應依職權宣告假執行之情形，抑或法院應依原告聲請宣告假執行之情形，法院均得斟酌具體情況為附條件宣告假執行或附條件宣告免為假執行。此一規定於第二審法院亦有準用（本法第四六三條），故第二審法院亦得宣告附條件假執行或附條件免為假執行（司法院三二院字第二五二一號解釋）。法院實務，此項附條件之宣告，即於判決主文末項記為，「本判決經原告預供擔保若干元後，得為假執行」，並記載「本判決准被告於假執行程序實施前預供擔保若干元後，免為假執行。」

民國九十二年本法第三九二條修正前有疑義者，所謂假執行程序實施前，係指何種情形而言？債務人於債權人提供擔保，對其財產實施假執行查封後，始於拍賣前依判決提供擔保，請求免為假執行並予啟封，執行法院應否准許？依最高法院六十三年第五次民事庭庭推總會議決議(四)，認為債務人之請求不合法，應不予准許。又最高法院六十六年臺抗字第三七八號判例云：民事訴訟法第三九二條後段所謂假執行程序實施前，係指執行法院就執行標的對債務人為強制其履行之行為以前而言。至執行法院對於債務人發執行命令，如僅在命令債務人自動履行，既尚未為強制其履行之行為，衡其性質，係屬強制執行之

---

[75] 見姚瑞光，《民事訴訟法論》第四三七頁。陳計男，《民事訴訟法論（下）》第二十一頁。

準備行為，尚難認假執行程序業已實施。由於上述最高法院之決議及判例解釋，被告獲有附條件宣告免為假執行判決者，對於提供擔保請求免為假執行之時間，應特別注意，否則將有無法提供擔保而受原告假執行之虞。立法者於民國九十二年修正時，為使規定明確起見，於本條第三項規定，被告預供擔保或提存而免為假執行，應於執行標的物拍定、變賣或物之交付前為之。

(2)假執行之聲請及法院宣告假執行判決之程序　原告聲請宣告假執行，或被告聲請宣告不准假執行或聲請駁回原告假執行之聲請，均屬應受裁判之事項，依本法第三九三條之規定，此項假執行之聲請，應於言詞辯論終結前為之。關於假執行之裁判，應記載於裁判主文。其中宣告假執行之主文，應記載於裁判主文之末，訴訟費用之裁判應記載於其前，蓋訴訟費用亦在假執行之列。

法院應依職權宣告假執行而未為宣告，或法院忽視原告假執行或被告免為假執行之聲請，未為假執行事項之裁判時，雖非係訴訟標的之一部或訴訟費用之裁判有脫漏，但不能不為補救，故本法第三九四條規定，準用第二三三條之規定，使原告或被告得聲請法院為補充判決。即法院就第三八九條、第三九〇條或第三九二條之裁判有脫漏者，均有第三九四條規定之準用，法院應依聲請或依職權為補充裁判。至於第三九一條之規定係有關宣告不准假執行或駁回原告假執行聲請之規定，不許聲請裁判為補充，否則無異允許變更原裁判之假執行宣告。

當事人不服第一審判決有上訴時，於其假執行之宣告有不服者，依本法第四五五條規定，第二審法院應依聲請，就關於假執行之上訴，先為辯論及裁判，以期迅速終結。又本法第四五六條規定：第一審判決未宣告假執行或宣告附條件之假執行者，其未經聲明不服之部分，第二審法院應依當事人之聲請，以裁定宣告假執行。第二審法院認為上訴人係意圖延滯訴訟而提上訴者，應依被上訴人聲請，以裁定就第一審判決宣告假執行，其逾時始行提出攻擊或防禦方法可認為係意圖延滯訴訟者亦同。另外本法第四五七條規定：關於財產權之訴訟，第二審之判決，維持第一審判決者，應於其範圍內，依聲請宣告假執行。前項宣告假執行，如有必要，亦得以職權為之。

假執行之制度，重在判決確定前不為執行，恐正當之權利人受難於抵償或難於計算之損害。是否有此情形，係屬事實問題，故有關宣告假執行之判決或裁定，僅得由第一、第二審之事實審法院為之。第三審為法律審，無從對此項事實問題加以審認，故本法於第四五八條前段規定，對於第二審法院關於假執行之裁判，不得聲明不服。例外於但書規定，依第三九五條第二項及第三項所為之裁判不在此限。

(3)宣告假執行之效力　對於判決宣告假執行，並非就訴訟標的之法律關係為如何之裁判，僅因避免將來執行上之困難而預先准許執行之制度，其性質與保全程序中之假扣押假處分頗有類似之處。惟假扣押假處分在訴訟未繫屬之前亦得為之，其效果僅能查封債務人得供執行之財產或定請求標的物之現狀，且係以裁定程序為之，其與假執行原則上係附屬於本案判決而構成判決之一部分者有異。

宣告假執行之判決，不待判決確定，即有執行力，有強制執行法第四條第一項第二款所規定之執行名義。其執行力不因上訴而受影響，強制執行之進行亦不因上訴而停止。依本法第四〇一條第三項之規定，同條第一項及第二項所定既判力之主觀範圍，準用於假執行之宣告。故，宣告假執行之判決，除對當事人有其效力外，對於訴訟繫屬後為當事人之繼受人者，及為當事人或其繼受人占有請求之標的物者，亦有效力。又對於為他人而為原告或被告者之假執行判決，對於該他人，亦有效力。依假執行之裁判所為之強制執行，與依確定判決所為之強制執行，兩者效果並無區別，得為終局執行使債權人之權利獲得終局性之滿足。

(4)可否宣告假執行之若干學理上問題❼❻　學者對於此類問題之討論，計有下列問題：①可否對於確認判決或形成判決為宣告假執行？②可否對於命意思表示之判決或對於命辦理登記手續之判決為宣告假執行？③可否對於與離婚判決同時所為命給付財產之判決宣告假執行？④可否對於命撤銷或命變更行政處分之判決為宣告假執行？

就①之問題而言，此係涉及所謂宣告假執行之概念與定義之問題。依狹義之執行力，係專指給付判決之執行力而言。惟依廣義之執行力，係指判決內容之實現而言，所謂假執行係指於判決確定前，得暫時先實現判決內容而言。倘依廣義之假執行，於判決確定前，確認判決或形成判決亦有暫時先實現其內容之必要，則宣告假執行應不限於給付判決始可，對於確認判決或形成判決亦得宣告假執行。惟否認確認判決或形成判決可宣告假執行之學者認為，給付判決宣告假執行之必要性較高，

❼❻　參照林淳，〈假執行宣言の理論〉，載《講座民事訴訟法⑥》第二五七頁以下。

且於上級審法院廢棄或變更原審判決而撤銷假執行宣告時，回復原狀或損害賠償較容易，對被告影響較小。但於確認判決或形成判決宣告假執行情形，大都涉及身分關係，不僅回復原狀困難，且因形成判決之絕對性影響交易安全重大，故假執行宣告應僅限於財產權給付判決始得為之。

命為意思表示之判決可否宣告假執行？通說認為，意思表示之執行方法係以法律擬制方法，視為自判決確定時已為意思表示（強制執行法第一三〇條），僅於判決確定時始能發生執行之效力，故不得宣告假執行。主張反對說者認為，法律擬制於判決確定時視為已為意思表示，僅係於技術上將意思表示之時點為擬制而已，並非以判決確定為意思表示生效之要件，故對於意思表示得宣告假執行。

命被告會同原告辦理不動產所有權移轉登記之判決，可否宣告假執行？主張否定說者認為，對登記義務宣告假執行將使登記簿之記載發生錯綜複雜之危險，且有回復原狀之困難，對被告影響太大，又現行法有禁止處分之假處分制度可利用，足以保護原告，故對命辦理登記手續之判決不宜宣告假執行。主張肯定說者認為，原告亦有提早滿足其權利登記之實益與必要，何況不動產登記為財產權行為，無禁止假執行宣告之理由。

我國學者及前司法行政部49.10.6.（四九）臺令民字第五〇三二號令，均從日本之否定說。但學者亦有認為，日本之不動產物權移轉，僅因當事人意思表示而生效，登記不過為對抗第三人之要件而已，其對命辦理不動產所有權登記之判決不宣告假執行，影響原告權益甚微。在我國，不動產物權依法律行為而取得者，非經登記不生效力，在請求移轉不動產所有權登記之訴訟，法院可否宣告假執行，影響原告權益甚大，殊無於第三九〇條之法律規定要件之外，不依法律而依日本學者見解採否定說之理由，從而主張肯定說[77]。另有學者認為，命被告偕同辦理所有權移轉登記之判決，其前提應兩造訂有所有權移轉登記之物權書面契約，否則無從完成登記，且無宣告假執行之可能，至訂立物權書面契約之訴，則屬意思表示之給付之訴，此項給付於判決確定前不為執行，亦可能受有難於抵價或難於計算之損害情形，從而主張對意思表示之判決有宣告假執行之必要，但對於命被告偕同辦理登記行為之判決，若無物權書面契約訂立在先，不可能為假執行宣告[78]。

77 見姚瑞光，《民事訴訟法論》第四三五頁。

78 見陳計男，《民事訴訟法論（下）》第十七頁以下。

我國最高法院判例認為，所有權移轉登記請求之判決係意思表示之給付判決，依強制執行法第一三〇條規定即得單獨向地政機關申請辦理登記，無開始強制執行程序之必要（四九臺上字第一二二五號判例）。又依最高法院五十七年臺上字第一四三六號判例，買受人若取得出賣人協同辦理所有權移轉登記之確定判決，則得單獨聲請登記取得所有權，移轉不動產物權書面之欠缺，即因之而補正。故，實務上，於當事人訂立不動產買賣契約後，不履行辦理所有權移轉登記時，買受人大都僅訴請被告協同辦理所有權移轉登記之判決，而不請求被告訂立物權書面契約之判決。於此種情形之訴訟，因實務上不許宣告假執行，原告當事人大都於起訴前聲請禁止被告處分不動產之假處分裁定而為假處分，俾能確保將來本案勝訴判決之執行。

基於離婚判決同時所為命給付財產或贍養費之判決可否宣告假執行？主張消極說者認為，給付財產之義務係以離婚判決確定始能形成，於判決確定前不生給付財產義務，故不得對之宣告假執行。主張積極說者認為，對此種判決宣告假執行於實際上有必要，且於言詞辯論終結時法院亦已考慮當事人間之財產給與關係，一旦為離婚判決，於上訴審鮮有撤銷情形，宜為假執行宣告。我國學者有認不宜對之假執行宣告者[79]。拙亦贊同其說，蓋為求離婚判決與給付財產判決兩者結果之一致，不宜僅對給付財產之判決宣告假執行。家事事件法制定頒行後，因離婚之損害賠償事件，夫妻財產之補償、分配、分割、取回、返還及其他因夫妻財產關係所定請求事件，依家事事件訴訟程序審理（家事事件法第三條第三項第二款、第三款、第三十七條規定）。離婚之給與贍養費事件，則依家事非訟事件程序審理（家事事件法第三條第五項第一款、第七十四條規定）。上開家事訴訟事件及家事非訟事件，均與離婚事件有牽連關係，當事人得依家事事件法第四十一條第一項、第二項規定合併請求或追加請求，法院得依同法第四十二條第一項規定合併審理、合併裁判。因此，離婚與財產給付有依存關係，故不宜就財產給付部分宣告假執行。當事人如因本案贍養費請求不能或延滯實現而發生危害，得依同法第八十五條規定，聲請法院為適當之暫時處分，以因應其需求。

可否對於命撤銷或變更行政處分之判決為宣告假執行？日本通說認為，此種判決係司法權對於行政權之干涉所為判決，宜慎重其事，應待判決確定，確定前不宜為假執行宣告。

---

[79] 見陳計男，《民事訴訟法論（下）》第十八頁。

(5)假執行宣告之失效與假執行之回復原狀及損害賠償　本法第三九五條規定：假執行之宣告，因就本案判決或該宣告有廢棄或變更之判決，自該判決宣示時起，於其廢棄或變更之範圍內，失其效力。法院廢棄或變更宣告假執行之本案判決者，應依被告之聲明，將其因假執行或因免假執行所為給付及所受損害，於判決內命原告返還及賠償，被告未聲明者，應告以得為聲明。僅廢棄或變更假執行之宣告者，前項規定，於其後廢棄或變更本案判決之判決適用之。

①假執行宣告之失效　宣告假執行之判決不待確定即生執行力，不因上訴而失其效力，但若上訴結果，宣告假執行之本案判決經上級審廢棄或變更者，其假執行之基礎已失，故於所廢棄變更之範圍內，當然失其效力，不必更費法院裁判之程序，若上級審僅就假執行之宣告廢棄或變更者，本案判決雖仍存在，但原宣告之假執行於其廢棄變更之範圍內，自亦失其效力。在第二審法院所為宣告假執行之判決，依本法第四五八條規定，當事人就假執行之裁判宣示部分不得聲明不服。但若上訴結果，本案判決經第三審法院廢棄或變更者，無論廢棄後第三審法院自行改判或發回更審，原第二審判決所附假執行宣告，亦因本案判決之廢棄或變更，在廢棄或變更範圍內失其效力。在第二審法院廢棄第一審判決所附假執行宣告後，因原告上訴，經第三審法院廢棄第二審本案判決而發回更審時，原第一審判決所附假執行之宣告，不因第三審法院廢棄第二審本案判決而回復其效力。蓋關於假執行宣告之裁判，無論其經第二審為宣告或廢棄，依本法第四五八條規定，均因第二審判決而確定，當事人不得聲明不服也。於第二審更審中，原告如欲假執行，必須重新聲請法院為宣告假執行始可。又所謂廢棄或變更，其理由不論係本於實體法上規定之理由，抑或本於訴訟法上規定之理由，均包括之。

假執行之宣告一旦失其效力，債權人未執該假執行宣告之判決聲請強制執行者，固不得再據以為執行名義，聲請強制執行。債權人聲請執行後，執行法院尚未開始執行者，不得開始執行，其已開始強制執行程序而尚未終結者，應即停止或撤銷其強制執行程序。惟已終結之強制執行，則不因嗣後假執行宣告之失效而受影響（司法院三三院字第二七九一號解釋）。於此情形，債務人僅得依本法第三九五條第二項規定，請求返還因假執行所為之給付及損害賠償，或另行起訴對債權人為請求。有疑義者，第二審判決原告勝訴並宣告假執行，同時准被告預供擔保免為假執行，被告提供擔保後，旋該第二審本案判決經第三審判決廢棄發回，被告可否以供擔保之原因消滅而聲請返還供擔保之提存物？七十四年四月二日最高法院第四次民事庭會議決議認為，本案判決已經第三審法院廢棄發回更審，則原第二審法院准予假執行之宣告，因無所附麗，於廢棄之範圍內已失其效力，原第一審原告既不得再依已被廢棄之原判決聲請假執行，因而原第一審被告為免假執行而供擔保所提存之物，應認其應供擔保之原因已消滅。

②原告之回復原狀義務及損害賠償義務　假執行宣告制度係使宣告假執行之本案勝訴判決，無待確定即賦與執行力，從而原告得於判決確定前先行滿足其請求權。惟宣告假執行之本案判決一旦為上級法院廢棄或變更時，若強制執行程序業已終結，或被告遵守判決自動向原告已給付者，原告之受領給付即失依據，此時如仍由原告保有被告之給付，無異原告獲得不當得利。為保護被告之利益，自應由原告將其因假執行所為給付返還。其因假執行之結果，使被告遭受損害者，為預防濫用假執行起見，原告亦應負賠償責任。此項原告之損害賠償責任為無過失責任，蓋原告之執行本應確定後始得為之，茲原告為利用假執行制度之特別恩典而提前對被告為執行，則原告甘冒萬一假執行宣告被上級法院廢棄或變更之風險，自應忍受其後果之損害賠償責任。至於原告對被告應負損害賠償之範圍，學者之間有主張應就全部損害依侵權行為之原則負責，亦有主張僅就財產上之損害為範圍負限制責任者。拙以為採後者之責任限制說為是，蓋原告已負無過失責任，若再負財產上及精神上之全部損害賠償責任，則原告之責任難免過重，將形成假執行宣告制度運用之萎縮，阻礙訴訟迅速之功能。宜於兼顧雙方當事人利益及訴訟程序公益下，限制原告之損害賠償範圍[80]。

③被告請求返還給付及損害賠償之方法　依本法第三九五條第二項規定，法院廢棄或變更宣告假執行之本案判決者，應依被告之聲明，將其因假執行或免假執行所為給付及所受損害，於判決內命原告返還及賠償，被告未聲明者，應告以得為聲明。此項聲明為被告依法律之特別規定不受審級之拘束，得於訴訟現在繫屬之上訴審為起訴之行為。惟若被告於第二審上訴時，以反訴之方法為之，或另行向第一審法院以起訴方法為請求，均無不可（七三臺上字第五九號判例）。應注意者，本法第三九五條第二項之規定，於第一審應無適用餘地。第三審為法律審，關於因假執行或因免假執行所為給付及所受損害之範圍、種類及數額，不能為事實之認定，即無從為命返還及賠償之判決。故，第三九五條第二項所規定假執行宣告失效之賠償判決，僅限於第二審法院始有其適用（七四臺上字第七六四號判例）。又被告於第二審已為聲明，而法院對此項聲明於裁判有

[80] 參照林淳，〈假執行宣言の理論〉，載《講座民事訴訟法⑥》第二七五頁以下。

脫漏時，因當事人不能以之為上訴第三審之理由，自得聲請補充判決（五三臺抗字第二一一號判例）。

倘當事人提起第三審上訴，並依本法第三九五條第二項之規定，聲明請求命被上訴人返還因假執行所為給付及所受損害時，如第三審法院判決廢棄或變更原第二審之本案判決，對於此一聲明，第三審法院究應以裁定移送原第二審法院，抑認其聲明為不合法，逕以裁定駁回？七十三年九月十一日最高法院第十次民事庭會議決定，應於判決時同時以裁定駁回上訴人之該項聲明。

五、聲明事項與判決事項

本法第三八八條規定：除別有規定外，法院不得就當事人未聲明之事項為判決。按民事訴訟之原則，「無訴，即無裁判」，法院之裁判係以原告之聲明始為開始，此為關於處分權主義之具體重要規定之一。法院於判決時，必須就當事人所聲明之事項始得判決，不得就當事人未聲明之事項為判決，亦不得就超出當事人所聲明事項之範圍為判決。換言之，當事人之聲明事項與法院應判決事項兩者，原則上必須經常一致，否則，即成為「訴外裁判」之違法。法院不得為訴外裁判之原則，不僅於第一審判決應為遵守，於上訴審或再審之法院判決亦有適用。本法第四四五條第一項規定，言詞辯論，應於上訴聲明之範圍內為之；第四七五條第一項規定，第三審法院，應於上訴聲明之範圍內，依上訴理由調查之；第五〇三條規定，本案之辯論及裁判，以聲明不服之部分為限，此種規定均屬禁止訴外裁判之相關規定。

1. 法院不得就當事人未聲明事項為判決之原則與例外　本法第三八八條所規定之原則雖係處分權主義之規定，惟處分權主義亦有若干例外之規定，從而亦有例外得不受當事人聲明範圍所拘束之判決情形。例如，法院應不待當事人之聲明，於終局判決依職權為訴訟費用之裁判（本法第八十七條第一項）。法院得不待原告之聲明，應依職權或得依職權就判決為假執行之宣告（本法第三八九條、第四五七條第二項），或宣告非經原告預供擔保不得為假執行（本法第三九二條）。又於原告之訴不合法或無理由，判決駁回原告之訴，或上訴人之上訴為不合法或無理由而判決駁回上訴時，可不待被告或被上訴人之聲明，法院即得為之。另外，例如，判決所命給付，其性質非長期間不能履行者，法院得於判決內定相當之履行期間（本法第三九六條第一項）。

值注意者，法院對於形式的形成訴訟所為之判決，亦例外不受當事人聲明範圍所拘束，例如，法院對於境界確定之訴或分割共有物之訴。此類訴訟，由於法律並無規定可供法院為形成判決之基準，其訴訟性質屬於非訟事件，惟須以形成訴訟之方法經法院為形成判決，始得處理，故，學者稱其為形式的形成判決。於此類訴訟，原告僅須聲明法院就土地之境界線為確定或就土地為分割即可，且對於其聲明內容並無相對應之權利主張存在可言，故，法院得不受原告主張之拘束，而依實際必要情況，決定土地境界線或命為分割土地。於此類訴訟，法院所決定之境界線或所命分割土地之位置，在實際上是否較原告所主張情形有利，均非問題，不構成違背本法第三八八條之問題。又於此類訴訟，除因缺乏訴訟要件之情形外，不發生本案實體判決之駁回問題，故，無「訴外裁判」之問題存在[81]。

2.法院得為判決之範圍及其限度　當事人之訴之聲明，其內容主要係由為訴訟標的權利或法律關係、權利保護形式、並其請求之範圍三種要素所構成。研討法院判決事項有無訴外裁判之問題，應就當事人之聲明事項之此三種要素分別為觀察，始能正確論斷。以下分別敘述之，並就我國判例情形為說明。

(1)訴訟標的之權利或法律關係　法院必須就原告於其聲明提出之訴訟標的之權利或法律關係為判決，若就與其聲明相異之訴訟標的之權利或法律關係為判決，則有訴外裁判。最高法院六十七年臺上字第三八九八號判例云：因買賣之標的物有瑕疵而解除契約，請求返還價金，與因解除契約顯失公平，僅得請求減少價金，在實體法上為兩種不同之請求權，在訴訟法上為兩種不同之訴訟標的，法院不得將原告基於解除契約所為返還價金之請求權，依職權改為命被告減少價金之判決。又最高法院五十九年臺上字第七九七號判例云：當事人行使解除權後，依民法第二五九條及第二六〇條之規定，除請求回復原狀外並得請求損害賠償，兩者法律關係不同，其請求權各別存在。本件上訴人起訴請求被上訴人等連帶賠償新臺幣五萬元，原審既認上訴人解除契約為合法，則上訴人非不得請求損害賠償，乃原判決遽謂上訴人損害賠償之請求為錯誤，而命被上訴人等返還價金三萬九千元，自係就當事人未聲明之事項為判決，顯屬訴外裁判。

上述最高法院判例係立於舊訴訟標的理論為解釋。依舊訴訟標的理論，縱然判決主文內容與原告之訴之聲明內容兩者均

---

[81] 參照齋藤秀夫，《注解民事訴訟法(3)》第一六二一頁以下。

為金錢，但判決所依據之實體法上請求權，若與原告之聲明事項所依據之實體上請求權相異時，即有訴外裁判。

上述判例，若依新訴訟標的理論之見解，原告之訴之聲明既係金錢之給付，其訴訟標的為原告對於被告得請求為給付之法律上地位或資格，其實體法上之請求權究竟基於民法所規定之何條文已非重要，從而不生訴訟標的相異之問題，原告之聲明事項與判決事項兩者一致，並無訴外裁判之情形。頗值注意者，採舊訴訟標的理論之情形，亦不認為原告之法律上見解得拘束法院，法院得就原告之同一原因事實另為法律上之解釋，並依法院之法律上見解為判決，不構成訴外裁判。例如最高法院二十六年渝上字第三五〇號判例認為，原告主張其與被告訂立之契約係雙方通謀而為之虛偽意思表示，經審認屬實者，依民法第八十七條第一項規定，該契約本屬當然自始無效，雖原告陳述法律上之意見時，援用民法第二四四條之規定，聲明請求為判決將該契約撤銷，然其本旨亦係求使該契約自始無效，故法院於行使闡明權後，仍得依民法第八十七條第一項之規定，以該契約無效為原因，而確認該契約所成立之法律關係不存在。

(2)原告請求權利保護之形式與順序　原告要求法院以判決對其為權利保護之形式係給付、確認、形成之何種判決，應由原告為聲明，法院應受其拘束。例如，原告起訴請求確認對被告有債權存在，法院若命被告對原告為一定給付之判決，則有訴外裁判。又例如，原告之聲明係就主位請求與預備請求定其順序，此際，法院應受拘束，不得先就預備請求先為判決，否則，有訴外裁判。第一審就原告先位聲明為其勝訴之判決，並將其備位聲明之請求予以駁回，被告提起第二審上訴者，第二審法院能否就備位聲明予以審理？最高法院六十五年度第四次民庭庭推總會議決議㈡決議云：第一審就原告先位聲明為其勝訴之判決，並將其備位聲明之請求予以駁回，關於後者，將不須裁判者加以裁判，固屬錯誤，惟對於第一審判決祇由被告提起上訴，第二審法院應僅就先位聲明審理裁判，關於備位聲明之第一審判決，原告如未提起上訴或附帶上訴，第二審法院不得予以審理裁判。

(3)請求數量之範圍　對此問題得分別討論如下：

①聲明數量之最高上限　法院不得就原告所聲明之最高上限，超出而判決，例如原告聲明被告應返還借款七十萬元之判決，縱然法院審理結果，認定兩造之借款為一百萬元且未有分文清償為不爭之事實，法院亦不得判命被告返還一百萬元，法院最高僅得判命被告給付原告七十萬元。倘法院審理結果認定借款為一百萬元，但被告已清償四十萬元為兩造所不爭執之

事實，此際，法院判決命被告給付六十萬元即為合法之判決，原告之聲明事項與判決事項在數量上雖未完全一致，但不構成訴外裁判之違法，蓋此種情形之判決係對原告之請求為一部有理由之判決也（一九上字第七九八號判例）。又例如，原告聲明，於原告對被告提出一百萬元為清償時，被告應塗銷原告土地上之抵押權登記。此際，法院不得命於原告對被告提出七十萬元為清償時，被告應塗銷原告土地上抵押權登記之判決，蓋判決事項之利益超出原告之聲明事項之利益也[82]。金錢債權之利息本可計算至判決執行之日止，惟法院不得將當事人未請求之利息判歸當事人，故利息之計算，自應以債權人合法請求者為限（一九上字第一二八號判例）。

②抗辯事項與判決主文　法院認為被告所聲明之抗辯事項有理由時，必須於判決主文就原告有理由之聲明事項與被告抗辯事項之關係為明確之宣示。例如，原告基於買賣契約起訴聲明被告應移轉買賣標的之財產權，被告聲明原告應同時給付買賣價金之同時履行抗辯權時，法院為原告勝訴判決之情形，其主文應宣示「被告於原告給付買賣價金××元之同時，應將買賣標的之財產移轉予原告」，不得為駁回原告之訴之判決，學者稱為同時履行之判決，此為日本之判例所承認且為通說[83]，我國法院實務亦作相同之處理。

六、判決之確定

1.判決確定之意義　當事人就法院所為之判決，已不得依通常訴訟程序以上訴方法請求廢棄或變更時，此種狀態稱為判決確定。判決經宣示、公告或送達後，為該判決之法院應受判決羈束，不得自行廢棄或變更，此際，當事人得依法提起上訴，由上訴法院為審理後將其廢棄或變更。惟一旦當事人已無上訴之途，該判決即處於不能廢棄或變更之狀態，此時該判決為確定。值注意者，本法除上訴程序方法之外，於特別程序規定，當事人得提起再審之訴（本法第四九六條、第四九七條）、提起第三人撤銷之訴（本法第五〇七條之一）或撤銷除權判決之訴（本法第五五一條），請求廢棄或變更判決。但此種特別程序在

[82] 參照齋藤秀夫，〈申立事項と判決事項〉，載中田淳一、三ケ月章編集，《民事訴訟法演習Ⅰ》第一六〇頁以下。

[83] 參照中野貞一郎等三人編，《民事訴訟法講義》（補訂第二版）第四三二頁。大石忠生，〈申立事項、抗辯事項と判決主文〉，載《民事訴訟法の争點》（舊版）第一九二頁以下。

形式上並非續行前訴訟程序，而係獨立提起之訴訟程序，與上訴程序不同。解釋上，亦應認為其不得上訴之判決，於宣示或公告後，即已確定。至於其再審之訴、第三人撤銷之訴或撤銷除權判決之訴，係基於特別法定事由之新訴訟，不得因得提起新訴訟而否認其已不得上訴之判決之確定狀態。

2.判決確定之時期　本法第三九八條規定：判決，於上訴期間屆滿時確定；但於上訴期間內有合法之上訴者，阻其確定。不得上訴之判決，於宣示時確定；不宣示者，於公告時確定。茲分別就得上訴之判決及不得上訴之判決，其判決確定時期敘述如次：

(1)得上訴之判決　提起上訴，應於第一審判決送達後二十日之不變期間內為之，提起第三審上訴，應於第二審判決送達後二十日之不變期間內為之（本法第四四〇條、第四八一條）。茲分析其各種情形如下：①兩造當事人於此二十日上訴期間內均未提起上訴者，於上訴期間屆滿時確定。各當事人收受送達之時不同者，上訴期間應分別計算，俟各當事人之上訴期間均屆滿時，始確定。②兩造當事人均捨棄上訴權或撤回上訴之情形，原判決於其捨棄時確定，無待上訴期間屆滿。上訴期間並未屆滿，撤回上訴者，依本法第四五九條第三項規定，當事人喪失上訴權，故原判決於撤回時確定。若在上訴期間已屆滿後，始撤回上訴者，亦於撤回上訴時確定（最高法院九十六年第六次民事庭會議決議）。③一造當事人未於上訴期間內上訴，而他造當事人捨棄上訴權或撤回上訴者，原判決最後於撤回上訴時確定。④得上訴之判決，當事人雖於上訴期間內提起上訴，而其上訴不合法者，與未提起上訴相同，原判決仍於上訴期間屆滿時確定（二二抗字第三二四七號判例）。惟上訴是否合法，須待駁回上訴之裁定確定時始能決定，故原判決之確定，須待駁回上訴之裁定確定時，再溯及於上訴期間屆滿時確定。⑤上訴合法，但因無理由經上訴審法院駁回者，原判決至駁回上訴之判決確定時同時確定。若上訴有理由而廢棄原判決者，原判決已失其存在而無確定可言，僅有上訴審之判決確定時之問題。

值注意者，當事人就第一審判決一部聲明不服者，依通說見解，因上訴人得於言詞辯論終結前任意擴張其聲明（本法第四四六條第一項但書），被上訴人亦得提起附帶上訴（本法第四六〇條），故應認為全部判決尚未確定。其未經聲明不服之部分，第二審法院應依當事人之聲請，以裁定宣告假執行。其未經上訴之部分，須至第二審最後之言詞辯論終結時始確定。此所謂一部上訴全部判決未確定，係指同一當事人間，就數個請求之一部請求，或就可分請求之一部，或就本訴與反訴之敗訴部分，有一部分上訴而其他未上訴部分尚未確定情形而言。例如，原告請求被告給付新臺幣一百萬元，第一審判決原告全部勝訴，此際，不論被告就一百萬元全部聲明上訴，抑或僅就七十萬元部分提起上訴，全部判決均未確定。又例如，若第一審法院判決僅判決原告七十萬元勝訴而駁回其餘三十萬元之請求情形，無論原告就三十萬元為全部或一部提起上訴，縱然被告就敗訴之七十萬元未聲明上訴，全部判決一百萬元均未確定。

在共同訴訟之情形，共同訴訟人之間其就訴訟標的之法律關係，因必須合一確定與否，得分為必要共同訴訟與通常共同訴訟而不同。必要共同訴訟人中之一人提起上訴者，其效力及於全體（五二臺上字第一九三〇號判例）。他造對於必要共同訴訟人中一人之上訴行為，其效力亦及於全體（本法第五十六條第一項第一、二款）。故必要共同訴訟之判決，須俟全體共同訴訟人均未於上訴期間內上訴或均喪失上訴權時確定。至於通常共同訴訟，依本法第五十五條規定，共同訴訟人中一人之行為，或他造對於共同訴訟人中一人之行為及關於其一人所生之事項，原則上，其利害不及於他共同訴訟人。故各人之上訴，效力均不及於他人，各人之判決分別確定，不生所謂一部上訴全部判決未確定之問題。

(2)不得上訴之判決　不得上訴之判決，於宣示時確定，不宣示者，於公告時確定（本法第三九八條第二項）。本法規定不得上訴者有，第五五一條之除權判決、對財產權訴訟之第二審判決，其上訴利益未逾新臺幣一百萬元者，不得上訴（本法第四六六條第一項，司法院依民事訴訟法第四六六條第三項規定，以九十一年一月二十九日（九一）院臺廳民一字第〇三〇七五號函，將上訴第三審利益數額提高到新臺幣一百五十萬元，自九十一年二月八日起實施），第二審法院關於假執行之裁判，不得聲明不服（本法第四五八條）、第三審判決為終審判決，已無上訴方法，判決如經言詞辯論者，於宣示時確定，判決不經言詞辯論者，於公告時確定。又依公職人員選舉罷免法第一二七條第一項規定，選舉罷免訴訟以二審終結，並不得提起再審之訴，於第二審判決宣示時確定。

3.判決確定證明書　本法第三九九條規定：當事人得聲請法院，付與判決確定證明書。判決確定證明書，由第一審法院付與之；但卷宗在上級法院者，由上級法院付與之。判決確定證明書，應於聲請後七日內付與之。前三項之規定，於裁定確定證明書準用之。實務上，判決確定證明書，於債權人聲請強制執行時，應由債權人連同判決正本提出（強制執行法第六條）。向戶籍登記機關，以離婚之確定判決申請辦理離婚登記，或以宣告死亡之確定判決申請為死亡宣告登記時，均須備有判決確定證明書始能辦理。又向土地登記機關申請以確定判決，辦理不動產分割登記或不動產物權之移轉、塗銷登記時，亦均須有判決確定證明書之提出。判決確定證明書並非裁判書，應由執行司法行政事務之法院發給當事人，若證明書之內容記載發生錯誤時，不依本法第二三二條規定以裁定為更正，當事人得隨時申請重行發給。

七、判決之效力

㈠概　說

法院之判決必須使能發生法律上之效力，始能終止糾紛實現私權，否則毫無意義可言。換言之，判決之具有法律上之效力，係指判決必須受尊重，不得任意被撤銷或內容被任意變更，從而該判決能提供新規範，使訴訟當事人間之法律關係或權利義務獲得明確之解決基準。此乃何以民事訴訟法規定，確定判決有既判力、禁止既判事件重新起訴等等法律效力之理由。判決於確定時，發生一定之法律效力，自其法律效力之作用內容而言，確定判決有既判力、執行力、形成力。確認判決不分原告訴訟之勝敗，均有既判力，至於執行力原則上僅限於給付判決始有，形成力限於形成判決有之。此種既判力、執行力、形成力之發生，係判決之性質上本有之效力，成為民事訴訟法學上重要研討之問題，學者稱為判決之原有效力。確定判決除原有效力之外，另有所謂確定判決之附隨效力 (Nebenwirkung)，此種附隨效力，係因民事訴訟法或民法上特別明文規定而發生。例如，本法第六十三條之參加訴訟之效力規定，參加人對於其所輔助之當事人不得主張本訴訟之裁判不當，又例如民法第一三七條第二項所規定，確定判決有使中斷之時效重行起算之效力，同法第七五〇條第一項第四款所規定，確定判決能使保證人得向主債務人請求除去其保證責任之效力。同法第二七五條所規定，確定判決能使其他連帶債務人得為其利益主張該項判決之效力。上述民事訴訟法或民法之規定，均係以確定判決之存在事實為其規定之法律構成要件事實 (Tatbestand)，此種以確定判決為法律構成要件事實而發生民事訴訟法或民法上一定法律效果之效力，學者稱為構成要件事實效力 (Tatbestandwirkung)，屬於附隨效力之一種。

又學者對民事訴訟法或實體法上無特別明文規定之若干事項之判決效力，在理論上主張應承認判決對若干事項有拘束力，從而在學理上創出所謂判決之反射效力 (Reflexwirkung)、爭點效力等等判決效力之理論。此種判決之效力，亦得歸為判決之附隨效力，俾與判決之原有效力兩者有所區別。

除前述判決之原有效力及判決之附隨效力以外，近年來學者有專注於判決於實際上所促成之機能效果之存在事實，稱為判決之事實效力。此種事實效力，雖非法律上之效力，但確有影響一定事實之效果，於理論上不能不加重視。例如事實效之中，有所謂證明效。此係指確定判決之內容事實，於其他訴訟中宛如有證據之作用，對法官有某種程度實際影響心證之作用，此種事實上之效果稱為證明效。又有所謂波及效，此係指確定判決得在訴訟外於事實方面影響波及第三人之行動或態度，擴大行動或態度之實際效果。例如，某原告於其公害訴訟獲勝訴確定判決，此際受相同公害之其他被害人，必然因確定判決之波及擴大其訴訟之信心而起訴，甚至影響公害取締政策之推動。日本學者對此類事實效之理論研究，頗值注意。又近年來學者有將傳統上之二分類，判決之原有效力——既判力、執行力、形成力，與判決之附隨效力——反射效、爭點效、參加訴訟之效力，加以流動化之傾向，從而既判力與反射效、爭點效之分界，在理論上有不明確現象，此種發展亦值注意。

㈡既判力

法院之終局判決確定後，無論該判決結果如何，當事人及法院均受判決內容之拘束，當事人不得主張相反之內容，法院亦不得為內容矛盾之判斷，此種判決之拘束力，稱為既判力。我國學者有稱為判決之實質上確定力者[84]。惟我國法院判例，亦稱為既判力[85]。德文用語為 Die materielle Rechtskraft[86]。日本法典釋為既判力，我國學者沿用之。

1. 既判力之本質

法院之判決於確定之後，無論該判決有無誤判，當事人及法院均受判決之拘束，不得就該判決內容更為爭執。確定判決何以有此種拘束力？其所以能拘束當事人及法院不得更為爭執之基本依據何在？此種問題之探討為既判力之本質問題。就既判力本質論之發展及其學說內容言之，計有下列各說：

---

[84] 見陳計男，《民事訴訟法論（下）》第五十九頁以下。

[85] 例如，最高法院三十九年臺上字第二一四號判例，同院五十年臺上字第一三三一號，五十一年臺上字第六六五號，七十三年臺上字第三二九二號判例。

[86] 見 Jauernig, ZPR. 22. Aufl. S. 214ff.

(1)一事不再理說　民事訴訟法學者對於判決既判力之依據說明，最早係利用羅馬法上之一事不再理原則及 actio 消耗之理論為其說明之方法。羅馬法之訴訟制度係以各種不同之 actio 為其體系，當時實體法與訴訟法不分，權利人之權利受侵害，需要救濟時，其救濟之方法係由原告向法務官 (Praetor)，依法律或法務官公布之規定進行一定手續，法務官於調查當事人適格及訴權有無之後，決定當事人間之爭點。若法務官調查結果，認為應對原告為權利保護時，則賦與原告以一定之 actio，該訴訟事件因而移轉於由私人擔任之審判人，由審判人調查證據，將訴訟為審理而判決。若法務官調查結果，認為不應對原告為權利保護時，則拒絕對原告賦與 actio，從而原告無法獲得訴訟上之權利救濟。由此可知羅馬法上之訴訟以至於判決，必須原告先獲得法務官之 actio。原告獲得之 actio 係包含現代法意義之訴權及請求權概念，原告不可能在無獲得 actio 之情形下，會獲得判決。原告獲得之 actio 在訴訟上一經行使，經審判人為審判，立即因消耗而發生 actio 消滅之結果。已經消耗而消滅之 actio，無法重新行使，判決既判力之發生實乃原告行使 actio，消耗 actio 之當然結果。原告既然不能重新行使其已消滅之 actio，該判決即無重新審理之餘地。判決之所以有既判力者，其基礎在原告之 actio 消滅故也。在此種說明之下，既判力之本質，被學者視為，單純之一事不再理，亦即既判事件禁止重新審理[87]。

利用 actio 消耗之理論說明既判力本質問題之方法，今日已經無人追隨，因為現代之民事訴訟制度已與昔日羅馬法上之 actio 制度不同，將歷史遺物之制度用以說明現代法之既判力本質，已經不合時宜。更何況，既判力本質之重要問題，不僅在於消極地禁止當事人就既判事件重新為爭執，其更重要之意義在於有既判力之判決內容，對當事人及法院均有拘束力，當事人及法院均不得於另一訴訟上，作與既判力內容相反之主張或判斷。主張一事不再理說之學者，僅能說明判決既判力之消極效果，而無法交代何以在判決內容方面能夠拘束當事人及法院不得作相反主張或判斷之積極效果。

(2)實體法說　繼昔日之一事不再理說而起者為實體法說 (Materiellrechtliche Rechtskrafttheorie)。此說在學說史上曾經一度成為通說，迄今仍然有不少學者追隨。實體法說之提倡者有 Kohler, Pagenstecher, Pohle 等人[88]。此說認為，既判力本質在於

[87] 參照齋藤秀夫，〈民事裁判の歷史〉，載《民事訴訟講座》第一卷第二十九頁以下。兼子一，《實體法と訴訟法》第十二頁以下及第一四〇頁以下。中村宗雄，〈既判力の本質〉，載《民事訴訟講座》第三卷第六八九頁以下。Bruns, ZPR. 1968, S. 398f.

[88] 見 Kohler, Prozess als Rechtsverhältnis, 1888, S. 64, 112; Pagenstecher, Zur Lehre von der materiellen Rechtskraft, 1905; Pohle, Gedächtnisschrift für

確定判決具有創設實體法之效果。法院之確定判決，如其內容所認定之權利存在或不存在，與客觀事實相符之情形，此種判決固然具有證實既存權利之存在或不存在效果。如法院所為確定判決係與客觀事實不符之錯誤判決，此種錯誤判決內容所認定之權利存在或不存在，亦有拘束雙方當事人及法院之效果。何以有之？確定判決有創設效力，能使真正既存之權利歸於消滅，能使真正不存在之權利發生存在之結果。所以，當事人間原不存在之權利，因判決內容斷定為權利存在，而由權利之不存在變為權利之存在；當事人間原真正存在之權利，由於判決認為權利不存在，而發生權利不存在之結果。確定判決既然能將無實體權利之狀態變為有實體權利狀態，亦能將有實體權利狀態變為無權利狀態，原實體權利狀態則因判決而變為另一實體權利狀態。對於雙方當事人及法院而言，原實體權利狀態已無起死回生而爭執餘地。判決之既判力，其所以拘束當事人及法院者，係因經判決後之實體權利狀態，除了依判決內容所認定之狀態而存在之外，別無另外之真實狀態可言，所以當事人及法院僅能依照判決內容而受拘束，別無其他主張餘地。

此說將民事訴訟法上之判決制度，賦與實體法上之法律效果，亦即判決能創出實體權利之效果，所以稱為「實體法上之既判力學說」，簡稱為實體法說。惟實體法說於解釋若干訴訟法現象時，在理論上無法自圓其說。其主要缺點如次。第一、實體法說之理論違背判決既判力之相對性原則。按民事訴訟法之判決既判力，原則上僅能拘束原告及被告雙方，第三人在原則上不受他人間訴訟結果之拘束。依實體法說之說明，確定判決能使既存之實體權利狀態變為判決內容之實體權利狀態，則此法院之確定判決必然全部成為有形成效果之形成判決，從而以判決所創出之實體權利狀態能支配或拘束與訴訟無關之一切第三人。此種結果無異承認判決既判力具有絕對效力，世上一切第三人均須遵從他人訴訟之確定判決內容而受拘束。在實體法說之下，無法區分判決既判力與判決之形成力兩者之概念與界限。例如，丙為某物之真所有權人，甲與乙兩人互爭該物之所有權，甲對乙提起確認所有權存在之訴，若法院為甲之勝訴判決確定時，依實體法說之說明，此種不正確之判決，能使甲之無所有權狀態變為有所有權狀態，果真如此，則丙勢必喪失其所有權矣。可知實體法說理論與判決既判力之相對性原則相違背[89]。第二、實體法說之理論違背現代國家之權力分配原理。法律之創設係立法機關之任務，並非司法機關之任務，法院之

Calamandrei, 1957.

[89] 參照 Rosenberg-Schwab, ZPR. 12. Aufl. S. 864; Schwab, ZZP. 77, 132ff.; Hellwig, Wesen und subjektive Begrenzung der Rechtskraft, 1901, S. 15ff.

任務通常僅限於確認法律狀態。依實體法說，法院任務勢必具有創設法律、創造權利義務之任務，此種結論與現代國家權力分配之原理不合[90]。第三、實體法說對於當事人可否以合意排除既判力之問題無法交代。判決既判力係民事訴訟法上之制度，當事人之間不得以合意方法，將判決既判力為排除或創設，當事人間如有此種合意，其合意為無效。又判決既判力有無之問題，不待當事人為抗辯，應由受訴法院依職權為調查。既判力之此種特性，足以顯示其訴訟法之公法性與效力。若依實體法說所言，既判力為實體法上之效果，則在理論上無法禁止當事人運用辯論主義原則，任意以合意方法，將判決所創出實體權利或效果為處分。足知主張實體法說者，無法說明何以當事人間不得合意排除判決既判力[91]。第四、實體法說對於訴訟判決(Prozessurteil)之既判力無法說明。訴訟判決係對於訴訟要件是否具備所為之程序判決，對當事人間所爭執之實體法律關係並不審判。法院因程序問題所為訴訟判決，其既判力，僅能立於訴訟法上之觀點，始可合理說明其效果，無法立於實體法之地位解釋其效果[92]。

(3)訴訟法說　將實體法說之上述理論缺點加以指摘，而建立之學說為訴訟法說，又稱為「訴訟上之既判力學說」(Prozessuale Rechtskrafttheorie)。此說始於 Hellwig 與 Stein，現在已成為德國及日本之通說。追隨訴訟法說之德國學者有 Rosenberg-Schwab, Bötticher, Brenhardt, Bruns, Jauernig, Nikisch, Schönke-Kuchinke, Baumbach-Lauterbach, Stein-Jonas-Schumann-Leipold, Thomas-Putzo 等人及其教科書、論著或註釋書[93]。訴訟法說認為，判決既判力係純粹訴訟法上之效力，並非實體法上之效力。既判力所具有之法律效果與實體法上既存之法律效果或權利關係，並無任何必然關係。即使法院確定判決所認定之權利狀態，與既存之真正權利狀態不相符，但基於國家要求公權判斷之統一，此種誤判內容之效力，亦不能不維持。為維持國家公權判斷之統一，因而法院之判決有既判力。何以當事人及法院應受確定判決拘束？此說認為，法院所為確定判決在訴訟法上產生一定之效力，此種訴訟法上效力之內容係命令後訴之法院，不得為與前訴訟判決內容相異之判斷。所以，既判力之本質在，

[90] 參照 Rosenberg-Schwab，上揭書處。

[91] 參照 Bülow, Absolute Rechtskraft des Urteils, AcP 83; Jauernig, Rechtskrafterstreckung kraft Vereinbarung, ZZP. 64, 285ff.

[92] 參照 Jauernig, ZPR. 18. Aufl. S. 203.

[93] 參照 Rosenberg-Schwab, ZPR. 12. Aufl. S. 864.

後訴法院於法律上無法有效為相異之判斷也，後訴法院所受此種訴訟法上之拘束力，謂之既判力。後訴法院既然於法律上無法作與前訴判決相異之判斷，雙方當事人於後訴雖為相異之主張，亦不可能達成推翻判決，所以，有既判力之判決能拘束法院及當事人作相異之判斷及主張。訴訟法說因排斥實體法說之權利狀態創設原理，而強調後訴法院受前訴法院之判決拘束原理，所以學說上又稱為拘束說 (Bindungstheorie)[94]。依訴訟法說之說明，若勝訴當事人於後訴訟重行為起訴之情形，法院應以缺乏權利保護利益為理由為不合法駁回。若由敗訴當事人重新起訴為相異請求時，法院應就該訴訟為原告之訴無理由之本案敗訴判決。

主張訴訟法說之學者於實際處理前訴判決與後訴訟兩者關係之情形，見解分為兩說。一說認為既判力之作用不在禁止當事人重新起訴及重複判決，僅在禁止當事人為相異主張及法院為相異判斷。所以後訴法院於審判時，必須以前判決為基礎作與前判決內容完全相同之判決。至於法院能否重複再為相同內容之新判決，此乃涉及權利保護必要 (Rechtsschutzbedürfnis) 有無之問題。於一般情形，當事人重新起訴時，固然缺乏權利保護必要應受不合法駁回之判決，但於特殊情形，例如法院卷宗及當事人之判決正本均遺失時，當事人為取得判決正本情形，則有權利保護必要，從而法院應再重複為內容相同之新判決。此說由 Hellwig, Stein, Blomeyer 主張，是為早期之訴訟法說[95]。另一說認為，既判力之作用在排除重新對於既判力之訴訟結果為審理及判斷，亦即所謂禁止為重複 (Wiederholungsverbot)。既判力既然為禁止後訴法院不得有與前訴判決相異之判斷，則其最徹底方法，莫如自始禁止當事人之重新起訴及後訴法院之重複審判。所以既判力之本質係禁止後訴法院重複審理，即有既判力之前訴判決，有使後訴法院拒絕審判之訴訟效力。前訴判決內容之所以能拘束當事人及法院，實乃後訴法院有拒絕重複審判之效力所發生之結果。此說自一九三〇年德國學者 Bötticher 於其著作 Kritische Beiträge zur Lehre von der materiellen Rechtskraft im Zivilprozess 提倡以後，為大多數德國學者所追隨，現在所謂德國通說係指此說而言。依此說之解釋，法院於當事人就同一訴訟標的為起訴時，應以訴訟不合法為理由駁回之，蓋就同一訴訟標的法院未曾為判斷之事，於訴訟上係消極之

---

[94] 參照 Hellwig, Wesen und subjektive Begrenzung der Rechtskraft, 1901, S. 7ff.; Stein, über bindende Kraft der richterlichen Entscheidung nach Österreichem Recht, 1897.

[95] 見 Hellwig 前揭書處，Stein 前揭書處，Blomeyer, ZPR. §88 III 2; 另外參照 Zeiss, ZPR. S. 224f.

訴訟要件（Negative Prozessvoraussetzung），法院應依職權為調查也[96]。

訴訟法說最大之缺點係將既判力視為完全與實體法無關之效力，對於既判力本質之說明竟成為空洞之解釋，使實體法與訴訟法兩者交錯之既判力制度，無法獲得合理之說明。又訴訟法說與實體法說，同係以權利既存之法律狀態為基礎解釋既判力之本質，惟此種權利既存之觀念能否作為說明既判力本質之基礎，亦頗有疑問。因此，日本學者兼子一排除眾說，以實體法為基礎首倡所謂權利實在說。

(4)權利實在說　日本學者兼子一認為，實體法說與訴訟法說共同所犯根本錯誤在，將權利或法律狀態之存在現象視同物質世界之物之存在情形，將判決視為對既存權利存在之法律適用行為。其實，法律與權利均屬於意義世界之文化實在，此種存在與物質世界之物之存在不同。前者為人類精神作用所產生之抽象之存在，後者係人類經驗所能認識之具體之存在。權利及法律之概念係抽象之觀念上之對象，此種觀念上之對象得經人類之行為賦與正當力量，始能由精神文化之實在變化成為社會經驗之實在。兼子一利用Husserl此種現象學之法律學為依據，認為權利及法律必待人類以適用法律之判斷行為，始能使之成為經驗社會所謂之真正實在之權利及法律。未經法院判斷之前，並無真正實在之既存權利及法律可言。在法院判決以前，當事人間私自適用法律而主張之權利，僅係假象之存在，並非真正存在之權利，此種非真正存在之權利，必待法律社會公認之法院為判決，始能將其形成為實在之權利。經法院以判決加以實在化之真正權利，從而始成為規律當事人之法律規準，判決既判力之所以對當事人及法院有拘束力之依據，乃在判決能賦與真正實在之權利，當事人及法院對於真正實在之權利不能不遵從，因而亦無法作相異之主張及判斷。在此種理論之下，法院判決並無所謂不正確之判決問題，蓋僅有法院始能創出真正實在之權利，亦即判決可在當事人之間創造法律也[97]。

兼子一之權利實在說係為消除實體法說與訴訟法說雙方對立之場面，並克服兩說在理論上之難點而提倡。一面得避免實體法說以既存之權利與經判決之權利作比較，從而不必將既判力解釋為既存權利之變化作用，他面亦能避免訴訟法說所犯，

---

[96] 參照Bötticher, Kritische Beitrage zur Lehre von der materiellen Rechtskraft im Zivilprozess, 1930; Rosenberg-Schwab, ZPR. 12. Aufl. S. 864f.; Zeiss, ZPR. S. 224f.

[97] 參照兼子一，《實體法と訴訟法》第一五七頁以下。此書對日本民事訴訟法學貢獻極大，研究民事訴訟法者，不能不讀。

將判決與實體法之關係完全隔絕之不妥現象。對於權利實在說，在日本雖有三ケ月章、伊東乾、鈴木正裕等學者之批判[98]。但此說能兼顧實體法與訴訟法之本質，將既判力之本質問題於實體法與訴訟法交錯之場面，能為折衷之觀察，是為較持平之理論。

(5)新訴訟法說　此說又稱「新一事不再理說」，係由上述訴訟法說分離所發展者，Bötticher, Rosenberg, Nikisch, Lent與日本學者三ケ月章等人提倡之[99]。新訴訟法說認為既判力之作用在禁止既判事項重複審理，一事不再理乃法院判決之最高理念，前訴判決內容之所以拘束當事人及法院，實乃後訴法院有拒絕重複審判之效力所生之結果。當事人就同一既判事項重行起訴情形，法院不得重行審理，應立即以起訴不合法為理由駁回原告之訴，蓋原告之起訴必須具備其訴訟標的未有既判力之判決，為其消極之訴訟要件也。此說與前述訴訟法說兩者所不同者為，此說要求後訴法院絕對禁止重行審判，不考慮以缺乏權利保護必要為理由駁回，強調判決既判力之消極效果，而不再保留前述訴訟法說所主張於例外情形得重新審判。惟兩者所同者，均係否認既判力之本質具有實體法上之意義。新訴訟法說，可謂係以判決既判力之訴訟上效果為絕對效果之極端理論。對於有既判力之判決所確認之權利或法律關係，於其轉入實體法世界時，例如消滅時效重新進行之現象，此說難於解釋。既判力本質問題係訴訟法與實體法交錯作用之現象，若完全否定既判力本質有實體法方面之意義，實際上亦有問題。近年來德國有部分學者，採取反對之態度。

(6)新實體法說　此說認為既判力之目的首在為當事人之利益而解決權利不明狀態，既判力雖亦有禁止當事人重新起訴而拒絕其濫用訴訟程序之公共利益，但此非既判力之目的所在。依新實體法說之見解，既判力本質一面係以確定當事人間之實體權利或法律關係為其作用，另一面在法院與當事人之間發生一事不再理之程序作用，既判力係同時兼有實體法與訴訟法

---

[98] 有關對權利實在說之批評論著，請見三ケ月章，〈民事訴訟の機能的考察と現象的考察〉，載《民事訴訟法研究》第一卷第二六六頁以下。伊東乾，〈既判力について〉，載《民事訴訟法雜誌》第八號第一頁以下。鈴木正裕，〈兼子博士の既判力について〉，載《裁判法の諸問題（上）》第三一五頁以下。

[99] 見 Bötticher 上揭書處，Rosenberg-Schwab, ZPR. 12. Aufl. S. 864ff.; Nikisch, ZPR. 2. Aufl. 1952, S. 403ff.; Lent-Jauernig, ZPR. 15. Aufl. S. 182ff.; 三ケ月章，上揭書及《民事訴訟法》第十七頁及第二十六頁以下。

雙面作用而存在之現象。此說不再否認既判力具有訴訟法上之意義，但此說學者，反對昔日實體法說及舊訴訟法說對於既判事項重新起訴時之處理方法，認為法院就既判事項不應再進行相同內容之後訴判決，應直接以其違反既判力為理由，以不合法駁回後訴。換言之，主張新實體法說者，將一事不再理之作用視為既判力本質內容之一，係合併實體法說與新訴訟法說兩者之產物，同時兼有既判力之實體作用與程序作用。在先決問題 (Präjudizialität) 方面，既判力之實體作用發生效用，就實體上拘束後訴法院之審判，但於既判事項重行起訴之問題方面，既判力之程序作用發生效用，後訴法院應以起訴不合法駁回重行起訴。德國學者雖以新訴訟法說為通說，但近年來 Schumann-Leipold, Bruns, Pawlowski 卻起而重新主張實體法說，從不同角度修正昔日之實體法說，因而稱為新實體法說[100]。

2. 既判力本質論之學理轉向

上述既判力本質之學說發展，大都係立於合理解釋法律現象為出發，對法律現象為正確認識為目的之法律解釋論。是為自有民事訴訟法學以來，學者對於訴訟法理論之傳統研究方法與立場。惟值注意者，日本學者自第二次世界大戰結束後，除上述傳統學理研究途徑之外，另外出現部分新進學者轉向重視訴訟制度之合理運作，從而在法律解釋論方面偏向注重法律政策性及實踐性之立場，改向探究既判力之所以對當事人有正當性之根據，就既判力之本質為解釋。以此種立場而出現之學說，稱為既判力之根據論，其主要者有所謂「法的安定說」與「手續保障說」兩說[101]。

(1)法的安定說　此說將確定判決所以有既判力之正當依據，置於維持判決所確認權利關係之安定。認為既判力係裁判制度上不可欠缺之制度及效力，既判力之所以列為法院應依職權調查之事項者，係為維持裁判結果之安定而然。強調此種看法者，大都出自以一事不再理為理念之新訴訟法說學者。惟法的安定為法律之一般要求，並不限於既判力本質問題始有此種要求，以法的安定解釋既判力之正當依據，並未提供學說上之特徵性質。

(2)手續保障說　我國學者以「程序保障」說稱之。所謂程序保障係指，判決之所以有既判力而拘束當事人，係因法律

---

[100] 參照 Stein-Jonas-Schumann-Leipold, ZPO. 19. Aufl. §322 Anm III; Bruns, ZPR. 1968, 43 V; Pawlowski, Aufgabe des Zivilprozesses, ZZP. 80, 345ff.

[101] 參照畑郁夫，〈既判力の本質と作用〉，載《民事訴訟法の爭點》（新版）第二七四頁以下。吉村德重，〈既判力の本質と作用〉，載《民事訴訟法の爭點》（第三版）第二三〇頁以下。

已於前訴訟程序中已充分賦予當事人機會，在程序上能使其盡力主張或防禦自己權利，當事人若不掌握此種法律所賦予之程序保障者，應自己就其後果為負責，不能於事後為推諉責任。既判力之所以拘束當事人之正當依據，係因法律程序已賦予當事人以權利保障之機會故也。依手續保障說，係將法律程序賦予權利保障機會與當事人對後果自己負責兩者之關係直接連結，俾以說明各種具體訴訟制度為方法，從而既判力在此說之理解下，係以當事人自己之責任負其失權效果之判決效力也。依此說，對於討論既判力之法律性質為實體法效力抑訴訟法效力，已非重要，且對於討論訴訟標的概念俾供決定既判力範圍，亦失其必要性。此說所重視者，惟有於各個具體訴訟中，就當事人自己之程序責任應負範圍為論斷，並參酌信義法則及衡平原則，即可決定既判力之遮斷效或失權效而解決判決效力之問題。

3. 既判力之作用

判決之羈束力又稱為自己拘束力，此係於同一訴訟程序內，對於原判決法院加以拘束之效力。判決之既判力卻係俟判決確定後，於另一別訴之訴訟程序中，對於當事人及後訴法院加以拘束之效力。關於既判力之作用，得就下列論點分別為觀察：

(1)訴訟標的之相同關係、先決關係、矛盾關係　既判力之作用係前訴所判決之權利關係，於後訴再行被提起而發生問題時之作用，其生問題之情形有三。第一、前後兩訴均以相同之訴訟標的為訴訟客體之情形。例如，前訴原告對被告請求確認土地所有權存在之訴訟，於原告敗訴確定後，重新再就相同之確認土地所有權存在之訴為起訴，或前訴被告於敗訴確定後，另行起訴就相同土地以前訴原告為被告提起確認被告土地所有權不存在之訴。於此兩種情形之前後兩訴，均係以前訴原告之同一土地所有權存在不存在為同一訴訟標的，後訴之訴訟標的應受前訴判決既判力之拘束，後訴法院應以裁定駁回後訴原告之訴。第二、前訴之訴訟標的成為後訴訴訟標的之先決問題情形。例如，前訴原告對被告起訴確認土地所有權存在之訴，獲法院判決確定後，無論原告為勝訴抑或敗訴，若原告於後訴起訴請求被告辦理所有權移轉登記予原告之情形。前訴判決就該土地所有權歸屬之判斷，後訴法院應受其拘束，於後訴法院對被告命辦理所有權移轉登記之判決時，不得將前訴所判決之土地所有權歸屬問題為相反之認定。換言之，前訴訴訟標的之判斷成為後訴訴訟標的之先決問題時，對後訴法院有既判力之拘束。第三、後訴請求之訴訟標的與前訴判決成為矛盾關係之情形。例如，前訴原告訴請確認土地所有權存在之訴，於前訴被告敗訴確定後，前訴被告另行起訴，於後訴請求確認同一土地所有權存在之訴。於此情形，相同當事人間於前後兩訴之地位倒置，但訴訟標的之土地所有權同一，基於一物一物權之原則，應認為前訴判決對於後訴之訴訟標的有既判力之拘束。否則，前訴判決所確定之權利關係，將因後訴法院為矛盾判決而被推翻，顯非合理。

(2)既判力之積極的作用與消極的作用　後訴既然應受前訴對於訴訟標的判決之既判力拘束，則當事人於後訴不得就有既判力之判斷為相反之主張，後訴法院亦不得為矛盾相反之判決，後訴法院必須以前訴既判力所生之判斷為前提，對後訴為審判。從而判決既判力之作用一方面係禁止雙方當事人再就既判力所生之判斷內容為爭執，另一方面係要求後訴法院於審判時應以既判力所生判斷內容為前提而受拘束。前者稱為既判力之消極作用，後者稱為既判力之積極作用。對於既判力之作用強調前者之消極作用者，學者之間稱其為一事不再理說，而強調既判力之積極作用者，稱其為拘束力說。我國學者有強調，於若干特殊情形，當事人有更行起訴之必要而不禁止另行起訴者，此係對於判決既判力之積極作用所為之觀察說明[102]，並不影響判決既判力之存在意義與目的。

於前述之例，前訴之敗訴當事人就相同之訴訟標的再行起訴情形，法院應就訴訟事實審最後言詞辯論終結前已存在之事由之主張為駁斥，並調查後訴原告於其基準時以後有無新發生事由之主張。若調查結果無新事由之主張者，依本法第二四九條第一項第七款以裁定駁回後訴原告之起訴。若調查結果有新事由之主張者，應就該新事由有無理由為審判，而視其結果對後訴為本案實體之勝訴判決或敗訴判決。於前訴之勝訴當事人再就相同之訴訟標的起訴情形，原則上亦依本法第二四九條第一項第七款規定裁定駁回。惟於例外情形，例如，確定判決之原本正本均滅失或確定判決主文不明確致不能執行，法院即可重新審判而為本案勝敗之實體判決。於前述之例，前訴判決之訴訟標的成為後訴訴訟標的之先決問題情形，法院應以前訴判決之判斷為基礎，就後訴之新主張事由及後訴之訴訟標的為審理，而為本案實體判決。若後訴之訴訟標的與前訴判決有矛盾關係之情形，法院之審判原則上，與在前後訴之訴訟標的同一之情形為相同之裁判，應視後訴原告有無於基準時後之新事由提出而主張，從而為不同情形之裁判。

(3)既判力之雙面性　既判力之作用不僅對於前訴判決之勝訴當事人為有利益之作用，同時對於其不利益亦生既判力之

[102] 見姚瑞光，《民事訴訟法論》第四四三頁以下。

作用。例如，於前訴確認房屋所有權存在之訴獲勝訴之當事人，雖就房屋所有權之歸屬獲勝訴判決之有利結果，而雙方當事人不得於另一訴訟中為相反之主張而爭執。但於以後對造當事人就該房屋之基地主張所有權，訴求拆屋還地之給付判決時，於前訴獲勝訴判決之當事人不得就房屋所有權之歸屬為相反之主張，抗辯其非該房屋所有權人而拒絕拆屋還地。此種既判力之作用現象，稱為既判力之雙面性[103]。

(4)既判力之訴訟法特性與實體私法上之作用　既判力係具有訴訟法之公法上拘束力，法院應依職權就判決有無既判力存在為調查，此一事項不待當事人主張即應為調查之事項。當事人間不得以合意方法約定不受判決既判力之拘束，其有約定者該項合意無效。與前訴判決既判力成為矛盾之後訴判決，雖然並非當然無效，但於後訴判決未確定時當事人得依上訴方法請求上級法院將其廢棄，若於判決確定情形，得提起再審之訴將其廢棄（本法第四九六條第一項第十二款）。又值注意者，因判決既判力所確定當事人間之實體權利關係，即成為以後雙方當事人於私法生活上之規律關係。於此階段，若雙方當事人另以合意就此項實體權利關係為處分或變更者，此係屬於私法領域所支配之私法行為關係，不受訴訟法之干涉，經判決確定之請求權，其消滅時效又重新開始起算。

4. 既判力之時間範圍與失權效果[104]

(1)失權之時點　確定判決內容之私法上權利義務關係，由於時間之經過有隨時間而發生變動可能，於此情況下，確定判決既判力認定之權利義務關係，究竟係在何一特定時點所為之權利義務關係，則有明確加以規定之必要，否則無法判斷前後兩訴之間，其既判力作用範圍之界限。確定判決之既判力，僅能確定事實審法院最後言詞辯論終結時所存在或不存在之權利義務關係，於此一時點以後所發生之事實或權利義務關係之變動事實，均不受既判力之拘束。蓋判決係就最後言詞辯論終結時為止所存在之事實資料為基礎所為法律效果存否之法院判斷，必須定在事實審法院最後言詞辯論終結時為時點。對此，民事訴訟法雖無明文規定，但可自強制執行法第十四條第一項後半段之規定獲知既判力時間範圍之界限。該條第一項規定：

---

[103] 參照中野貞一郎等三人，《民事訴訟法講義》第四四四頁以下。

[104] 參照 Münchener Kommentar, ZPO. §322, S. 2029ff.; Rosenberg-Schwab, ZPR. 14. Aufl. S. 987ff; 齋藤秀夫，《注解民事訴訟法(3)》第三二七頁以下。兼子一等四人，《條解民事訴訟法》第六〇〇頁以下。

執行名義成立後，如有消滅或妨礙債權人請求之事由發生，債務人得於強制執行程序終結前，向執行法院對債權人提起異議之訴；如以裁判為執行名義時，其為異議原因之事實發生在前訴訟言詞辯論終結後者，亦得主張之。又本法第四七六條第一項規定，第三審法院應以第二審判決確定之事實為判決基礎，當事人在第三審不得提出新攻擊防禦方法（二八上字第八一七號判例）。故訴訟雖經第三審法院判決確定，但既判力之拘束時點仍以第二審最後言詞辯論終結之時為準。從而於第二審最後言詞辯論終結以後所發生訴訟標的之法律關係變動之事實，因原第二審與第三審法院已無再予斟酌審判之可能，所以當事人得據此項事實另行起訴請求法院另為判決，後訴不受前訴判決既判力拘束之作用。例如，原告起訴之價金給付請求權，於第二審言詞辯論終結後發生被告對於原告為清償債務之事實，此際，第三審法院雖因被告上訴經其為原告之勝訴判決確定，被告得重新起訴請求法院判決確認該項價金請求權不存在，或於強制執行程序開始時，提起債務人異議之訴，俾以消滅前訴判決之既判力及執行力。

(2)失權效果之範圍　既判力係就事實審最後言詞辯論時之權利關係存否加以確定之拘束力，從而於此一標準時點以前所存在之事實資料，無論其為應主張或抗辯之事實，當事人如不適時於訴訟中提出者，則於另外之後訴不得再提出此類事實為主張或抗辯而就前訴已有既判力之訴訟標的權利再為爭執。敗訴當事人因未適時提出其訴訟攻擊防禦方法而喪失其再行提出之權限，學者稱為失權效果（Präklusionswirkung），又此項效果係斷絕當事人再行提出其攻擊防禦方法，故另外又稱為遮斷效果（Abschneidungswirkung）。此種失權效果或遮斷效果之目的在確保有既判力之判決內容，其本質屬於既判力之作用，從而日本學者認為失權效果或遮斷效果係既判力本身之效果[105]。惟德國學者 Rosenberg 與 Habscheid 等人卻認為，失權效或遮斷效係有別於既判力之另外一種概念。蓋基於一事不再理之理念，法院判決於有既判力之情形，必須排除當事人前未提出之訴訟資料，不許於事後再行提出始能達成目的。失權效或遮斷效所排除者係排除前訴訟未提出之攻擊防禦方法，而既判力係排除後訴訟就相同訴訟標的再行提起訴訟，故兩者概念不同。德日學者之間對失權效與既判力兩者之概念雖有不同，但對於既判力之作用能產生失權效之事，學者見解一致。例如，敗訴之當事人被告，不得就相同訴訟標的另行起訴，主張其於既判力基

[105] 見齋藤秀夫，《注解民事訴訟法(3)》第三二八頁以下。

準時已經存在之消滅時效或已清償債務之事實，期以推翻前訴確定判決已確認之權利關係。確定判決之既判力作用能同時使敗訴當事人喪失其於標準時已存在而可主張之權利事實，此為學者通說所謂既判力標準時之失權效。

惟值注意者，此種深藏於既判力之失權效與所謂既判力外之失權效 (Die rechtskraftfremde Präklusionswirkung) 兩者宜有區別，後者所謂失權效係指法律明文規定之失效而言，例如家事事件法第五十七條規定，不得就同一婚姻關係提起獨立訴訟之失權效即是[106]。家事事件法第四十一條第一項規定，數家事訴訟事件，或家事訴訟事件及家事非訟事件請求之基礎事實相牽連者，得向就其中一家事訴訟事件有管轄權之少年及家事法院合併請求，不受民事訴訟法第五十三條及第二四八條規定之限制。第二項規定，前項情形，得於第一審或第二審言詞辯論終結前為請求之變更、追加或為反請求。第五十七條第一項規定，有關婚姻關係之訴訟，經判決確定後，當事人不得援以前依請求之合併、變更、追加或反請求所得主張之事實，就同一婚姻關係，提起獨立之訴。按夫妻間之婚姻事件，因涉及公序良俗與有姻親關係之第三人之法律地位問題，不能如同財產訴訟事件為相同之審理，故立法者特對婚姻訴訟採取干涉制度。夫妻間如對婚姻有所爭執，宜就婚姻無效或撤銷婚姻與確認婚姻成立不成立及離婚或夫妻同居之訴一併起訴同時解決，不應屢次提起而徒增訟累，影響身分關係之安定統一。惟夫或妻於提起其中一種婚姻訴訟時，有得合併提起其他各種婚姻訴訟之原因事實存在而不一併起訴或反訴者，法院一旦為原告之訴無理由之駁回判決，此一判決之效力，有使原告喪失就其他婚姻訴訟再行獨立起訴之權利。被告之反訴一旦因無理由被駁回者，同時亦使被告喪失再提起其他婚姻訴訟之權利。婚姻訴訟之原告被告此種判決之失權效果係法律之特別規定，德國學者稱其為既判力外之失權效 (Die rechtskraftfremde Präklusionswirkung)。於財產訴訟之判決發生失權效，係就影響訴訟標的相關之攻擊防禦方法，當事人喪失再行使之權利而言，但不喪失就相異之訴訟標的另外獨立起訴之權利。於婚姻訴訟之判決所發生之失權效，卻就相異之其他訴訟標的，當事人因未及時為合併起訴或反訴而喪失另外獨立起訴之情形而言。前者係對其他訴訟標的不得起訴之失權效，兩者之失權客體並不相同，其意義頗有差異。同理，於親子關係事件，依家事事件法第六十九條第一項準用第五十七條規定之結果，養子女與養父母間之訴訟、否認子女，確定生父之訴、認領子女之訴，確認親子或收養關

[106] 參照 Thomas-Putzo, ZPO. 8. Aufl. S. 474.

係存在或不存在之訴，經判決確定後，當事人不得援以前依請求之合併、變更或追加或反請求所得主張之事實，提起獨立之訴，從而當事人因判決而發生失權效。

頗值討論而困難之問題為失權效之範圍問題，尤其於標準時已存在之實體法上之形成權，當事人未適時行使，可否於事後再行使之問題。若允許當事人就既判力標準時已存在之形成權於判決後再為行使，則無異允許當事人得將既判力已確認之權利關係之判決，允許當事人就法院已平息之訴訟糾紛再行提起，影響判決之安定性。惟就學理上言之，實體法上之形成權，必待形成權人將其為行使始能發生法律關係之變動，且於除斥期間內之何一時點為行使係形成權人之自由，一旦標準時過後即不得行使，無異另外對除斥期間之加深限制，對於有形成權之當事人是否公平，頗有問題。對此問題，德日判例與學說未有完全一致之結論，成為尚待研究解決之問題。

日本通說與判例相同，均認為形成權中之撤銷權與解除權，當事人未適時於標準時為行使者，即喪失其於以後再行使之權利而發生失權效，但抵銷權不生失權效而得再行使[107]。主張通說之學者，其論據係認為，撤銷權與解除權係關於前訴請求債權本身之瑕疵事實，屬於得在前訴標準時應為主張之抗辯事實。尤其撤銷權較無效事由之瑕疵為弱，既判力既然得遮斷無效事由之主張，當然亦得遮斷撤銷權之主張。但抵銷權係獨立存在之權利，並非附著在前訴請求債權本身上之瑕疵，且自動債權與被動債權兩者係各別獨立之權利，是否為抵銷，此係被告當事人之自由，此為通說一向主張之論據。近年來學者更有進一步認為，被告在原告訴求履行債務之訴訟中，係處於被迫是否行使撤銷權之選擇狀況，被告若選擇不行使其撤銷權而放棄行使，當無於事後再反悔而行使之理。亦有認為，形成權之行使係提出訴訟防禦方法之必要方式，被告得撤銷或解除之原因事實始為防禦方法，而失權效所遮斷之客體係被告於標準時已獲得之防禦方法，被告既然不提出其訴訟防禦方法為主張，當不得於事後再為提出，故應生失權效[108]。對通說全盤加以反對之學說[109]認為，無論何種形成權均不發生失權效。其主要論據

---

107 見兼子一等四人，《條解民事訴訟法》第六二七頁以下。齋藤秀夫，《民事訴訟法概論》第三七五頁。小山昇，《民事訴訟法》第三九〇頁。新堂幸司，《民事訴訟法》第四一一頁。

108 參照上原敏夫，〈既判力の作用——遮斷效と提出責任〉，載小山昇等四人編，《演習民事訴訟法》第六一三頁。

109 見中野貞一郎，《強制執行、破產の研究》第四十四頁以下。

為，前訴既判力僅能確定於標準時存在之請求權而已，不能進一步把將來因行使形成權而消滅請求權之可能性亦一併加以確定。實體法規定撤銷權之趣旨係，撤銷權人是否維持或消滅其以前已為之意思表示任由其選擇而已，其趣旨不在撤銷權所生之瑕疵較無效事由所生之瑕疵為輕。通說忽視實體法所規定除斥期間制度所考慮之利益衡量，何況通說依形成權種類及形成權人之不同而異其說明之結論，無法為統一之解決。惟反對說亦基於對具體案例之誠實信用之考慮，例外提出與既判力不同之解決途徑，俾能確保其理論結果之妥當性。另外有採折衷說者認為，就抵銷權而言，若被告於標準時已確知其得以自動債權對反對債權為抵銷之情況存在，而不主張抵銷者，應生失權效[110]。

德國學者對此問題頗有爭論，學者大都主張被告當事人得為其自己有利情形決定是否適時行使形成權，從而於標準時之後允許行使形成權，不生失權效。惟德國判例與一部分學者認為，當事人於前訴事實審最後言詞辯論終結時客觀上已經存在之形成權，若未行使者，事後即生失權效，故形成權人無自由決定其於何時行使之可能。德國判例之主要論點係立於促進訴訟迅速之利益 (im Interesse der Prozessbeschleunigung)，當事人應盡可能提早為主張或抗辯，故形成權應於標準時以前適時為行使[111]。德國立法者重視促進訴訟迅速之功能，對當事人科以協助訴訟迅速之義務，尤其一九七六年修正民事訴訟法後，多方規定當事人不適時為主張之失權效果，此乃判例產生之背景。

我國學者大都採取日本通說認為，撤銷權與解除權如未於既判力標準時適時為行使，即生失權效而不得於事後再行主張，至於抵銷權則不生失權效而於事後得再行主張[112]。我國最高法院二十九年上字第一一二三號判例，就抵銷權採不生失權效之見解。但對撤銷權與解除權之不行使有無失權效之問題，尚無判例出現。拙認為被告之撤銷權及解除權與原告之訴訟標的及請求之法律效果有無理由兩者關係密切，基於訴訟經濟及訴訟安定性之必要，若被告無不能行使其形成權之客觀正當理由，宜使發生失權效。至於抵銷權亦應基於相同理由，且應顧及原告取得執行名義後之執行利益，從而宜使發生失權效，不應允

[110] 見兼子一，《增補強制執行法》第九十九頁。

[111] 參照 Münchener Kommentar, ZPO. §322, S. 2034f.; Arens, ZPR. S. 352f.; BGHZ. 42, 39, 59, 124; BGH NJW. 1980, 2527.

[112] 見姚瑞光，《民事訴訟法論》第四四五頁。王甲乙等三人，《民事訴訟法新論》第四九〇頁。陳計男，《民事訴訟法論（下）》第六十六頁以下。駱永家，《既判力之研究》第二十四頁以下。

許被告於事後以行使抵銷權為理由提起債務人異議之訴而妨阻原告之強制執行。被告應另行起訴對其債務人原告取得給付判決而進行其執行程序，如此始對前訴原告有公平可言。不能純以實體法之立場討論此事，必須同時立於訴訟法上之制度安定目的及考慮原告訴訟結果之利益確保[113]。

5. 既判力之客觀範圍[114]

本法第四〇〇條規定：除別有規定外，確定之終局判決就經裁判之訴訟標的，有既判力。主張抵銷之請求，其成立與否經裁判者，以主張抵銷之額為限，有既判力。德國民事訴訟法第三二二條規定：判決僅於以訴或以反訴提起之請求經裁判之範圍為限，有既判力。被告主張抵銷對待債權者，對待債權不存在之裁判於被主張抵銷之數額為限，有既判力。日本民事訴訟法修正前第一九九條規定：①確定判決以包含於主文者為限，有既判力。②為抵銷所主張請求之成立或不成立之判斷，關於以抵銷所對抗之數額，有既判力。上開規定，學者稱為既判力之客觀範圍，其主要規定內容得敘述如次：

⑴判決主文之判斷　法院為判決時，係在判決書主文中表示其對於原告請求之判斷，故在原則上僅對於判決主文所表示之請求之判斷始生既判力（最高法院七三臺上字第三二九二號判例）。判決主文之內容，主要係與當事人所為訴之聲明內容一致，於原告全部勝訴之判決，固然應以原告之訴之聲明內容為主文之內容，於原告全部敗訴之判決，即以被告之訴之聲明為主文之內容。若原告被告各有部分勝訴部分敗訴之情形，判決主文中亦將其勝敗數額範圍明確為表示。從而判決既判力之客觀範圍，原則上僅以判決主文中所表示訴訟標的之範圍為限，始有既判力。惟判決主文之文句頗為簡潔，法院究竟係對於何種事項為判斷，經常必須參酌判決之事實理由，否則無法明確。例如，法院所為原告敗訴之判決，其主文僅宣示「原告之訴駁回」，此際，如不就判決之事實理由中雙方當事人所為訴之聲明及主張之原因事實為參酌，無法察知判決既判力所及之內容與客觀範圍。

⑵既判力之客觀範圍原則上僅及於原告請求之訴訟標的與被告反訴之訴訟標的　既判力之作用主要係於當事人之後

---

[113] 見陳榮宗，〈訴訟上之抵銷〉，載《民事程序法與訴訟標的理論》第三〇二頁以下。同，《強制執行法》第一六三頁。

[114] 參照 Münchener Kommentar, ZPO. §322, S. 1998ff.; Jauernig, ZPR. 22. Aufl. §63, S. 219ff; 中野貞一郎等三人，《民事訴訟法講義》第四五三頁以下。齋藤秀夫，《注解民事訴訟法⑶》第二九五頁以下。

訴，將其與前訴相同之訴訟標的為排斥。因此前訴之訴訟標的範圍如何？後訴之訴訟標的是否在前訴之訴訟標的所包含之範圍？此種問題即成為既判力之客觀範圍問題。我國判例及通說以舊訴訟標的理論之訴訟標的概念為基礎，既判力所及之客觀範圍較新訴訟標的概念之情形為狹窄。茲舉若干我國最高法院判例提供參考。①最高法院二十二年上字第三七七一號判例云：被上訴人於民國十九年對於上訴人請求償還借款之訴訟，係以被上訴人之借款償還請求權為訴訟標的，上訴人主張此項借款已於民國十五年償還被上訴人，不應再執行確定判決取得上訴人之金錢等情提起本件訴訟，請求判令被上訴人將其因執行所得之金錢返還上訴人，係以上訴人之不當得利返還請求權為訴訟標的，前後兩訴之訴訟標的並不相同，……。②最高法院二十八年滬抗字第六三號判例云：甲乙不履行買賣契約，起訴請求判令乙加倍返還定金，受敗訴之確定判決後，復以伊曾與乙成立和解，約明由乙返還定金，不料乙又事後食言等情，訴求判令乙履行和解契約，返還定金，其前後訴訟之法律關係既不同一，自不在民事訴訟法第三百九十九條第一項規定之列（現行法第四〇〇條第一項）。③最高法院三十七年上字第七六三三號判例云：被上訴人前以上訴人將其向被上訴人承租之房屋一部轉租於他人為原因，訴請確認租賃關係不存在，雖曾受敗訴之確定判決，然其在本件請求確認租賃關係不存在，既係以上訴人在後將房屋全部轉租他人為訴之原因，則自不能謂其為訴訟標的之法律關係係屬同一，……。④被上訴人前對於上訴人請求返還系爭土地之訴訟，係以上訴人無權占有，本於所有物之返還請求權為訴訟標的。本件訴訟則主張該土地租賃契約已經終止，本於租賃物返還請求權為訴訟標的，前後兩訴之訴訟標的既不同一，自不在民事訴訟法第三九九條第一項規定之列（即現行法第四〇〇條第一項）（最高法院四二臺上字第一三五二號判例）。⑤某甲此次訴請再抗告人給付租金，雖其請求給付租金期間之起訖與前次訴訟請求給付損害金時間之起訖相同，然一為租金給付請求權，一為賠償損害請求權，其為訴訟標的之法律關係並非同一，自不受前次訴訟確定判決之拘束（最高法院四三臺抗字第五四號判例）。⑥相對人在前案係訴求判決再抗告人與相對人間就訟爭房地所為系爭抵押權之設定行為應予撤銷，並塗銷該抵押權登記。於本件則係求為判決確認訟爭抵押權不存在，進而塗銷該抵押權登記。一係行使撤銷權，乃形成之訴，一則主張抵押權不存在，係消極確認之訴，為訴訟標的之法律關係，前後不同，不能以一事不再理之法則相繩（最高法院六八臺抗字第二三五號判例）。依新訴訟標的理論之見解，若給付內容或形成效果為同一之情形，法院就一次給付之法律地位或要求相同形成效果之法律地位所為之判斷，均為既判力所及範圍，不許當事人按支持此項法律地位之理由之各個請求權或各個形成權，分別提起不同之訴訟。於上述最高法院判例④、⑤、⑥之情形，若其後訴原因事實所生權利關係已在前訴訴訟事實審最後言詞辯論時存在者，不得另以後訴將其權利關係為訴訟標的而起訴，蓋前訴判決既判力之客觀範圍包含後訴之訴訟標的也。

又訴訟標的之權利內容在數量上可分之情形，原告僅就其中一部分請求為起訴時，法院判決既判力之範圍僅及於起訴部分，其餘未起訴部分之訴訟標的權利無既判力，此為德日學者之通說[115]，我國學者大都亦採此通說見解[116]。惟日本學者有主張反對說者認為，原告請求之權利無可特定之標識情形，既判力之客觀範圍應及於未請求之殘餘部分者[117]。更有認為，不問有無可特定之標識，原則上既判力範圍一律及於殘餘部分者[118]。日本判例認為，於原告起訴狀中明示其起訴部分係一部請求之情形，既判力範圍不及於殘餘部分之請求，如於無明示之情形，由前訴主張權利之情形觀之，得認為係全部之請求者，不許另行起訴就殘餘部分為主張而請求[119]。德國聯邦最高法院判例認為，原告未將其訴訟表明為一部請求時，原則上判決既判力僅及於起訴所主張之請求部分，但原告若在訴訟上之行為態度足認其係就全部債權為請求時，得例外認為既判力可及於全部債權[120]。拙認為原告一部請求之訴訟，其訴訟標的在數量上既然可分為一部與全部，判決既判力客觀範圍僅能及於原告所為之訴之聲明部分，原告未為聲明之部分為既判力所不及，以採德日學者通說及判例解釋為當，不宜一律認為既判力及於原告未為聲明之殘餘部分。

---

[115] 齋藤秀夫，《注解民事訴訟法(3)》第三〇八頁以下。小山昇，《民事訴訟法》第三七三頁。齋藤秀夫，《民事訴訟法概論》（新版）第三七八頁以下。

[116] 見陳計男，《民事訴訟法論（下）》第六十八頁以下。王甲乙等三人，《民事訴訟法新論》第四八一頁。陳榮宗，〈一部請求與既判力客觀範圍〉，載《民事程序法與訴訟標的理論》第三一五頁。

[117] 見兼子一，《民事訴訟法體系》第三四二頁。三ケ月章，《民事訴訟法》（有斐閣）第一三三頁。

[118] 新堂幸司，《民事訴訟法》第四一四頁及第二一八頁。

[119] 最高裁判昭和三十七年八月十日民集一六—八—一七二〇。

[120] 見 BGHZ. 36, 365; NJW. 1962, 1109.

⑶法院於判決理由中所為之判斷，原則上不生既判力，例外僅就抵銷之判斷有既判力

①既判力不及於判決理由中判斷之原則　我國民事訴訟法第四〇〇條第二項規定：主張抵銷之請求，其成立與否經裁判者，以主張抵銷之額為限，有既判力。此係例外就判決理由中所為之判斷，明文規定其有既判力之情形。但於原則上言之，判決理由中所為法院之判斷，因其非屬對於訴訟標的之判斷，故無既判力可言。最高法院七十三年臺上字第三二九二號判例即採此種解釋，該判例云：民事訴訟法第四百條第一項規定確定判決之既判力，惟於判決主文所判斷之訴訟標的，始可發生。若訴訟標的外之事項，縱令與為訴訟標的之法律關係有影響，因而於判決理由中對之有所判斷，除同條第二項所定情形外，尚不能因該判決已經確定而認此項判斷有既判力。由於既判力之客觀範圍限於對訴訟標的之判斷，所以關於訴訟標的之前提法律關係或關於事實之法院判斷，不得成為既判力所及之範圍，否則既判力之客觀範圍將無限制可言。簡言之，成為訴訟標的之許多各種前提條件事實或法律關係，若均得受既判力所及，則有可能就當事人間並不認為重要而不想解決之爭執，於無意之間突然受法院判決之拘束，而使其以後始欲加以爭執起訴之事變為不可能。此乃違背當事人意願之事，亦非既判力制度原有之目的所在。若當事人間就訴訟標的之前提問題認為有同時加以解決之必要時，得依本法第二五五條第一項第六款規定提起中間確認之訴，或利用本法第二五九條規定提起反訴，於同一訴訟程序由法院分別判決而獲解決，此乃德國立法者何以將判決既判力客觀範圍，使其僅及於訴訟標的而不及於判決理由中之判斷之原因。德國日本判例及學者通說均採此說，我國判例及學者亦採此說。

在判決理由中所為判斷不生既判力之原則下，以下各種具體案例僅能解釋如次：法院以買賣不成立為理由，駁回原告價金請求之訴，判決既判力不及於買賣不成立。法院就所有權歸屬所為確認判決，其既判力不及於買賣、贈與、時效取得之取得所有權原因。原告於其請求確認所有權之訴或辦理所有權移轉登記之訴，雖遭敗訴之判決，但不確認被告有所有權存在。法院就原告訴請判命被告給付利息所為之判決，雖於判決理由中就原本債權為存否之判斷，但既判力不及於原本債權之存否。法院就原告基於所有權訴請塗銷登記所為原告勝訴判決，雖在判決理由中認定原告之所有權存在，但既判力不及於原告所有權之存否問題。於原告訴求被告拆屋還地之訴訟，法院雖在判決理由中認為被告有租賃權或地上權存在而駁回原告之訴，既判力不及於租賃權或地上權是否存在之問題。簡言之，法院於判決理由中所為之判斷，無論為原告所主張訴訟標的之先決法

律關係，抑或被告所為之抗辯或對抗權利，均無既判力可言。

判決理由中之判斷事項既然為既判力所不及，於判決確定後，當事人不妨再以判決理由中之判斷事項為爭執另行起訴。縱然後訴經法院判決結果，與前訴理由中之判斷有所出入，法院之判決不能被認為不合法。但是此種判決之既判力限於訴訟標的之解釋，於許多情形顯示前後兩訴之判決在法律推理上有重大之矛盾存在。例如，原告以對被告有金錢之消費借貸契約存在為理由，起訴請求被告給付利息，法院認為當事人間有金錢消費借貸契約存在，判命被告應給付原告利息。在此一訴訟，原告之訴訟標的為利息請求權之主張，至於金錢消費借貸契約之存在事實係判決理由中之判斷事實，亦即法院判決之先決問題。俟判決確定後，設一切情況均無變化，原告對被告起訴請求返還原本時，若後訴法院以當事人間之金錢消費借貸契約不存在為理由，駁回原告之原本請求，則前後兩訴訟之判決結果發生矛盾衝突，其中必有一判決發生錯誤情形[121]。又例如，買受人以買賣契約存在為理由，起訴請求出賣人將買賣標的物移轉所有權，法院審理結果認為買賣契約不存在，因而駁回買受人之訴。俟判決確定後，出賣人起訴以買賣契約存在為理由，請求買受人給付價金。於此情形，由於買賣契約存否問題不屬訴訟標的，不發生既判力之拘束。於後訴若法院認為買賣契約存在，判決買受人應給付價金時，前後兩判決之結果在推理上亦有矛盾問題。此種前後判決發生衝突之現象，其主要原因係前訴先決問題在理由中之判斷，對於後訴無拘束力所致。

德日兩國部分學者有鑑於上開判決現象之不合理，因而有在判決之拘束力方面，另謀適當之理論為解釋者。德國學者 Zeuner 與 Henckel[122]主張，判決既判力之客觀範圍應擴張及於判決理由中之先決法律關係 (Prajudizielle Rechtsverhältnisse)。至於具體情形，其可作為擴張既判力及於先決法律關係之標準為何，學者之間見解頗有不同。早在德國民事訴訟法起草當時，Savigny 曾經力爭，凡判決之先決法律關係在判決理由中經判斷者有既判力，後訴判決應受前訴法院對訴訟標的及判決理由中所判斷之拘束。此為廣泛就判決理由中所為判斷賦與判決之既判力，凡雙方當事人於將來之後訴均不得再就前訴判決理由之判

[121] 此一實例參照 Henckel, Prozessrecht und materielle Recht, 1970, S. 175; Zeuner, Die objektiven Grenzen der Rechtskraft im Rahmen rechtlicher Sinnzusammenhänge, 1959, S. 54.

[122] 此一實例參照 Henckel, Prozessrecht und materielle Recht, 1970, S. 175; Zeuner, Die objektiven Grenzen der Rechtskraft im Rahmen rechtlicher Sinnzusammenhänge, 1959, S. 54.

斷為爭執[123]。一九五八年 Zeuner 提倡所謂法律上之意義相關連 (rechtliche Sinnzusammenhänge) 為標準，認為並非凡判決理由中之判斷對以後所有訴訟均有既判力，判決理由中具有既判力之情形僅限於，若允許後訴對於前訴理由中之判斷為相反主張時，前訴主文之判決內容將實際被破壞無遺之場合。於此情形，縱然其判斷係前訴理由中之判斷，後訴亦應受其拘束。前訴與後訴之間，若存有上開情形之關係者，兩訴之間即有法律上之意義相關連[124]。Lent-Jauernig 認為，後訴之當事人對於前訴判決理由中之先決法律關係為相反之主張情形，屬於權利濫用，得以權利濫用之原則禁止後訴當事人為相反之主張[125]。Henckel 提出所謂經濟價值之標準 (Das Kriterium des wirtschaftlichen Werts) 認為，若前訴與後訴之間立於相同經濟價值之情形，前訴判決理由中之判斷具有既判力，前訴之敗訴當事人不得於後訴為相反之主張。若前後訴之間經濟價值不同者，前訴判決理由中之判斷不能拘束於後訴為相反之判斷[126]。

日本學者亦有主張前訴判決理由中之判斷，對於後訴有拘束力者。兼子一有鑑於請求登記之訴，其登記實乃反映實質上之權利關係，登記請求權僅為法律技術性之設計。若當事人以實質上之權利關係存否為理由，訴求變更登記或塗銷登記者，此乃以實質上之權利關係存否為其訴訟之主要內容。法院對於請求登記之訴所為之判決，其既判力不僅應及於登記請求權存否之判決，其既判力尤應及於登記請求權原因之物權[127]。兼子一係特別顧及請求登記之訴之特殊性而主張判決既判力應擴張及於判決理由中之判斷，並非通盤主張判決理由中之判斷一律有其適用之原則。值得特別注意者為新訴訟標的理論之巨頭之

[123] 有關德國民事訴訟法起草當時 Savigny 與 Wetzell, Unger 之爭論原因經過，我國文獻請參照駱永家，〈判決理由與既判力〉，載《既判力之研究》第六十五頁以下。日本文獻請見吉村德重，〈判決理由中の判斷の拘束力〉，載《法政研究》第三十三卷第三至六號第四五二頁以下及註一以下。霜島甲一，〈ドイツ民事訴訟法三二二條の前史〉，載《民事訴訟法雜誌》八號第一〇八頁以下。德國文獻請見 Hahn, Materialien zur ZPO. 1880, S. 290ff. und S. 608f.; Brox, Die objektiven Grenzen der materiellen Rechtskraft im Zivilprozess, JuS 1962, 123f.

[124] 參照 Zeuner, Die objektiven Grenzen der Rechtskraft im Rahmen rechtlicher Sinnzusammenhänge, 1959, S. 41 u. S. 44.

[125] 參照 Lent-Jauernig, ZPR. 15. Aufl. §63 III 2, S. 188f.

[126] 參照 Henckel, Prozessrecht und Materielles Recht 1970, S. 171ff.

[127] 見兼子一，《判例民事訴訟法》第二八九頁以下。

一，新堂幸司所首倡之所謂爭點效理論[128]。新堂幸司受德國 Zeuner 之擴張既判力論著與英美法上 Collateral Estoppel 法理之啟示，同時利用兼子一之參加訴訟效力擴張思想，將判決理由中之判斷，亦即訴訟標的以外之各爭點，賦與判決之拘束力，俾以達成一次解決糾紛之理想[129]。依爭點效之理論，前訴對於判決理由中之判斷，於訴訟標的相異之後訴，不得與該判斷作相反之主張，前訴判決之此種拘束力稱為爭點效。爭點效與既判力不同，既判力係對於訴訟標的所為判決所發生之效力，而爭點效係對訴訟標的以外之各爭點所為之判決效力，兩者之適用對象不同。換言之，既判力之範圍為判決主文，而爭點效係以判決理由中之判斷為範圍。新堂幸司一面為求訴訟標的與既判力兩者之範圍保持一致，因此不主張既判力之範圍可及於理由中之判斷，他方面為求得判決既判力能擴張及於理由中之效果，因此於既判力之概念之外，另行創造爭點效。所以在新堂幸司之理論下，法院判決一面具有既判力，他面發生爭點效。後訴應受前訴對訴訟標的判斷之拘束者，此係既判力之作用，而後訴應受前訴判決理由中先決問題判斷之拘束者，此乃爭點效之作用也。可知德日部分學者雖然同係主張判決理由中之判斷對後訴有拘束力，但 Savigny, Zeuner 及 Henckel 等德國學者所倡導之方法係採擴張既判力之理論，而新堂幸司卻以爭點效為其理論，**Lent-Jauernig** 則採權利濫用之原理為解釋。

爭點效理論之基礎，係以誠實信用之原則與當事人間之公平為其骨幹，認為當事人在訴訟上，對其重要之爭點既然已認真為爭論，而且法院亦對其爭點為實質上之審理判斷，若再允許當事人或後訴之法院輕易將其結論推翻，此不僅違反當事人間之公平，而且亦無法與誠實信用之原則相容。新堂幸司認為，導入爭點效理論之結果，可以避免訴訟標的與既判力兩者範圍不一致之不妥現象，對於請求權在實體法上之性質決定問題，可於判決理由中以爭點效加以解決，所以不生既判力擴張其範圍而致與訴訟標的範圍不一致之不妥結果[130]。又新堂幸司於處理一部請求之判決既判力問題時，亦運用爭點效之理論，俾以解釋當事人殘餘請求之後訴應否受前訴判決之拘束。依爭點效理論，當事人間前訴之訴訟標的雖限於請求之一部分，但當事人雙方既然認真已就債權關係之存否問題為攻擊防禦，從而法院亦就其問題為判斷者，縱然此種債權關係存否之判斷於判

---

[128] 見新堂幸司，〈既判力と訴訟物〉，載《法學協會雜誌》第八十卷三號第二九五頁以下。

[129] 見新堂幸司，前揭論文第三二七頁。

[130] 見新堂幸司，前揭論文第二三八頁。

決理由中為之，當事人雙方於後訴不得再就債權關係存否之判斷為相反之主張[131]。新堂幸司之思想乃在貫徹其新訴訟標的理論之訴訟目的觀，期待訴訟糾紛能一次為無前後矛盾之處理，所以其對於一部請求與對判決理由中判斷之拘束力均採取擴張效力之態度，但卻不採用傳統之既判力擴張方法，是為新堂幸司研究訴訟標的理論之重要特點。

拙認為應依傳統之見解，判決既判力之客觀範圍僅能及於訴訟標的，不應擴張及於判決理由中對先決法律關係之判斷。德國學者 Savigny, Zeuner 與 Henckel 將既判力擴張及於訴訟標的以外之先決法律關係，其結果實際上無異將原告之訴訟標的加以強制擴張。雙方當事人間原無意使其成為訴訟標的之事項，竟意外遭受既判力之拘束而喪失其重新為訴訟之機會，此種結果顯然忽視當事人之意思，逾越每一訴訟之個別任務。當年德國民事訴訟法第三二二條起草時，Savigny 之主張見解未獲採納者，其主要原因在此。更何況所謂法律上之意義相關連或相同之經濟價值，其概念本身界限不明確，欲利用其使成為擴張既判力之基準，實際上亦有問題。民事訴訟法上為避免前後兩訴對其先決法律問題之判斷發生出入現象，因而設有本法第二五五條第一項第六款之中間確認之訴，俾能同時就先決法律關係賦與判決既判力，以杜絕當事人事後之爭論。又若前後兩訴均繫屬於法院，而其中一訴訟之裁判以他訴訟之法律關係是否成立為前提者，法院得依本法第一八二條規定在他訴訟終結前以裁定停止訴訟程序。此等規定正係為防免前後訴訟有判決衝突之現象而設，在學理上無須更就既判力之客觀範圍以解釋方法將其擴張至判決理由中之判斷也。再說，民事訴訟法基於當事人辯論主義之原則，法院於訴訟程序上所判斷之結論，其形式上之推論雖然前後正確，但未必均符合客觀真實，其形式推理於前後訴有矛盾者，亦未必均無可取。所以形式上之推理，不能成為贊同採取既判力擴張之理由。若前訴之判決不正確，後訴之判決正確，兩判決均未確定者，固可利用上訴方法再求其判決之正確，使獲判決之一致。若前訴之判決不正確且已確定者，敗訴之當事人因對訴訟未盡攻擊防禦之能事，致遭受不利益之敗訴結果，本無可厚非。但於此情形，如必欲認為前訴之既判力及於理由中之判斷，從而褫奪以後訴對前訴理由中之判斷為相反主張之機會，後訴即無平反之可能，此際，祇有造成後訴之再錯而增加當事人間之不公平。處於此種情況之下，倒不如放棄推理上之一貫，反而較能平反維持後訴判決之正確性。可知使既判力擴張及於理由中之判斷，其結果並不能絕對

[131] 見新堂幸司，前揭論文第三一四頁。

保障判決之符合客觀真實及公平也。又若前訴判決正確之情形，由於同一先決法律關係一再出現於後訴，當事人能提出於後訴之增強資料必多於前訴，其判決結果亦較容易接近正確。所以若前訴判決為正確，其後訴判決通常亦為正確。萬一後訴判決成為不正確，多係當事人未盡其攻擊防禦責任，咎由自取，不能推諉制度之不完備也。綜上所論，縱然判決理由中之判斷無任何拘束力，亦不致有害前後兩訴判決之正確性，擴張既判力之主張固然不足採，爭點效之解釋亦無採取之必要也。

②既判力及於判決理由中就抵銷為判斷之例外　本法第四〇〇條第二項規定：主張抵銷之請求，其成立與否經裁判者，以主張抵銷之額為限，有既判力。此一規定即係既判力不及於判決理由中判斷為原則之例外，立法者規定此項例外之立法理由何在？有待說明。按被告於原告訴訟中主張以其自動債權與原告之被動債權為抵銷，被告係以抵銷為訴訟之防禦方法。於法院認為抵銷有理由時，此項抵銷因係法院於判決理由中所為之判斷，依上述原則，被告主張抵銷而消滅之自動債權為既判力所不及，得於事後再行爭執。但原告之被動債權係訴訟標的，因抵銷而消滅，法院必須以實體判決將原告請求為駁回，且原告之被動債權受既判力之拘束而不得於事後再行爭執。從而於原告敗訴判決確定後，被告得獨立以其自動債權為訴訟標的起訴為請求，後訴法院就此項前訴被告之債權為審判時，不受前訴法院判決結果所拘束，得為相反之認定而為前訴原告之敗訴判決。其結果，前訴原告之債權因被抵銷遭敗訴判決確定而消滅，茲於後訴伊又受敗訴判決而必須對其前訴被告為給付，形成前訴原告之損害。縱然後訴法院審理結果認為前訴被告之請求無理由時，雙方當事人亦於後訴重複再就前訴已經爭執且經判斷過之自動債權與被動債權相抵銷之問題為爭執，即將前訴之爭執問題轉成後訴之爭執而重行就相同問題再由法院審判。立法者有鑑於此種結果之不妥當，所以必須例外規定判決理由中法院就抵銷所為之判斷有既判力，從而排除被告於判決確定後另外以其自動債權起訴之可能性，俾以杜絕對原告之不公平與訴訟程序之不經濟[132]。

惟於解釋既判力及於抵銷之判斷情形須注意者有三：第一、法院必須先就原告主張之被動債權確認其存在時，始有審理被告自動債權是否存在之必要，若原告之被動債權不存在，即無可抵銷，自無對於自動債權發生既判力可言。第二、若因被告之自動債權未屆清償期或種類不同而抵銷不合法之情形，縱然自動債權之存在或不存在經法院審理者，亦不能發生合法之

---

[132] 參照 Münchener Kommentar, ZPO. §322, S. 204ff.

抵銷，當無對自動債權有既判力可言。第三、被告所主張之自動債權合法可為抵銷時，若法院認為自動債權存在或不存在，應為原告勝訴判決者，此際，因法院已就自動債權及被動債權均為實體審理而判斷，自動債權於被告所主張抵銷之範圍內有既判力。例如，原告被動債權為六十萬元，被告主張有一百萬元之自動債權可供抵銷，經法院審理結果認定被告僅有自動債權二十萬元存在時，法院判決原告四十萬元勝訴確定者，被告不得再就六十萬元為爭執，原告亦不得再就二十萬元為爭執。從而被告之自動債權一百萬元，僅於其主張抵銷之六十萬元內，不論其債權存在不存在，均不得再爭執，但其餘四十萬元不在被告主張抵銷之範圍，被告得另行起訴為請求。又例如，原告被動債權為六十萬元，被告主張有五十萬元可供抵銷，經法院審理結果認定被告僅有二十萬元之自動債權存在時，法院應為原告四十萬元之勝訴判決，於判決確定時，因被告主張抵銷之範圍為五十萬元，被告不得再就五十萬元為爭執，原告亦不得再就二十萬元為爭執。宜注意者，法院若就被告主張抵銷之額為實體之判斷，不問其成立與否，均生既判力，故其自動債權之既判力範圍，以被告主張抵銷之額為限，不以實際抵銷之額為限也。

6. 既判力之主觀範圍[133]

本法第四〇一條規定：確定判決，除當事人外，對於訴訟繫屬後為當事人之繼受人者，及為當事人或其繼受人占有請求之標的物者，亦有效力。對於為他人而為原告或被告者之確定判決，對於該他人亦有效力。前二項之規定，於假執行之宣告準用之。此一規定，學者稱為有關判決既判力主觀範圍之規定，德國民事訴訟法第三二五條，日本民事訴訟法修正前第二〇一條，均有相同之規定。惟奧國民事訴訟法無相同之條文，依奧國學者 Fasching 之說明，其民事訴訟法雖無規定既判力主觀範圍之條文，但可自奧國一般民法 (Allgemeines bürgerliches Gesetzbuch) 第十二條後段所規定，「訟爭之判決不得擴張於其他之人」獲得判決效力原則上以訴訟當事人為限之解釋[134]。以下就本法所規定既判力所及之人為說明。

(1)既判力主觀範圍及於當事人為原則　民事訴訟之判決係為解決當事人間之利益所發生之糾紛而為之者，判決之效果

[133] 參照 Münchener Kommentar, ZPO. §325; Jauernig, ZPR. §63, S. 223ff; 中野貞一郎等三人，《民事訴訟法講義》第四五八頁以下。齋藤秀夫，《注解民事訴訟法(3)》第三五七頁以下。

[134] 見 Fasching, ZPR. 2. Aufl. S. 770f.

以能對於雙方當事人相對地加以拘束即可。何況依處分權主義與辯論主義之原則，僅限於自行訴追之當事人始受判決既判力結果之拘束，對於未賦與機會使參與訴訟之第三人，若強制其受既判力之拘束，必然不當地害及其利益，無異褫奪第三人有受裁判之權利。故，判決既判力所及之人，原則上限於對立之雙方當事人之間，非當事人之第三人不受當事人間訴訟結果之既判力所拘束。此一原則，學者稱為判決效力之相對性原則。換言之，判決效力原則上並無絕對效力，除雙方當事人之外，效力不及於第三人也。所謂當事人指，判決書內所記載為原告、被告、上訴人、被上訴人而就訴訟標的之法律關係成為對立之人而言。至於普通共同訴訟人之間、訴訟代理人、法定代理人、從參加人（二三上字第三六一八號判例）[135]，雖與訴訟有關，但非既判力所及之人，不得謂之當事人。最高法院二十六年渝上字第二四七號判例云：繼承人對於被繼承人之債務，雖與他繼承人負連帶責任，但連帶債務人中之一人所受之確定判決，除依民法第二百七十五條之規定，其判決非基於該債務人個人關係者，為他債務人之利益亦生效力外，對於他債務人不生效力。故債權人對於繼承人甲未得有確定判決或其他執行名義時，不得依其與他繼承人間之確定判決，就該繼承人甲所有或與他繼承人公同共有之財產，為強制執行。

(2)訴訟繫屬後為當事人之繼受人　所謂當事人之繼受人，係指繼受為訴訟標的之權利義務關係之人而言，亦即指承受當事人地位之人而言。自發生繼受之情形為觀察，繼受人可分為兩種，一為一般繼受人，另一為特定繼受人。

①一般繼受人　此指當事人死亡，發生繼承情形之繼承人而言。當事人不分其為債權人或債務人，其繼承人若係概括繼承，依民法繼承編規定應承受被繼承人財產上之一切權利義務，從而判決既判力及於全體繼承人。法人因合併而消滅之情形，其權利義務由合併後存續或另立之法人承受，判決既判力及於合併後存續或另立之法人。非法人之團體設有代表人或管理人者，如有合併情形，解釋上應作相同解釋。依本法第一六八條與第一六九條規定，當事人死亡與法人因合併而消滅之情形，訴訟程序當然停止，俟有依法應續行訴訟之人承受訴訟時始續行訴訟程序。故此處所指一般繼受人係指未承受訴訟之情形而言，即指於判決有既判力後始生死亡或合併而消滅之情形，所繼受之人而言。

②特定繼受人　本法第四○一條第一項所謂繼受人，除前述一般繼受人之外，尚包括因法律行為或依法律規定或法院

---

135 參加人對於其所輔助之當事人，雖不得主張本訴訟之裁判不當，但參加人非民事訴訟法第四○一條所謂之當事人，其與他造當事人間之關係，自非確定判決之既判力所能及。

拍賣、轉付命令等之國家公法行為而受讓訴訟標的之權利義務之人而言，學者稱此種人為特定繼受人。本法第二五四條第一項前段規定：訴訟繫屬中為訴訟標的之法律關係，雖移轉於第三人，於訴訟無影響。此規定所謂之第三人，即指特定繼受人。從而於訴訟繫屬中，當事人將訴訟標的之法律關係為讓與移轉時，受讓與之特定繼受人，雖非訴訟當事人，亦為確定判決之既判力所及之人。然則所謂特定繼受人，其法律上之判斷標準為何？學者與實務判例之見解似不一致。有認為以訴訟標的係債權或物權為決定特定繼受人之標準，並不完全正確者[136]。有主張於訴訟標的係債權情形，單純受讓權利標的物之人，並非特定繼受人，如以物權為訴訟標的之情形，受讓權利標的物之人，原則上即係特定繼受人[137]。最高法院六十一年臺再字第一八六號判例云：所謂訴訟標的，係指為確定私權所主張或不認之法律關係，欲法院對之加以裁判者而言。至於法律關係，乃法律所定為權利主體之人，對於人或對物所生之權利義務關係。惟所謂對人之關係與所謂對物之關係，則異其性質。前者係指依實體法規定為權利主體之人，得請求特定人為特定行為之權利義務關係，此種權利義務關係僅存在於特定之債權人與債務人之間，倘以此項對人之關係為訴訟標的，必繼受該法律關係中之權利或義務人始足當之，同法第二五四條第一項係此項特定繼受人而言。後者則指依實體法規定為權利主體之人，基於物權，對於某物得行使之權利關係而言，此種權利關係，具有對世效力與直接支配物之效力，如離標的物，其權利失所依據，倘以此項對物之關係為訴訟標的時，其所謂繼受人凡受讓標的物之人，均包括在內。本件訴訟既本於買賣契約請求辦理所有權移轉登記，自係以對人之債權關係為其訴訟標的，而訴外人其僅為受讓權利標的物之人，並未繼受該債權關係中之權利或義務，原確定判決之效力，自不及於訴外人某。又最高法院四十二年臺上字第一一一五號判例云：某乙移轉系爭房屋所有權於上訴人，已在被上訴人對某乙訴請拆屋交地事件之訴訟繫屬以後，既為上訴人所不否認，則被上訴人與某乙間拆屋交地之確定判決，依民事訴訟法第四百條第一項之規定，對於就系爭房屋於特定繼承之地位之上訴人，亦有效力。

按本法第二五四條所謂「為訴訟標的之法律關係」，其意義應作擴張解釋，始能合理說明特定繼受人之地位性質。德國民

[136] 見姚瑞光，《民事訴訟法論》第四五二頁以下。此書認為，特定繼受人係指因法律行為、因法院強制執行或依法律規定，在法理上應認為繼受前權利人或義務人地位之人而言。

[137] 見王甲乙等三人，《民事訴訟法新論》第四八五頁。

事訴訟法第二六五條之規定與我國第二五四條之規定相當，依德國該條規定稱為「系爭物或主張之請求權」，德國學者均認為，所謂「系爭物或主張之請求權」，指包括實體法上之有體物、物權、債權、無體財產權、請求權、占有而言。從而當事人於訴訟繫屬中移轉讓與之系爭客體得分為物體與權利，而權利又得分為物權、債權、其他財產權。物權之所以成為權利，係因依附於物之存在而存在，即物權因物之消滅而消滅，因物之移轉而移轉。故，當事人在訴訟中雙方所系爭之物體發生移轉於第三人時，必然帶動占有之移轉或所有權、其他各種物權之移轉。物權之作用對於第三人而言，係利用物上請求權為手段始能發揮，而物上請求權亦與物權有不能分開之關係，所以在訴訟上，倘當事人之訴訟標的係以物上請求權為內容時，物權之讓與移轉，同時帶動物上請求權之讓與移轉，而物體占有之讓與移轉，同時帶動物權之讓與移轉。此乃何以學說及判例必須強調，以物上請求權為訴訟標的時，標的物之讓與移轉必須解釋為對系爭客體有讓與移轉，從而不將物上請求權與標的物之讓與移轉為分別觀察之理由所在。上述最高法院六十一年臺再字第一八六號判例、同院四十二年臺上字第一一一五號判例，其學理依據，均係基於物權、物上請求權、占有此三者無法離開標的物而單獨存在為解釋，判例解釋正確可取。

專利權、商標權、股東權等無體財產權，性質上得直接支配讓與，其權利之存在雖不以物體為基礎，但與物權之存在性質無異。此種無體財產權之作用對於第三人而言，亦係利用請求權為手段而發揮功能。當事人在訴訟上若係直接以無體財產權為訴訟標的，其讓與移轉固為系爭客體之讓與移轉，倘以其請求權為訴訟標的時，當事人就無體財產權為讓與移轉，亦應認為其請求權亦有讓與移轉，不得將請求權與無體財產權作相異之觀察而認為得分開讓與移轉。例如，公司股東對公司被告起訴，以股東會議方法違反法令為理由，請求法院撤銷其決議（公司法第一八九條）。此際，原告於此種形成之訴係以股東之撤銷權為訴訟標的，若於訴訟中，原告將其股東權全部讓與移轉第三人時，應認為原告就該訴訟之系爭客體為讓與移轉，即與讓與移轉撤銷權之情形無異。蓋原告股東之此項撤銷權係出於原告之股東權，兩者有依存關係存在，原告之股東權既已讓與移轉於第三人，應認為該項撤銷權已隨股東權而讓與移轉。換言之，該第三人即為特定繼受人，不得因股東權並非訴訟標的之權利而否認其為特定繼受人也。

純粹之債權係以債權人對於債務人得請求一定給付為內容之權利。此種債權之作用亦以請求權為方法，惟請求權之行使對象為債務人，兩者內容及主體一致。因此在實體法上，此種純粹之債權得以請求權互換相稱。債權之請求權既以債務人之給付為內容，而給付係由一定債務人之行為始得實現，債權人不能據其債權或請求權對任何人為主張，是為債權僅有相對權之性質與效力。此種債權或請求權建立在人與人之間之關係，並非直接出於一定之物體或絕對權之上。雖然債務人之給付行為有時須以物之交付或移轉始能符合給付之本旨，但此項給付之標的物係請求權或債權欲滿足之給付內容，並非請求權或債權賴以發生存在之基礎。請求權或債權，其與給付標的物之間，兩者並無依存關係存在。給付標的物之讓與移轉，其直接有依存關係者為該標的物之物權或物上請求權，但非係債之請求權。所以學說及判例均認為，當事人於訴訟繫屬中，以純粹之債權或債之請求權為訴訟標的內容時，被告債務人就其所占有或所有之給付標的物讓與移轉第三人時，不生系爭物之讓與移轉情形，即不涉及債之請求權之讓與移轉問題。於上述最高法院四十二年臺上字第一一一五號判例，當事人間拆屋還地之訴訟標的雖為本於土地所有權之排除侵害（或無權占有）請求權，並非以房屋為訴訟標的，惟此種排除侵害請求權須對於土地上之房屋占有人始有實際行使之意義，且此項請求權出於土地之物上請求權，得對於以房屋加害土地占有之任何房屋所有權人為主張。茲房屋於拆屋還地之訴訟繫屬中，經當事人將其所有權移轉於第三人，該房屋所有權之受讓人即係特定繼受人，應受當事人間判決既判力之拘束。退一步言之，縱然拆屋還地之訴訟原告非土地所有權人，於被告將房屋所有權移轉於第三人時，亦得認為第三人為特定繼受人而繼受系爭物。蓋原告雖非土地所有權人（例如土地轉租人），但為土地之間接占有人，且原告雖基於土地租賃關係訴請被告拆屋還地，但其訴訟標的為包含回復原狀為內容之土地占有返還請求權，原告同時兼有債權人及間接占有人之雙重法律地位，並非純粹之債權人。何況第三人取得所有權之房屋係侵害原告間接占有之土地，第三人繼受取得者，不僅繼受取得房屋所有權而已，同時亦繼受取得前權利人之房屋對土地所負擔之義務（拆除義務），土地出租人之拆屋還地請求權，並非純粹之債權請求權。

日本學者就判斷特定繼受人之標準之問題，學說上計有三說，即純實體法說、從屬關係說（又稱依存關係說）、適格承繼說❶❸❽。拙認為原則上以採依存關係說為是，例外得兼採適格承繼說。依存關係說立於實體法觀點，認為被繼受人發生訴訟之實體權利義務，於第三人受讓之際，其所受讓者係依存於前人所有之法律地位。被繼受人在實體法上對於對造當事人之權利

❶❸❽ 有關學說詳細內容，請參照本書第二編第三章第六節二㈢日本學者解釋特定繼受人範圍之學說。

義務範圍有多大，第三人亦應就同樣之範圍為受讓。於前述之例，被繼受人（即土地承租人）對於土地出租人，既然有義務就房屋拆除而交還土地，受讓房屋所有權之第三人亦應繼受此項義務，不能抗辯其僅受讓房屋所有權而不受讓拆屋還地義務也。

應注意者，特定繼受人限於訴訟繫屬後為當事人之繼受人者始足當之。若於訴訟繫屬前已將請求標的物之所有權移轉於第三人者，該訴訟之確定判決，對於第三人及為該第三人占有此項請求標的物之人不生效力，即為既判力所不及（二九抗字第一二五號判例）。又值注意者，縱然訴訟標的為有對世效力之物權關係，但受讓系爭訴訟標的物之第三人，係信賴不動產登記或善意取得動產者，因受土地法第四十三條及民法第八〇一條、第九四八條規定之保護，既判力於此種情形例外不及於受讓之善意第三人。否則，土地法及民法有關實體法上之重要權利義務關係規定，將受民事訴訟法上之規定而變更，實體法上之重要原則將發生動搖也。民事訴訟法上之禁止債務人處分標的物之假處分制度，正係防止善意第三人受害之方法。訴訟實務上，當事人為預防其訴訟結果，於將來進行強制執行時免於落空起見，經常同時利用保全程序者，原因在此。上述民法關於保護善意取得人之規定，於民事訴訟法亦有適用，故自訴訟當事人善意受讓動產或不動產之人係原始取得，並非繼受取得，不成為訴訟當事人之繼受人而不受既判力之拘束。德國民事訴訟法第三二五條第二項及第三項就上述問題有明文規定，不生解釋問題，我國民事訴訟法第四〇一條對此問題未有規定，於涉及相關問題時可供解釋之參考[139]。

③占有繼受人與訴訟標的理論　依舊訴訟標的理論之說明，訴訟標的之識別標準係以實體法之權利規定為基礎，本法第四〇〇條所規定應受既判力拘束之訴訟標的，亦能反映其實體法上權利之法律性質。例如租賃契約之出租人於租賃契約期限終止時，基於租賃契約終止之法律關係主張債之請求權，訴求承租人返還租賃物之情形，出租人起訴之訴訟標的為債之請

[139] 德國民事訴訟法第三二五條規定：有既判力之判決，對於當事人，以及對於訴訟繫屬後成為當事人之法律繼受人之人，或使當事人或其法律繼受人成為間接占有人而占有系爭物之人，有效力（第一項）。民法關於自無權利人取得權利之人有利之規定，準用之（第二項）。判決係對已登記之物上負擔、抵押權、土地債務或定期土地債務之請求權者，於附有負擔之土地為讓與情形，該判決對於法律繼受人關於該土地即使不知已有訴訟繫屬時，亦有效力。判決對於以強制拍賣方法為讓與土地之拍定人，僅於訴訟繫屬之通知最遲發生於拍賣期日要求為拍賣之出價以前始有效力（第三項）。判決係對已登記船舶抵押權之請求權者，第三項第一段準用之（第四項）。

求權，此種請求權僅該承租人受其拘束，其他第三人並非債務人，自不受拘束。若出租人基於租賃物之所有權主張物權之請求權，訴求承租人返還租賃物之情形，出租人起訴之訴訟標的為物權之請求權，因物權之請求權有對世之直接效力，凡對租賃物發生占有關係之人，無論承租人或第三人均受拘束。從而原告出租人以債之請求權為訴訟標的之勝訴確定判決，對於占有租賃物之占有繼受人（第三人）不生既判力與執行力。但若原告出租人以物權之請求權為訴訟標的所獲勝訴確定判決，卻對於租賃物之占有繼受人有既判力與執行力[140]。

依新訴訟標的理論之說明，上述情形係請求權發生競合之現象，於給付訴訟，其訴訟標的不以實體法上之請求權性質為識別標準，僅以原告對被告給付租賃物之法律地位有無為訴訟標的之概念，有既判力之訴訟標的，並不當然反映其一定權利之法律性質。然則對於占有繼受人是否發生既判力與執行力？學理上如何為說明？此乃成為舊訴訟標的理論學者對於新訴訟標的理論學者提出質問之問題。對此問題，主張新訴訟標的理論之學者，有三種不同之學理解釋。小山昇認為，訴請交付特定物之判決，若不能針對特定物之持有人發生效力，則判決將失去意義，所以此種判決應對特定物之持有人發生執行債務人適格之效力，至於其訴訟之訴訟標的是否為債之請求權抑或物權之請求權，並非所問[141]。新堂幸司認為，給付訴訟之訴訟標的為受給權，法院於判決時認定出租人有受給權之情形，祇要在判決理由中就多數競合之實體法上請求權之一為採取即可，至於其他之請求權是否受法律上之評價，留存將來待有關機關為判斷。於上述之例，原告出租人可於法院執行機關面前主張，其勝訴判決不僅可在法律上被評價為基於債之請求權之判決，同時亦可被評價為基於所有權之返還請求權之判決，從而自承租人受讓系爭租賃物之占有繼受人（第三人），應受判決既判力之拘束而有執行債務人適格[142]。三ケ月章對於上述問題之解釋認為，應就原告請求交還特定物之訴訟，先區別其究竟屬於取回請求權（Herausgabeanspruch）抑或交付請求權（Verschaffungsanspruch）之訴訟。所謂債之請求權有兩種，一為取回請求權，另一為交付請求權。於取回請求權之情形，此項請求權同時兼有物權之請求權在背後，例如，同時兼有出租人地位及所有權人地位之出租人，其對於承租人之取回請求權，同時兼有

140 見兼子一，《民事訴訟法體系》第三四四頁。中田淳一，《民事訴訟法演習Ⅰ》第二〇六頁。

141 見小山昇，《民事訴訟法》第三五九頁。齋藤秀夫，《強制執行法講義》第二十六頁。

142 見新堂幸司，〈訴訟物の再構成〉，載《法學協會雜誌》第七十五卷第五號第六〇九頁以下。

債之請求權及物權之請求權兩者。於此種債之請求權為訴訟標的之判決，原告出租人得主張對於系爭標的物之占有繼受人（第三人）有既判力，從而得對其為強制執行。至於以交付請求權為訴訟標的之訴訟，例如，原告買受人基於買賣之債之關係，對於被告出賣人主張買賣標的物之交付請求權，訴求系爭標的物之交付情形，此種請求係純粹基於債之關係而發生之交付請求權，並無物權之關係為基礎。所以在此種交付請求權之訴訟，其判決之既判力不能及於買賣標的物之占有繼受人，換言之，對於自出賣人被告受讓系爭標的物之第三人，不生執行債務人適格[143]。

(3)訴訟繫屬後為當事人或其繼受人占有請求之標的物者　訴訟標的若以給付特定物之請求權為內容者，該特定物即成為請求之標的物。於給付訴訟之判決，命債務人對於債權人交付一定之動產或不動產之執行名義情形，始有此類執行債務人適格之適用。法律設此規定之目的，係為防止當事人或其繼受人於訴訟繫屬後，使他人占有該訴訟標的物，致妨害將來之強制執行。所謂為當事人或其繼受人占有者，指專為當事人或其繼受人之利益而占有之直接占有人而言，當事人或其繼受人則立於間接占有人之地位。例如，受任人、保管人、受寄人。至於承租人、質權人或典權人等人係為自己利益而直接占有，並非為當事人或其繼受人之利益而占有，故，非執行力所及之人[144]。我國學者有部分採不同見解，主張對於承租人、質權人等人亦應受判決既判力與執行力所及者[145]。日本學者及判例大都採取前說見解，認為原則上指專為當事人或其繼受人之利益而占有之直接占有人，始受既判力與執行力所及之人而言。若直接占有人非僅為當事人或其繼受人之利益而占有，同時亦為自己之利益而占有之情形，則不屬既判力與執行力所及之占有人[146]。於例外情形，若直接占有人主觀意思雖係為自己之利益而占有，但若其取得占有之行為係違反誠實信用原則，就其與對造當事人之關係觀之，法律對於占有人之固有利益並無賦與保護之價值，從而得認為其不得要求程序權之保障者，得準用為當事人或其繼受人之利益而占有之情形，使既判力與執行力得

[143] 見三ケ月章，《民事訴訟法研究I》第二九五頁。

[144] 相同見解者，見姚瑞光，《民事訴訟法論》第四二四頁。王甲乙等三人，《民事訴訟法新論》第五一六頁。

[145] 採不同見解者，見石志泉，《民事訴訟法釋義》第四四九頁。莊柏林，《強制執行法新論》第二十七頁。曹偉修，《民事訴訟法釋論（下）》第一二九四頁以下。

[146] 參照兼子一等四人，《條解民事訴訟法》第六六八頁。齋藤秀夫，《注解民事訴訟法(3)》第三七二頁。

及於該占有人。例如，直接占有人為加害原告之目的，於辦理所有權移轉登記之訴訟繫屬中，與被告通謀虛偽意思表示獲得移轉登記取得占有，而成為土地之地上權人，有此情形即可準用之。又於法院為禁止移轉占有之假處分執行後，惡意自假處分債務人受讓占有移轉之第三人，亦屬可準用之情形[147]。值注意者，受僱人、學徒、或其他基於類似之關係，受當事人或其繼受人之指示而占有者，此等人係占有輔助人，占有人仍為當事人或其繼受人，故亦不屬既判力與執行力所及之人，強制執行時以當事人或其繼受人為執行債務人執行即可。又若僅為占有機關者，亦非此處所謂之占有人，例如，法定代理人占有無行為能力人之物，法人之董事占有法人之物，其占有人為無行為能力人與法人，法定代理人或法人之董事係占有機關，無成為執行債務人適格之餘地。又占有人之占有如係以自己所有之意思而占有之情形，無論其占有為有權占有抑或無權占有，就訴訟標的之法律關係觀之，解釋上屬於前述當事人之特定繼受人情形，非此處所謂為當事人占有請求標的物之人。

(4)對於為他人而為原告或被告者，該他人亦為既判力與執行力所及之人　例如，遺產管理人或遺囑執行人就遺產所為之訴訟，破產管理人就屬於破產財團之財產所為之訴訟，其訴訟結果之確定判決，既判力與執行力對於遺產繼承人、破產人亦有效力，且對伊等之繼承人或占有請求標的物之人亦有效力。上述之當事人學說上稱為「法定之訴訟擔當人」，其進行訴訟係為他人之利益而以自己之名義為之，法定之訴訟擔當人與該他人兩者之間，利害關係一致，故判決之既判力能及於該他人，學者對此情形均無異說。

特別值得研討者係債權人代位權訴訟之情形與債權人收取訴訟之情形。債權人依民法第二四二條所規定之債權人代位權，以自己名義為原告代位行使債務人之權利，以第三債務人為被告所提起之訴訟，稱為債權人代位訴訟。執行債權人依強制執行法第一二〇條規定，基於法院就執行債務人對於第三債務人之債權所為查封及收取命令、支付轉給命令、交付命令之效力，以自己名義為原告對被告第三債務人所提起之訴訟，稱為收取訴訟。此兩種訴訟之性質亦屬所謂之第三人訴訟擔當之訴訟，即法定訴訟擔當之一種。原告進行之債權人代位訴訟或收取訴訟，其判決之既判力可否及於債務人或執行債務人？學者之間見解頗有差異。

[147] 參照兼子一等四人，《條解民事訴訟法》第六六八頁。

就債權人代位訴訟之判決既判力而言，日本學者通說及判例認為，原告代位權人所受之判決既判力，不分原告勝訴或敗訴均及於債務人[148]。我國學者有採此說之見解者[149]。惟我國最高法院六十七年九月二十六日六十七年度第十一次民事庭庭推總會議決議，似未採取相同見解。該決議云：甲起訴主張乙將某地應有部分出賣與丙，經丙將其轉賣與甲，由於丙怠於行使權利，因而代位訴求乙應將某地所有權之應有部分移轉登記與丙，於第二審言詞辯論期日前，丙復對乙提起上開土地所有權應有部分移轉登記之訴，似此情形，甲（債權人）代位丙（債務人）對乙（第三債務人）提起之訴訟，與丙自己對乙提起之訴訟，並非同一之訴（參照本院二六渝上字第三八六號判例）。又甲前既因丙怠於行使權利而已代位行使丙之權利，不因丙以後是否繼續怠於行使權利而影響甲已行使之代位權，故甲之代位起訴，不限制丙以後自己之起訴，而丙自己以後之起訴，亦不影響甲在前之代位起訴，兩訴訟判決結果如屬相同而為原告勝訴之判決，甲可選擇的請求其代位訴訟之判決之執行或代位請求丙之訴訟之判決之執行，一判決經執行而達其目的時，債權人之請求權消滅，他判決不再執行。兩訴訟之判決如有歧異，甲亦可選擇的請求其代位訴訟之判決之執行或代位請求丙之訴訟之判決之執行，其利益均歸之於丙。最高法院此一決議值注意者有下列幾點：第一、代位訴訟與債務人自己進行之訴訟兩者之訴訟標的不相同；第二、兩訴訟得前後或同時並存進行；第三、法院對於兩訴訟所為之實體判決得為相異之判決結果；第四、基於代位權，債權人得就兩判決選擇其中之一為執行，但其利益均歸於丙。簡言之，代位訴訟之判決既判力不能及於債務人也。拙認為代位權人與第三債務人訴訟之結果，就債務人之權利存否為判決者，其既判力不應及於債務人。蓋此類之訴訟擔當人（債權人）與債務人（該他人）兩者之間，利害關係未必一致，多係利害對立之狀態，若既判力能及於債務人（該他人），債務人將因原告代位權人之敗訴而蒙不測之損害也[150]。日本學者三ケ月章對此問題獨持相異見解，主張原告訴訟擔當人所受之判決既判力，於勝訴而對債務人有實質的利益時，能及於債務人，若於敗訴情形因判決對債務人不利益，不能及於債務人[151]。

---

148 參照兼子一等四人，《條解民事訴訟法》第六七〇頁以下。

149 見姚瑞光，《民事訴訟法》第四五四頁。王甲乙等三人，《民事訴訟法新論》第四八六頁。楊與齡，《強制執行法論》第一〇三頁。

150 請參考陳榮宗，〈債權人代位訴訟與既判力範圍〉，載《舉證責任分配與民事程序法》第一七七頁以下。

151 見三ケ月章，〈わが國の代位訴訟、取立訴訟の特異性とその判決の效力の主觀的範圍〉，載《民事訴訟研究》第六卷第一頁以下。

就收取訴訟之判決既判力所及之人而言，日本通說亦均依照代位訴訟之判決既判力情形，主張無論原告執行債權人之訴訟係勝訴抑或敗訴，判決既判力均及於執行債務人。德國早期之通說亦採此說。惟此說係以執行債務人對第三債務人之請求權為收取訴訟之訴訟標的為其理論基礎。迄德國學者 Hellwig 之學說出現，立於強制執行優先主義之學理，將收取訴訟之訴訟標的為解釋，認為執行債權人就執行債務人對第三債務人之債權為查封時，能在該債權上取得查封質權 (Pfändungspfandrecht)，執行債權人係依此項查封質權得向第三債務人請求為給付。執行債權人對第三債務人提起之收取訴訟，即以此項查封質權為訴訟標的，此項查封質權，與執行債務人對第三債務人之債權兩者各別，從而執行債權人對第三債務人之收取訴訟，其判決既判力不及於執行債務人，此說遂成為德國現在之通說[152]。日本學者之學說有認為，執行債權人由於執行法院發收取命令，就執行債務人得向第三債務人為請求之權利獲得收取權，而此項收取權係固有之權利，其與執行債務人之權利有別。收取訴訟係以執行債權人對於第三債務人之此項收取權為訴訟標的，故執行債權人所進行之收取訴訟，其判決既判力不及於執行債務人。惟此說為日本學者之少數說。近年來日本學者三ケ月章對於日本之通說持相異見解，認為收取訴訟之執行債權人與執行債務人兩者之立場係立於利害對立之關係，不得將其與利害一致之訴訟擔當人情形同視。於破產管理人對第三人所進行之擔當訴訟，判決既判力不妨及於破產人，但於收取訴訟之情形，執行債權人所進行之擔當訴訟，其判決既判力僅以勝訴判決時為限，始及於執行債務人[153]。對於三ケ月章之見解，上原敏夫、池田辰夫、坂原正夫等三學者不表贊同。此三學者認為收取訴訟與代位訴訟不同，於代位訴訟情形，代位權人與債務人利害關係對立，代位訴訟之判決既判力以勝訴為限，固然可及於債務人。但收取訴訟之執行債權人與執行債務人之間，其權利義務已有執行名義存在而無再行對立爭執餘地，對於第三債務人而言，在收取訴訟中執行債權人與執行債務人兩者之利害關係一致，故判決既判力應不分勝敗一律及於執行債務人。上原敏夫提倡，執行債權人進行收取訴訟時，對執行債務人有為告知訴訟之義務，否則應就訴訟敗訴結果對執行債務人

---

152 參照 Stöber, Forderungspfändung, 3. Aufl. 1972, S. 206ff.; 上原敏夫，〈取立訴訟の判決の債務者に對する效力〉，載《民事訴訟雜誌》第二十八號第一一〇頁以下。坂原正夫、上原敏夫、池田辰夫，〈ミニシンポジウム債權者代位訴訟、取立訴訟をめぐつて〉，載《民事訴訟法雜誌》第三十一號第五十七頁以下。

153 見三ケ月章，前揭151論文。

負損害賠償責任。執行債務人既然有程序上之保障，並得對執行債權人為損害賠償之請求，使收取訴訟之判決既判力及於執行債務人，並無不當。此三學者從而在結論上支持日本通說見解，主張執行債權人對第三債務人之收取訴訟，其判決既判力不分勝敗一律及於執行債務人。拙以為學者上原敏夫等三人之見解為是，蓋強制執行程序中執行債權人對第三債務人之收取訴訟，確與代位權人基於民法規定所進行之代位訴訟兩者不同，對於判決既判力能否及於執行債務人之解釋，無法與在代位訴訟情形為相同之解釋[154]。

(5)因參加人承擔訴訟而脫離訴訟之當事人　本法第六十四條規定：參加人經兩造同意時，得代其所輔助之當事人承當訴訟。參加人承當訴訟者，其所輔助之當事人，脫離訴訟。但本案之判決，對於脫離之當事人，仍有效力。所謂本案之判決，對於脫離之當事人仍有效力，即指判決既判力及於脫離之當事人之意。例如，原告債權人以保證人為被告起訴請求履行保證債務。主債務人主張其債務已經清償，主債務人對保證人之敗訴有法律上之利害關係，為輔助保證人起見，因而參加訴訟。此際，若原告債權人與被告保證人同意參加人主債務人代被告保證人承擔訴訟者，於主債務人敗訴判決確定時，判決既判力及於脫離訴訟之保證人。

(6)既判力擴張所及之第三人　於通常之財產權訴訟，判決既判力所及之人以雙方當事人為原則。但於身分關係之訴訟或公司團體關係之訴訟，雙方當事人間訴訟結果，對於一定範圍之第三人，亦有統一加以認定之必要，否則，無法維持身分關係之統一，或無法統一規律公司團體內部股東間之同一事項。因此，立法者另外於人事訴訟與公司訴訟，特別規定既判力可擴張及於第三人。家事事件法第四十八條第一項規定，就第三條所定甲類或乙類家事訴訟事件所為確定之終局判決，對第三人亦有效力。因此關於確認婚姻無效、婚姻關係存在或不存在事件、確定生父事件、確認親子關係、收養關係存在或不存在事件、撤銷婚姻事件、離婚事件、否認子女、認領子女事件、撤銷收養事件、撤銷終止收養事件等家事訴訟事件，法院所為確定判決，對第三人亦有效力，但有第四十八條第一項但書各款情形之一者，不在此限：一、因確認婚姻無效、婚姻關係存在或不存在訴訟判決之結果，婚姻關係受影響之人，非因可歸責於己之事由，於該訴訟之事實審言詞辯論終結前未參加訴

[154] 關於代位訴訟與收取訴訟兩者有關其他問題，請參照陳榮宗，《強制執行法》第五六八頁以下。

訟。二、因確認親子關係存在或不存在訴訟判決之結果，主張自己與該子女有親子關係之人，非因可歸責於己之事由，於該訴訟之事實審言詞辯論終結前未參加訴訟。三、因認領子女訴訟判決之結果，主張受其判決影響之非婚生子女，非因可歸責於己之事由，於該訴訟之事實審言詞辯論終結前未參加訴訟。

於公司關係或法人關係之訴訟，例如公司法第一八九條所規定撤銷公司股東會決議之訴，民法第五十六條所規定撤銷法人總會決議之訴。此類形成之訴，法院為原告勝訴判決時，該判決係形成判決而有形成力，原則上形成判決有對世效力。從而形成判決之形成力，對於非當事人之公司股東，或對於非當事人之法人社員，亦發生拘束力。我國公司法或民法對此項效力雖無明文規定，但就形成訴訟之形成力在學理上為解釋時，得認為形成判決之效力得及於非當事人之其餘股東或社員。此種判決效力得擴張於一定範圍之第三人之情形，就共同訴訟之類型而言，大都屬於類似的必要共同訴訟。

7.詐騙取得判決之既判力　當事人以詐欺方法惡意對於法院或他造施詐術獲得確定勝訴判決之情形，他造可否主張該確定判決當然無效，不經再審之訴撤銷確定判決，直接提起損害賠償請求之訴或不當得利返還之訴？例如，原告偽造證據或利用證人為偽證而獲勝訴判決確定之情形；原告知被告之住居所而故意指為所在不明而聲請公示送達，法院與被告始終不知其事而原告獲勝訴判決確定之情形。日本學者之有力說認為，當事人必須先利用聲請回復原狀之程序（本法第一六五條）或再審程序，將有既判力之確定判決為撤銷後，始得主張原確定判決無效，不得未經上述程序而直接主張原確定判決無效，從而訴請損害賠償或返還不當得利[155]。惟學者有認為得依侵權行為訴請損害賠償，亦得訴請返還不當得利者[156]。日本判例解釋不一，有認為以騙取之判決為執行之情形，非經再審之訴撤銷原確定判決，不得訴請返還不當得利者。有認為妨害被告進行訴訟而欺騙法院獲勝訴判決確定，從而為執行之情形，無待以再審之訴撤銷原確定判決，即得以侵權行為為理由直接訴請損害賠償者[157]。

我國最高法院二十九年上字第四七〇號判例云：上訴人明知被上訴人之所在，竟主使被上訴人之夫甲，以生死不明已逾

---

155 參照兼子一，《民事訴訟法體系》第三三三頁。小山昇，《民事訴訟法》第三九六頁。齋藤秀夫，《民事訴訟法概論》第三七八頁。

156 見小野木常，〈確定判決の不當取得〉，載《法學論叢》第四十五卷第六號。新堂幸司，《民事訴訟法》第四〇一頁。

157 參照中野貞一郎等三人，《民事訴訟法講義》第四六六頁以下。

三年為原因，訴請離婚，並利用公示送達之方法，使被上訴人無法防禦，因而取得離婚之判決，致被上訴人受有精神上之損害，對於被上訴人自應負賠償責任。此一判例雖係涉及詐騙法院取得判決之情形，惟判例要旨並未提及當事人是否必須先以再審之訴將原確定判決撤銷後，始得訴請損害賠償之問題，因此無從據此判例認定最高法院對此類問題之見解。拙贊同日本學者有力說之見解。蓋詐騙取得之確定判決，若被害之當事人不利用再審程序將其撤銷，此種有再審事由之確定判決，並非當然無效之判決，仍然有既判力。當事人不得直接主張詐騙取得之判決當然無效，從而亦不得據此理由訴請侵權行為之損害賠償。判決一旦確定，無論其是否有再審事由存在，為維持法律安定性，不得未經再審程序而准許主張其當然無效。再審制度係為調整具體的法律正義及法律安定性而存在，再審事由之中，例如本法第四九六條第一項第六款、第九款、第十款之事由，即係有關詐騙取得判決之再審事由，本法既然在程序上已明文賦與被害人以救濟之途徑，自應先利用此項救濟程序將既判力為除去後，始得訴請損害賠償或返還不當得利，法院不應允許直接為損害賠償或返還不當得利之請求也。

(三)形成力[158]

1. 形成力之意義與本質　所謂形成力係指，由於形成判決之作用，當事人間始發生新之權利義務關係或係將原有之權利義務關係為消滅、變更之效力。形成力之發生，因形成權行使方法之相異而不同。得由形成權人直接以意思表示對相對人行使其形成權之情形，於意思表示到達相對人時立即發生形成力而有形成效果。於須由形成權人利用起訴始得行使形成權情形，形成力之發生於法院之形成判決確定時始發生，從而當事人間發生權利義務關係之變動效果。確定之形成判決所產生之此種判決效力，稱為判決之形成力。例如，離婚判決於確定時發生形成力而使當事人間原有之夫妻關係歸於消滅；公司股東會決議撤銷判決確定時發生形成力，將原有之決議使歸於消滅而回復未有決議前之狀態。立法者對於若干重大影響社會生活之權利義務關係，或對於一般第三人之關係有必須畫一使發生法律效果之情形，不許形成權人隨意利用意思表示為方法行使其形成權。立法者為維護社會之法律安定及兼顧公益起見，特別制定法律，明定上述情形之形成權，必須由形成權人以起訴經法院判決為方法，始得行使而能獲得形成效果。此外，於法律亦特別明定一定之形成要件及形成效果，俾使當事人及法院有所

[158] 參考 Jauernig, ZPR. 22. Aufl. §65; 吉村、竹下、谷口編，《講義民事訴訟法》（第二版）第三一一頁以下。小山、中野、松浦、竹下編，《演習民事訴訟法》第六一八頁以下。

遵從。上述立法之必要而制定之形成訴訟之條文規定，並不普遍，僅於特定情形始有明文，此種原則，學者稱為形成訴訟明定之原則。簡言之，當事人僅得就法律有明文規定之形成訴訟始許其提起形成訴訟而獲得形成判決，當事人不得於法律無明文之情形下，隨意提起法律未規定之形成訴訟。從而形成訴訟之當事人適格，均於法律特別明文規定。此與於給付訴訟及確認訴訟情形，凡對於訴訟之提起有權利保護利益必要者，即有當事人適格而得隨意起訴者不同[159]。

何以形成判決有此種形成力？形成力之本質為何？形成力發生之理論依據如何說明？學者之間頗有爭論。主張國家之處分行為說者認為，國家之處分行為或意思表示能使權利義務發生變動之效力，形成判決係國家之處分行為，形成力之發生實係國家處分行為之結果本來應有之效果。主張既判力根據說者認為，形成力之所以發生，係因判決之既判力將形成權或形成要件加以確定而成為不可爭執狀態，從而使形成之效果同時發生不能爭執之結果而然。主張法律要件的效果說者認為，發生形成力之現象，係以形成判決之存在為法律要件，於判決確定時實體法上發生權利變動之結果。

2.形成判決之形成力與既判力之區別　既判力之作用係宣示性質，判決僅能就有既判力之法律效果為確認而不能創設法律效果。但形成力係因判決而能使原有法律狀態，轉變為另一種新法律狀態，此為創設性質。於既判力之情形，判決得因判決所確認之法律狀態與真正之法律狀態兩者不符，而發生判決不正確之事。但在形成力情形，不可能發生判決不正確之事，其能發生不正確者係指對形成要件之認定發生不正確而言，蓋因形成判決所創設之法律效果，既已發生，則不可能再受任何影響，從而不生形成判決之正確不正確問題。又在概念上確認與創設兩者概念互相排斥，例如，法院可對原告被告以判決命其婚姻將來應解消，但法院無法同時就同一婚姻確認其已解消。除此之外，既判力與形成力在效果發生之時點方面，兩者有差異。為給付或確認判決之法院係對於現時之事為確認之行為，但為形成判決之法院係針對將來之事為命令之行為，因為原則上形成判決僅在判決確定時始往將來生創設結果。

既判力所及之主觀範圍限於當事人雙方及其訴訟繼受人，但形成力能及於任何第三人。所以受理刑事事件之法官及非訟事件之法官，雖不受判決之既判力拘束，但應受判決之形成力所拘束。依Jauernig之見解，於此情形認為其係既判力擴張之

[159] 但對形成訴訟明定之原則，有認為不必要者，主張此種看法之學者，有Schlosser, Gestaltungsklagen und Gestaltungsurteile, 1966.

現象者，並非確論，蓋形成力絕非基於既判力始能認定者也。例如，非訟事件之形成裁判通常無既判力，但於一般適用上均認為有形成力，選任監護人或褫奪親權之形成裁判，均有形成力，此乃因國家行為具有創設性，得將法律狀態加以轉變，要求於一般適用上有形成力之必要也。形成判決對任何人均有效力，此為當然之事，所以民事訴訟法對此不作一般規定，但相反地，判決之既判力由於屬於宣示確認性質之拘束力，必須借助國家之專權確認之力量始可，所以應由民事訴訟法以明文為規定。此乃何以既判力必須由民事訴訟法加以規定，而形成力之形成效果必須規定於發生形成效果之法律領域，通常均規定於親屬法、公司法等實體法領域，僅於訴訟上之形成訴訟情形，始於訴訟法為規定[160]。

3. 形成力所及之範圍

⑴形成力之時間範圍　形成力於判決確定時發生，惟其法律效果能否溯及以往，應視法律規定情形而異。為使法律關係之變動效果發生徹底之作用及安定該項法律關係，法律有明定溯及以往者，例如民法第一〇六九條規定，非婚生子女認領之效力溯及於出生時。故，依家事事件法第六十六條規定提起認領子女之訴，於原告獲勝訴判決確定時，溯及子女於出生時發生認領之形成力。至於離婚、撤銷婚姻之效力不溯及既往，從而原告勝訴判決於確定時，僅得向將來發生其形成力，此乃為維護婚姻關係之其他關係人，其法律地位之安定，有其規定必要也。

⑵形成力之主觀範圍　民事訴訟法第四〇一條規定，確定判決，除當事人外，對於訴訟繫屬後為當事人之繼受人者，及為當事人或其繼受人占有請求之標的物者，亦有效力。學者稱為判決效力之相對性原則。此乃因民事訴訟係以解決糾紛當事人間之相對糾紛為目的，於訴訟程序上亦採取辯論主義原則，所以判決之效力，原則上亦以當事人間始受拘束，第三人僅於例外有法律明文時，始受拘束。判決效力之相對性，於給付判決或確認判決此種有既判力之判決，固然不生疑問。惟於形成判決此種有形成力之判決，其形成力之主觀範圍，是否亦有判決效力之相對性？在學理上，有形成力之對世效力說，與形成力之相對效力說，兩者之對立。此兩說之對立，出於形成力何以產生之依據見解不同而異。主張國家的處分行為說者，與主張法律要件的效果說，認為形成力係為一切之人且對一切之人發生其效力。主張既判力根據說者，認為形成力係出自既判

[160] 參照 Jauernig, ZPR. 22. Aufl. S. 233f.

力，所以形成力之主觀範圍與既判力所及主觀範圍應係一致。對形成之法律關係或法律效果有直接利害關係之人，其中受既判力拘束之人，即受形成力之作用而不得再就形成之結果為爭執，至於既判力所不及之人，因不受形成力之作用而得就形成之結果為爭執。

依形成力之對世效力說，形成力本來即有對世效力，得對一切之人發生效力，所以於實定法再規定形成判決對其他一切之人有效力，此乃多餘之事。採形成力之相對效力說者，認為於某種性質之形成判決，其形成力有必要擴張於其他一切人始妥當之情形，必須另以明文規定其形成力所及之其他一切人。拙認為形成力之本質以採對世效力說為宜，在此原則之下，例外由於保護特定人之必要時，始另以明文規定某特定人不受形成力之拘束力之拘束。

(3)形成訴訟之無理由駁回判決之效力　原告之形成訴訟遭無理由之駁回判決者，此項判決為確認判決，於確定時有既判力，將事實審最後言詞辯論終結時之訴訟標的，即形成權或形成要件之不存在為確認。依既判力之相對性原則，此項確認判決，除法律另有特別明文外，僅拘束原告與被告，其他有訴訟適格之人不受判決效力之拘束，從而得另行起訴。惟於公司或社團事件之訴訟，例如撤銷股東會決議之訴（公司法第一八九條）、撤銷社團總會決議之訴（民法第五十六條第一項）此類訴訟，由於需要公司或社團內部之安定性及對外之明確性，不容有訴訟適格之人長期間隨時得起訴，將其破壞，因此於此類形成訴訟之起訴期間，均有明文之限制。此種限制足以阻斷有既判力之確認判決，不斷受其他第三人加以破壞之弊端，使法院之判決能一次解決公司或社團事件之爭端。

就家事訴訟事件之特性及需要而言，其情形亦與公司事件或社團事件相同，不容當事人間之身分關係長期間因受訴訟適格者之一再起訴干擾而陷於不安定狀態。所以於家事訴訟事件，不論其判決為形成判決或敗訴之確認判決，均以明文規定判決效力及於第三人。家事事件法第四十八條第一項規定，第三條所定甲類或乙類家事訴訟事件所為確定之終局判決，對於第三人亦有效力，其立法理由在此。除此之外，於家事訴訟事件，就訴訟最後結果之目的相同，而訴訟標的不同之多數家事訴訟，例如離婚訴訟、撤銷婚姻之訴、婚姻無效之訴，立法者利用失權效果之制度，阻止後訴一再干擾前訴之判決結果，使身分關係能早日明確歸於安定。故，家事事件法第五十七條規定，有關婚姻關係之訴訟，經判決確定後，當事人不得援以前依請求之合併、變更、追加或反請求所得主張之事實，就同一婚姻關係，提起獨立之訴。

(四)爭點效[161]

日本民事訴訟法修正前第一九九條規定，既判力之客觀範圍限於判決主文所包含之訴訟標的為原則，判決理由中之判斷事項，除抵銷之抗辯為唯一例外，不生既判力。此為日本法傳統之立場。本法第四〇〇條及德國民事訴訟法第三二二條同係有關既判力客觀範圍之規定，雖法條文句未盡完全相同，但其原則與立法意旨相同，即，既判力客觀範圍僅及於判決之訴訟標的而不及於判決之理由。我國最高法院七十三年臺上字第三二九二號判例亦作相同解釋云：民事訴訟法第四百條第一項規定確定判決之既判力，惟於判決主文所判斷之訴訟標的，始可發生。若訴訟標的以外之事項，縱令與為訴訟標的之法律關係有影響，因而於判決理由中對之有所判斷，除同條第二項所定情形外，尚不能因該判決已經確定而認此項判斷有既判力。例如，原告甲對被告乙基於所有權為理由，訴請法院判命乙交還土地，此際，判決之訴訟標的為所有權人之物上請求權，所有權並非訴訟標的，縱然所有權之存否成為物上請求權之基礎，法院在判決理由中加以判斷，敗訴之當事人得在另一訴訟再以所有權為訴訟標的，訴請法院就確認所有權存在不存在為判決。

對於上述原則表示疑問，認為於一定情形，判決理由中之判斷亦應有判決之拘束力，主張此種見解之學說，即所謂爭點效理論。依首倡此種理論之新堂幸司之說明，當事人間於前訴訟中就判決理由中之主要爭點認真為主張及舉證，且法院亦將此項爭點為審理而判斷。俟判決確定後，於審理另一相異訴訟標的之後訴訟中，若同一爭點成為後訴判決之先決問題時，不許當事人就該項爭點為相反之主張舉證，禁止法院對其為矛盾之判斷，此種判決理由中之爭點所發生之拘束力，稱為爭點效。例如，於上述案例，原告甲本於所有權訴求被告乙交還土地之訴訟中，甲乙雙方就所有權之歸屬認真為主張舉證，各主張其所有權。法院審理結果，於判決理由中斷定所有權歸甲，判決乙應將土地交還甲。俟判決確定後，於後訴訟，原告乙訴求被告甲塗銷同一土地之所有權登記，乙不得主張舉證其有所有權，法院亦不得於後訴訟斷定所有權歸乙，從而為乙之勝訴判決。於此情形，前後二訴訟之訴訟標的雖然不同，不生重行起訴問題，但前訴訟判決理由中之主要爭點為所有權歸屬，甲乙雙方對此項爭點既然各盡其主張與舉證，且法院亦對其判斷，認為所有權歸屬甲。則在後訴訟中，依禁反言之法理、誠實信用公

---

161 參照新堂幸司，《民事訴訟法》（第二版補正版）第四二五頁以下。伊東、木川、中村編，《民事訴訟法》第四四二頁以下。小山、中野、松浦、竹下編，《演習民事訴訟法》第五六一頁以下。吉村德重，〈判決理由中之判斷の拘束力〉，《民事訴訟法の爭點》第二七八頁以下。

平之理念，乙不得就所有權歸屬甲之爭點為相反之主張與舉證，法院亦應受前訴判決理由中所認定爭點之拘束，從而應為乙之敗訴判決。

由上可知爭點效之理論，不僅為維持訴訟上公平信義之原則，且為避免前後訴訟之重複與判決理由之矛盾，在理論上有補充解釋新訴訟標的理論所無法克服之缺點。日本最高法院判例，對爭點效之理論，採反對之態度，但學者之間有採贊成者，有反對者，迄今尚未成為定論。按傳統之既判力客觀範圍之理論與原則，於民事訴訟之實際方面，常生不合情理之問題，為求裁判制度之合理解決問題，學者遂設法以判決之拘束力為方法，思自傳統之既判力客觀範圍獲得解放。其解放方向有三，其一係直接將訴訟標的本身之概念加以擴大，此即德國學者Zeuner所採擴張既判力及於判決理由事項之方向。其二係在學理上提供一定之依據，承認例外情形之方向。其三，於既判力之外，另外設定判決之拘束力之方向。爭點效理論，即屬第三之方向[162]。

(五)反射效力(Reflexwirkung)

在實體法上與訴訟當事人有特殊關係之一定第三人，由於訴訟當事人受確定判決效力之拘束，致反射地作用在第三人而發生利或不利之影響之效力，學者稱為判決之反射效力。例如，債權人與主債務人間之訴訟，主債務人獲主債務不存在確認判決之勝訴確定時，保證人得基於保證債務之從屬性關係，在實體法上主張保證債務不存在，從而引用主債務人之勝訴判決之效力，於債權人對保證人起訴請求履行保證債務時，在訴訟上為抗辯，使法院駁回債權人之請求。此種前訴訟之判決效力反射到後訴訟而影響後訴訟之判決勝敗之作用效力，即為判決之反射效力。

關於判決之反射效力，學說發生之時間頗早，一般學者認為，反射效力與既判力之區別有下列各點：(1)既判力係訴訟法上之效力，僅能在訴訟法上為抗辯，使生訴訟抗辯效果，但反射效力不僅能在訴訟法上為抗辯，且能在實體法上為實體抗辯，使發生實體法之效果。(2)因此，既判力屬法院應依職權調查之事項，而反射效力則須由當事人主張引用，法院始得斟酌之事項。(3)既判力所及之人得為本法第六十二條之獨立參加訴訟，但反射效力所及之人，僅得依本法第五十八條第一項規定為一

162 參見陳榮宗，《民事程序法與訴訟標的理論》第四二〇頁以下。駱永家，《既判力之研究》第五十一頁以下。

般性之從參加訴訟。⑷於當事人間勾串通謀之訴訟情形，既判力所及之人不得以此為理由主張該判決無效，但反射效力所及之人則得主張該判決無效。⑸既判力通常伴有執行力，但反射效力不伴有執行力。⑹既判力及於第三人時，不問其效力對第三人有利或不利一律及之，但反射效力應依第三人對依存關係之態樣不同而決定其效力是否及於有利情形或不利情形。⑺既判力僅對判決主文發生效力，但反射效力則對於判決理由中之判斷亦生效力[163]。

德國學者對於第三人就他人間訴訟結果之判決，因實體法上與他人間有依存關係，致生該判決效力能影響第三人之現象，在學理上為說明時，除前述判決之反射效力說之外，另有採取所謂既判力擴張說 (Rechtskrafterstreckung)，與所謂既判力對第三人效力說 (Drittwirkung der Rechtskraft)。主張既判力擴張說者認為，第三人與訴訟當事人之間在實體法上既然有依存關係存在，得類推適用判決基準時以後之繼受規定，將當事人間所發生之既判力擴張及於第三人，使第三人能繼受判決效力之影響而受拘束，不必另有判決之反射效力之學理說明，蓋確定判決之效力不可能如同既判力之實體法說所謂能創新實體法律關係也。採此說者係立於既判力之訴訟法說立場，駁斥反射效力說係以判決效力具實體法上效果之不妥當說明[164]。主張既判力對第三人效力說者認為，有既判力之前訴判決成為後訴判決之前提內容時，在後訴之當事人為第三人者，應受前訴當事人間之確定判決之拘束。前後兩訴之訴訟標的在客觀上具有同一性，僅其主體有所不同情形，係屬於一般之既判力擴張，至於前後兩訴之訴訟標的相異但有前提內容之關係情形，則屬於既判力對第三人效力之情形[165]。

日本學者對此問題之解釋，有採取反射效力說者，亦有採既判力擴張說者，更有採取否定反射效力說者，另有採無區別必要說者[166]。日本學者採反射效力說為主流，德國學者卻以既判力擴張說為通說。

我國學者及法院實務，對此問題雖無在學說上爭論，但在處理實務時，卻有不同之見解提出。於連帶債務人間之情形，

---

[163] 參照中野、松浦、鈴木編，《民事訴訟法講義》（補訂第二版）第四八九頁以下。

[164] 此說由 Rosenberg, Bettermann, Blomeyer 主張之。參照 Rosenberg, ZPR. 9. Aufl. §151 II 3d.; Bettermann, Die Vollstreckung des Zivilurteils in den Grennen seiner Rechtskraft, 1948; Blomeyer, Rechtskrafterstreckung infolge zivilrechtlicher Abhängigkeit, ZZP. 75, S. 1ff.

[165] Schwab, Rechtskrafterstreckung auf Dritte und Drittwirkung der Rechtskraft, ZZP. 77, S. 124ff.

[166] 學說介紹，見呂太郎，〈民事確定判決之反射效力〉，《民事訴訟法研究㈠》第一七二頁以下。

我國民法第二七五條規定，「連帶債務人之一人，受確定判決，而其判決非基於該債務人之個人關係者，為他債務人之利益，亦生效力。」此一規定為既判力擴張之規定？抑或僅屬一種實體法上抗辯之規定？學者有認為他債務人得主張判決既判力者；有認為他債務人得援用該判決拒絕履行者，有認為他債務人得援用該判決拒絕履行或為既判力之抗辯者，另有認為，他債務人僅得援用該確定判決所載有利事由為實體上之抗辯事由，請求法院為勝訴判決，不得以之為程序上抗辯的基礎而主張原告係違反一事不再理原則，重複起訴者[167]。拙以為民法第二七五條所規定之效力，僅屬實體法之效力，他連帶債務人得援用該確定判決為實體法上之主張，其性質為確定判決之反射效力，並非既判力擴張之性質，法院無須依職權調查前後兩訴訟有無違反一事不再理原則，僅於當事人主張引用時，法院始得斟酌前判決所認定之判決事項。

為分別共有之情形，民法規定，各共有人得自由處分其應有部分；共有物之簡易修繕，及其他保存行為，得由各共有人單獨為之；各共有人對於第三人，得就共有物之全部為本於所有權之請求，但回復共有物之請求，僅得為共有人全體之利益為之（民法第八一九條第一項、第八二〇條第五項、第八二一條）。據此規定，共有物之保存，各共有人之間有依存關係。共有人之一人與第三人間之訴訟，其確定判決對於其他共有人能否發生拘束效力？學者有認為該確定判決之既判力及於其他共有人者[168]；有否認該確定判決對其他共有人有既判力者[169]；另有認為有利之判決其既判力及於其他共有人，不利者不及之者[170]。最高法院三十一年九月二十二日決議認為，確定判決有利於其他共有人者，效力及於其他共有人[171]。

[167] 以上各說，分別見王伯琦，《民法債篇總論》第二三八頁。何孝元，《民法債篇總論》第二四六頁。胡長清，《中國民法債篇總論》第四五四頁。李模，〈法律問題研究二則〉，載《法學叢刊》第三十九期第十三頁。孫森焱，《民法債編總論》第六三五頁。參照呂太郎，上揭書第一八五頁以下。

[168] 見姚瑞光，《民法物權論》第一二七頁。

[169] 見吳明軒，《中國民事訴訟法（中）》第一〇三九頁。

[170] 見楊建華，《問題研析民事訴訟法㈠》第一〇〇頁、同㈡第二一〇頁。

[171] 最高法院三十一年九月二十二日決議云：「甲、乙、丙、丁四人之共有物，被戊無權占有，由甲、乙兩人依民法第八百二十一條規定，提起請求回復共有物之訴，經判決命戊向共有人全體返還，而依判決內容僅知甲、乙、丙為共有人者，僅甲、乙、丙得聲請強制執行，……。」

部分共有人對第三人起訴請求返還共有物於全體共有人之判決，於判決確定時，其判決效力可否及於其他未為當事人之共有人，抽認為此一問題不屬判決既判力之問題，宜解釋為判決之反射效力問題。蓋判決既判力不能區分有利與不利情形而分別有拘束力也，倘以判決之反射效力為解釋，則在學理上可圓通說明[172]。

㈥執行力

1. 執行力之概念與種類　所謂執行力係指，於判決書、裁定書、和解筆錄正本、調解筆錄正本等執行名義上所載明之給付義務，能利用強制執行程序使其實現之效力。為實現給付義務必須進行強制執行程序，從而執行力係發動執行程序之根據所在。有執行力之公文書在強制執行法第四條稱為執行名義，執行名義之種類頗多，其主要者首推確定之給付判決。確認判決與形成判決，僅於訴訟費用之裁判部分有執行力，其餘部分無執行力。惟於給付判決，例如命履行同居之給付判決，因給付義務之性質不適於強制執行，依法不得執行而無執行力（強制執行法第一二八條第二項）。其餘之執行名義，例如與確定給付判決有同一效力之訴訟和解、法院調解、確定之支付命令，或法院裁定、公證書等，均有執行力（強制執行法第四條）。

執行力之意義有狹義與廣義之分，前述各種執行名義之執行力屬於狹義之執行力。所謂廣義之執行力係指，基於確定判決，能以強制執行以外之方法，將適合判決內容之狀態加以實現之效力。廣義之執行力，於確認判決及形成判決均有之。例如，當事人得依離婚之形成判決，向戶籍登記機關聲請辦理配偶關係之塗銷登記。惟值注意者，廣義之執行力與狹義之執行力不同，廣義之執行力並非出自判決本身之效力，其係以判決之存在為要件，基於戶籍登記法規所法定之事由而發生之效力[173]。

2. 宣告假執行之裁判　原則上，裁判於確定時始有執行力，惟為防免敗訴之當事人故意拖延訴訟，俾以保護勝訴之原告當事人利益，本法於第一審與第二審程序分別規定宣告假執行裁判之制度，使未確定之裁判提早賦與執行力而得為強制執行。法院為宣告假執行之裁判，有應依職權為之者，有依聲請為之者，其假執行之宣告有以判決為之者，亦有以裁定為之者。但其得為執行名義而有執行力，無論於何種情形，均無區別。值注意者，假執行之宣告，因就本案判決或該宣告有廢棄或變更之判決，自該判決宣示起，於其廢棄或變更之範圍內，失其效力（本法第三九五條）。故，債權人憑假執行之裁判對債務人為

[172] 參照兼子一，〈共有關係の訴訟〉，《民事法研究》第二卷第一五三頁以下。呂太郎，上揭書第一九二頁以下。

[173] 參照中野貞一郎等三人，《民事訴訟法講義》（二版）第四七一頁以下。

執行，必須儘快聲請執行。如未開始執行者，執行法院於廢棄判決時，則不得開始執行，正在進行中之執行程序應即停止。

實務上值注意者，最高法院七十五年一月二十八日第二次民事庭會議決議㈠云：關於確定裁定，並無準用民事訴訟法第四百零一條第一項之規定。本票執票人依非訟事件法聲請法院為准許強制執行之裁定後，將本票債權讓與第三人時，該准許強制執行裁定之效力，並不當然及於該第三人。該第三人不得以該裁定為執行名義，聲請對於票據債務人為強制執行，惟本票執票人聲請法院為准許強制執行之裁定後死亡者，其繼承人得以該裁定為執行名義聲請強制執行，此乃基於繼承之法則，並非基於民事訴訟法第四百零一條之理論。

拙以為此一法律見解頗有可議之處。按債權之移轉，無論因繼承或因法律行為，無論是否已取得執行名義，其移轉債權之法律效果，對於債務人而言並無不同。蓋依民法之規定，債權之移轉無須經債務人同意，僅須通知債務人即可。民事訴訟法第四〇一條第一項規定之立法用意，在避免債權人訴訟結果因債務人就訴訟標的為轉讓而落空，為保護債權人而設之規定，非為保護債務人而規定者也。換言之，債務人所負之債務責任，無論債權人如何變動，始終不變。故此一法律問題之考慮，僅須就債權人之立場考慮有無必要區分執行名義為判決抑裁定，或執行名義移轉原因為繼承抑法律行為即可，亦即有無區分之法律上實益問題。按傳統之解釋，既判力之取得限於確定判決，依非訟事件法程序取得之確定裁定無既判力。惟本法律問題之重點不在既判力之移轉問題，乃在執行力能否移轉受讓之問題。本票裁定之執行名義縱然無既判力，但有執行力，而執行力係依附於執行名義之債權而存在變動，執行力不能單獨與債權分離而為讓與移轉，亦即執行名義之執行力從屬於執行名義之債權而存在。債權人與第三人間就有執行名義之債權為移轉時，執行力當然隨從債權而為移轉，執行力無獨立與債權分離存在之理由與實益可言。且執行力係執行名義之功能，執行名義之移轉法律上既無禁止，執行力自得准許為移轉。執行力與債權既然准許一併為移轉，當無不許第三人憑原債權人之執行名義聲請法院對債務人強制執行之理。更何況，強求第三人於受讓債權後重行聲請取得執行名義始允為執行，就法院及第三人而言，徒增法院程序之煩而無何實益，不如允許第三人得依原債權已取得之執行名義直接執行為簡便。最高法院基於既判力之有無，以及權利依繼承或依法律行為為移轉之形態不同而立論，認為於確定裁定之執行名義，第三人不得持原確定裁定聲請對債務人為強制執行，其理由與結論之間並無學理上之必然推理關係存在，無異以無相關之理由推出其結論。又進而就有執行名義之公證書為觀察，債權人與第三人間就債權為讓與時，除為移轉債權之法律行為之外，僅能就公證書之執行名義為移轉交付，並無要求第三人另行與債務人重為公證而取得執行名義之理由。其他如執行名義為支付命令或法院核定之裁定、調解筆錄正本之情形亦然，若必要求第三人除依法律行為受讓債權及交付執行名義之外，另須向法院重行聲請發給支付命令、裁定、調解筆錄正本為第三人之執行名義，則遇債務人對支付命令聲明異議時，事情陷於複雜，顯見法院多此一舉而強人之所難。前開最高法院七十五年一月二十八日第二次民事庭會議決議㈠因與強制執行法第四條之二第二項規定不符，業經同院九十二年第六次民事庭會議決議不再供參考。

◎訴訟外紛爭解決機制

理律法律事務所／著；李念祖、李家慶／編

本書係理律法律事務所爭端解決團隊累積多年來的實務經驗，而彙整出版之論文集。本書就各種訴訟外紛爭解決機制，包括調解、仲裁、工程爭議審議委員會等，均有詳細之介紹及分析；內容亦廣及各種紛爭類型。本書內容深入淺出，兼具實務觀點及學說理論，除足以作為法律實務工作者處理案件之參考外，亦得為大專院校教授訴訟外紛爭解決機制之專業教材。

◎關於律師文書——新進律師寫作入門

吳至格／著

在律師生涯中，雖然撰擬文書占去相當大比例的時間，但國內迄今鮮有專門參考著作，以致新進律師須耗費相當時間摸索。為了讓新進律師可儘快掌握律師文書的撰寫要領，本書詳細說明律師文書的特性及基本架構。並由三段論法的架構，分別說明勾勒思考、言必有據、簡要慎重等基本原則。希望藉由本書，新進律師能將寶貴時間致力於法律問題的研析，而非文字或句型的修飾。

◎工程與法律的對話

李家慶／著

本書係理律法律事務所公共工程專業小組多年來於工程法律專業領域中之相關論文集。本書針對工程法律於程序面及實體面之相關議題，彙整國內外相關之法制、學說與國際常見工程契約範本，並援引國內之調解、仲裁和訴訟實務見解，具體呈現出理律工程法律專業團隊豐富之辦案經驗與研究心得，內容深入專業、提綱挈領，可供工程法律實務工作者參考，並可作為高等院校工程管理及法律等之專業教材。

◎繼　承　戴東雄／著

本書主要內容在說明民法繼承編重要制度之基本概念，並檢討學說與實務對法條解釋之爭議。本書共分四編：第一編緒論、第二編遺產繼承人、第三編遺產之繼承、第四編遺產繼承之方法。在本書各編之重要章次之後，附以實例題，期能使讀者了解如何適用法條及解釋之方法，以解決法律問題，並在書後之附錄，提出綜合性之實例題，以邏輯之推演方法，解決實際之法律問題。

◎物權基本原則　陳月端／著

本書主要係就民法物權編的共通性原理原則及其運用，加以完整介紹。民國九十六年、九十八年及九十九年三次的物權編修正及歷年來物權編考題，舉凡與通則章有關者，均是本書強調的重點。本書更將重點延伸至通則章的運用，以期讀者能將通則章的概括性規定，具體運用於其他各章的規定。本書包含基本概念的闡述、學說的介紹及實務見解的補充，讓讀者能見樹又見林；更透過實例，在基本觀念建立後，再悠遊於條文、學說及實務的法學世界中。

◎論共有　溫豐文／著

本書主要在敘述我國現行共有制度，分別就共有之各種型態——分別共有、公同共有、準共有以及區分所有建築物之共有等，參酌國內外論著及我國實務見解，作有系統的解說，期使讀者能掌握共有型態之全貌，瞭解共有制度之體系架構。在論述上，係以新物權法上之條文為對象，闡明其立法意旨與法條涵義，並舉例說明，以增進讀者對抽象法律規範之理解，進而能夠掌握其重點，並知所應用。

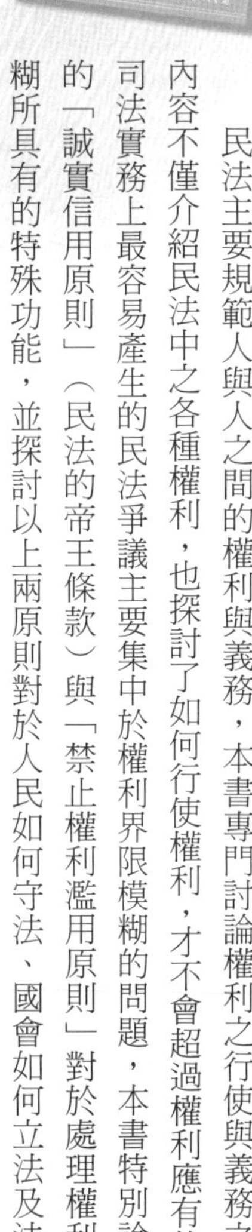

◎民法上權利之行使　林克敬／著

民法主要規範人與人之間的權利與義務，本書專門討論權利之行使與義務之履行。內容不僅介紹民法中之各種權利，也探討了如何行使權利，才不會超過權利應有的界限。司法實務上最容易產生的民法爭議主要集中於權利界限模糊的問題，本書特別論述民法的「誠實信用原則」（民法的帝王條款）與「禁止權利濫用原則」對於處理權利界限模糊所具有的特殊功能，並探討以上兩原則對於人民如何守法、國會如何立法及法院如何進行司法審判所具有之深遠影響。

◎占　有　劉昭辰／著

本書以淺顯的例子為出發，藉以輔助說明抽象難懂的法律概念，幫助初學者理解「占有」的法律問題。本書共分六章，占有的概念與功能在前兩章說明，第三章為占有的取得、喪失及類型，而第四章則分別從訴訟與實體層面探討占有的保護，第五章乃所有權人與無權占有人之權利義務關係，最後，在第六章介紹準占有。對於實務上有爭議的法律問題，作者以自己的法律體系為基礎，提出更進一步的深入討論及意見，使得本書也適合法律人工作上進修所用。

◎抵押權　黃鈺慧／著

本書是針對民法中之抵押權制度而撰寫。全書共分為六章：導論、抵押權之概說、抵押權對抵押人之效力、抵押權對抵押權人之效力、特殊抵押權及最高限額抵押權，文末並附有「案例演習」供讀者參考。為使法律初學者及一般民眾易於入門，本書特別避開爭議過多的法律問題及艱澀難懂之理論探討，而將重心置於法規意義及基本理論的說明。除了以淺顯易懂的文字來敘述，並儘可能輔以實例說明法規之實際運用，希望能將抽象的法律規定轉化為一般人皆能掌握的實用規範。

◎法律行為

陳榮傳／著

本書討論法律行為的基本問題，筆者儘量以接近白話的語法寫作，希望能貼近目前法律系學生的閱讀習慣，並降低各種法學理論的爭辯評斷，以方便初學者入門。此外，為使讀者掌握相關司法實務的全貌，在內文中儘可能納入最高法院的相關判例及較新的裁判，希望能藉由不同時期的案例事實介紹，描繪出圍繞著這些條文的社會動態及法律發展，讓讀者在接受真正的法律啟蒙之外，還能有一種身在其中的感覺。